“十二五”国家重点出版物出版规划项目
铁路科技图书出版基金资助出版

列车运行控制方法与技术丛书

列车运行控制系统安全性设计技术

马连川　编著

中国铁道出版社

2017年·北　京

内 容 简 介

本书为《列车运行控制方法与技术丛书》之一。本书依据IEC 61508、EN 50126、EN 50128、EN 50129等国际安全标准，结合轨道交通(铁路、城市轨道交通、高速磁浮等)信号系统故障—安全技术的发展趋势，针对列车运行控制系统的安全性设计，从系统安全生命周期要求、安全完整性要求、硬件安全性设计、软件安全性设计等方面，详细描述了相关的安全性设计技术的细节，并给出了列控安全计算机安全性设计的实例。

本书可作为高等院校轨道交通及控制、自动化等专业学生的教学用书，也可作为在职专业人员的继续教育教材或相关工程技术人员的参考、培训教材。

图书在版编目(CIP)数据

列车运行控制系统安全性设计技术/马连川编著．—北京：中国铁道出版社，2017.12

(列车运行控制方法与技术丛书)

ISBN 978-7-113-23345-7

Ⅰ.①列… Ⅱ.①马… Ⅲ.①列车-运行-控制系统-安全设计 Ⅳ.①U284.48

中国版本图书馆CIP数据核字(2017)第162532号

书　　名： 列车运行控制方法与技术丛书
列车运行控制系统安全性设计技术

作　　者： 马连川　编著

策　　划： 崔忠文

责任编辑： 李嘉懿　　**编辑部电话：** 010-51873147　　**电子信箱：** dianwu@vip.sina.com

封面设计： 崔　欣

责任校对： 焦桂荣

责任印制： 高春晓

出版发行： 中国铁道出版社(100054，北京市西城区右安门西街8号)

网　　址： http://www.tdpress.com

印　　刷： 中国铁道出版社印刷厂

版　　次： 2017年12月第1版　2017年12月第1次印刷

开　　本： 787 mm×1 092 mm　1/16　印张：14.5　字数：351千

书　　号： ISBN 978-7-113-23345-7

定　　价： 80.00元

《列车运行控制方法与技术丛书》
编审委员会

崔忠文　中国铁道出版社
黄卫中　中国铁路通信信号集团股份有限公司
程荫杭　北京交通大学
董海荣　北京交通大学
蔡伯根　北京交通大学

序

截至2014年底，我国高速铁路运营里程达到1.6万公里，成为世界高速铁路运营里程最多的国家。高速铁路把环渤海经济圈、中原城市群、关中城市群、武汉城市圈、长株潭城市群、长三角经济圈、珠三角经济圈等经济区紧密联系在一起，大幅缩短城市间的时空距离，有效减低出行时间成本，对促进区域经济协调发展发挥巨大作用。我国在22个城市开通运营城市轨道交通，总通车里程达3 000多公里，北京、上海的城市轨道交通日运量已达1 000万人以上。高速铁路、城市轨道交通已成为我国公共交通骨干，在国民经济、社会发展中发挥着重要作用。

铁道信号系统是用于控制和防护列车运行的一类特殊设备，旨在保证轨道交通安全、高效运行。计算机、通信及控制等现代信息技术的应用，使铁道信号技术向系统化、网络化、智能化发展，构成了无缝覆盖铁路车、线、站，实时控制列车运行全过程的复杂自动控制系统——列车运行控制系统。伴随着高速铁路、城市轨道交通发展起来的列车运行控制技术和装备，是保证列车安全、高效运行的核心，是高速铁路、城市轨道交通技术先进性的体现。

过去十年，伴随着高速铁路和城市轨道交通的发展，国家高度重视列车运行控制技术和装备的发展，先后在北京交通大学建立了轨道交通控制与安全国家重点实验室、轨道交通运行控制工程研究中心及北京实验室等国家和省部级研究平台，设立了一系列国家自然基金、863计划、国家科技支撑计划及省部级研究项目，围绕高速铁路、轨道交通迫切需要列车运行控制技术和装备，开展相关的应用基础、前沿技术和装备研究。经过潜心研究、努力攻关和拼搏实践，我国已攻克了列车运行控制核心技术，掌握了列车运行控制原理和方法，形成了需求提取、系统集成和联调联试、运用维护等涵盖列车运行控制系统全寿命周期的方法和技术，取得了一系列重大成果，使我国列车运行控制装备技术水平居世界前列。在借鉴欧洲列车控制系统(ETCS)技术规范基础上，我国提出了中国列车运行控制系统(CTCS)技术体系，制订了CTCS技术规范和标准。在引进国外核心技术基础上，自主研发了CTCS-2级列车运行控制系统和基于GSM-R的CTCS-3级列车运行控制系统的成套技术装备，实现了互联互通，保证了列车在高速铁路网中长距离、跨线安全、高效运行。经过多年努力，在攻克核心技术基础上，我国自主研制了适于城市轨道交通的基于通信的列车控制(CBTC)系统。2010年底,北京亦庄线CBTC示范工程顺利开通运营,使我国成为第四个掌握CBTC技术的国家,解决了多年困扰城市轨道交通发展的技术难题。2010年至今,带动CBTC信号系统每公里造价下降达30%以上,降低了城市轨道交通全寿命周期成本,有效支撑了城市轨道交通快速发展和安全运营。

《列车运行控制方法与技术丛书》在系统总结近年来我国列车运行控制核心技术攻关、关键装备研制、工程建造与运用维护等方面所取得的丰富成果基础上,全面介绍了列车运行控制系统的基本原理和关键技术,系统设计、测试验证、安全保证及运营维护等方法。本丛书由轨道交通控制与安全国家重点实验室、轨道交通运行控制国家工程研究中心组织编写,荣幸地入选"十二五"国家重点出版物出版规划项目,并得到铁路科技图书出版基金、轨道交通控制与安全国家重点实验室的支持与资助。

《列车运行控制方法与技术丛书》对于列车运行控制系统领域具有较高的学术价值和实用意义,可为从事列车运行控制的科学研究、关键技术装备研发和运营维护人员提供参考。

编审委员会

2015年10月

前　言

列车运行控制系统作为轨道交通信号系统的重要组成部分和典型的安全苛求系统，是列车安全运行的“大脑”和“神经系统”。

最早在铁路信号系统中出现的故障—安全技术体现了绝对和狭义的安全概念，其主要是以实际经验为基础发展而来。随着以微处理器等大规模集成电路或超大规模集成电路为核心的微电子技术日新月异的发展及其在铁路信号系统，特别是在列车运行控制系统中的广泛应用，传统故障—安全概念转变为具有概率特性的广义安全概念，铁路信号系统特别是列车运行控制系统的安全目标也转变为功能安全，因此，系统的安全性设计在传统故障—安全设计方法的基础上发生了根本性变化。本书依据 IEC 61508、EN 50126、EN 50128、EN 50129 等国际安全标准，从系统安全生命周期要求、安全完整性要求、硬件安全性设计、软件安全性设计等不同方面，针对列车运行控制系统的安全性设计进行论述。

全书共五章。第一章描述了传统铁路信号故障—安全技术的产生与发展历程、技术特征以及广义安全概念的发展概况，介绍了相关安全标准，给出了典型铁路信号系统安全结构举例。第二章说明了系统生命周期、安全完整性及其等级等安全性设计的基本概念，并给出了系统硬件 SIL 计算的实例。第三章主要描述了安全相关系统及其硬件安全性设计所需要的具体技术要求，包括质量与安全管理措施、具体功能和技术安全措施以及与安全相关的环境耐受要求。第四章主要描述了安全相关系统软件安全性设计所需要的具体技术要求，包括软件管理与组织、软件保障一般要求以及通用软件、应用数据和算法的研发要求，最后给出了具体软件开发的技术和措施。第五章作为前述章节所阐述相关安全性设计的应用，以一种二乘二取二结构的列控安全计算机的设计与实现为例，描述了其架构设计、硬件设计和软件设计细节、安全完整性等级指标计算过程以及基于时间自动机的系统建模与验证过程。

本书可作为高等院校轨道交通信号及控制、自动化等专业学生的教学用书，也可作为在职专业人员的继续教育教材或相关工程技术人员的参考、培训教材。

本书由马连川编著。中国铁道科学研究院段武研究员对全书进行了审阅，并提出了许多宝贵的修改意见。在编写过程中也得到了轨道交通控制与安全国家重点实验室、轨道交通运行控制系统国家工程研究中心、北京交通大学电子信息工程学院的许多同事和研究生的热情支持和帮助。在此，一并对他们表示衷心的感谢。

由于作者水平有限，书中一定存在许多错误和不足之处，恳请读者批评指正。

编　者

2017 年 5 月

目　　录

第一章 绪 论

轨道交通是指利用轨道列车进行人员、货物运输的方式，特定而言是以机车、车辆为移动设备(以下简称列车)、线路(轨道、桥梁、隧道等)为固定设备、以站场(车站、编组场等)为运输生产基地实现运输功能的庞大系统。目前常见的轨道交通主要有铁路、城市轨道交通和磁悬浮交通。

轨道交通列车具有速度快、质量重、制动距离长、在区间内一般不能避让的特点，为确保行车安全，必须确保在同一时间不能把同一资源——轨道分配给多列列车，列车运行中不能给“本列车”或其他列车(或环境)带来风险。为使轨道交通系统高效运营，必须尽可能晚地给列车分配资源，尽可能快地释放资源，为此，需要行车指挥系统按运行计划，可靠、安全地指挥列车(或机车)等移动设备，在轨道交通系统中安全、高效地运行。行车指挥系统的主要技术装备称之为轨道交通信号系统，简称信号系统。

信号系统最早随着铁路的出现应运而生，随着运输需求的多样化和复杂性以及科学技术的发展，特别是通信技术、计算机技术、网络技术和自动控制技术的发展及其在信号领域的应用，信号系统的功能和内涵发生了巨大的变化。信号系统已发展成为确保列车行车安全、缩短列车追踪间隔、提高运输效率、提供列车运行信息和改善劳动强度的基础设备，是轨道交通的关键技术装备之一。信号设备一般包括车站联锁系统、列车运行控制系统(含区间闭塞系统)、调度集中系统(CTC)和信号集中监测系统(CSM)等。

列车运行控制系统(简称列控系统)是铁路信号系统的重要组成部分之一，由地面设备、车载设备、车地信息传输设备等构成，以技术手段对列车运行方向、运行间隔和运行速度进行控制，确保列车能够安全运行、提高运行效率。在不同的应用场合，列控系统的设备构成也有所差异。

本章将在简要描述轨道交通列车运行控制系统特点的基础上，首先说明传统铁路信号故障—安全技术的产生与发展历程、传统铁路信号故障—安全技术特征以及向具有概率特性的广义安全概念的发展概况，然后列举了 IEC 61508 以及 EN 50126、EN 50128、EN 50129 和 EN 50159 等安全标准的主要内容，最后给出了以微处理器等大规模集成电路或超大规模集成电路为核心的复杂微电子系统引入铁路信号系统过程中出现的几种典型铁路信号系统安全结构的技术特征描述。

第一节 铁路信号安全技术的发展

由于列车运行控制系统是铁路信号系统的重要组成部分之一，其安全性设计从属于铁路信号安全技术范畴。铁路信号安全技术是随着铁路运输的发展和科学技术水平的发展而不断前进的。

首先出现的是传统铁路信号故障—安全技术，体现的是绝对和狭义的故障—安全概念，主要以实际经验为基础，吸收所经历时代的先进技术而发展起来。

而后，随着科学技术的进步，特别是以微处理器等大规模或超大规模集成电路为核心的微电子技术日新月异的发展，铁路信号系统也进入到一个崭新的发展阶段，促使以狭义、绝对故障—安全概念为基础的传统铁路信号故障—安全技术向以功能安全为核心的现代铁路信号安全技术的转变。

一、传统铁路信号故障—安全技术的产生

在设备发生故障时，使其倒向安全侧的故障—安全概念早已萌发。早在 1825 年，世界上出现了第一条铁路——英国的斯托克顿—达林顿（Stockton-Darlington）铁路，当时在夜间是用车站窗口的蜡烛烛光指挥行车的。约定以烛光亮作为停车信号，以烛光灭作为允许信号，这样常因大风吹灭表示“停止”的蜡烛而发生多次冒进的行车事故。于是将其含义反过来，把蜡烛亮定义为“进行”，蜡烛灭定义为“停止”。这就是在初期阶段萌发的故障—安全的原始概念。

此后，随着科学技术的发展，铁路信号率先开始使用故障—安全设备，其中产生过重大影响的有以下几种设备：

（一）臂板信号机

1841 年格列高里（C. H. Gregory）发明了易于被司机辨认的臂板信号机，它模仿人们举起手臂发出信号的动作，约定以举起臂板作为停车信号，但由于牵引臂板动作的导线出现折断事故而不能发出停车信号，从而使伤亡事故仍难避免。以此为契机，研制出利用重力显示停车信号的臂板信号机，其结构如图 1-1 所示，它根据臂板的角度表示信号状态，水平时定为安全侧的停止信号，其具体的故障—安全措施是：臂板是木质的，夜间显示用的镜框是铁质的，其重量超过臂板，以回转轴为中心产生反向力矩保持臂板的水平位置。牵纵拐肘的重锤以其自身重量保持下锤状态，此时通过拉杆对显示镜框产生下拉的力，维持臂板的水平位置。这样一来，一旦拉杆折断或导线折断，依靠镜框和重锤的重力，使臂板成为水平，导向安全侧。这种重力法原理后来成为故障—安全技术的重要方法之一。

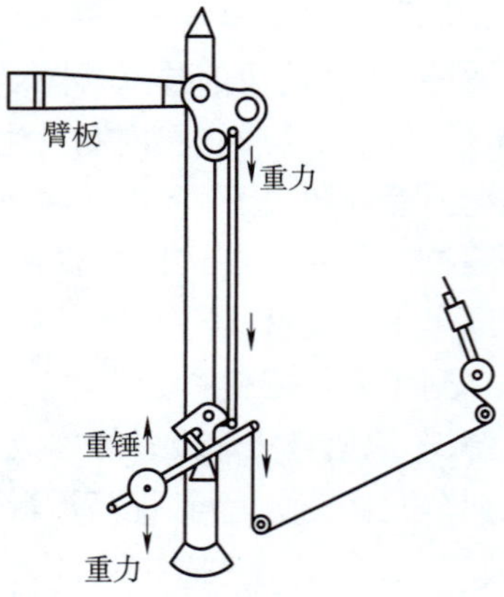

图 1-1　机械臂板信号机的结构

（二）机械联锁设备

1856 年 John saxby 提出并在英国 Bricklayer Arms 联络站上装设了机械联锁设备，随后由 Farmer 对此加以改进，所以称为 Saxby-Farmer 式联锁装置。联锁关系往往是双方相互制约的先后顺序关系，例如当道岔位置不对，禁止信号机显示允许信号；道岔锁闭后，不准许它再变位，信号机显示允许信号。机械联锁用机械的方法实现了信号机和道岔之间的这种联锁，防止操作人员的错误办理。

（三）信号继电器

1870 年左右，具有非对称错误特性的信号继电器就开始使用了。这种继电器是把无电闭合的接点组规定为安全侧，有电闭合的接点组规定为危险侧。当发生断电、断线故障时必须使反映侧危险状态的前接点组自动断开，反映侧安全侧状态的后接点组自动闭合。这种继电器的结构如图 1-2 所示，其实现故障—安全的技术措施是：

（1）有电闭合的接点组采用银和炭的接点，银和炭成为一个不可熔性的组合，使其不能因电弧、火花或大电流造成熔接而保待吸起位置。

(2)衔铁的设计是依靠它的重力而不用弹力,在失去电能的时候,使有电闭合的接点断开。

(3)动接点组与衔铁间采用硬性连接,以保证衔铁和接点动作的一致。

(4)磁路空气隙是经过仔细调整选定的,并由非磁性的安全止钉保持这一空气隙。

(5)继电器端子柱之间的空隙,其漏电和耐压的大小一定要足以使得雷击和其他高压脉冲不会损坏面板和将其绝缘电阻减至不安全的程度。

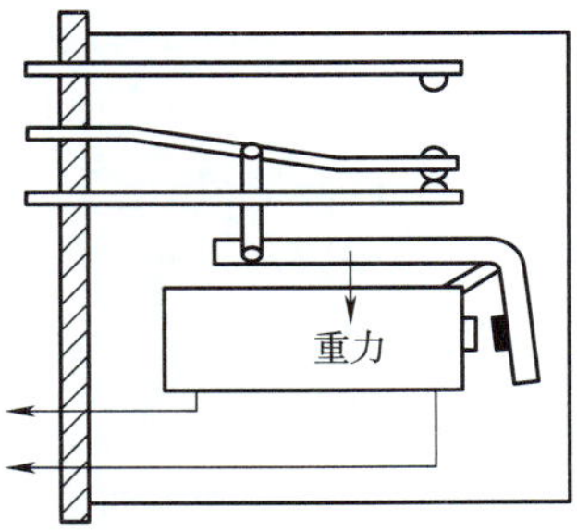

图 1-2　信号继电器结构

这样的结构确保:当电路、线圈发生故障时,后接点组闭合的概率大大超过前接点组闭合的概率,使其具有非对称错误特性;定义前接点反映危险状态,后接点反映安全侧状态,例如用后接点组构成红灯显示,前接点组构成绿灯显示,当发生故障时,以较高的概率变成红灯显示,从而实现故障—安全原则。

(四)轨道电路

1872 年美国的维・鲁滨逊(V. Robinson)发明了轨道电路,最初是开路式轨道电路。列车进入轨道电路区段,由于钢轨断裂、连接线断线,继电器不能励磁吸起,发生了不能显示停止信号的事故,因而,三年后改进为直流闭路式轨道电路,如图 1-3 所示。在没有列车或车辆时,钢轨上流通电流,使轨道继电器励磁吸起闭合前接点组,当列车或车辆占用轨道电路、连接线断线、钢轨裂缝时,轨道继电器会失电落下闭合后接点组,表示区段占用,显示停止信号,实现故障—安全。这里的安全侧与轨道电路的开路或短路状态相对应。

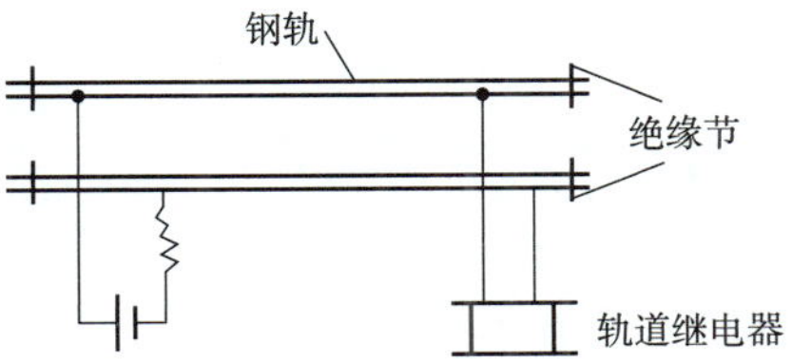

图 1-3　直流闭路式轨道电路结构

(五)继电联锁设备

1929 年 Chicago Rockisland 和 Pacific 铁路公司在美国 Illinois 州的 Blue Island 设置第 1 个继电联锁装置。它是用信号继电器,根据闭路原理和安全对应法则组成实现信号机、道岔、轨道电路电气联锁的继电器电路。

在这个阶段,铁路信号仍停留在狭义的故障—安全概念上。故障—安全技术主要以实际经验为基础,吸收各个时代的先进技术而发展起来。

二、传统铁路信号安全技术概述

(一)故障—安全技术

当设备或系统发生故障时,不致错误地给出危险侧输出,能使之保持或导向安全侧的手段,叫作故障—安全技术,故障—安全技术是传统铁路信号安全技术的核心。

从机械的、电气的到电子的信号设备,设计使用了许多故障—安全技术,特别是经过实际使用而改进了的安全技术,成为传统铁路信号安全技术的重要内容。

(1)安全侧分配法,在我国又称为安全对应法则,已是贯穿传统铁路信号故障—安全技术的非常重要的一个方法。凡涉及行车安全的信号器件和设备,无论是机械的、电气的还是电子的，都可以用两个相对状态来描述，例如：信号机有开放和关闭两个状态；转辙机有正常（定位或反位）和非常（不密贴的四开状态）两个状态；轨道电路有调整和分路两个状态；信号继电器有通电吸起和断电落下两个状态等。在两个相对立的状态中，其中一个状态与停车相对应，也就是说，当该状态出现时应导致停车的后果，称与停车相对应的状态为安全状态或安全侧，那么，称与安全状态相对的状态为危险状态或危险侧。安全侧分配法就是要给信号器件或设备确定安全侧，在此前提下，才能采取其他故障—安全技术使设备发生故障时倒向安全侧。

(2)设备故障时使能量减小到最小，从而实现安全侧分配的技术。正如水从高处往低处流一样，分配高能量的一方为危险侧，分配低能量的一方为安全侧，设备故障时大都切断控制能量，使其转变为低能量状态的安全侧，一般来说，当得不到正常能量时就构不成危险侧状态。由于不正常情况（如外力消失条件下，物体不因自身重力落下）而造成危险侧状态的概率是极小的，而且是可以控制的，这样，使其具有非对称错误特性，根据这个原理实现故障—安全的具体方法如下所述。

①重力法。物体在外力作用下举高获得位能，当外力消失时，物体借自身重量而落下，将位能释放，将释放位能后所处的状态与安全侧相对应，是以重力法实现故障—安全的重要对策。利用此法的代表性器械有臂板信号机和自动道口栏木，当它们的操纵系统发生故障时，臂板和栏木都借自身重量恢复到安全状态，关闭信号和关闭道口。电锁器和信号继电器也是采用重力法实现故障—安全的，规定以衔铁吸起为危险侧，以衔铁释放为安全侧，当电路或励磁线圈断线而失去电磁能时，衔铁借自身重量释放而导向安全侧。

②闭路法。在继电器接点电路中有两种工作状态：一是闭路状态，电路通电后继电器衔铁吸起，后接点组断开，前接点组闭合，把这个闭路状态与被控对象的危险侧相对应；二是开路状态，电路断电后继电器衔铁落下，前接点组断开，后接点组闭合，把这个开路状态与被控对象的安全侧相对应。这样，当发生停电、断线等故障时，电路会自动由闭路状态转变为开路状态，以此达到故障—安全的目的。

实践经验表明研究继电器接点电路的安全性，主要是研究解决断线保护和混线保护。

断线保护主要通过串联控制电路来实现。图 1-4 是两个简单的电路，其中一个是输入信号 k 与继电器线圈 J 相串联的电路，叫作串联控制电路，另一个的 k 与 J 并联，叫作旁路控制电路。在正常情况下，这两个电路是等价的，但在断线故障模式下就不同了，如旁路控制电路的旁路线断线，继电器 J 将给出危险侧输出，而串联控制电路的任何处断线，也不会给出危险侧输出。对断线故障模式来说，串联控制电路具有自测试功能，旁路控制电路则没有，显然，具有自测试功能的串联控制电路，对断线起着保护的作用，所以信号安全电路一般不采用旁路控制电路。

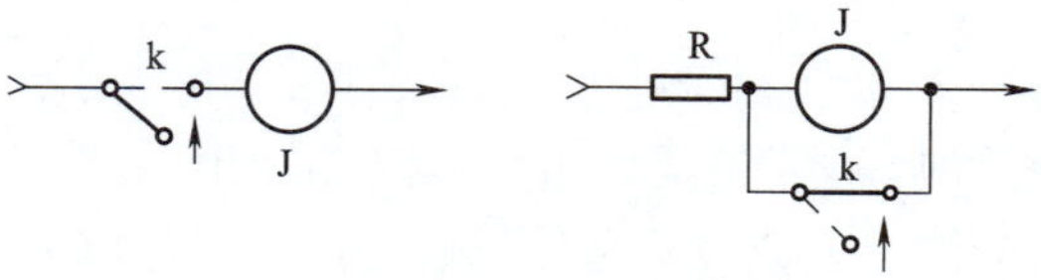

图 1-4　串联控制电路与旁路控制电路

混线保护主要通过位置法、极性法来实现。位置法是两条控制线相混时的保护措施。如图 1-5(a)所示，若两条控制线的电缆芯线相混，则道岔表示继电器 DBJ 将无条件地给出危险侧输出，原因是作为控制条件的DB接点接入的位置不对，混线时被短路。若采用图1-5(b)所示的接法，将DB接点接在控制电源与继电器线圈的中间位置上，则在发生上述混线时，被短路的不是控制条件而是被控制的继电器线圈，电源的熔断器将被烧坏，DBJ只能给出安全侧输出。

极性法与位置法不同，它是保护控制线与其他电源相混的技术措施。如图1-6所示，极性法要求使用极性继电器(图中使用的是偏极继电器)，在无列车接近1G时，如电缆芯线1与电源线正极KZ的电缆芯线相混时，电路的输出无变化，但当1GJ落下时，控制电源被短路〔KZ(混入的电源)→$2GJ_{12\text{-}11}$→$1GJ_{23\text{-}21}$→KF〕(接点编号：中性接点是11,21 …；前接点是12,22,…；后接点是13,23,…)，这时电路将因电源端的熔断器被烧毁而给出安全侧输出(1JGJ、2JGJ均落下，使进路由预先锁闭状态转变为完全锁闭状态)。若在列车未驶入1G之前，在电缆芯线1上混入电源负极，则电源立即被短路，若在列车驶入1G之后，电缆芯线1混入电源线负极KF，则电路保持正确动作，同样可以分析电缆芯线2混入电源时，电路也是安全的，从而实现故障—安全。

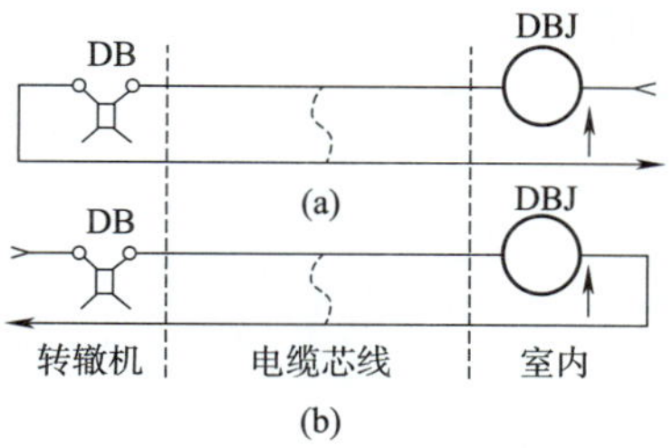

图1-5 位置法

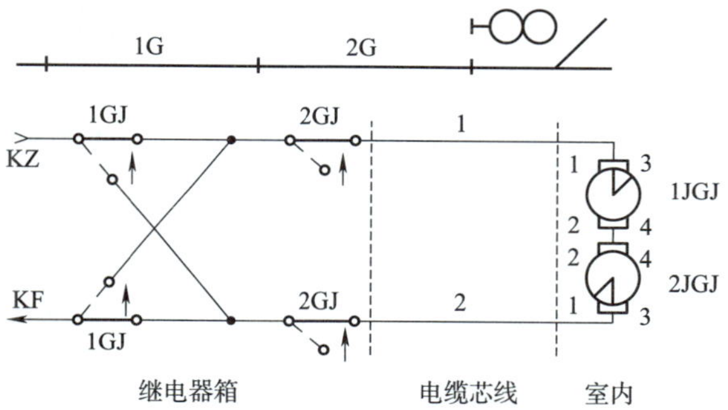

图1-6 极性法

③串联法。为了使闭路法起到故障—安全作用大多采用串联电路结构，如四引线电容器在电子电路中的应用。在频率接收鉴频的低通滤波器中，如图1-7(a)所示，电容器C断路时、波纹增大，因而输出电压增高，有可能使后级设备发生误动，这样很危险。如果将电容器C改用四引线电容器接成图1-7(b)所示电路，则当电容器C的任一引线中断时，输出终止，移频自动闭塞直流24V稳压电源的滤波电容器也采用四引线电容器，当滤波电容发生断线故障时，便切断稳压电源输出电压，使信号继电器处于失磁落下状态。

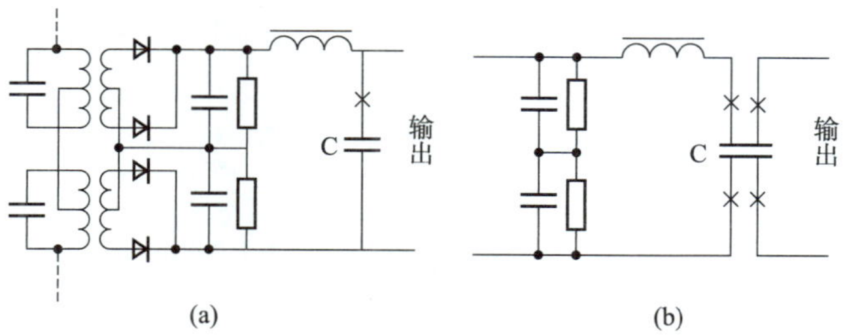

图1-7 串联法示例1

又如，驼峰机车信号采用的压电音叉滤波器电路如图1-8(a)所示，当①点断线时滤波特性变坏，阻带衰耗减小，这样一来，相邻工作频率的输出电平增高，从而有可能使后级发生误动，产生危险。如采用双头引线的压电音叉接成图 1-8(b)所示的电路，当①或②断线时，输出禁止，从而满足了故障—安全的要求。

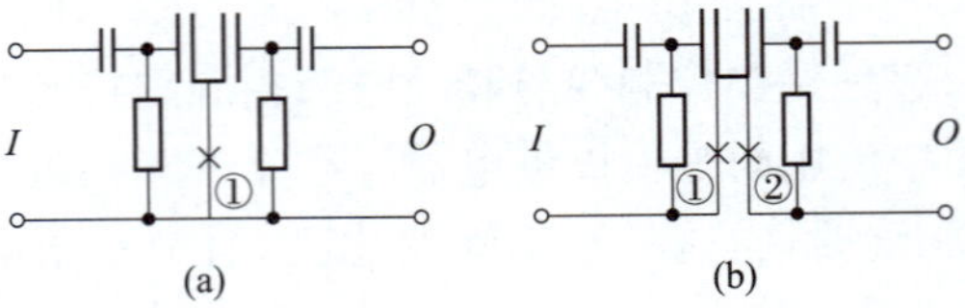

图 1-8　串联法示例 2

再如，在移频自动闭塞设备中，为了防止牵引电流谐波及其他干扰，常采用如图 1-9(a)所示的带通滤波器加以防护。当图中的①或②点发生断线时，滤波特性变坏，阻带衰耗减小，从而输出的干扰电平增大，并可能使后级发生误动，产生危险。为此把两个并联支路改变为变压器耦合的方式接成如图 1-9(b)所示的电路，则当①、②、③、④等任意点断线，滤波器回路均处于断路状态，从而满足了故障—安全的要求。

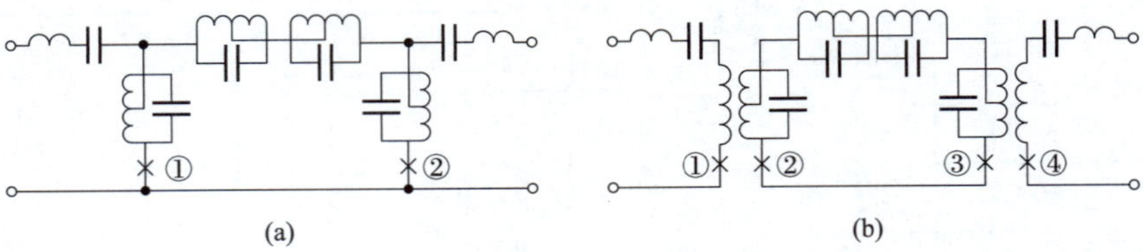

图 1-9　串联法示例 3

(3)设备故障时以维持现状为安全侧的方法，此法主要用于道岔的控制系统中，道岔密贴于定位或反位是安全状态，不密贴是危险侧状态。当控制系统发生故障时，应使道岔维持在安全状态。

在控制电路中采用磁性保持继电器，它仅在给予控制能量时才能转换，即使切断了电源，由于磁性保持仍能维持原状。在电动转辙机控制电路中，当电动机电路动作以后，有车驶入道岔区段时利用磁性保持原理，使道岔能继续转换到底。单线区间闭塞的方向电路也是利用磁性保持原理构成的。

(4)采用联锁的方法也是故障—安全技术的重要内容，其中采用电气锁闭能较方便地实现各种联锁。电气锁闭原理可概括如下：

①为了达到故障—安全原则，在信号安全电路中必须使用安全型信号继电器，这是实现电气锁闭的第一条原则。

②必须根据闭路式电路原理进行设计。

③必须遵循安全对应法则。

④为了实现安全对应，继电器接点电路的逻辑函数的取值或者为 1 或者为 0，不允许两者同时存在。

⑤只有在出现单故障时会被发现，才允许只考虑单故障，忽略多故障。

(二)危险侧故障率最小化技术

在某些情况下，采取的安全措施达不到故障—安全的要求，但可以使发生危险侧故障的概率降低，这种只能减少危险侧故障率的技术，称为危险侧故障概率最小化技术。

(1)混线防护法,包括双断法和电源隔离法等。双断法是减少混入其他电源出现危险侧故障的保护措施。如图 1-10(a)所示,电缆芯线混入其他电源,可使道岔表示继电器 5/7 DBJ 错误地吸起,给出危险侧输出。若在控制电源的正负极两侧分别接入同样的控制条件,如图 1-10(b)所示那样,则 A、B 处混线,不再使 5/7DBJ 给出危险侧输出,但这个单故障将被“掩蔽”起来,此种在去线和回线上接入同样控制条件的方法叫作双断法。因为双断法是将单故障掩蔽起来,所以还要考虑多故障的情况,若 A、B 和 C、D 处两个单故障叠加,则 5/7 DBJ 仍然给出危险侧输出。因此,在多故障的情况下双断法不能达到故障—安全,只能做到危险侧故障率降低。

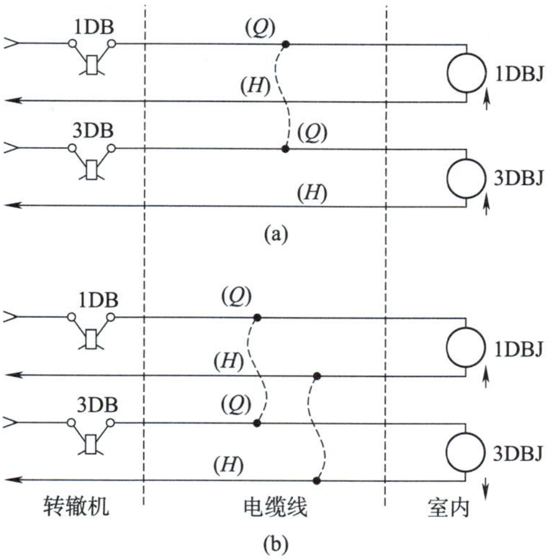

图 1-10　双断法

如图 1-11 所示是电源隔离法,也是对混入其他电源的保护法,道岔定位表示继电器 DBJ 和道岔反位表示继电器 FBJ 依靠半波整流电流吸起,在另一半周时靠电容器 C 的放电电流保持吸合。哪一个继电器吸合取决于半波整流电流的方向:转辙机定位表示接点 DB 闭合时 DBJ 吸合;反位表示接点 FB 闭合时 FBJ 吸合;当道岔正在转换或道岔被挤或道岔不密贴时 DB 和 FB 都断开,DBJ 和 FBJ 都将释放。当两条控制线如图 1-11 中 A-B 虚线所示相混时,两个继电器都将得到交流,因此都会释放,给出安全侧输出。如图 1-11 中 C 的虚线所示混入其他电源时,因为每组道岔的表示电路都有隔离变压器,混进来的电源构不成闭合回路,所以不致使继电器错误吸起,即继电器不会给出非故障—安全输出。

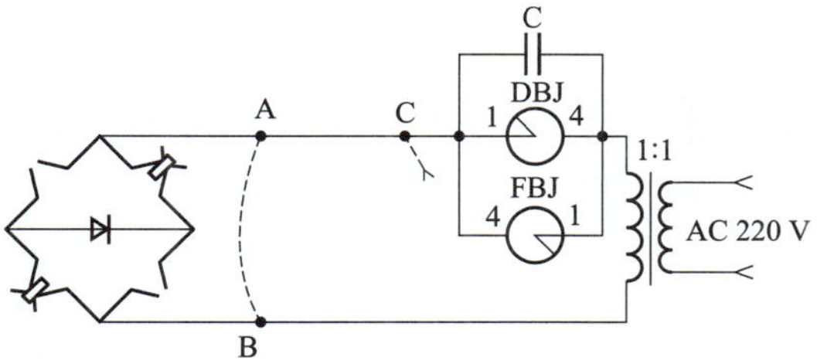

图 1-11　电源隔离法

(2)危险因素的减低方法,如信号继电器接点熔化会引起危险侧故障,其防止办法是使用碳精接点或使用贵金属接点时串联熔断器,遇有异常电流时先使其熔断。

(3)把超过规定的能量减低的方法,过流检测器就是一例。

(4)考虑感应干扰和安装环境,如要防止机械共振,防止雷害和感应干扰等。

(5)接近锁闭、延时锁闭等基于时间的联锁方法也可归在“危险侧故障率的最小化技术”一类中,其理由是:一般基于时间进行锁闭的情况,在规定的时间里是安全侧,规定的时间过后不再是安全侧。

(三)防错办技术

在有人介入的系统里,减少或防止操作失误,即错误操作了也使系统仍处于安全状态的技术叫作防错办技术。

人是难免出错的,一旦出错就可能引起人身伤亡和巨大财产损失的设备或系统,均应采用防错办技术,以保证安全。

(1)防止操作失误技术,用机械的、电气的联锁方法可以有效地防止错办。为了防止把继电器插错位置，在继电器插座上都装有继电器类型鉴别销，于是鉴别销法普遍得到应用。

(2)减少错办技术用特殊显示、特殊操作方法减少错办。最早得到应用的是列车接近铁路公路平面交叉道口时的闪红灯报警信号，它配套装有音响信号，用以提醒人们的注意，并使道口看守员及时地落下手动栏木。在控制台上单独操纵道岔时，采取两个按压按钮动作才能完成一个控制命令的方式，可以防止误碰按钮。继电联锁设备中，人工解锁按钮盘单独设置，区段故障解锁要求两人协同办理，单线继电半自动闭塞要求两站协同办理。对于异常重要的按钮采用加铅封，使用时进行登记才能拆封操作。

使操作形象化、简单化减少错办，如进路式继电联锁设备，每排列一条进路，需沿着站场图上的进路，先后按压进路始端和终端的两个按钮，既形象又简单，使错办的概率大大降低。

(3)使错办不生效技术。减少错办不等于能杜绝错办，因此需要设法使错办不生效，例如：在我国广泛采用的 6502 型继电式电气集中联锁的选择组电路，用区分列车和调车按钮的方法，区分各种方向电源的方法即是错办不生效的例子。

(四)故障弱化技术

当设备或系统的局部发生故障时，设备或系统的某些功能有所减弱，但在整体上仍能使设备或系统持续执行一定功能的技术叫作故障弱化技术，在铁路信号领域中采用的故障弱化技术有：

(1)维持最低功能法。如道口报警器用的断续继电器，当继电器发生故障不能保持正常情况下的断续点灯时，就构成信号机连续点灯。

(2)迂回进路法。在基本进路因故障而不能使用时，准许改选迂回进路，给出相应的信号显示，完成相应的运输作业。

(3)引导信号法。进站信号机因故障不能给出进站信号时，允许用引导信号引导列车低速驶入车站。

(4)人工解锁，因某种故障进路不能正常解锁时，允许由人工在保证安全的条件下(要履行登记手续，以便查考)，使设备解锁。

(5)在运用上弱化故障。自动闭塞的通过信号机，因故障显示停车信号时，在列车一旦停车后，仍允许其越过红灯以随时可以停车的低速继续运行，将故障的影响限制在最小范围内。

作为一个系统，故障弱化的两个典型实例其一是我国高速铁路列车所采用的 CTCS-3 级列控系统，当车载列控设备与 RBC 无线通信故障，超过一定时间而未成功重连时，列车就降级到 CTCS-2 级的降级运行模式。另一个典型实例是城轨 CBTC 系统具备 CBTC 移动闭塞级别、点式固定闭塞级别、联锁控制级别三种控制模式，遇到故障能够依次向下降级运营。

(五)故障诊断和恢复

(1)功能检查。对电路、元件进行功能检查，检查结果作为控制其他电路或采取防护措施的条件。

在红灯灯丝断丝的情况，如进站信号机显示允许信号，列车接近站台，一旦因故关闭信号，将无灯防护车站。为防止这种危险状态的发生，在开放信号前需要检查红灯灯丝的良好状态。

进站信号机显示两个黄灯时，第二个黄灯发生断丝故障，也切断第一黄灯，转为红灯显示，避免两黄变一黄，发生升级显示。

驼峰信号机的信号显示，闪光和稳光赋予不同的显示意义，为防止因故闪光变成稳光，设计闪光校核继电器(SNJJ)，当查明应闪光而没有闪光时，自动关闭信号。

为了防止复示继电器与主继电器动作不一致造成风险，可以在其他电路中检查复示继电器的状态。

（2）及时发现和修复故障。对于出现的故障应及时发现，迅速恢复，才能缩短设备停用时间，提高设备的可靠性。由于设备停用期间，安全靠人保证，经验证明事故发生概率明显上升，因而及时发现和修复故障可以间接提高安全性。例如：

①继电联锁设备的控制台上有较完整的显示、音响报警系统，便于及时发现异常、分析故障，如信号复示器、按钮表示、挤岔电铃、熔丝报警、主灯丝断丝报警、主副电源自动切换报警。

②检测装置，包括现有的轨道电路测试盘、电缆绝缘测试仪等，微机检测装置可以自动巡测轨道电路电压、各种电源电压等，发现超限可以报警。

③快速修复。铁路信号设备发展小型化、定型化、组合化、插接化，发现故障，拨下插件快速更换，缩短停用时间。

三、故障—安全概念的发展

随着科学技术的进步，以微处理器为核心的微电子技术的发展日新月异，为故障—安全系统提供了价格低廉的先进的物质基础；以微型计算机为主体的容错计算技术的形成和发展，为安全系统提供了先进的系统结构手段；以概率论为基础的可靠性理论的建立和普及，为安全系统的评价提供了有效的理论武器。上述一切对故障—安全概念认识的深度和广度产生了巨大的影响，推动从传统故障—安全概念向具有概率特性的广义故障—安全概念的转变。

1. 狭义的故障—安全概念

铁路信号的基本作用之一就是保证列车、车列运行的安全，而这种安全的实现又总是把“系统故障时让列车停止”作为第一条件，随之也相应地规定：系统故障时把信号显示变为让列车停止的红灯为安全侧。这是传统的传统铁路信号故障—安全技术的一个重要特点。

由于驾驶机车的司机对信号显示百分之百的信任和无条件的绝对服从，一旦信号设备发生故障、信号机出现错误显示将造成巨大的生命、财产上的损失。历史上血的教训，促使人们形成了要绝对保证安全的指导思想：为了保证列车运行安全，在信号设备发生故障时，绝对禁止向显示“进行信号”的危险侧动作，而必须导向“显示停止信号”的安全侧，这就是故障—安全具有的直观含义。

在继电信号设备中，故障—安全的实现是以具有非对称错误特性的信号继电器和闭路原理为基础，实现信号设备整体性的故障—安全，这是传统铁路信号安全技术的一个特点。由于这种继电器的非对称错误特性主要是借助永恒的重力实现的，因而认为在任何故障情况下必定倒向安全侧，具有百分之百的安全性，从而把它叫作安全型继电器。这就进一步加深了故障—安全概念的绝对化，即一个系统，当其内部发生任何故障时，该系统能够给出一个预定的输出值，这样的系统就称为故障—安全系统。预定输出值指的是能够控制设备于安全侧的输出值。

这种绝对化的故障—安全概念对铁路信号设备的发展起着极大的阻碍作用。在一个时期内，慎用新技术，以避免其不可识别的故障所可能带来的巨大风险，这是铁路信号的基本原则之一，这使现代电子技术和控制理论在铁路信号中的推广受到影响。

2. 具有概率特性的安全概念

随着可靠性理论的诞生和发展，促使对故障和失效的分析建立在概率论的科学基础上，进而揭示了安全也应是一个具有概率特性的概念。

理论上，构成信号系统或组成系统的部件、设备、子系统的失效都可进一步划分为“安全”

失效和“危险”失效，把系统或组成系统的部件、设备、子系统的失效率用 λ 表示，并把危险失效率用下标“D”表示，安全失效率用下标“S”表示，因此对于一个系统或组成系统的部件、设备、子系统，危险失效率和安全失效率分别表示为 λ_D 和 λ_s，并有 $\lambda=\lambda_D+\lambda_s$。

将运行时所有可在线检测的失效归为被检测到的(显性)失效，所有未在线检测的失效归为未检测到的(隐性)失效。作为这种进一步划分的结果，每个部件失效率可被再细分成互斥的四部分失效率：安全/可检测到 SD、安全/未检测到 SU、危险/可检测到 DD、危险/未检测到 DU，这四类失效率关系如图 1-12 所示。

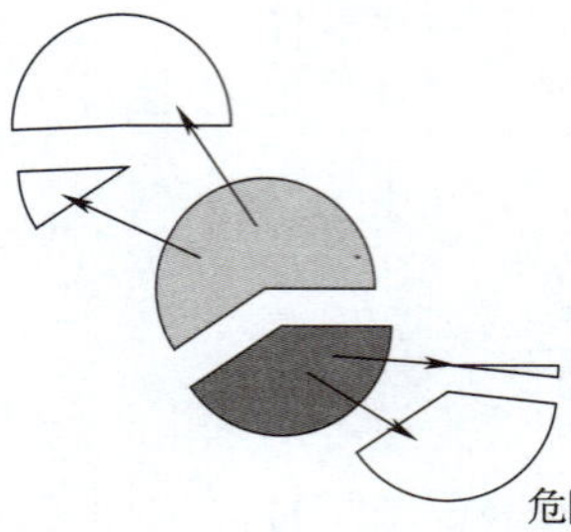

图 1-12　安全和危险/可检测到和未检测到失效率关系图

用下标 SD、SU、DD、DU 表示失效分类的话，四种失效率可表示如下：

λ_{SD}——安全可检测到失效率

λ_{SU}——安全未检测到失效率

λ_{DD}——危险可检测到失效率

λ_{DU}——危险未检测到失效率

并有：

$$\lambda_S=\lambda_{SD}+\lambda_{SU}$$

$$\lambda_D=\lambda_{DD}+\lambda_{DU}$$

可检测到和未检测到失效率可通过确定系统或组成系统的部件、设备、子系统的诊断覆盖因数而计算获得，对于危险失效和安全失效假定不同的诊断覆盖因数，对失效率而言，下标“D”用于诊断覆盖因数“C”表示危险失效的诊断覆盖因数，类似的，下标“S”用于诊断覆盖因数“C”表示安全失效的诊断覆盖因数，危险失效和安全失效的诊断覆盖因数分别为 C_D 和 C_S，可按以下公式计算获得四种失效率：

$$\lambda_{SD}=\lambda_S\cdot C_S$$

$$\lambda_{SU}=\lambda_S\cdot(1-C_S)$$

$$\lambda_{DD}=\lambda_D\cdot C_D$$

$$\lambda_{DU}=\lambda_D\cdot(1-C_D)$$

考虑到失效原因，上述四种失效率还可以进一步划分成独立原因失效和共因失效，设 β 为共因失效因数，则上述四种失效率分为：

$$\lambda_{SD}=\lambda_{SDN}+\lambda_{SDC}$$

$$\lambda_{SU}=\lambda_{SUN}+\lambda_{SUC}$$

$$\lambda_{DU}=\lambda_{DUN}+\lambda_{DUC}$$

$$\lambda_{DD}=\lambda_{DDN}+\lambda_{DDC}$$

其中：

$$\lambda_{SDC}=\beta\lambda_{SD},\lambda_{SDN}=(1-\beta)\lambda_{SD}$$

$$\lambda_{SUC}=\beta\lambda_{SU},\lambda_{SUN}=(1-\beta)\lambda_{SU}$$

$$\lambda_{DDC}=\beta\lambda_{DD},\lambda_{DDN}=(1-\beta)\lambda_{DD}$$

$$\lambda_{DUC}=\beta\lambda_{DU},\lambda_{DUN}=(1-\beta)\lambda_{DU}$$

由此，可以得到以下结论：

(1)百分之百可靠的系统是不存在的，系统或组成系统的部件、设备、子系统的失效是不可避免的，即 λ 不可能为零，只能希望它足够小。

(2)危险失效率 λ_D 无论如何低不可能等于零，因此安全不是绝对的，是相对的，具有概率特性。实际上，铁路信号用继电器尽管采取了一系列措施实现故障—安全原则，但由于前接点组熔接而发生事故的例子也不是完全没有的。有统计表明，信号用继电器的 $\lambda_D=10^{-10}/h$，$\lambda_S=5\times10^{-7}/h$，这只能表明危险失效率是比较低的，但不可能等于零。

(3)安全的目标是降低 λ_D，更确切一点是降低 λ_{DU}，需要考虑诊断覆盖因数和共因失效因数这两个重要因素。

(4)对于 λ 很大的系统，即使 λ_D 很小，但由于 λ_S 很大，也会频繁失效而导致系统恢复时间变长，这不仅降低系统运行效率，而且还容易诱发其他重大事故，大量严重安全事故证明了这一点。因此，安全应建立在高可靠基础之上，应追求的是系统失效率 λ 很低情况下的安全。

总之，安全具有概率特性，获得安全要付出技术和经济代价或成本，代价或成本对应可接受概率水平，其确定的前提是法律、技术标准和规章制度，低于可接受概率水平即可认为是安全的。也就是说，安全相关系统必须有概率化的安全目标，并对安全相关系统进行是否符合该安全目标与否的安全评价，总之要对系统的安全程度做出概率的量化。

还需要注意的是，目前的铁路信号系统(含列控系统)均已转变为使用微处理器等大规模集成电路或超大规模集成电路为核心的复杂微电子系统，其安全目标只能转变为功能安全，这样的系统可称为安全相关系统。

另外，对于铁路信号系统(含列控系统)，安全不能只考虑设备因素，还要考虑人为因素。这是因为，铁路信号系统(含列控系统)归根到底属于有人参与的控制系统，从人—机系统学的观点来看，控制系统往往就是人和设备、人和人组合而成的有机体，在这个系统中，人扮演着重要的角色。因为人总有一些错误地执行规定任务的概率，势必会对系统的可靠性和安全性产生影响。根据 Meister 的研究，人为差错占所有设备失效的 20%～50%，所以安全技术不仅考虑设备本身的失效，还必须从“人机工程学”的角度研究人的差错规律，并提出相应的防护措施。

第二节　安 全 标 准

随着社会发展和科技进步，在军事、航空航天、铁路、核应用、采矿、石油、化工、工业控制等与安全相关的行业提出了很多安全理论和具体技术，反映在相关国际安全标准中。在此，主要讨论 IEC 61508 标准和 EN 50126、EN 50128、EN 50129 和 EN 50159 等铁路信号安全标准。

一、IEC 61508 标准

在功能安全相关领域的研究、研发或集成应用中，国际电工委员会制定的 IEC 61508 标准是普遍认可并需遵循的一个功能安全基础标准，即《电气/电子/可编程电子安全相关系统的功能安全》，与之对应的是我国国家标准 GB/T 20438。IEC 61508 针对由电气/电子/可编程电子部件构成的、起安全作用的电气/电子/可编程电子系统(E/E/PE)的整体安全生命周期，定义了一个基础的方法和技术框架，用于系统地处理安全相关的所有活动，对以电子为基础的安全相关系统提出一个一致的、合理的技术方针。

所谓电气/电子/可编程电子系统(E/E/PE)是指以电气/电子/可编程电子技术为基础，包括了电气设备、电子设备、可编程电子设备，其中，电气设备指电机设备；电子设备指固态非可编程电子设备；可编程电子设备指以计算机技术为基础的电子设备。以一个或多个可编程电子设备为基础，用于控制、防护和监督的系统，它包括了系统的全部元件，如电源、传感器以及其他输入设备、数据通道、通信通路和其他执行器、输出设备。所谓安全相关系统(Safety-Related System)是指用于两个目的的系统：一是执行要求的安全功能以达到或保持受控设备(EUC)的安全状态；二是自身或与其他 E/E/PE 安全相关系统、其他技术安全相关系统或外部风险降低设施一道，能够达到要求的安全功能所需的安全完整性。电气/电子/可编程电子安全相关系统一旦失效可以影响人的安全性和环境的安全性。

IEC 61508 考虑了所有相关的整体、E/E/PE 和软件生存周期阶段，为 E/E/PE 安全相关系统实现必要的功能安全提供一个通用的评价方法，用安全完整性等级来说明安全相关系统的安全目标，它的主要目标是预测涉及安全的系统运行时的失效概率。IEC 61508 的特点是把风险作为度量危险的指标，这里的风险(Risk)是指危害发生的概率(Likelihood)和危害严重性(Consequence)的组合。IEC 61508 定义了 4 种风险指标：

(1)被控设备风险：指被控设备或被控设备与被控设备控制系统相互作用而产生的风险。

(2)可容忍的风险：指在以现行社会标准为基础的给定情景下可被接受的风险。

(3)残余的风险：指在采取了防护措施后仍然保留的风险。

(4)必须的风险降低：指通过电气/电子/可编程电子安全相关系统、其他技术的安全相关系统和外部风险降低设备实现的风险降低，以确保不超过可容忍的风险。

在对安全相关系统进行需求分析和风险分析之后，可以得到系统的可容忍的风险和现存的风险，两者之差是必须降低的风险。IEC 61508 中主要讨论的就是怎样利用安全技术和分析方法降低电气/电子/可编程电子安全相关系统的风险。

IEC 61508 由 7 个部分组成：一般要求、电气/电子/可编程电子系统的需求、软件需求、定义和缩略语、确定安全完整性等级的方法示例、IEC 61508-2 和 IEC 61508-3 的应用指南、技术和措施概述。

IEC 61508 的主要目标是：

(1)用技术手段经济地增进功能安全。

(2)在安全框架内推动技术发展。

(3)对所有的安全相关系统，包括软硬件在内，从系统生命周期角度提供一个系统方法。

(4)为安全技术的未来发展提供一个灵活的技术方案。

(5)提供分析安全相关系统安全功能要求的方法。

(6)建立一个基础标准，使其可直接应用于工业，同时，亦可指导其他领域的标准，使这些标准的起草具有一致性(如基本概念、技术术语、对规定安全功能的要求等)。

(7)让使用者和维护者放心使用以计算机为基础的技术。

(8)建立一个统一的标准以利于：

- 增进系统的安全功能；
- 发展用于各领域的安全技术和测试；
- 开展安全评估。

IEC 61508 用安全完整性等级来说明安全相关系统的安全目标。安全完整性就是在规定的时间周期内和规定的条件下，安全相关系统成功地完成所需安全功能的能力，安全完整性分为系统失效和随机失效完善性。完整性等级分级标准是随机故障—安全完整性的定量目标，而对于系统失效完整性，标准中是用质量管理、安全管理和技术安全等定性指标作为目标的。定义一个安全相关系统的安全完整性等级相当重要，应当根据系统安全要求计算出可以容忍的失效率，然后得出系统安全完整性等级。如果等级定低了会直接威胁系统的安全性，如果等级定高了会浪费大量的人力、物力和财力。

安全生命周期就是从方案的确定阶段开始到所有的电气/电子/可编程电子安全相关系统、其他技术的安全相关系统、外部风险降低设备不再可用时为止的时间。安全生命周期也是 IEC 61508 中很重要的一个概念，通过定义安全生命周期各个阶段的安全性目标和必须达到的要求来对系统开发应用的每一个环节严格把关，实现整个系统的安全。

最新的 IEC 61508 版本为 2010 年版本。

二、EN 50126/50128/50129 标准

欧洲以 IEC 61508 国际标准为基础，吸收该国际标准的精髓，研发行业标准，所以它应作为进行铁路安全评估和分析的基础。欧洲电气化标准委员会(CENELEC)下属的 SC9XA 委员会制定了以计算机控制的信号系统作为对象的铁路信号标准，它包括以下 4 个部分(关系如图 1-13 所示)。

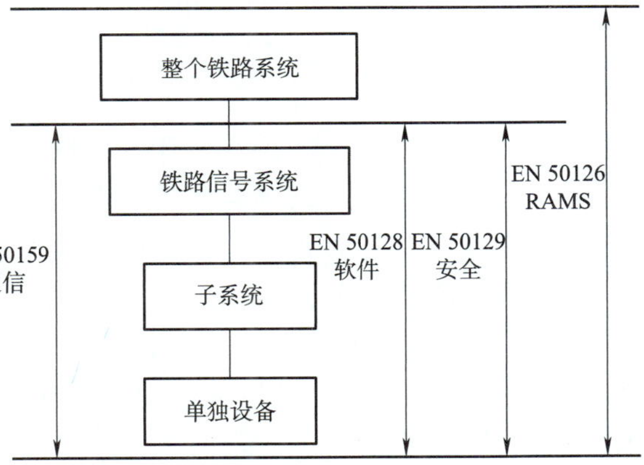

图 1-13　CENELEC 铁路标准关系图

(1)EN 50126 铁路应用：可靠性、可用性、可维护性和安全性(RAMS)规范和说明。

(2)EN 50129 铁路应用：通信、信号和处理系统-信号用安全相关电子系统。

(3)EN 50128 铁路应用：通信、信号和处理系统-控制和防护系统的软件。

(4)EN 50159 铁路应用：通信、信号和处理系统-传输系统中的安全相关通信。

EN 50126 标准定义了系统的 RAMS(Reliability、Availability、Maintainability 和 Safety)，即

可靠性、可用性、可维护性和安全性，考虑到系统 RAMS 是建立在整个系统的生命周期范围内，本标准指导性地给出了在每个生命周期内各个阶段 RAMS 的管理和要求，但在本标准中，未定义 RAMS 的特定的定量目标。

EN 50129 标准规定了为了确保安全相关的铁路信号电子系统/子系统/设备安全所必须满足的条件，这些条件包括：质量管理措施、安全管理措施、功能和技术安全措施、安全接受和论证。作为一个安全相关系统要做到系统的安全能够得到接受和论证，必须经过前三个步骤，该标准与英国的黄页（主要针对安全相关系统系统的工程管理和评估分析）有许多相似。

EN 50128 标准针对信号系统中出现的采用计算机（包括微机、单片机）越来越广泛、由软件来承担安全性需求的比重越来越大、软件安全性问题变得更加突出等趋势，对软件的安全保证提出了相关的规范和设计标准。在该标准中，对铁路控制和防护系统的软件进行了安全完整度等级的划分，针对不同的安全要求制订了相应的标准，按不同等级对整个软件研发、检查、评估、检测过程包括对软件需求规范、测试规范、软件架构、软件设计研发、软件检验和测试、软硬件集成、软件确认评估、质量保证、生命周期、文档等提出相应的程序与规范的要求。

最新的 EN 50126 版本为 1999 年版本，最新的 EN 50129 版本为 2003 年版本，最新的 EN 50128 版本为 2011 年版本。

目前已提出 prEN 50126，内容覆盖已有 EN 50126、EN 50128、EN 50129，其中 prEN 50126-1：2012 取代 EN 50126-1：1999，内容为一般 RAMS 过程（Generic RAMS process）；prEN 50126-2：2012 取代 EN 50126-1：1999、CLC/TR 50126-2：2007、CLC/TR 50126-3：2008，内容为系统实现安全的方法（Systems approach to safety）。prEN 50126-4：2012 取代 EN 50129：2003，内容为电气/电子/可编程电子系统的功能安全（Functional Safety-Electrical/Electronic/Programmable electronic systems）；prEN 50128：2012 取代 EN 50128：2011；内容为软件功能安全（Functional Safety-Software）。预计未来会有版本内容覆盖已有 EN 50126、EN 50128、EN 50129 的新版 EN 50126 发布。

三、EN 50159 标准

欧洲电工标准化委员会（CENELEC）核准的 EN 50159 标准适用于使用传输系统完成数字通信目的安全相关电子系统，给出了传输系统所连接的安全相关设备实现安全相关通信的基本需求。该标准中传输系统不需专为安全相关应用设计，安全相关设备和非安全相关设备可以通过传输系统连接。该标准将传输系统划分为以下三种类型：

（1）在设计人员的控制下，且在生命周期内是固定不变的；

（2）部分未知或不是固定不变的系统，但可排除未经授权的访问；

（3）不受设计人员控制的系统，应考虑未经授权的访问。

该标准可用于传输系统所连接的安全相关设备的安全需求规范，以获得所分配的安全完整性需求。安全需求通常在根据 EN 50129 设计的安全相关设备中实现，在某些情况下，这些需求可能在其他传输系统的设备上实现，只要通过安全措施控制来满足所分配的安全完整性需求。安全需求规范是安全相关电子系统安全案例的基础，所需证据在 EN 50129 中规定，安全管理和质量管理的证据也须服从 EN 50129。该标准的主题是通信相关的功能性和技术性安全案例的要求。

该标准不指定传输系统、传输系统所连接的设备、解决方案（如互操作性）、安全相关数据的界定等内容。该标准只考虑故意通过信息手段攻击安全相关应用时的 IT 安全问题，而不考虑常规的 IT 安全问题，特别是不包括确保安全相关信息的保密性、防止传输系统的过载等相关 IT 安全的问题。

最新的 EN 50159 标准为 2010 年版本。

第三节　典型铁路信号系统安全结构举例

20 世纪 70 年代以来，以微处理器等大规模集成电路或超大规模集成电路为核心的复杂微电子系统逐渐引入铁路信号系统，这个过程中出现了几种至今都在使用的铁路信号系统安全结构，下面依次描述它们的技术特征。

一、编码微处理器结构

在法国，编码微处理器本质在于所有程序变量都要编码，编码的选择应保证源程序的任何偏差都会产生“编码之外(out of code)”字符，它会触发动态控制器，这个起最后“保险”作用的控制器基于故障—安全技术设计，在安全苛求输出处关闭电源。在编码微处理器中，保留编码按形式为：

$$X = A \cdot x$$

其中，X 是一个编码操作数，x 是操作数的未编码值，A 是一个随机选择的素数。

简要地说，每个所用变量都要编码，编码由两部分(X_f，X_c)组成，其中 X_f是变量的值部分，32 位；X_c是变量的控制部分，48 位。变量的值和控制部分以不同的方式分开计算，指令集应设计成能够处理输入编码变量和提供编码形式的输出，基本操作库叫作 OPELEM，其创建了如何实现安全基本操作的流程。编码微处理器的具体原理如图 1-14 所示。

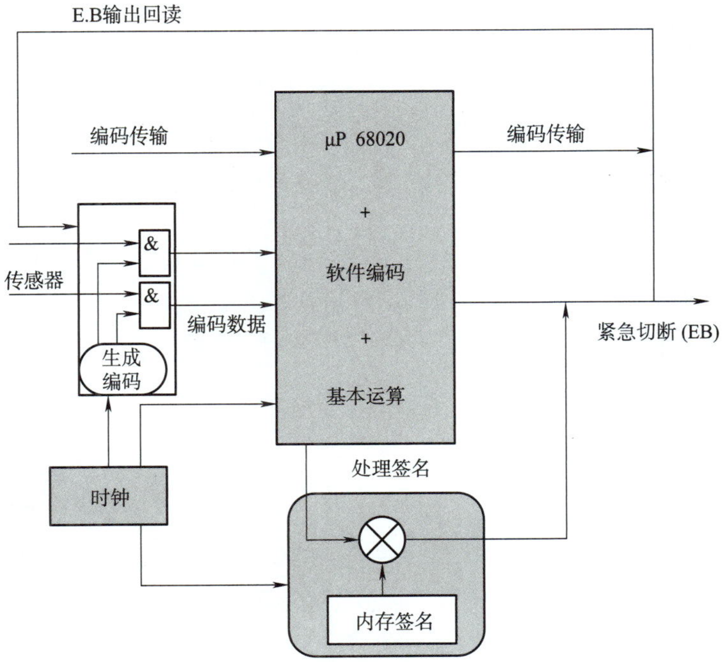

图 1-14　编码微处理器原理

所使用的编码由紧密混合的四种签名(signature)构成,能检测出四类错误,具体描述如下:

(1)算数编码。含有素数 A 的算数编码用于检测计算错误(延迟误差、移位误差等),变量 X 的编码(X_f,X_c)是一个编码字,且满足等式:$2^k X_f + X_c \equiv 0$(模 A),其中,k 是一个常整数。

(2)数据签名(静态签名)。用于检测寻址错误(操作数寻址错误,操作错误,变量混淆),每一个变量 X 与整数 B_x 相关,叫作签名 X,这个签名是叠加在算术编码上的,$X=(X_f, X_c)$是一个编码字,且满足等式:$2^k X_f + X_c \equiv B_x$(模 A),其中 k 是一个常数。

中间变量和输出的签名由输入签名和所执行的操作决定,此外可以借助签名预测工具来计算程序所有输出的签名,后者独立于输入值及其执行路径。

(3)定时签名(动态签名)。它用来检测错误(无用存储,循环的错误数量等),每个处理周期或者更一般的循环缺口是由其适当的时间数 D 来表征的,时间数在每个循环中都是递增的,时间数插在每个变量编码中,编码最后的定义如下:

变量 X 的编码(X_f,X_c)的时间数 D 是一个编码字,且满足以下等式:$2^k X_f + X_c \equiv B_x + D$(模 A)。

(4)顺序签名。添加一个特殊的全局变量,叫作"追踪变量(Tracer)",为了防止某些序列或分支的错误,这个追踪变量在每个指令之后都会更新,并且可以通过预测工具计算,追踪变量叠加在包括时间 D 的签名如下:

$$2^k X_f + X_c \equiv B_x + D + \mathrm{T_r}\text{(模 A)} = \mathrm{S_f}\text{(最终签名)}$$

编码微处理器设计了两个故障—安全部件,以确保安全编码计算机故障或检测出故障后,将系统导向安全侧:

(1)故障—安全硬件部件(CKDYN)

最终签名 $\mathrm{S_f}$ 送到根据故障—安全技术设计实现的动态控制器 CKDYN 中,CKDYN 从 $\mathrm{S_f}$ 中得到时间信息,然后比较 $\mathrm{S_f}$-D 和程序的参考签名 $\mathrm{S_r}$,这个参考签名是常量,提前由签名预先计算工具预先计算出来,并存储在动态控制器的只读存储器中。如果 CKDYN 检测到 $\mathrm{S_f}$-D 与 $\mathrm{S_r}$ 不符,意味着 $\mathrm{S_f}$ 为"编码之外(out of code)"字符,控制器将切断输出的电源。

(2)故障—安全软件部件(OPELEM)

安全基本操作 OPELEM 需要处理编码输入来产生编码输出,并且保持编码特征,这些特征要求输出签名可以预先计算。

考虑到处理编码变量的 OPELEM 算法,已经证明了安全基本指令集 OPELEM 检测单一故障的能力。根据错误类型中得到的五种错误模型,失效模式和后果分析方法已经用于分析基本操作,当无法检测到失效组合时,则须评估发生概率,这些组合非常复杂,响应的概率远低于分配给微处理器的目标。

二、SIMIS 结构

1. SIMIS 结构原始版本

SIMIS 结构原始版本由西门子与 SEL 联合开发,基于 INTEL 8080 程序实现二取二结构,其核心为时钟级双冗余总线硬件比较单元,比较内容包括输入数据、输出数据及其地址,这种比较对于两个通道内的非对称性失效检测来说是非常有效的。这种方法要求所有的设备同步执行,因而两个通道必须使用相同类型的部件,这种同步方式不允许使用不同的部件,如不同的处理器，另外，应该通过特殊措施尽可能地避免两通道内的系统性错误和失效。

SIMIS 结构原始版本原理如图 1-15 所示，输入单元将输入数据分配给两条总线。总线上的所有数据以及输出单元的输出数据将在比较单元 SICOMP 内以 *n*bit 形式并行地进行比较。

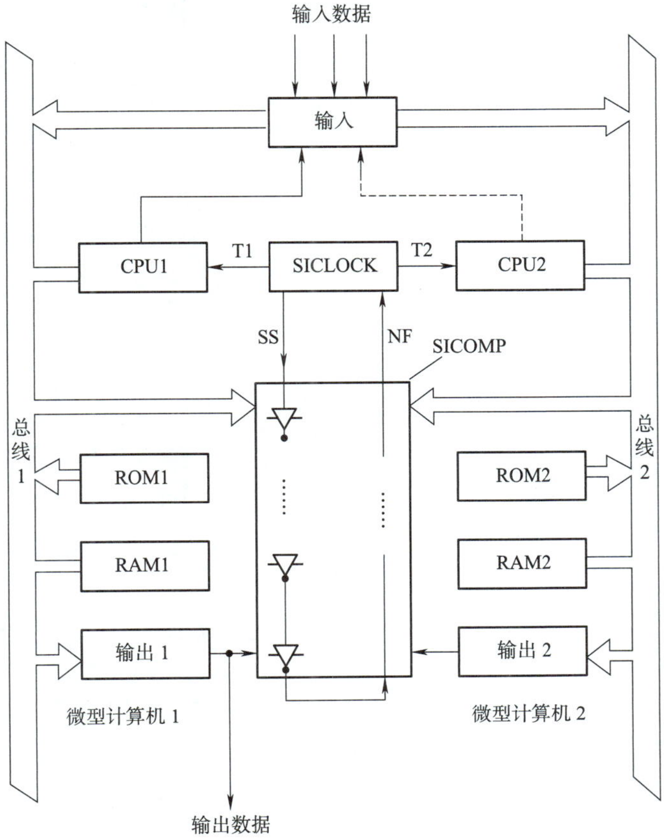

图 1-15 SIMIS 结构原始版本原理框图

时钟单元 SICLOCK 向比较单元 SICOMP 发送监督信号 SS。当 *n* 比特对(the *n* pairs of bits)数据比较相等时，SICOMP 产生“无失败”信号 NF，NF 信号的到达使时钟单元产生新的时钟驱动。如果任何一对比特数据比较不一致，而导致无失败信号 NF 没有到达时钟单元，计算机系统将会停止。

图 1-16 详细描述了比较单元 SICOMP，这个 *n*bit 比较器事实上是一串 1bit 比较器。1bit 比较器可看作由一个晶体管、一个电阻和一个特殊电源组成的放大器，其中特殊电源由两个 D 触发器和四个二极管组成。如果相应的两 bit 数据的比较结果为相同，则放大器会被供给所需的电压，如果这个放大器有输入信号 SS，它将产生输出信号 NF1(1 位无失败)，NF 信号的存在意味着所有 *n*bit 的数据比较均未失败。

比较器拥有故障—安全的机制，比较器里的每一个失效都会导致时钟单元 SICLOCK 的停止。整个 SIMIS 计算机系统面对一个失效是安全的，但面对两个及更多失效则是非安全的。为了避免两个及更多的失效，一段短时的自检测时间是必须的，这个短时自检测通过对总

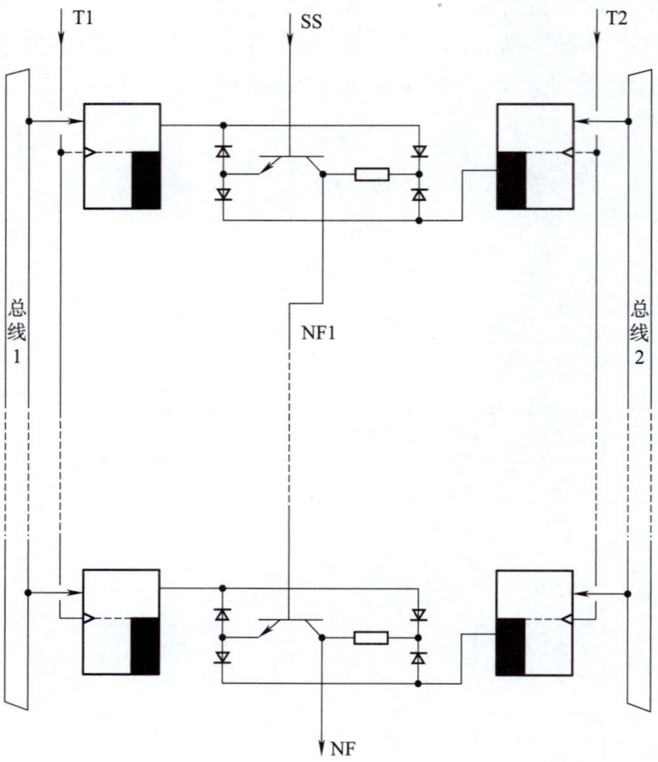

图 1-16 比较器 SICOMP 的细节描述

线上发生的所有状态以及周期性自检测的所有状态进行顺时针对比来实现。

安全相关计算机系统有一个重要的特性，即拥有找出导致失败安全反应原因的支持功能，SIMIS 的各单元均包含历史寄存器单元，它可以存储 64 个总线状态。

2. SIMIS 3116 版本和 SIMIS 3216 版本

西门子与 SEL 的合作终止后，一般认为西门子是 SIMIS-C 及 SIMIS 后续版本的独立供应商。SIMIS-C 的尺寸更小，在速度方面，SIMIS-C 是原始版本的三倍，但在结构方面原始版本和 SIMIS-C 并没有显著的区别。

SIMIS 3116 基于 INTEL 80186 CPU 开发，是一个时钟频率高达 20 MHz 的 16 位系统，专为车载应用而开发。SIMIS 3116 可设计为二取二系统或者三取二系统，而原始版本和 SIMIS-C 只可设计为二取二系统。

SIMIS 3116 的二取二结构如图 1-17 所示，比较器 COM 包含了错误寄存器 FM，支持错误追踪。

SIMIS 3116 的三取二结构如图 1-18 所示。每个计算机都配备了两个比较器，一个左比较器和一个右比较器，左比较器对来自自身的数据和来自左邻计算机进行比较，右比较器对来自自身的数据和来自右邻计算机进行比较。两个比较器的输出构成“与(AND)”逻辑，如果两个比较器的结果为“不相等”，“与(AND)”逻辑将产生关断(OFF)信号来关闭计算机，并在进一步的表决中将其排除，系统通过这种方式来防止已出现失效与下一失效同时发生于相邻计算机的危险。

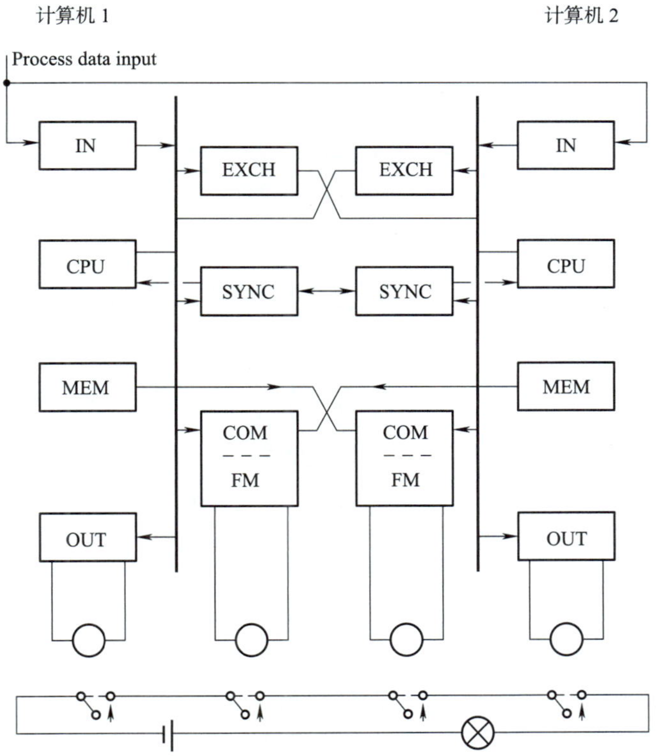

图 1-17 SIMIS 3116 的二取二结构

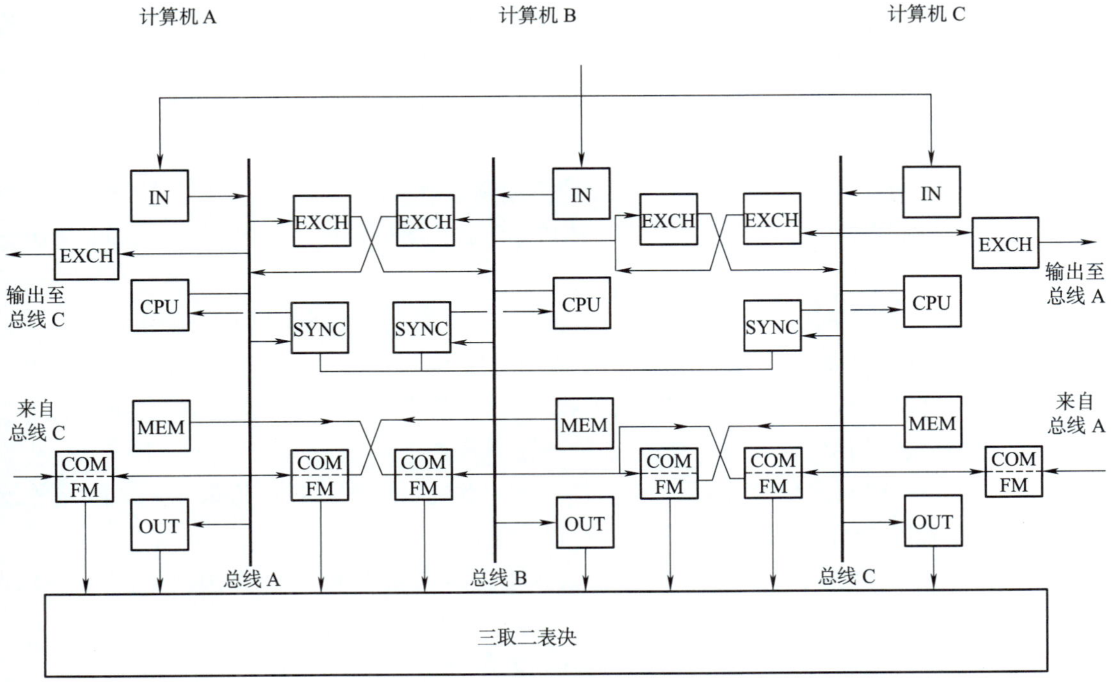

图 1-18 SIMIS 3116 的三取二结构

图 1-19 所示为通过继电器实现的三取二表决器，包含可以用于关闭故障计算机的 OFF 信号。

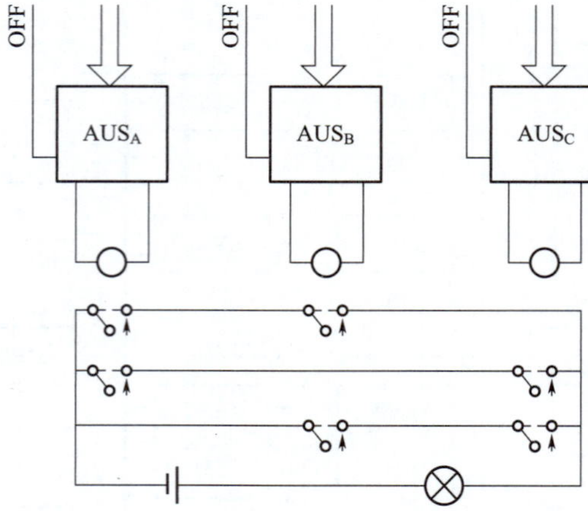

图 1-19　三取二表决器的实现

SIMIS 3116 和 SIMIS 3216 属于同一代的 SIMIS，SIMIS 3216 是专为地面固定应用而设计的，与 SIMIS 3216 不同的是，SIMIS 3116 是专为车载应用而设计的。这两个版本最主要的区别在于电路板和环境数据的大小差异，SIMIS 3216 的电路板双倍于 SIMIS 3116 的电路板尺寸，对 SIMIS 3116 来说，容许温度范围是－40 ℃到＋85 ℃，对 SIMIS 3216 来说，容许温度范围是 0 ℃到 70 ℃。SIMIS 3116 装备了英特尔 80186 处理器，频率可达到 20 MHz，SIMIS 3216 可以装备 80186 或者 80486 的 CPU，对 80186 而言相应的频率是 10 MHz，而对 80486 而言相应的频率可以达到 50 MHz。就架构而言，SIMIS 3116 和 SIMIS 3216 是没有区别的，这两套 SIMIS 的每一个单元允许都构成二取二或者三取二的系统。

三、SMILE 结构

1985 年至 1990 年，日本铁路引进了几种微机控制信号系统，保证硬件和软件故障—安全及容错能力，以满足高可用性和故障—安全要求，下面主要介绍基于总线级三取二的 SMILE 结构。

如图 1-20 所示，SMILE 结构用于固态联锁系统，采用三重冗余（TMR）结构实现故障—安全，由对称故障模式的电子元器件组成，需要冗余结构和错误检测机制，以确保其安全性。另外，由于有硬件冗余，需要增加数据比较的频率，以降低双重故障发生的概率，它在总线级进行比较，因此有缺陷的部件可以在使用之前就被检测到。

TMR 是确保永不停机操作和暂态误差纠正的一种方法，SMILE 结构采用三个现成的计算机在总线级实现比较，选择总线级表决具有以下优点：

（1）因为在每个微指令执行过程中，在总线级上进行数据表决，在一个模块中发生的错误将会立即被纠正。

（2）当故障发生时，不会从包括故障组件在内的区域中传播出去。

在每台计算机的总线上都设置大数表决修复器（MVR），对数据总线、地址总线和一些控制信号逐位进行表决。

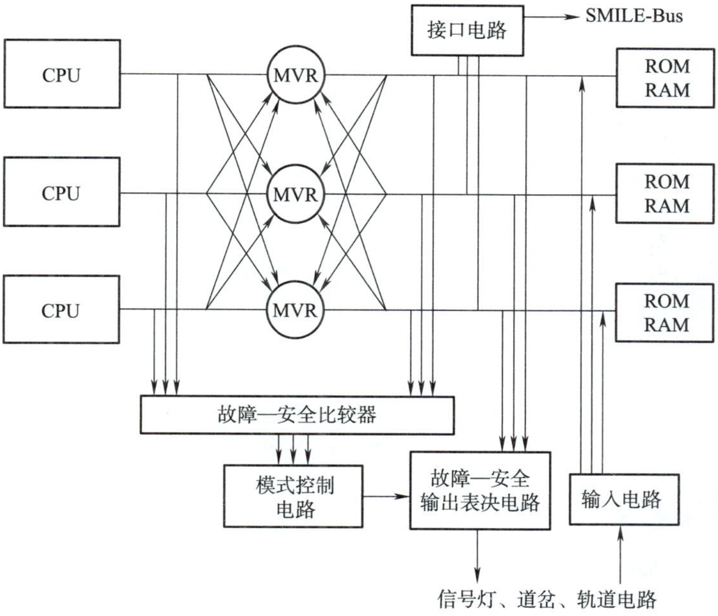

图 1-20 SMILE 结构

对三个 MVR 输入输出进行成对比较需要六个故障—安全比较器(FSC)。当检测到错误时,基于 FSC 的输出结果,模式控制电路(MCC)控制关闭输出表决电路(OVC)对应路径的电源。然后该系统运行在二取二模式,如果此时仍在正常的两条计算机总线之间发生不一致,继电器电路将关闭整个系统和将输出切换到安全侧状态。

瞬态错误防护由硬件辅助下的软件提供,同时提供循环冗余编码检验(CRCCs)功能。

通过结构化设计和软件测试可以获得软件的可靠性,具体方法如下:

(1)将程序分为多个简单模块。

(2)在单线程中将每个模块连接在一起,由周期定时器激活。由于多线程的复杂性,应尽量避免使用多线程。

(3)使用模拟器实现动态和过载测试。还可以使用自动数据检查系统和功能测试的检测列表生成系统。

为了防止硬件错误和软件自身错误,使用了以下概念:

(1)明确地给输入端、内部状态和输出数据分配安全侧状态和危险侧状态。如 0 表示安全侧,1 表示危险侧。

(2)使用非对称处理。安全侧可以直接定义,而给出危险侧过程必须清除许多检测点。

(3)采用周期处理模式,以便可以在最坏的情况下立即矫正危险的输出。

(4)基于极限检查、变异检查等,对模拟输入数据进行完整性检查,异常数据都改为安全侧状态。

(5)在时间冗余流程中,控制输出不允许保留不正确数据发布,包括瞬态错误,如转辙机是以在不同处理时机上的解锁、转动、锁闭动作序列形式实现控制的。

(6)当检测到严重的错误时,软件会改变内部状态和输出至安全侧。

第二章 列控系统的安全性设计基础

本章主要依据 EN 50126、EN 50129 标准，首先说明铁路应用安全相关系统生命周期的概念，然后描述铁路应用安全相关系统的安全完整性和安全完整性等级的概念，最后给出了依据 IEC 61508 标准和 PDS 方法的安全相关系统硬件 SIL 计算的详细步骤和应用举例。

第一节 系统生命周期

在 EN 50126 标准中，系统的生命周期是指一个系统从初始概念到系统退役整个过程的各个阶段以及各阶段完成的任务。整个阶段包括一个安全相关系统的计划、管理、控制和监督等，如图 2-1 所示。

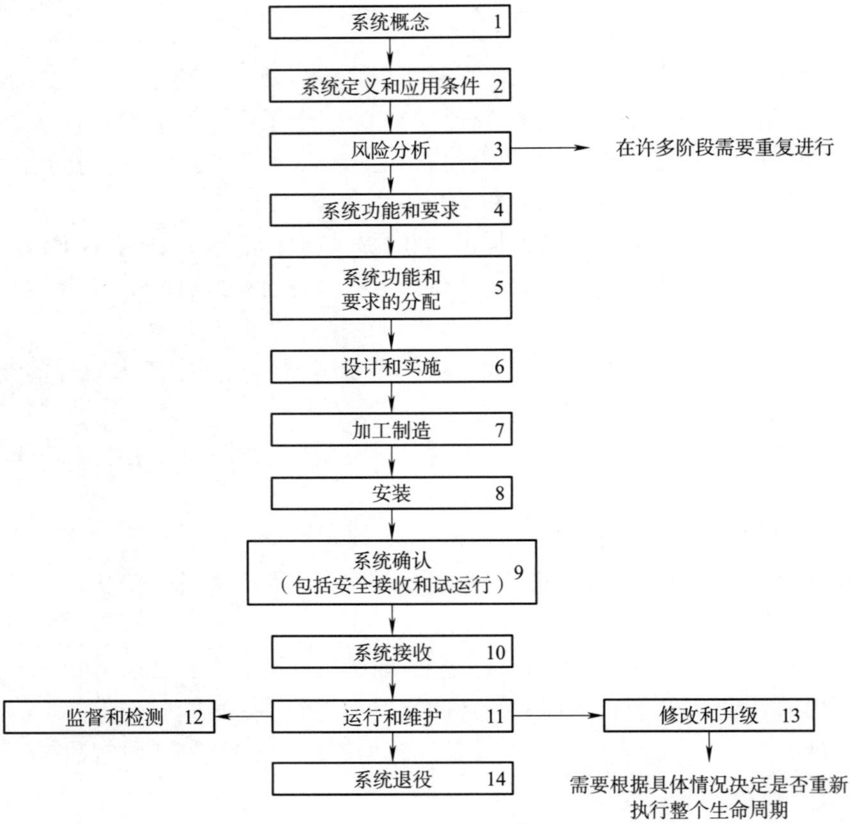

图 2-1 系统的生命周期

对于一个安全相关系统，在其整个生命周期，各个阶段完成的任务不同，表 2-1 给出了系统生命周期各个阶段的特定任务和要求，以及 RAMS 任务。

表 2-1　生命周期各阶段的任务

生命周期阶段	一般任务	RAM 任务	安全任务
1. 系统概念	◆建立系统的范围和目的； ◆定义系统概念； ◆资金分析和可行性研究； ◆建立管理体系	◆预期 RAM 的性能； ◆认定系统的 RAM 含义	◆制订安全政策； ◆制订安全目标
2. 系统定义和应用条件	◆建立系统任务框架； ◆准备系统描述； ◆确定运行和维护策略； ◆确定运行条件； ◆确定维护条件； ◆确定已存在系统对其的影响	◆为 RAM 评估以前的经验数据； ◆初步 RAM 分析； ◆设定 RAM 政策； ◆确定长期运行和维护的条件； ◆确定已存在系统对 RAM 的影响	◆评估过去的经验数据； ◆初步风险分析； ◆安全计划概述； ◆定义 THR 标准； ◆识别既有设施对安全的影响
3. 风险分析	◆进行相关的风险分析		◆系统风险和安全风险分析； ◆建立风险日志； ◆风险评估
4. 系统功能和要求	◆系统要求分析； ◆指定系统整体要求； ◆指定环境； ◆定义系统标准； ◆建立验证计划； ◆实施安全交接流程	◆指定系统整体 RAM 要求； ◆定义 RAM 可接收标准； ◆建立 RAM 流程； ◆建立 RAM 管理	◆系统安全要求概述； ◆定义系统安全接受标准； ◆定义安全功能； ◆建立安全管理
5. 系统要求和功能分配	◆系统要求的分配； ◆指定子系统和设备要求； ◆定义子系统和设备要求	◆系统 RAM 的分配； ◆指定和定义子系统和设备的 RAM	◆分配系统安全目标和要求； ◆升级系统安全计划
6. 设计和实施	◆履行计划； ◆进行设计和研发； ◆进行设计分析和测试； ◆履行设计验证； ◆进行实施和评估	◆通过分析、测试和数据评估实施 RAM 流程； ◆可靠性和可用性； ◆最佳维护体系； ◆后勤支持； ◆实施流程控制； ◆RAM 的流程管理； ◆子合同和供应商的控制	◆通过阅览、分析、测试和数据评估来实施安全计划
7. 加工制造	◆执行产品计划； ◆加工制造； ◆测试； ◆准备文档； ◆建立培训	◆RAM 测试； ◆FRCAS	◆实施安全计划； ◆使用风险日志
8. 安装	◆集成系统； ◆安装系统	◆开始维护培训	◆建立安装流程； ◆实施安装流程
9. 系统确认（包括安全接收和试运行）	◆试运行； ◆履行运行试用期； ◆进行培训	◆进行 RAM 分析说明	◆建立试运行流程； ◆实施试运行流程； ◆准备安全案例
10. 系统接收	◆按照系统定义标准进行系统接收； ◆提供可接收的证明； ◆进入质保期； ◆连续试用（如需要）	◆评估 RAM	◆评估安全案例

续上表

生命周期阶段	一般任务	RAM 任务	安全任务
11. 运行和维护	◆长时间的运行考核； ◆维护、培训		◆安全维护培训
12. 监督和检测	◆系统运行情况统计； ◆咨询、分析和评估	◆RAM 统计、分析	◆安全统计、分析
13. 修改或升级	◆制订修改和升级计划； ◆实施系统修改和升级	◆为修改或升级后的系统确定 RAM	◆修改或升级后的安全分析
14. 系统退役	◆制订系统退役计划； ◆实施系统退役		

表 2-1 说明了单独阶段和阶段间的联系，系统生命周期的设计和确认部分可看成为一个“自顶向下”阶段并伴随一个“自底向上”阶段，图 2-2 给出一个使用“V”形表示法的示例。

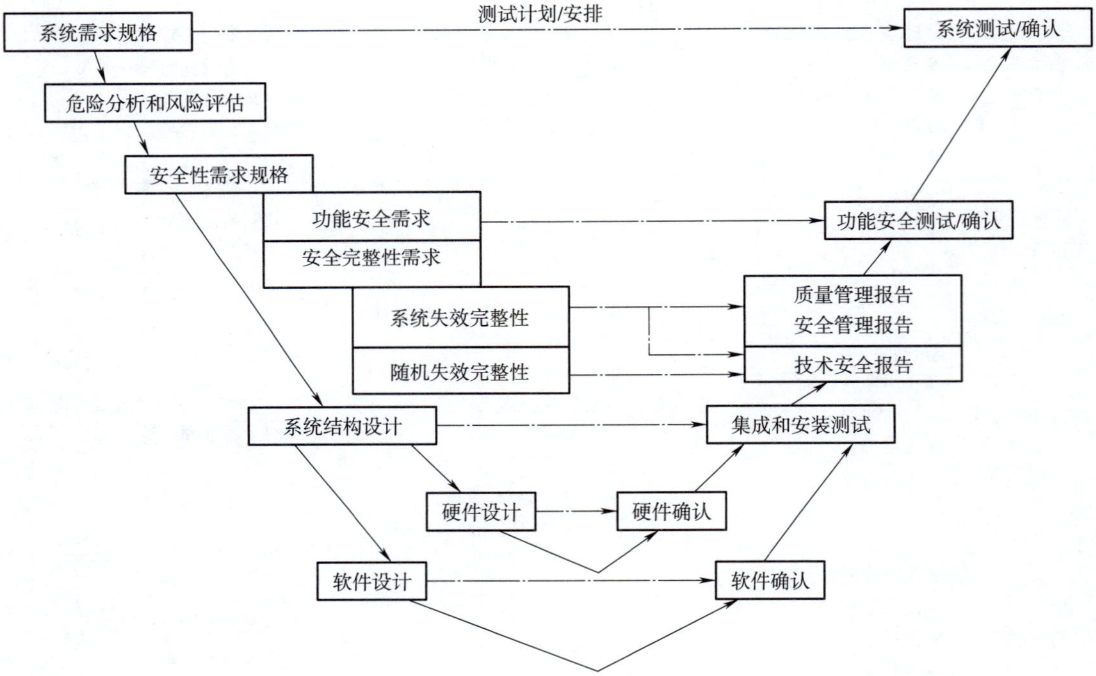

图 2-2 “V”形表示法

图 2-2 中自上而下的分支(左边)通常称为研发，它是一个改进过程，目的是实现系统部件的生产。自下而上的分支(右边)与整个系统的装配、安装、验收和运行相关。

由于实际开发的产品最终应按有关要求进行检查，“V”形表示法假定验收活动与设计开发活动有固有联系，因此在系统各个阶段内，验收的确认活动以系统规范为基础，且应在较早的阶段中规划，即在相应的生命周期的设计和开发阶段开始。

三种形式的系统，即通用产品(独立于应用)、通用应用(即一类应用)、特定应用(当不使用通用应用时)，它们的生命周期各阶段的任务略有不同，如图 2-3 所示。

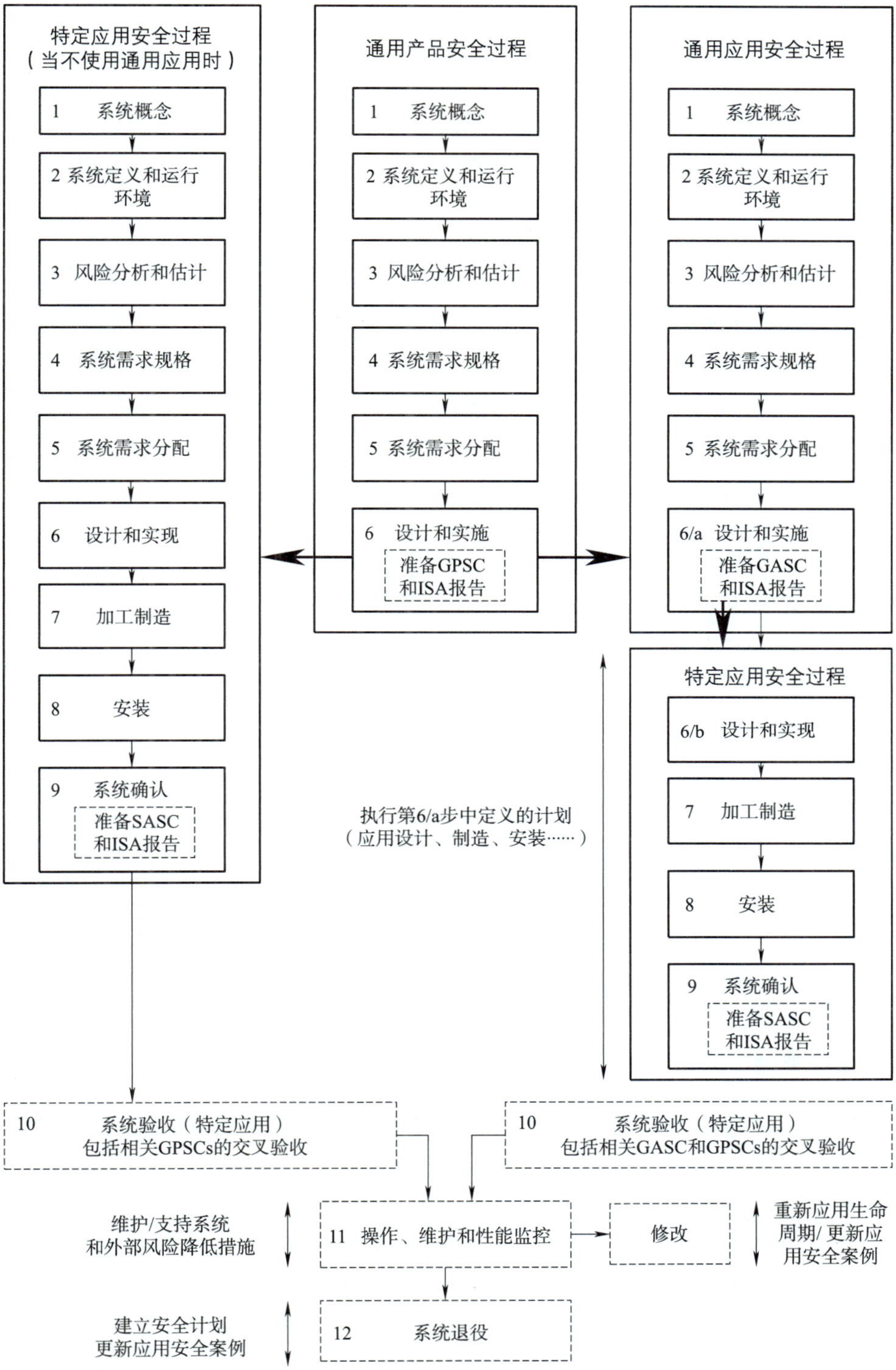

图 2-3　通用产品、通用应用、特定应用的生命周期各阶段任务

GPSC—通用产品安全案例；SASC—特定应用安全案例；GASC—通用应用安全案例；ISA—独立安全评估

第二节　安全完整性及其等级

本节将根据 EN 50129 标准详细描述铁路信号安全相关系统的安全需求、安全完整性和安全完整性等级及其应用的导出、分配和实施。

一、安全需求

系统(或子系统/设备)的需求规范可以分两部分加以考虑(图 2-4),一部分是与安全无关的需求(包括运行功能要求),另一部分是与安全相关的需求。与安全相关的需求通常称为安全需求,安全需求可以从两个方面考虑:一个是安全功能需求,一个是安全完整性需求;安全功能需求是系统(或子系统/设备)必须实际具备的与安全性相关的功能。安全完整性要求定义了每一安全性相关功能所需的安全完整性等级。

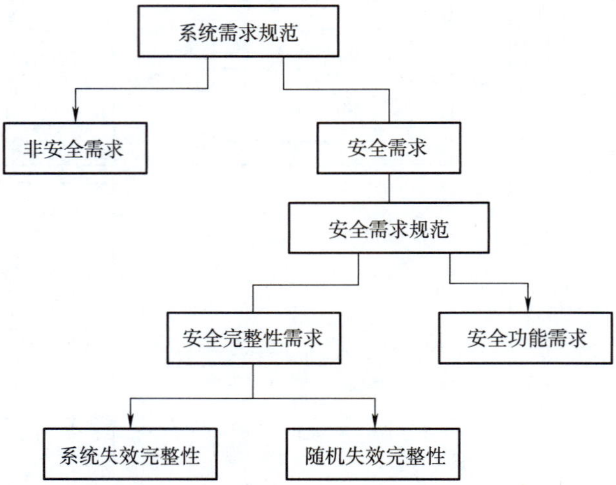

图 2-4　系统的需求规范划分

二、安全完整性

安全完整性与一个安全相关系统达到其要求的安全功能的能力相关联,安全完整性越高,它在执行所需的安全功能时失效的可能性越小。

安全完整性包括两个组成部分:系统失效完整性和随机失效完整性。要达到合适的安全完整性,必须要同时达到系统失效完整性和随机失效完整性。由环境引起的失效(如电磁兼容、温度、振动等)必须恰当地包括在系统和随机失效完整性中。系统失效完整性是安全完整性的不可量化部分,并且与危险侧系统失效(硬件或软件)有关。

系统性失效是在系统(或子系统/设备)生命周期的各种阶段中由人为错误导致的,包括规范错误、设计错误、制造错误、安装错误、操作错误、维护错误、修改错误。

系统失效完整性是安全完整性的不可量化部分,因为无法用定量分析的方法评估系统失效完整性。采用有效的方法、工具和技术的组合得出的安全完整性等级,也可以看作系统在实现规定的完整性等级时达到了恰当可信的水准。

随机失效完整性是安全完整性中与危险随机失效(特别是随机硬件失效)相关的部分,随机硬件失效是硬件元器件具有有限可靠性的结果。随机失效完整性是可以进行量化的,通过利用概率计算可以对随机失效完整性进行定量评估,这都建立在硬件元器件失效率、失效模式和随机硬件失效出现次数等已知数据的基础上。

三、安全完整性需求的分配

需要强调的是必须系统地运用确定铁路信号设备安全完整性需求(要考虑信号系统的运行环境和结构设计)方法。这一方法的核心是明确定义运行环境和信号系统的界面。从安全的观点来看,界面是由一系列系统内的风险和与之关联的允许危险率定义,需要指出的是这一方法的目标不是限制供应商和铁路管理机构之间的合作,而是澄清责任和分界面。从界面出发,分析过程如下:首先,进行自底向上的分析,以鉴别风险和相关风险可能造成的后果;然后,进行自顶向下的分析,以鉴别风险的原因。整个流程包括风险分析和危险控制,如图 2-5 所示,风险分析产生允许危险率(THR),允许危险率是风险控制的输入。

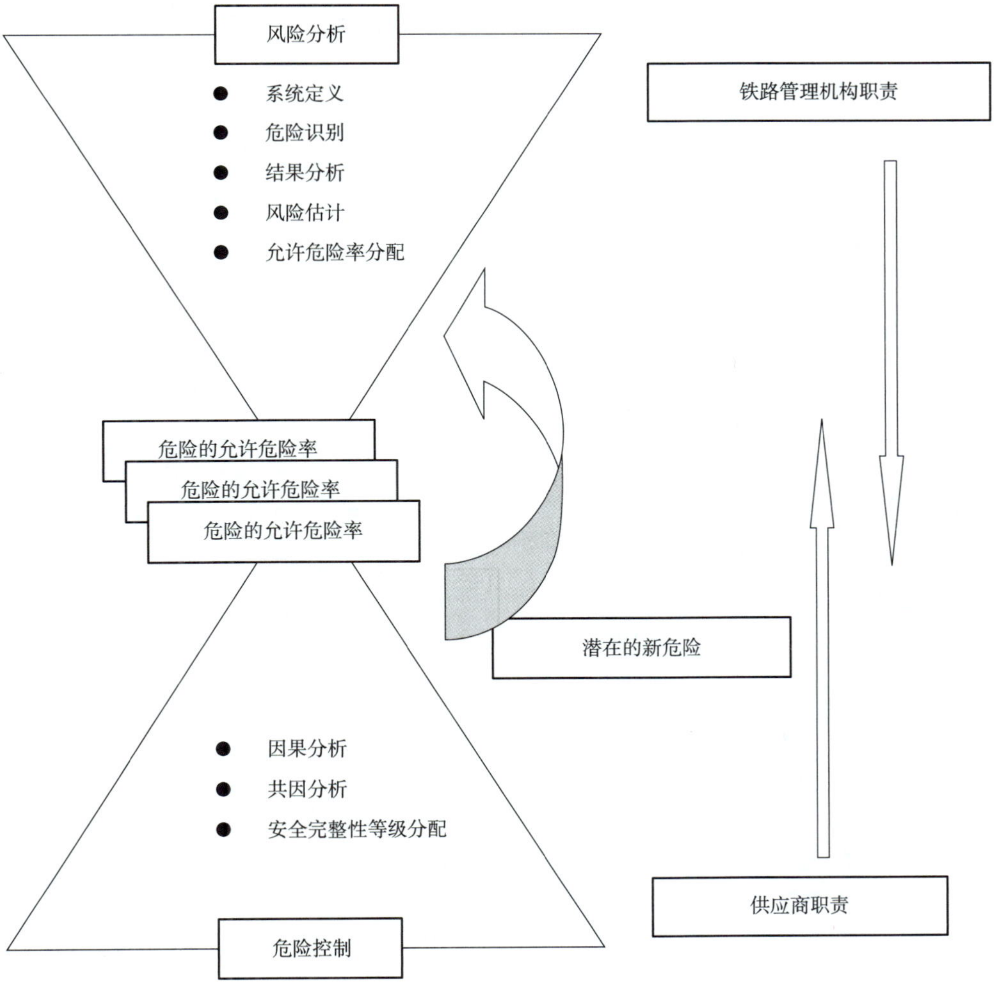

图 2-5　确定安全完整性需求总流程示意图

需要重点指出的是，允许危险率是对系统失效和随机失效完整性的目标度量，普遍认为只有在仅考虑随机失效完整性时，允许危险率才可以量化。确定系统完整性需求是否满足时，将采用定性度量和评判，这些主要被安全完整性等级（以及由安全完整性等级导出的度量方法）所涵盖，安全权威机构将对风险分析和危险控制进行审批，在一些情况下，这些步骤不是完全独立的。危险控制可能会导致系统改变，以便提供更多的安全性能，因此在这些情况下整体流程是重复进行的。

（一）风险分析

图 2-6 给出了一个风险分析流程的例子，以下内容详细地阐述其流程步骤。

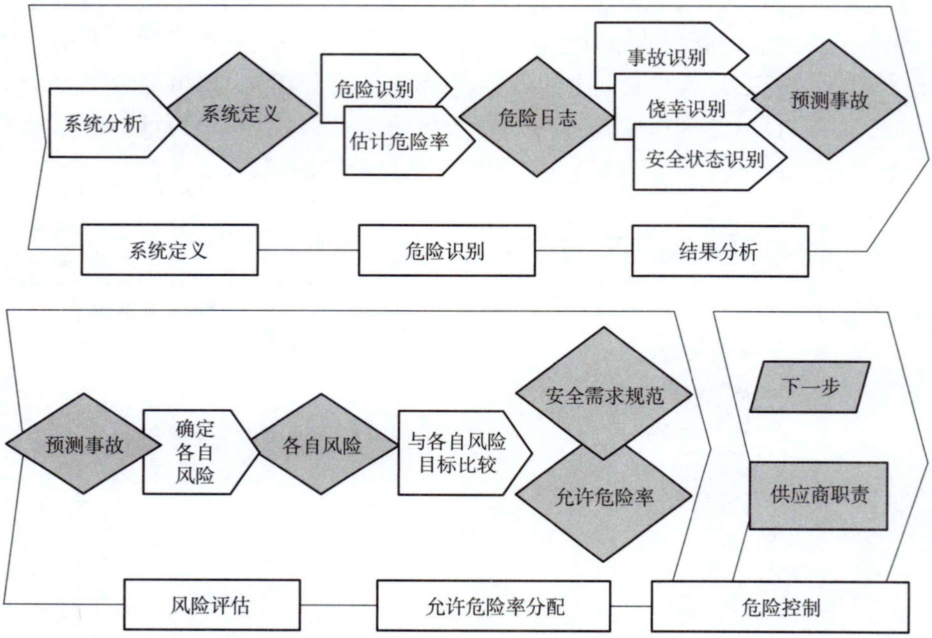

图 2-6　风险分析流程

1. 系统定义和危险识别

铁路管理机构的职责有定义系统（技术实现的独立性）和识别与系统相关的危险两部分。

危险识别包括对一个产品、流程、系统或任务进行系统的分析，以确定在整个生命周期中可能发生的不利条件，这些不利条件可能引起人员伤害或对环境的破坏。对危险的系统化识别通常又包括两个阶段，一个是经验阶段（使用以往的经验，如审查清单），另一个是创造阶段（主动预测，如集体研讨，结构化的假设分析）。

危险识别的经验阶段和创造阶段互相补充，可增强潜在的危险空间已被覆盖和所有重大危险已被识别的信心（注：产生大量不切实际的琐碎的定义危险的方法是对资源的浪费，而且会导致风险评估的偏差和无效。除包括许多人员、活动和设备的大型任务外，一个包括几百条危险的列表是不合理的并意味着设计和研究的不足）。

危险依赖于系统定义，特别是系统边界，这允许针对系统和子系统进行危险的分层构建，也意味着危险识别和因果分析必须在系统研发的几个细节阶段重复进行。图 2-7 显示了一个系统级危险产生的原因，系统层的危险是由子系统层的危险引起的（针对子系统边界），因此这一定义给出了一个结构化和层次化危险分析和危险跟踪的方法。

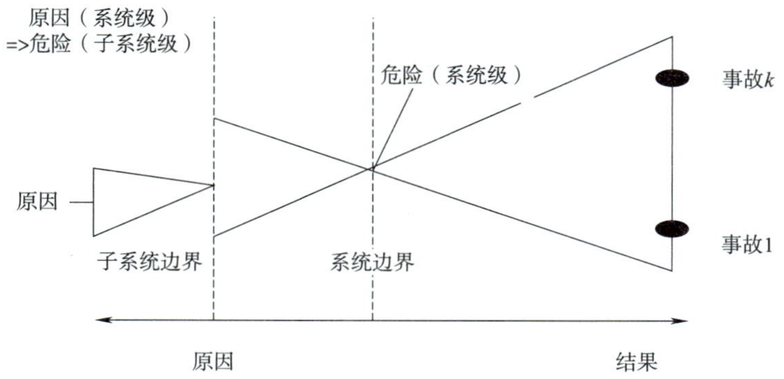

图 2-7 关于系统边界的危险定义

为了进一步确保风险评估关注的是最重要的危险，危险一旦定义，应以风险等级来排序。所有已识别的危险和其他有关信息应记录在危险日志中。

2. 后果分析、风险评估和允许危险率分配

铁路管理机构应负责四个方面的任务：一是结果分析，如损失；二是定义风险允许标准；三是导出允许危险率；四是确保所发生的风险是允许的（根据适当的风险允许标准）。唯一的要求是允许危险率是依据风险允许标准获得的。

分析方法应采用以下方法之一：第一，明确地估计发生的（单个）风险；第二，与现有系统的性能进行对照，或根据公认的技术准则利用统计、分析方法获得允许危险率；第三，以其他可选的定性方法获得允许危险率，假如这些方法定义了一个风险清单和相应的允许危险率。

需要重点指出的是，这一方法使得铁路管理机构可以根据他们的特殊需要，定义任何层次的风险和相应的允许危险率。

3. 风险控制

风险控制涵盖对规定的允许危险率和相应安全功能实施的管理。如果没有提供允许危险率，那么供应商应在系统投标时向铁路管理机构提供这些指标或铁路管理机构和供应商一起来定义这些要求。

风险控制包括进行因果分析，并伴随下面归纳的一系列活动：

（1）若没有定义允许危险率，根据定义的风险来定义安全假设和系统功能。

（2）若定义了允许危险率，定义系统架构和依据架构分配系统功能以满足安全要求。

（3）确定子系统的安全完整性要求。

（4）完成安全需求规范。

（5）分析系统/子系统来满足要求。

（6）识别在设计和验证阶段中系统/子系统设计引发的潜在的新风险，要确保新的潜在风险要么被现存功能所涵盖，要么对新的潜在危险重新进行风险分析以便进一步处理（若新的潜在危险要求系统/子系统以外增加附加功能或采用危险降低措施）。

（7）确定设备的可靠性要求。

风险控制流程如图 2-8 所示，一个架构完整的风险控制隐含包括技术安全报告的相关部分，在这种情况下，在技术安全报告中只要给出其参考资料索引即可。

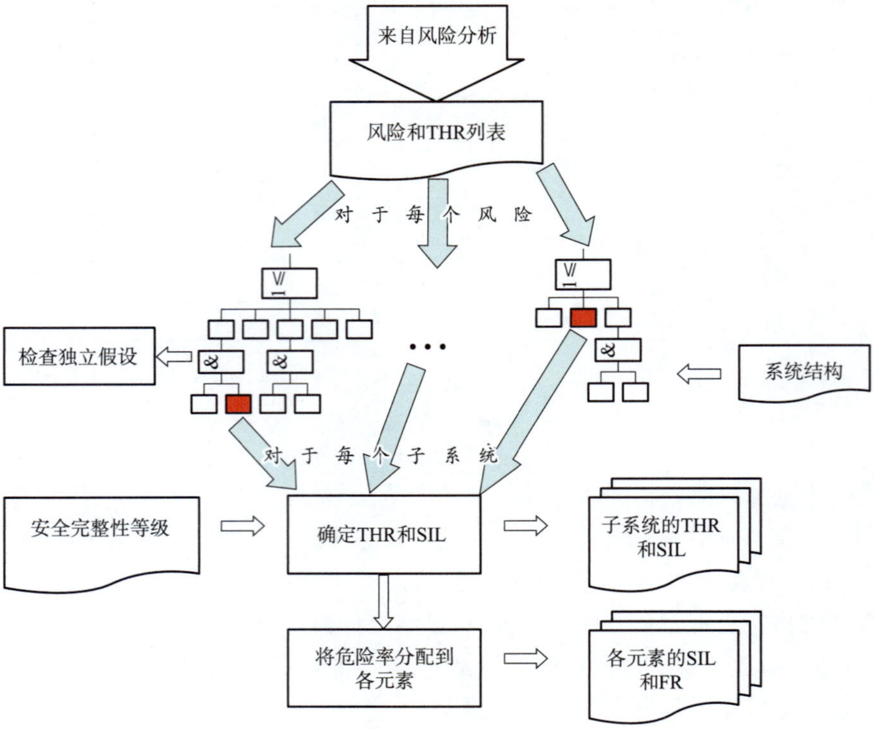

图 2-8　风险控制流程

4. 因果分析

因果分析包括两个关键阶段：

(1)第一阶段，将每个危险的允许危险率分配到一个功能级(系统功能)，然后利用 SIL 表将一个功能的允许危险率转变成该功能的 SIL，实现此功能的子系统的安全完整性等级被定义在这一功能级。

如果铁路管理机构为安全功能已经定义危险和允许危险率，那么因果分析的第一阶段为空，可基于规定的 THR 立即分配 SIL。

一个子系统(即设备组合)可能实现一些安全相关功能，每个安全相关功能可能要求不同的安全完整性等级，若是如此，子系统应满足所有要求的安全完整性等级。要达到这一点要么每一个功能满足最高的 SIL，要么能提供它们的独立性证明。在两种情况下都必须执行共因失效分析。

(2)第二个阶段，子系统危险率被进一步的分配为设备的失效率，但在这一物理或执行层上 SIL 维持不变。因此，除了在 EN 50128 中提及的例外，在 EN 50128 中定义的软件的 SIL 与子系统的 SIL 相同。

分配流程可以使用任何具有恰当组合逻辑表示方式的方法，如可靠性结构图、故障树、二元判定表、马可夫模型等。当要求项与项间的独立性时，要极为谨慎，在原因分析的第一个阶段要求功能独立性(即对于系统的和随机的失效，功能的失效应是独立的)，在第二阶段，只需物理独立性(即子系统的失效对于随机失效是独立的)。在原因分析中做的假设必须进行核查，并可能产生实现阶段的安全相关应用准则。

5. 共因失效分析

当独立性声明(逻辑“与”组合)被使用时,必须特别慎重。必须确保在子系统之间或系统功能之间存在物理上、功能上以及流程上的充分独立性。

若独立性不能完全证明,则必须对共因失效在恰当的详细层次上建模。除此之外,由使用逻辑“与”组合而直接涵盖的安全相关应用准则也应被满足和核查。

(1)物理独立性

为了对与门(AND gate)的随机效应进行可靠的故障树分析,满足物理独立性是绝对必须的。因此任何情形下,共因失效分析必须假设满足独立性(注:当纵观两个可修复项,通常由它们的失效和修复率定义),并留意逻辑“与”组合时,有必要对修复率(或等效的修复时间)作不同解释。通常当某个项出现失效后,为了使该项重新工作至少有两件事已发生:一是失效必须被检测到并被拒绝(即进入一个安全状态),二是此项必须已得到修理和恢复。

修理和恢复时间是指在检测后修理所需的后勤保障时间,如图 2-9 所示,包括实际修理时间(失效探测、修理、替换、核查)和把设备恢复到运行状态的时间。在研究可靠性时检测时间常被忽略,但在研究安全性时这一时间变得非常重要,安全苛求应用可能不依赖于自检或类似方法,但是失效检测和拒绝必须独立进行。足够的失效检测和拒绝机制应在安全案例中说明。

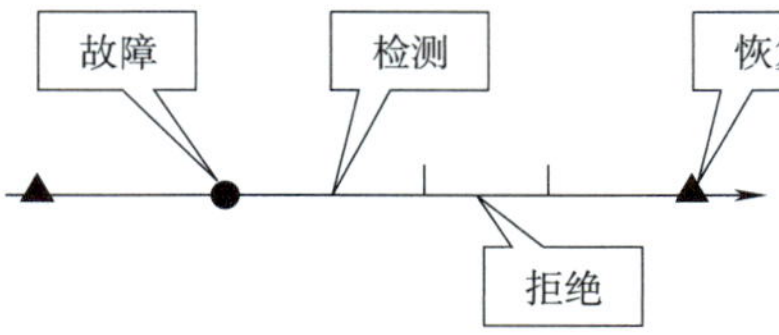

图 2-9　失效和恢复时间定义

在研究安全性时,如果在修复期间采用其他控制措施,通常可忽略实际的修理和恢复时间。在这种情形下,可靠性分析中的修复率可被解释为检测和拒绝时间。这里定义为安全停机时间(SDT)或等价的安全停机率(SDR)。

在对两个独立项通过与门组合进行建模时,可以使用针对高可用系统的允许风险和检测率的基本公式(假设允许风险和检测率为常量):

$$\mathrm{THR_S} \approx \frac{\mathrm{FR_A}}{\mathrm{SDR_A}} \times \frac{\mathrm{FR_B}}{\mathrm{SDR_B}} \times (\mathrm{SDR_A} + \mathrm{SDR_B})$$

$$\mathrm{SDR_S} \approx \mathrm{SDR_A} + \mathrm{SDR_B}$$

其中,FR 代表潜在危险失效率。

若定期测试时间被作为检测时间,则上式可与平均测试时间一起使用:$T/2$+negation time=SDT=1/SDR。这意味着为了合理使用逻辑“与”组合,每个项必须有一个独立的失效检测和停运机制,若一个项没有这种机制,则此项必须考虑已安装的生命时间。

另一个需要在设计时考虑的方面是系统的可用性对于自由选择参数的限制。

例如:取两个相同的项,它们都具有 10 000 h 的平均失效间隔时间和 1 h 的平均检测时间(忽略拒绝时间),并联系统(失效逻辑的“与”组合)的结果失效率为 $2\times10^{-8}\,\mathrm{h}^{-1}$。若一个元件平均检测时间为 1 000 h(如通过维护进行检测),则结果仅为$10^{-5}\,\mathrm{h}^{-1}$,这仅比单个项的平均失效间隔时间高一个数量级。若一个项的平均检测时间为其生命周期,则增益将变得更微小。

物理独立性是最底层的,通常是元件层的,若物理独立性被确保了,则随机完整性要求可以被分配给下一个层次。

(2)功能独立性

功能独立性蕴涵不会由于系统性失效或随机失效造成一系列功能同时失效,因此,为了表明功能的独立性，在这一层面上需要再一次进行共因分析，此处称这为关于功能相互影响的独立性。只有当保证功能独立性时，随机和系统完整性要求才可能分配到下一个层次。

当对系统功能应用故障树分析时，如判定功能A和功能B哪一个在安全完整性要求分配流程中是主要考虑因素，必须考虑使用"与门"直接产生的两个安全相关应用准则：一个是A和B的实现应是物理独立的；另一个是对于每个项必须估计并达到用检测和拒绝时间定义的安全宕机次数。通常，功能不独立，但是可以进一步将其划分为独立的子功能和受共因失效影响的子功能，图2-10给出利用故障树分析法(FTA)对共因失效(CCF)的一般处理。

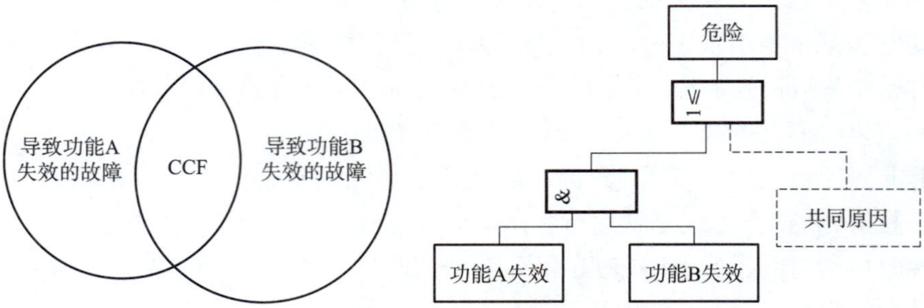

图2-10　FTA功能独立性处理关系

(3)流程独立性

产品和系统通常可看作为生命周期早期固有活动过程的结果，这些活动过程贯穿于生命周期的概念、需求规范、系统设计、系统研发、验证和确认阶段几个阶段，这些阶段对最终产品的属性有巨大的影响。一般认为在其应用环境具有高风险临界等级的产品或系统需要更健壮的和系统化的生命周期流程，此外，由于生命周期流程中固有的系统错误，通常需要一定程度的独立性。

在某种意义上，与功能的和物理的情形类似，人员资源和生命周期流程的独立性和多样性有益于提高产品和系统的总的安全完整性，高安全完整性等级(SIL)需要更高的流程和人员资源的独立性以确保避免或减少系统错误。

研发流程应满足要求的SIL，并确保在研发团队间在人员和组织机构上有足够的独立性以便进一步减小系统错误。对于软件的指导详见EN 50128标准。

(二)设计中引起的新风险的识别与处理

实现信号系统的过程中，可能引入具有造成人员伤害潜在风险的不可预见的或非预期的属性，特别是当系统或技术是全新的时候，新的风险可能来源于以下几个方面：

(1)新的技术有巨大的潜在的新风险(缺少经验)。

(2)由于引入新技术导致铁路系统原固有的隐藏风险的显露(如模拟到数字技术)。

(3)由于缺少恰当或合适的规范而产生的设计风险。

(4)在既有铁路系统中使用的特殊操作模式可能不太适合，并可能对操作者、维护者或其他成员，公众造成新的风险等。

(5)设计错误可能造成新的风险，但它们通常能与已识别的风险相关联。

这些方面可能引发风险环境和状态，与已识别的风险一样需要相同的系统处理。

一个系统设计或应用中对产生的新风险的识别、处理流程必须与风险分析阶段相同。一旦识别出会对系统整体性能造成影响或对人员造成伤害的潜在的系统级风险时，供应商应向铁路管理机构进行声明，依据已知的风险，对这些风险定性的或定量的评估，以达到对每个风险进行预报和形成允许危险率。可分为以下两种情况：

第一种：将新的风险与一个已识别的风险相关联。在这种情况中，供应商应确保这两个风险组合的结果风险率仍然满足铁路管理机构制定的允许危险率，风险日志和安全案例应跟踪这一风险。

第二种：新的风险与已识别的风险没有任何关联。在这种情况中，供应商应与铁路管理机构联系，把所有分析的信息（原因、结果、风险等）提交给铁路管理机构。铁路管理机构应决定新的风险是否能接受，如果不能接受，供应商应在可能的情况下重新设计其产品/系统，若无法重新设计，供应商应采取其他的保护措施来保持风险和相关风险达到可接受的等级；如果能接受，则铁路管理机构需负责定义新风险的允许危险率，供应商应提供符合这一要求的设计。对于两种情况，一旦确定了结论，任何活动都必须记录在风险日志和安全案例中。可容忍危险率应从每一个新风险导出，这将导致对需求的更新。

四、安全完整性等级（SIL）

安全完整性等级是对诸如质量和安全管理以及技术安全条件这类要素的定性评价，分为4个离散等级，等级4为安全完整性最高等级，等级1为最低等级，等级0用于表明无安全性需求。

与一个系统相关的风险，以它们在系统生命周期的风险分析阶段所得到的潜在结果来鉴别和评估，这一活动（自顶向下）可获得对于每个风险的允许危险率。然而供应商可能是以自底向上的方式研发通用产品，甚至可能已获得通用产品安全案例的审批（没有任何可用的风险分析结果），但供应商最终必须确保满足要求的允许危险率（应用安全案例）。铁路管理和安全管理机构应确定这一过程的基线。

在系统需求和系统需求分配阶段，允许危险率被分别分配给系统功能和子系统，每一个功能应有一个定性的安全目标和与之关联的定量目标。定性目标应以安全完整性等级形式给出，且应涵盖系统失效完整性；定量目标应以失效率形式给出，且应涵盖随机失效完整性。

与系统安全相关的功能是由子系统实现，安全完整性等级被分配给安全相关功能，进而被分配给实现这些功能的子系统，但不继续分配下去。组成子系统的设备的安全完整性等级和子系统一样，除非子系统中设备的功能独立性能被证明。

重要的是要认识到满足规定的安全完整性等级要求需满足图2-11所示的所有要素，这些要素有质量管理条件、安全管理条件、技术安全条件和定量的安全目标。

实现一个特定的定量安全性指标就其自身而言并不意味着已达到相应的安全完整性等级，同样，完成一个规定的安全完整性等级相关的质量管理、安全性管理和技术安全条件并不意味着达到相应的定量安全指标或安全完整性等级本身。要达到规定的安全完整性等级必须满足如图2-11所示的所有要素。如图2-11所示的定量安全指标是实现铁路安全性能所必需的，一个规定的安全性功能指标用一个子系统或设备就能实现，而必须由功能、子系统或设备共同来实现规定的安全目标。

安全依赖于一些用于避免或容许失效的恰当的措施（用于防护系统性失效），以及用于控

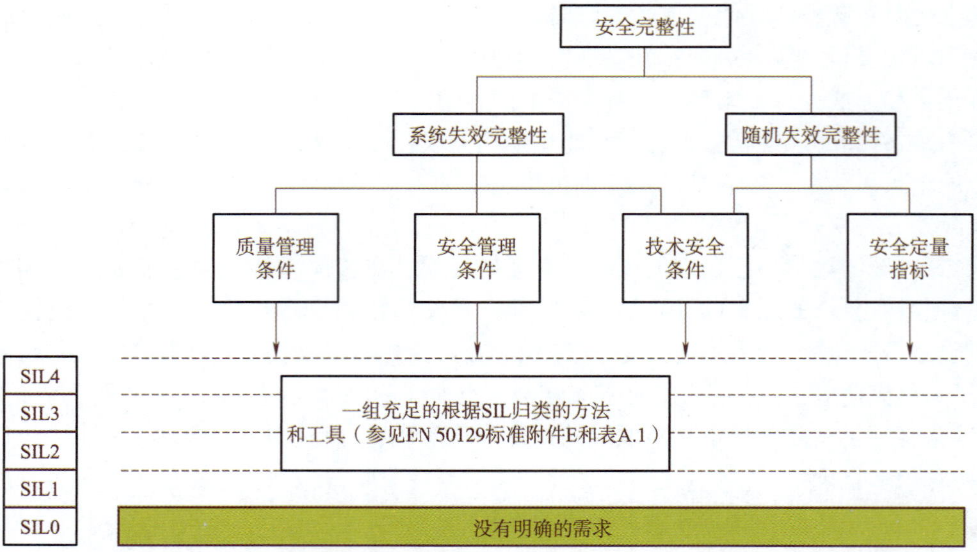

图 2-11　SIL 所需要素

制随机失效的措施，应平衡运用这两种措施以使系统的安全性能达到最优化，为了达到这一目的可使用安全完整性等级的概念。由于无法对系统性失效进行量化，安全完整性等级被用作为匹配定性方法（避免系统性失效）和定量方法（控制随机失效）的手段。

安全完整性等级表可适用于安全相关功能或执行一个或多个这些功能的子系统。遵循这些安全完整性等级要求的措施和方法，当证明满足允许危险率时无须考虑系统性失效。安全完整性等级表可用于根据允许危险率确定要求的安全完整性等级，因此若一个功能 F 的允许危险率用一种定量方法获得，安全完整性等级可通过使用表 2-2 确定。

表 2-2　安全完整性等级表

每功能每小时允许危险率	安全完整度等级
$10^{-9}\leqslant THR<10^{-8}$	4
$10^{-8}\leqslant THR<10^{-7}$	3
$10^{-7}\leqslant THR<10^{-6}$	2
$10^{-6}\leqslant THR<10^{-5}$	1

若一个功能对于允许危险率要求低于$10^{-9}h^{-1}$，必须通过以下两种方法之一来处理：

(1)若能把功能分解为独立的子功能，允许危险率则可在那些子功能间分解并给每个子功能分配一个 SIL。

(2)若功能不能被分解，至少必须实施 SIL4 所需要的措施和方法，而且这一功能必须与其他技术或操作方法结合以便达到必要的允许危险率。

第三节　安全相关系统硬件的 SIL 计算

SIL 作为各行业公认的一个安全性指标，是进行安全相关系统研发的目标和基础，也是评估该系统能否保证达到安全目标的重要依据。

前已述及，EN 50129 标准已经指出：允许危险率（THR）是对系统失效和随机失效完整性的目标度量。只有在仅考虑随机失效完整性时，允许危险率才可以量化，而确定系统完整性需求是否满足时，只能定性度量和评判。

同时，IEC 61508 标准规定了在低要求模式、高要求模式或连续模式下分配给一个安全相关系统的安全功能的目标失效量。低要求模式下相关的量化指标为“要求的危险失效率（PFD）”，高要求模式或连续模式下相关量化指标为“每小时危险失效的平均频率（PFH）”。由于铁路信号系统是要求连续工作的，属于“高要求模式或连续要求模式”。因此，IEC 61508 标准规定的每小时危险失效的平均频率（PFH）可看成是 EN 50129 标准规定的每功能每小时允许危险率（THR）的一部分和基础参数指标。

一、IEC 61508 标准中基于可靠性框图的 SIL 计算方法

在 IEC 61508 标准中，安全相关系统中安全功能的危险失效概率 PFH_{SYS} 是通过计算共同提供安全功能的所有子系统的危险失效概率，并把这些值相加得出。所以 PFH_{SYS} 可表示为：

$$PFH_{SYS}=PFH_S+PFH_L+PFH_{FE}$$

式中 PFH_{SYS}——安全相关系统的安全功能每小时危险失效概率；

PFH_S——传感器或输入子系统每小时危险失效概率；

PFH_L——逻辑子系统每小时危险失效概率；

PFH_{PE}——最终元件或输出子系统每小时危险失效概率。

SIL 计算所需要的术语见表 2-3。

表 2-3 IEC 61508 标准基于可靠性框图的 SIL 计算所需要的术语列表

缩略语及符号	术语（单位）
T_1	检验测试时间间隔（h）
T_2	要求之间的时间间隔（h）
MTTR	平均恢复时间（h）
MRT	平均修复时间（h）
DC	诊断覆盖因数
β	没有被检测到的共因失效因数
β_D	已被诊断测试检测到的共因失效因数
λ	子系统中一个通道的失效率（每小时）
λ_D	子系统中通道的危险失效率（每小时）
λ_{DD}	检测到的子系统中通道每小时的危险失效率（它是在子系统通道中所有检测到的危险失效率的总和）
λ_{DU}	未检测到的子系统中通道每小时的危险失效率（它是在子系统通道中所有未检测到的危险失效率的总和）
t_{CE}	1oo2、2oo2、2oo3 等结构中通道的等效平均停止工作时间（h）（它是子系统通道中所有部件的组合关闭时间）

1. 1oo2 结构及其 SIL 计算

1oo2 结构由两个并联的通道组成（图 2-12），无论哪一个通道都能处理安全功能，因此如

果两个通道都存在危险失效，则要求某个安全功能失效。假设任何诊断测试仅报告发现失效，并不改变任何输出状态或输出表决，1oo2 结构引靠性框图如图 2-13 所示。

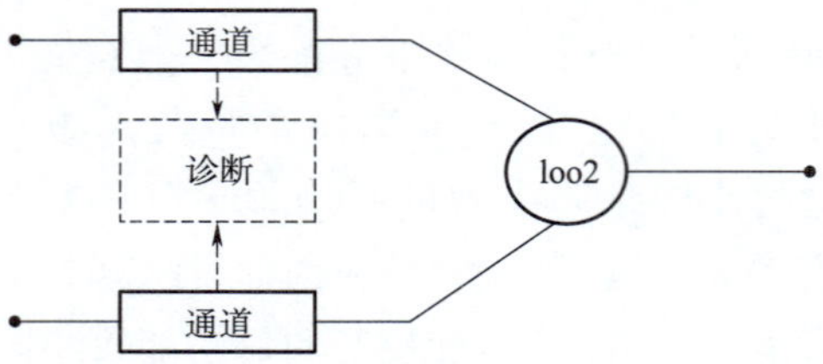

图 2-12　1oo2 物理结构

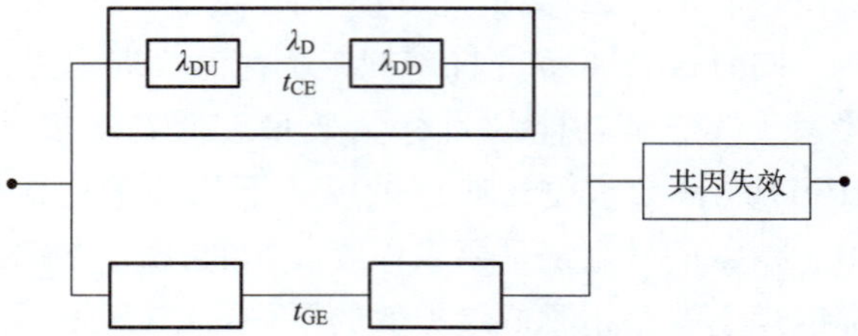

图 2-13　1oo2 结构可靠性框图

$$\lambda_D=\lambda_{DU}+\lambda_{DD}$$

$$t_{CE}=\frac{\lambda_{DU}}{\lambda_D}\left(\frac{T_1}{2}+\mathrm{MRT}\right)+\frac{\lambda_{DD}}{\lambda_D}\mathrm{MTTR}$$

$$\lambda_{DU}=\lambda_D(1-DC);\qquad \lambda_{DD}=\lambda_D DC$$

如果假设在检测到任何失效是相关系统将使 EUC 进入某种安全状态，一旦在这两个通道检测失败和使用保守的方法，则可以得到如下公式：

$$PFH_G=2[(1-\beta_D)\lambda_{DD}+(1-\beta)\lambda_{DU}](1-\beta)\lambda_{DU}t_{CE}+\beta\lambda_{DU}$$

2. 2oo2 结构及其 SIL 计算

2oo2 结构由并联的两个通道构成（图 2-14），因此，在发生安全功能之前两个通道都要求功能。假设任何诊断测试仅报告发现失效，并不改变任何输出状态或输出表决。2oo2 结构可靠性框图如图 2-15 所示。

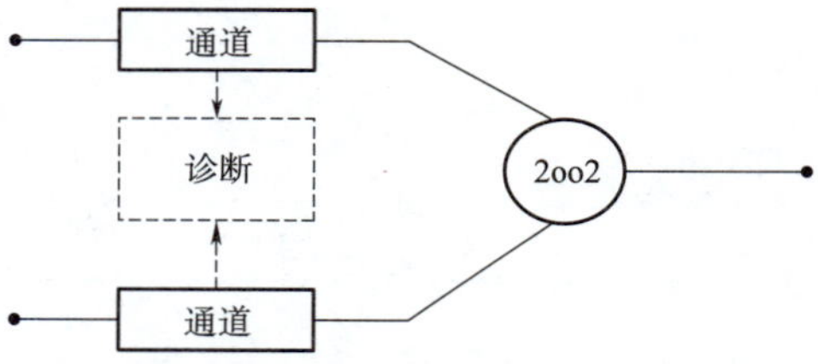

图 2-14　2oo2 物理结构

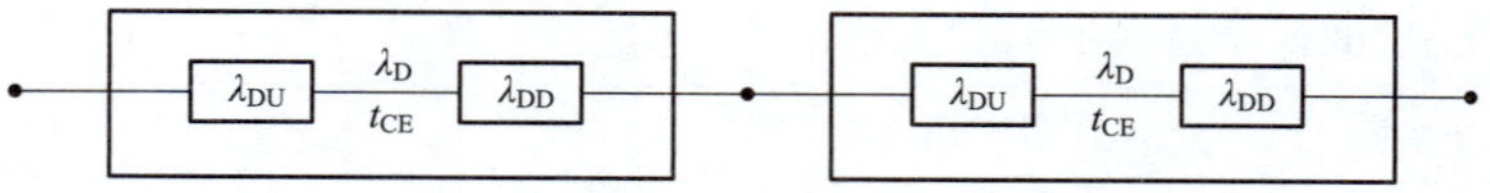

图 2-15　2oo2 结构可靠性框图

如果假设在检测到任何失效时每个通道均进入某种安全状态，对于 2oo2 结构，则可以得到如下公式：

$$PFH_G=2\lambda_{DU}$$

3. 2oo3 结构及其 SIL 计算

2oo3 结构由 3 个并联通道构成（图 2-16），其输出信号具有多数表决安排，这样，如果仅其中一个通道的输出与其他两个通道的输出状态不同时，输出状态不会因此而改变。假设任何诊断测试只报告发现失效，不改变任何输出状态或者输出表决，2oo3 结构可靠性框图如图 2-17 所示。

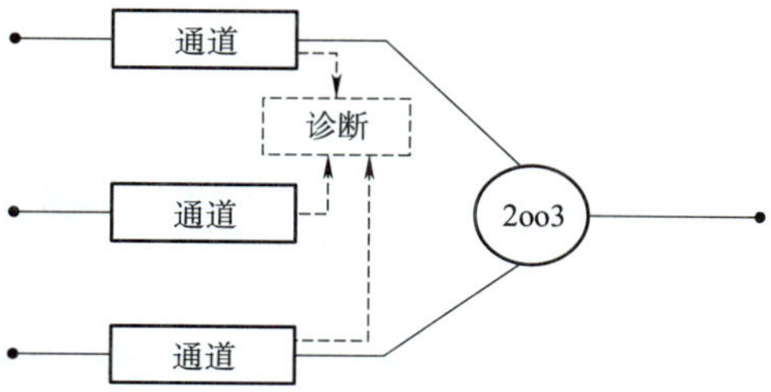

图 2-16　2oo3 物理结构

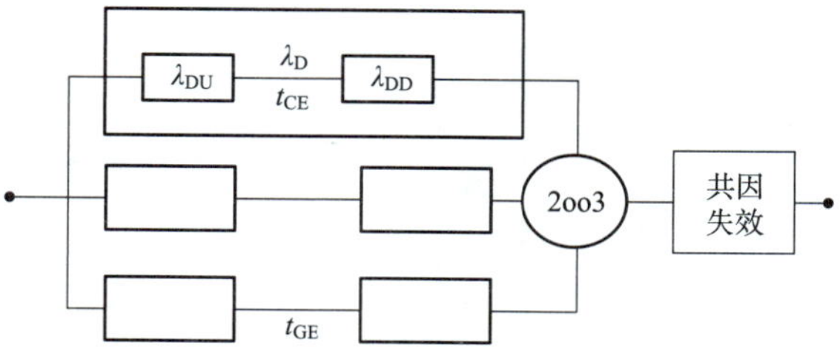

图 2-17　2oo3 可靠性框图

如果在检测到任何失效是相关系统将使 EUC 进入某种安全状态，一旦在这两个通道检测失败和使用保守的方法，则可以得到如下公式：

$$PFH_G = 6[(1-\beta_D)\lambda_{DD} + (1-\beta)\lambda_{DU}](1-\beta)\lambda_{DU} t_{CE} + \beta\lambda_{DU}$$

4. 实际计算举例

计算举例所针对的系统结构如图 2-18 中所示，该系统包括 2 个 1oo2 表决的传感器构成的传感器子系统、冗余 2oo3 配置的逻辑子系统和 1 个 1oo1 配置的停机接触器构成最终元件子系统。假设检验测试时间间隔为 6 个月，MTTR 为 8 h，其他所需参数列于图 2-18 中。

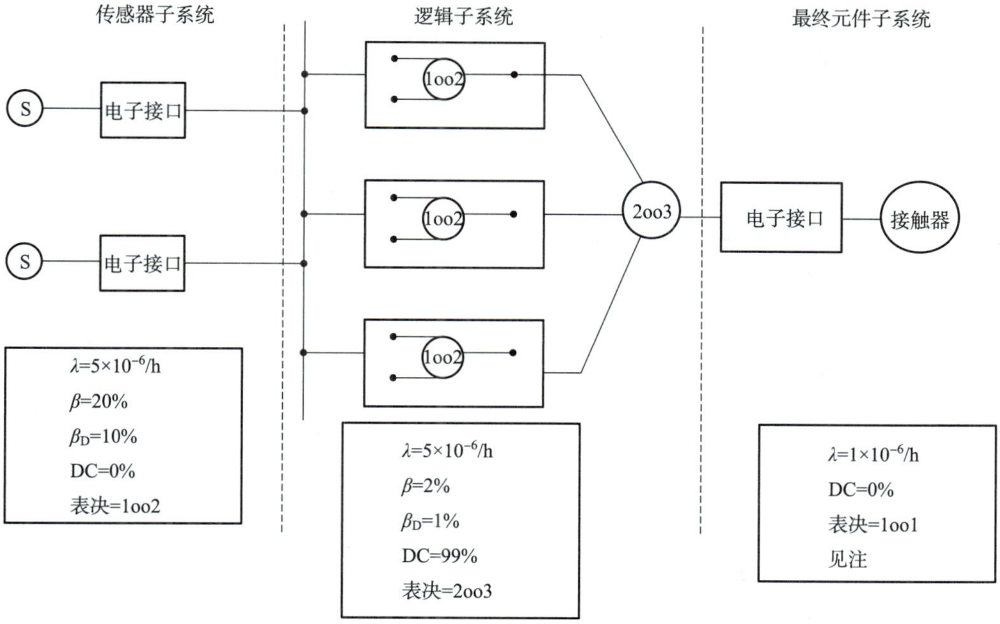

注：最终元件子系统的总安全失效分数大于60%。

图 2-18　计算举例所针对的系统结构

表 2-4～表 2-6 则列出基于前述公式计算出的结果（摘自 IEC 61508 标准）。

表 2-4　传感器子系统 PFH 计算结果

结　　构	DC	λ=5.0E-06		
		$\beta=2\%$ $\beta_D=1\%$	$\beta=10\%$ $\beta_D=5\%$	$\beta=20\%$ $\beta_D=10\%$
1oo2	0%	7.6E-08	2.7E-07	5.2E-07
	60%	4.6E-08	1.8E-07	3.6E-07
	90%	3.0E-08	1.4E-07	2.8E-07
	99%	2.6E-08	1.3E-07	2.5E-07

表 2-5　逻辑子系统 PFH 计算结果

结　　构	DC	λ=1.0E-05		
		$\beta=2\%$ $\beta_D=1\%$	$\beta=10\%$ $\beta_D=5\%$	$\beta=20\%$ $\beta_D=10\%$
2oo3	0%	4.2E-07	7.7E-07	1.2E-06
	60%	2.0E-07	4.6E-07	8.0E-07
	90%	8.8E-08	3.1E-07	5.8E-07
	99%	5.5E-08	2.6E-07	5.1E-07

表 2-6　最终元件子系统 PFH 计算结果

结　　构	DC	λ=1.0E-06
1oo1	0%	5.0E-07
	60%	2.0E-07
	90%	5.0E-06
	99%	5.0E-09

从表 2-4～表 2-6 中可导出下列值：

对于传感器子系统：

$$PFH_S=5.2\times10^{-7}/h$$

对于逻辑子系统：

$$PFH_L=5.5\times10^{-8}/h$$

对于最终元件子系统：

$$PFH_{FE}=5.0\times10^{-7}/h$$

因此，对于该系统：

$$\begin{aligned}PFH_{SYS}&=5.2\times10^{-7}+5.5\times10^{-8}+5.0\times10^{-7}\\&=1.1\times10^{-6}/h\end{aligned}$$

根据此数值，此系统满足 SIL1 要求。为了使此系统满足 SIL2 要求，可从以下两个方面改进此系统：

(1)改变输入传感器类型和安装以提高对共因失效的防御能力，因此要将 β 从 20%改为 10%，β_D 从 10%改为 5%：

$$PFH_S=2.7\times10^{-7}/h$$

$$PFH_L=5.5\times10^{-8}/h$$

$$PFH_{FE}=5.0\times10^{-7}/h$$
$$PFH_{SYS}=8.3\times10^{-7}/h$$

可见根据此数值，此系统满足 SIL2 要求。

(2)将单一输出设备改变为 1oo2 表决的两个设备($\beta=10\%$，$\beta_D=5\%$)：

$$PFH_S=5.2\times10^{-7}/h$$
$$PFH_L=5.5\times10^{-8}/h$$
$$PFH_{FE}=5.1\times10^{-8}/h$$
$$PFH_{SYS}=6.3\times10^{-7}/h$$

可见根据此数值，此系统满足 SIL2 要求。

二、PDS 方法及其应用

IEC 61508 标准给出了常用 1oo2、2oo2、2oo3 等简单冗余结构及其组合的 PFH 计算方法，但并不适合计算复杂冗余结构的 PFH。因此，挪威工业科技研究院(SINTEF)为定量计算安全冗余结构的安全指标而开发了 PDS 方法。

PDS 方法是一种不同于 IEC 61508 中提到的方法，但遵循 IEC 61508 标准体系的相关规定和结论，PDS 方法对于定量计算安全指标提出了简单有效的计算公式。

PDS 方法把 PFH 分为两个部分：来自共因失效(CCF)贡献和来自独立失效(ind)，如以下所示：

$$PFH_{sys}=PFH^{(ind)}+PFH^{(CCF)}$$

1. 独立失效部分的计算

基于 IEC 61508 标准的 RBD 方法，对于单个部件，$PFH=\lambda_D$，考虑更通用的例子，1oo$N$ 结构，N 个部件中至少有一个能够正常工作来避免系统失效，而且这些部件失效是独立的，而不考虑共因失效 CCF，有以下公式：

$$PFH_{1ooN}=[1-\exp(-\lambda_D\cdot\tau)]^N/\tau\approx(\lambda_D\cdot\tau)^N/\tau,$$

在这里，τ 是功能性测试周期。

可以给出对 PFH_{1ooN} 的简单解释，公式 $[1-\exp(-\lambda_D\cdot\tau)]^N\approx(\lambda_D\cdot\tau)^N$ 表示在同样时间间隔 τ 内所有 N 个单元(部件)发生失效的可能性，因此 PFH_{1ooN} 等同于在时间间隔 τ 内系统失效概率除以时间长度。

考虑到安全系统的危险失效，可以或者通过某种测试，或需求检测到，失效检测有以下三种方法：

- 自动自检测(诊断测试)，周期为 τ_1；
- 周期功能性检测，周期为 τ；
- 需求(Demands)检测。

前已述及，可以把 λ_D 分解：$\lambda_D=\lambda_{DU}+\lambda_{DD}$，诊断覆盖因数 $DC=\lambda_{DD}/\lambda_D$，对于不考虑 CCF 的 1oo$N$ 结构，自动自检测检测到 DD 型失效对 PHF 的贡献等于 $(\lambda_{DD}\tau_1)^N/\tau_1$，在很多应用中，检测所用的时间 τ_1 很短(本质上是连续测试)，对 PFH 的贡献可忽略不计(对于 $N>1$)。值得注意的是，在用于冗余系统时，通过冗余通道之间的比较可改善组件的 DC 值。

功能测试的目的是测试所有涉及安全功能的部件，对于铁路信号系统，功能测试必须较为频繁的执行来满足足够的安全等级。由于这个原因，所有牵涉到铁路区间安全的对象都是以列车通过该区间的需求的执行来完成测试的，因此，对于铁路信号系统，$\tau=24$ h 可被看成是功能测试周期。

功能测试(按需求)通常被假设为“完全”(例如检测到 100%的失效)，1oo$N$ 结构中，DU 对于 PFH 的贡献约等于$(\lambda_{DU}\tau)^N/\tau$。

在铁路应用中，还应该考虑需求(列车通过)作为额外的测试，主要是因为列车通过需求和铁路区间安全涉及保证部件正确操作的持续确认。

假设在每次测试之前有 k 个列车通过安全的铁路区间，这意味着“测试”之间的平均时间被视为 $\tau/(k+1)$。然而，额外的“测试”发生更随机，也不会有相同的效率，在实践中近似，很均匀地扩散变为相同的时间间隔，这样可通过将 τ 替换为 $2\tau/(k+1)$来得到 PFH 公式，把需求检测包含进入自动自检测(如果采用这个模型，当然 $k>0$，但 $k=1$ 是并不能保证列车通过的保守建议值)。

因此，当只考虑独立失效的影响时，对于 1oo$N$ 表决有：

$$PFH_{1ooN}\approx(\lambda_{DU}\cdot\tau)^N/\tau+(\lambda_{DD}\cdot\tau_1)^N/\tau_1$$

这里，可以根据影响特定安全功能的列车通过数量来修改 τ 为 $2\tau/(k+1)$。

2. 共因失效部分的计算

共因失效(CCF)可能会导致两个或多个冗余单元“同时”失效，这种情况下冗余的作用就不太明显。对于冗余系统，可靠性和安全性的损失通常是因为 CCF 的发生，因此需要考虑 CCF 的影响。

PDS 方法采用了 C_{MooN} 因数来反映共因失效的影响。当一个简单的 1oo2 系统变成更为复杂的，如 1oo4 或 1oo5 系统时，C_{MooN} 复杂可以更准确地反映共因失效的影响，如图 2-19 所示。

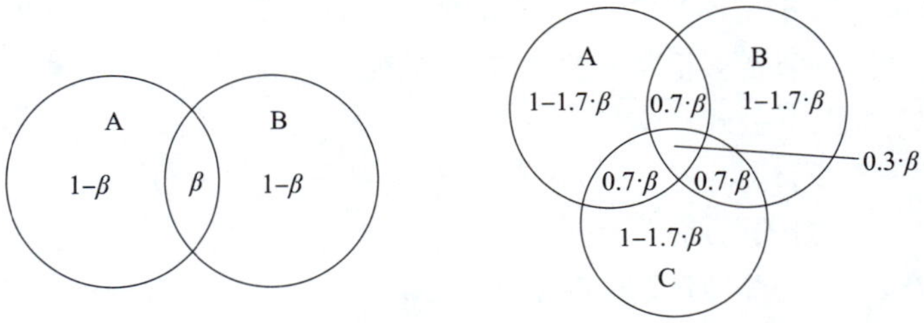

图 2-19　CCF 的 PDS 模型($N=3$ 和 $N=2$)

在 PDS 的 CCF 模型中，β 表示任何两个冗余组件之间 CCF 的比例，当从 1oo2 变成 1oo3 时，是 3 个部件而不是 2 个部件失效才会导致系统失效。图 2-19 中，1oo3 中 3 个组件失效的概率比 1oo2 中 2 个组件失效的概率要小，因此，在 PDS 模型中，对 Moo$N$ 只考虑 CCF，有以下公式：

$$PFH_{MooN}=C_{MooN}\cdot\beta\cdot\lambda(M<N)$$

C_{MooN} 因数建议值见表 2-7。

表 2-7　C_{MooN} 因数建议值

	1oo2	1oo3	2oo3	1oo4	2oo4	3oo4
C_{MooN}	1.0	0.3	2.4	0.15	0.8	4.0

在 PDS 方法中，考虑 DU 和 DD 两种失效，并分别用 β 和 β_D 来表示 DU 失效和 DD 失效，针对只考虑 CCF 的 Moo$N$ 结构，则有以下公式：

$$PFH_{MooN}^{(CCF)} \approx C_{MooN}(\beta \cdot \lambda_{DU} + \beta_D \cdot \lambda_{DD})$$

该公式考虑了 DU 和 DD 两种失效，并分别用 β 和 β_D 来表示 DU 失效和 DD 失效。

3. *MooN* 结构的 PDS 公式

MooN 结构表示 N 个部件中至少有 M 个部件正常工作才能保证系统正常，前已述及，PDS 方法把 PFH 分为两个部分：来自共因失效(CCF)贡献和来自独立失效(ind)，如以下公式所示：

$$PFH_{sys} = PFH^{(ind)} + PFH^{(CCF)}$$

考虑 DU 失效和 DD 失效，对于 *MooN* 系统来说，独立失效所占的比重等于：

$$PFH_{MooN}^{(ind)} \approx \frac{N!}{(N-M+1)! \cdot (M-1)!} \cdot [(\lambda_{DU} \cdot \tau)^{N-M+1}/\tau + (\lambda_{DD} \cdot \tau_1)^{N-M+1}/\tau_1]$$

其中：τ 表示功能测试的时间间隔，τ_1 表示自检测的时间间隔。

同样考虑 DU 失效和 DD 失效，对于 *MooN* 系统来说，共因失效所占的比重等于：

$$PFH_{MooN}^{(CCF)} \approx C_{MooN}(\beta \cdot \lambda_{DU} + \beta_D \cdot \lambda_{DD})$$

在 PDS 通常通过合理近似来排除 DD 项，此时可以得到：

$$PFH_{MooN}^{(ind)} \approx \binom{N}{M-1} \cdot (\lambda_{DU} \cdot \tau)^{N-M+1} \frac{1}{\tau}$$

$$PFH_{MooN}^{(CCF)} \approx C_{MooN} \cdot \beta \cdot \lambda_{DU}$$

因此，可以得到的计算公式见表 2-8。

表 2-8　PDS 方法不同冗余结构 PFH 计算公式列表

冗余结构	PFH 计算公式	
	共因失效部分	独立失效部分
1oo1	—	λ_{DU}
1oo2	$\beta \cdot \lambda_{DU}$	$[\lambda_{DU} \cdot \tau]^2/\tau$
2oo2	—	$2 \cdot \lambda_{DU}$
1oo3	$C_{1oo3} \cdot \beta \cdot \lambda_{DU}$	$[\lambda_{DU} \cdot \tau]^3/\tau$
2oo3	$C_{2oo3} \cdot \beta \cdot \lambda_{DU}$	$3 \cdot [\lambda_{DU} \cdot \tau]^2/\tau$
3oo3	—	$3 \cdot \lambda_{DU}$
MooN, $M<N; N=2,3,\cdots$	$C_{MooN} \cdot \beta \cdot \lambda_{DU}$	$\frac{N!}{(N-M+1)! \cdot (M-1)!} \cdot [(\lambda_{DU} \cdot \tau)^{N-M+1}/\tau]$
NooN; $N=1,2,3,\cdots$	—	$N \cdot \lambda_{DU}$

4. 复杂结构计算举例

计算结构针对的复杂结构如图 2-20 所示，由四个并行通道组成。

继电器是所有通道的共同部件(类似于部件并联)，对系统 PHF 来说应视为 CCF 贡献。此外，对于上面的两个通道，CPU 是共同部件，也要考虑 CCF 贡献。考虑上述各 CCF 贡献，可得到计算其 PHF 所对应的 RBD，如图 2-21 所示。

系统 PFH(PFH_{sys})可以写成：

$$PFH_{sys} = PFH^{(ind)} + PFH^{(CCF)}$$

应该注意的是，系统 PHF 的 CCF 贡献是四个继电器之间的 CCF。CPU 的 CCF 是独立 PFH 的一部分，CPU 的 CCF 发生时系统仍能工作。

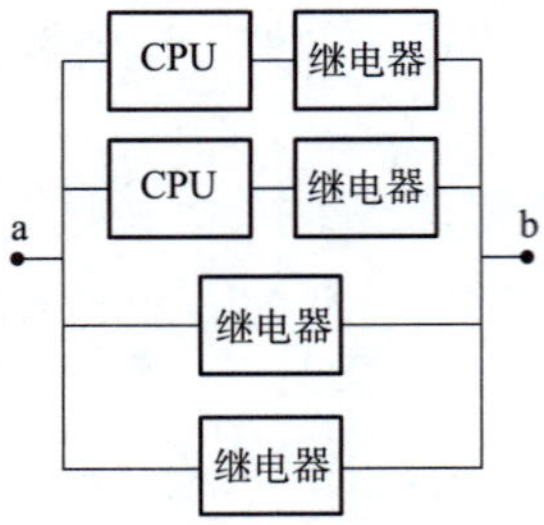

图 2-20 计算举例所针对的系统结构

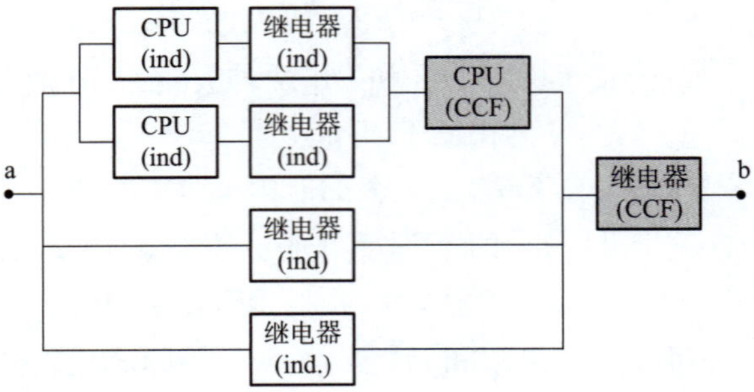

图 2-21 PHF 计算所需要的 RBD

当计算 $PFH^{(ind)}$ 时，首先估计包含 CPU 和继电器的上部两个通道的独立失效，再加上 CPU 的 CCF 贡献，然后再考虑下面两个通道的贡献：

$$PFH^{(ind)}=PFH_{branches\ 1\ and\ 2}\cdot PFH_{branch\ 3}\cdot PFH_{branch\ 4}$$

首先不考虑 DD 失效因素的情况，在本例中所使用的相关数据情况见表 2-9。

表 2-9 不考虑 DD 失效计算举例所需要的相关数据

组　件	τ	λ_{DU}	β
CPU	24 h	$0.1\cdot10^{-6}h^{-1}$	0.05
继电器	24 h	$0.2\cdot10^{-6}h^{-1}$	0.02

计算时不考虑每个测试间隔之间的列车通过因素，相当于 K 取 0。CPU 和继电器的独立失效对 PFH 的贡献可计算如下：

$$PFH_{DU,CPU}^{(ind)}\approx\lambda_{DU,CPU}=0.1\times10^{-6}h^{-1}$$

$$PFH_{DU,Relay}^{(ind)}\approx\lambda_{DU,Relay}=0.2\times10^{-6}h^{-1}$$

两个 CPU 的共因失效对 PFH 的贡献是：

$$PFH_{DU,CPU}^{(CCF)}=C_{1oo2}\cdot\beta_{CPU}\cdot\lambda_{DU,CPU}=1\times0.05\times0.1\times10^{-6}h^{-1}=5.0\times10^{-9}h^{-1}$$

四个继电器的共因失效对 PFH 的贡献是：

$$PFH_{DU,Relay}^{(CCF)}=C_{1oo4}\cdot\beta_{Relay}\cdot\lambda_{DU,Relay}=0.15\times0.02\times0.2\times10^{-6}h^{-1}=6\times10^{-10}h^{-1}$$

因此，系统 PFH 计算如下：

$$\begin{aligned}PFH=&[(PFH_{DU,CPU}^{(ind)}+PFH_{DU,Relay}^{(ind)})^2+PFH_{DU,CPU}^{(CCF)}]\cdot[PFH_{DU,Relay}^{(ind)}]^2+PFH_{DU,Relay}^{(CCF)}=\\&[(0.1\times10^{-6}h^{-1}\times24h+0.2\times10^{-6}h^{-1}\times24h)^2/24h+5.0\times10^{-9}h^{-1}]\times\\&[0.2\times10^{-6}h^{-1}\times24h]^2/24h+6\times10^{-10}h^{-1}\\&=6.10^{-10}h^{-1}\end{aligned}$$

从计算结果可以看到，与四个继电器的 CCF 相比，独立失效的影响(包括 CPU 的 CCF)是微不足道的。根据以上讨论，CCF 的影响远超过独立失效的贡献，尤其是超过两个冗余通道配置的情况下。

然后再考虑 DD 失效因素的情况，所使用的相关数据情况见表 2-10(τ、λ_{DU}和 β 与表 2-9 一致)。

表 2-10 考虑 DD 失效计算举例所需要的相关数据

组　件	τ	τ_1	λ_D	DC	λ_{DD}	λ_{DU}	β_D	β
CPU	24h	0.1h	$1.0\times10^{-6}h^{-1}$	90%	$0.9\times10^{-6}h^{-1}$	$0.1\times10^{-6}h^{-1}$	0.01	0.05
继电器	24h	0.1h	$1.3\times10^{-6}h^{-1}$	85%	$1.1\times10^{-6}h^{-1}$	$0.2\times10^{-6}h^{-1}$	0.01	0.02

四个继电器的共因失效变成：

$PFH_{D,Relay}^{(CCF)} =$

$C_{1oo4} \cdot (\beta_{Relay} \cdot \lambda_{DU,Relay} + \beta_{D,Relay} \cdot \lambda_{DU,Relay}) =$

$0.15 \times (0.02 \times 0.2 \times 10^{-6} h^{-1} + 0.01 \times 1.1 \times 10^{-6} h^{-1})$

$= 0.15 \times (0.4 \times 10^{-8} h^{-1} + 1.1 \times 10^{-8} h^{-1})$

$= 0.15 \times (1.5 \times 10^{-8} h^{-1}) = 0.2 \times 10^{-8} h^{-1}$

可以看出，DD 失效影响可以占到整个 PFH 系统的 73%。

为了说明独立 PFH 的计算，可以通过计算 1oo2 结构 CPU 对 PFH 的贡献说明：

$$PFH_{1oo2,CPU}^{(ind)} \approx \frac{2!}{(2-1+1)! \times (1-1)!} \times [(\lambda_{DU,CPU} \cdot \tau)^{N-M+1}/\tau + (\lambda_{DU,CPU} \cdot \tau)^{N-M+1}/\tau_1]$$

$$= (0.1 \times 10^{-6} \times 24h^{-1})^2/24h + (0.9 \times 10^{-6} h^{-1} \times 0.1h)^2/0.1h$$

$$= 2.4 \times 10^{-13} + 8.1 \times 10^{-14} = 3.2 \times 10^{-13}$$

可见，上述结果相比于 CCF 对整个 PFH 系统的影响低了约 10^{-5} 个数量级。此外，由于实际上有 3(4)个通道，独立失效的影响对整个 PFH 还要远低于 1oo2 这一结果。

上述计算说明是否包括 DD 失效确实重要。

第三章　系统和硬件安全性设计

本章将依据 EN 50126、EN 50129 标准，主要描述安全相关系统及其硬件安全性设计所需要的具体技术要求，包括质量与安全管理措施、具体功能和技术安全措施以及与安全相关的环境耐受要求。

第一节　系统级方法

一、系统层次结构的概念

“系统、子系统、组件”的顺序可用于表示系统分解为其组成部分的过程，每种元素(即系统、子系统和组件)在物理或者功能上的精准边界取决于特殊的应用，系统本身包含在一种操作环境当中。

系统可以定义为子系统和部件以某种组织方式连接在一起以达到规定功能的组合，系统的行为和状态及其子系统和组件的功能可能会随着子系统或者组件功能的改变而改变，针对输入系统产生特定的输出，且与环境相关。

在系统分层结构中，嵌套式系统的基本概念可由图 3-1 说明。

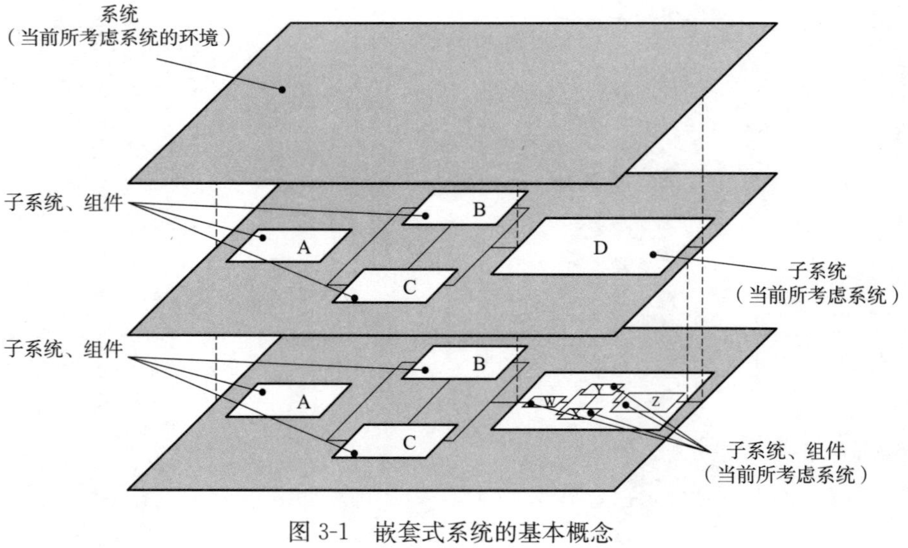

图 3-1　嵌套式系统的基本概念

根据嵌套式系统的概念可知，系统本身由较小的系统组成，而较小的系统又由更小的系统组成，以此类推。

为方便起见，假设多级嵌套式系统通常处理 3 层结构系统的连续分组情况，这 3 层结构由“当前所考虑的系统”(如子系统 D)组成。“当前所考虑的系统”包括两种情况，一是系统的内部相关子系统或组件(W,X,Y 和 Z),二是系统本身连同其内部相关子系统或组件(A,B 和 C),被包括在一个包含系统或父系统(如铁路系统)中。

“当前所考虑的系统”和它的“同类”之间的交互和接口,即:内部关联的子系统/组件;“当前所考虑的系统”和运行环境之间的影响和交互,即:“父系统”或者“包含系统”。

系统的功能就是系统整体所执行的行为或活动,功能和结构能够为产生输出和外部性能的系统性能提供“内部关视图”,同时功能和结构也是用于设计系统实体的概念。系统的运行环境包括任何可能影响系统或被系统所影响的因素,这将包括任何与本系统机械连接,电力连接或通过其他方式连接的元素,如电磁干扰、热等。运行环境也将包括人及可以影响系统的操作或受系统操作影响的程序,了解所考虑的系统和环境的边界及内部相关子系统的交互是了解系统怎么发生失效及失效的危害的前提条件。

二、系统需求和特点

系统的需求从各种来源引起,需求可按以下方法分类:

(1)功能需求:一个系统的基石和创造的主要原因是为了运用这个系统实现特定的功能。为了确保系统功能的正常运行,这不仅取决于系统的设计还包括附加需求,基本需求和附加需求一起被称为“功能需求”,它们表示系统的行为,也可能需要性能水平(如可靠性、安全性、准确性、实时性等)加以补充。

(2)环境需求:该系统和其环境之间的关系,可能需要进一步限定环境需求的手段。

环境需求处理系统任务描述(mission profile)、维护和后勤(maintenance and logistics)、人为因素(如个人资格)、流程环境和成本等问题。

(3)技术需求:系统的技术性实施可能产生进一步的需求,这些需求并不来自系统的功能而是来自技术实现。这样的需求都被称为“技术需求”,其影响系统的建立。技术需求可以解决诸如可靠性、环境条件、潜在的威胁所造成的技术/设备的功能的问题(如存在尖锐的边缘、电压、可燃性材料等)。

详细设计包括建立子系统和设备,以实现当前考虑的系统的功能需求。它能够提炼功能需求保证不同系统、设备之间的兼容性,实施精确的功能需求,同时执行技术需求和环境需求。

系统特性及其组成(来源于功能、技术和环境的需求的与用户相关的特性)由需求决定,而系统符合需求则通过它的特性体现。

三、系统边界和功能

系统不仅包括它的技术组件,还包括与人员开发、操作和维护的相互影响。因此,所考虑系统的定义与文档应该包含这些因素,同时也要考虑如图 3-1 所示的系统层次结构的概念。

在进行 RAMS 分析(如危害识别等)时,需要考虑建立系统的边界和系统的功能。因此,以下所列方面应当考虑和明确记载:

(1)系统的边界和接口(如与其他系统或与环境之间的接口,定义系统边界来分析和边界之间的交互)。

(2)预定的功能,如在分析中包括的系统功能和排除的系统功能。

(3)工作环境,如对邻近对象、系统和环境影响,包括操作人员、乘客和公共环境;必要的操作员的操作说明,具有这些操作的基础并具有资格和技能的人员才被允许进行这些操作;如果这个分析中没有考虑到人的行为，应说明原因。

(4)操作模式：正常、异常或降级模式运行，断开连接的状态和转换，以及它们之间的相互作用；分析中考虑运营场景，如维护操作的影响(如何维护，多久维护和由谁来维护)。

(5)外部要求，如产生于主管部门人的整体安全政策的外部安全要求，从现行法律或从行业标准考虑。

(6)系统版本和相关的文件：如果假设特定的功能或子系统，不同于现有的版本，那么应明确合理的偏差；在其生命周期内，如果系统被修改后，它可能需要修改 RAMS 分析，甚至可能需要一个完全新的风险评估；新的系统版本对铁路系统安全性的潜在影响应通过对风险评估来检查，特别是风险日志。

第二节　避免系统失效以及控制随机与系统失效

安全完整性等级定义在执行功能的子系统的功能级上，本节涉及针对安全完整性等级 1～4 级，避免系统性失效以及控制随机与系统性失效的结构、技术及措施。

由于系统失效在不同的生命周期阶段对系统有不同的影响，并且一些措施取决于特定的应用，因此列出生命周期各阶段所有系统性失效的单独原因是不可能的，也就不可能对失效避免进行定量分析。

根据系统生命周期和在 EN 50126 中描述的安全管理过程，同时参考资料 EN 50129 标准的 5.3，在每个生命周期阶段必须进行一些活动。应当采取一系列技术和措施满足要求的安全完整性水平的需求，这些技术和措施在表 3-1 中给出。

正如在安全管理过程中所描述的，安全管理过程的目的是为了进一步减少在系统生命周期内与安全相关的人为错误的发生，并由此减少安全相关系统失效的残留风险，这包括验证和质量保障过程，该过程的要求在表 3-2 中列出。

依照表 3-3 中的技术或措施，活动结果须在系统需求规范中列出。

在安全计划准备期间，必须确定安全管理结构，相关信息在表 3-4 中给出。

在生命周期设计和实现阶段(阶段 6)系统结构描述必须参照表 3-5 形成文档。

为避免和控制由任何残留的设计失效、环境条件、误用或操作错误、软件中的任何残留错误、人为因素引起的失效，设计要点的技术或措施在表 3-6 中给出。

根据设计要点，失效影响分析必须使用 RAMS 分析和 EN 50129 附录 C 中的失效模式，来确定软硬件的 RAM 和安全性约束。

识别和评估失效影响的方法在表 3-7 中给出。无论采取哪种设计方法，它必须具备以下特征：第一、清晰和精确的文档材料；第二、清晰和精确的功能表述；第三、透明性、模块性和可追溯性；第四、技术的和时间相关的信息；第五、验证和确认阶段的可测性。

技术和措施在表 3-8 中给出。预期设计必须参考资料表 3-9 形成文档，并参照表 3-10 中的技术或措施进行确认。

利用风险日志，建立确认测试报告，它包括：所用测试规范的版本；所用元素(硬件 HW 和软件 SW)的版本；所用的工具和设备；每次测试的结果；任何期望结果和实际结果的差异；对每个差异进行的分析和采取的决定。

设计和研发阶段的结果以及安全案例的结果将指导应用、运行和维护过程，这些过程必须参照表 3-11 给出的技术或措施形成文档。

这些表中的每种技术和措施，针对每个安全完整性等级(SIL)1 到 4 都有相应的建议。"强力推荐"意味着如果不使用该技术或措施，则必须详细说明其理由。"—"表示该措施或技术既不反对使用也不推荐使用。

表 3-1　生命周期问题(Lifecycle Issues)**和文档**

文　档	SIL1	SIL2	SIL3	SIL4
计划				
1. 系统质量保障计划	强力推荐	强力推荐	强力推荐	强力推荐
2. 系统质量保障验证报告	强力推荐	强力推荐	强力推荐	强力推荐
3. 系统安全计划	强力推荐	强力推荐	强力推荐	强力推荐
4. 系统配置管理计划	强力推荐	强力推荐	强力推荐	强力推荐
5. 系统验证计划	强力推荐	强力推荐	强力推荐	强力推荐
6. 系统确认计划	强力推荐	强力推荐	强力推荐	强力推荐
需求				
7. 系统需求规范	强力推荐	强力推荐	强力推荐	强力推荐
8. 系统需求验证报告	强力推荐	强力推荐	强力推荐	强力推荐
架构和设计				
9. 系统架构规范	强力推荐	强力推荐	强力推荐	强力推荐
10. 危害分析	强力推荐	强力推荐	强力推荐	强力推荐
11. 软件集成测试规范	强力推荐	强力推荐	强力推荐	强力推荐
12. 系统架构验证报告	强力推荐	强力推荐	强力推荐	强力推荐
硬件(HW)组件规范				
13. 硬件组件规范	强力推荐	强力推荐	强力推荐	强力推荐
14. 硬件组件测试规范	强力推荐	强力推荐	强力推荐	强力推荐
15. 硬件组件验证报告	强力推荐	强力推荐	强力推荐	强力推荐
硬件(HW)组件实现				
16. 硬件详细设计规范	强力推荐	强力推荐	强力推荐	强力推荐
17. 硬件制造数据	推荐	推荐	强力推荐	强力推荐
硬件(HW)组件确认				
18. 硬件安全验证	—	—	强力推荐	强力推荐
19. 硬件组件测试报告	强力推荐	强力推荐	强力推荐	强力推荐
20. 硬件组件确认报告	强力推荐	强力推荐	强力推荐	强力推荐
集成与确认				
21. 软件/硬件集成测试规范	强力推荐	强力推荐	强力推荐	强力推荐
22. 软件/硬件集成验证报告	强力推荐	强力推荐	强力推荐	强力推荐
23. 软件/硬件集成测试报告	推荐	推荐	强力推荐	强力推荐
24. 系统集成测试报告	强力推荐	强力推荐	强力推荐	强力推荐

续上表

文　档	SIL1	SIL2	SIL3	SIL4
25. 系统确认报告	强力推荐	强力推荐	强力推荐	强力推荐
26. 工具确认报告	强力推荐	强力推荐	强力推荐	强力推荐
27. 系统安全案例	强力推荐	强力推荐	强力推荐	强力推荐
28. 发布说明	强力推荐	强力推荐	强力推荐	强力推荐

表 3-2　安全计划和质量保障活动

技术/措施	SIL1	SIL2	SIL3	SIL4
1. 检查清单	推荐：产生活动和项目检查清单		推荐：产生活动和项目检查清单	
2. 任务审计	推荐		强力推荐	
3. 检查文档内容	强力推荐：铁路/安全主管部门和企业协商一致的文档		强力推荐：所有文档	
4. 安全计划修改后的评审	强力推荐			
5. 在安全生命周期每个阶段后进行安全计划的评审	强力推荐			

表 3-3　系统需求规范

技术/措施	SIL1	SIL2	SIL3	SIL4
1. 区分安全相关系统和非安全相关系统	推荐：明确定义安全相关系统和非安全相关系统之间的接口		强力推荐：明确定义安全相关系统和非安全相关系统之间的接口并进行接口分析	
2. 图形描述(例如方框图)	强力推荐		强力推荐	
3. 结构化的规范	强力推荐：手工分层地划分成多个子任务并对接口进行描述		强力推荐：使用形式化方法进行层次划分，自动一致性校核，细化至功能级	
4. 形式化或半形式化方法			推荐：计算机辅助	
5. 计算机辅助的规范工具		推荐：不偏爱某特殊设计方法的工具	推荐：具有层次划分的面向模型的过程，所有对象及其关系的描述，共同数据库，自动一致性校核	
6. 检查清单	推荐：为安全生命周期各个阶段准备检查清单，着重于主要安全问题		推荐：为安全生命周期所有阶段准备详细检查清单	
7. 风险日志	强力推荐：建立风险日志并在整个系统生命周期内维护风险日志			
8. 规范说明检查	推荐		强力推荐	

注：因为检查清单或计算机辅助规范工具一般只说明“做什么”，而不能确保实际完成的质量，因此它们必须和其他方法一起使用。

表 3-4　安全组织

技术/措施	SIL1	SIL2	SIL3	SIL4
1. 安全组织机构员工的培训	强力推荐：在所有安全相关活动中进行初始培训		强力推荐：在所有安全相关活动中进行重复培训或定期实施	
2. 角色间的独立性	见独立性安排			
3. 安全组织机构员工的资质	强力推荐：技术教育或足够的经验		强力推荐：更高的技术教育或广泛的经验	

注：安全活动所涉及的人员必须能够胜任这些工作。

表 3-5　系统/子系统/设备结构

技术/措施	SIL1	SIL2	SIL3	SIL4
1. 区分安全相关系统和非安全相关系统	推荐	推荐	强力推荐	强力推荐
2. 带自检和监测的单电子结构	推荐	推荐	—	—
3. 双电子结构	推荐	推荐	—	—
4. 基于具有故障—安全比较的组合故障—安全的双电子结构	推荐	推荐	强力推荐	强力推荐
5. 基于内在故障—安全的单电子结构	推荐	推荐	强力推荐	强力推荐
6. 基于反应式故障—安全的单电子结构	推荐	推荐	强力推荐	强力推荐
7. 带故障—安全比较的差异性电子结构	推荐	推荐	强力推荐	强力推荐
8. 通过硬件可靠性定量分析来证明架构合理性	强力推荐	强力推荐	强力推荐	强力推荐

注：灰色部分中的所有技术是可选择的。“推荐”意味着至少要选择一种技术。

表 3-6　设计特点

技术/措施	SIL1	SIL2	SIL3	SIL4
1. 操作错误的防护	推荐：每个输入命令进行合理性检查		强力推荐：每个输入命令进行合理性检查	
2. 故意破坏的防护			推荐：必须增加有组织的措施	
3. 分立元件单失效的防护	推荐：所有的风险失效模式或者能被检出并屏蔽，或者能证明内在物理特性使之是内在安全的，EN50124-1 对绝缘有基本要求		强力推荐：所有的风险失效模式或者能被检出并屏蔽，或者能证明内在物理特性使之是内在安全的，EN50124-1 对绝缘有基本要求	
4. 数字电子技术集成电路单失效的防护	推荐：粘连(stuck-at)失效模式	推荐：直流(DC)失效模式	强力推荐：部件级的永久性和短暂性的失效模式	
5. 安全相关架构内的物理独立性	推荐：绝缘距离至少要符合 EN 50124-1(基本绝缘)		强力推荐：绝缘距离应符合 EN 50124-1 的加强值(加强绝缘)	
6. 单失效的检测	推荐：通过发现不正常运行状态来检测	推荐：根据安全目标，单失效的检出和屏蔽时间应满足安全目标	强力推荐：根据安全目标，单失效的检出和屏蔽时间应满足安全目标	
7. 安全状态的保持	推荐：告知操作者不能使用或不能依靠失效部件涉及的安全相关功能		强力推荐：自动关闭失效部件、子系统或系统，或者阻塞失效部件、子系统或系统的所有安全相关功能	
8. 多重失效	推荐：通过发现不正常运行状态来检测	推荐：多重失效检出和屏蔽时间应符合安全目标	强力推荐：根据安全目标，多重失效的检出和屏蔽时间应满足安全目标	
9. 动态失效检测	推荐：应进行在线动态测试，以检查安全相关系统的运行状态并将其显示给操作者	强力推荐：应进行在线动态测试，以检查安全相关系统的运行状态并将其显示给操作者	强力推荐：应进行在线动态测试，以检查安全相关系统的运行状态并自动关闭失效部件、子系统或系统，或者阻塞失效部件、子系统或系统的所有安全相关功能	

续上表

技术/措施	SIL1	SIL2	SIL3	SIL4
10. 程序执行顺序监督	推荐:对程序进行时序或逻辑监督并显示给操作者	强力推荐:对程序进行时序或逻辑监督并显示给操作者	强力推荐:在程序中许多检查点对程序执行顺序进行时序和逻辑监督并自动关闭失效部件、子系统或系统,或者阻塞失效部件、子系统或系统的所有安全相关功能	
11. 应对掉电、电压波动、过压和低压的措施	强力推荐:应对掉电、电压波动、过压和低压的措施		强力推荐:应对掉电、电压波动、过压和低压的更广泛措施	
12. 应对温度升高的措施	强力推荐:检测温度过高的温度传感器		强力推荐:检查是否需要安全性关闭	
13. 软件架构	参见第四章要求		参见第四章要求	

表 3-7　失效和风险分析方法

技术/措施	SIL1	SIL2	SIL3	SIL4
1. 初步风险分析 PHA	强力推荐	强力推荐	强力推荐	强力推荐
2. 故障树分析 FTA	推荐	推荐	强力推荐	强力推荐
3. 马尔可夫状态图	推荐	推荐	强力推荐	强力推荐
4. 失效模式、影响和危害性分 FMECA	推荐	推荐	强力推荐	强力推荐
5. 风险性和可操作性分析(HAZOP)	推荐	推荐	强力推荐	强力推荐
6. 因果图	推荐	推荐	强力推荐	强力推荐
7. 事件树	推荐	推荐	推荐	推荐
8. 可靠性框图	推荐	推荐	推荐	推荐
9. 区域分析	推荐	推荐	推荐	推荐
10. 接口风险分析	推荐	推荐	强力推荐	强力推荐
11. 共因失效分析	推荐	推荐	强力推荐	强力推荐
12. 历史事件分析	推荐	推荐	推荐	推荐

注:初步风险分析(PHA)只应考虑在研发初期进行。当设计过程中已有精确的技术信息时,最好用其他方法。

表 3-8　系统/子系统/设备的设计和研发

技术/措施	SIL1	SIL2	SIL3	SIL4
1. 架构设计	强力推荐:进行自顶而下的分层设计		强力推荐:进行自顶而下的分层设计,要能完全追溯到需求规范,其中包括规范、设计、电路图和应用文档之间的互相参考	
2. 模块化	推荐:模块大小应限制,模块之间应隔离	强力推荐:模块大小应限制,模块之间应隔离	强力推荐:使用完全确认过的、易于理解的且大小受限制的模块,模块之间应功能隔离	
3. 形式化或半形式化方法			推荐:计算机辅助法	
4. 计算机辅助设计工具		推荐:复杂设计采用计算机支持	推荐:用经过应用证明的或确认的工具,通用的计算机辅助研发	
5. 环境研究(电磁兼容,振动等)	推荐	推荐	强力推荐	强力推荐

表 3-9 设计阶段文档

技术/措施	SIL1	SIL2	SIL3	SIL4
1. 子系统图形描述	强力推荐	强力推荐	强力推荐	强力推荐
2. 接口描述	强力推荐	强力推荐	强力推荐	强力推荐
3. 环境研究(电磁兼容,振动等)	推荐	推荐	强力推荐	强力推荐
4. 修改程序	强力推荐	强力推荐	强力推荐	强力推荐
5. 维护手册	强力推荐	强力推荐	强力推荐	强力推荐
6. 生产文档	强力推荐	强力推荐	强力推荐	强力推荐
7. 应用文档	强力推荐	强力推荐	强力推荐	强力推荐

表 3-10 系统和产品设计的验证和确认

技术/措施	SIL1	SIL2	SIL3	SIL4
1. 检查清单	推荐:准备检查清单,关注主要安全性问题		推荐:准备详细的检查清单	
2. 仿真		推荐	推荐	
3. 系统功能测试	强力推荐:应实施功能测试、评审,以证实达到预定的特征和安全需求		强力推荐:应基于良好定义的测试用例进行全面的功能测试,以证实达到预定的特征和安全需求	
4. 环境条件下的功能测试	强力推荐:应在指定环境条件下进行安全相关功能和其他功能的测试		强力推荐:应在指定环境条件下进行安全相关功能和其他功能的测试	
5. 抗浪涌测试	强力推荐:应进行实际运行条件边界值的抗浪涌测试	强力推荐:应进行比实际运行条件边界值更高的抗浪涌测试		
6. 文档检查	强力推荐:检查所有文档			
7. 确保设计假设没有向制造过程妥协			强力推荐:明确生产需求和防范要点,另外由安全组织审查实际制造过程	
8. 测试装置	推荐:测试设备的设计者应独立于系统或产品的设计者		强力推荐:测试设备的设计者应独立于系统或产品的设计者	
9. 设计评审	强力推荐:在生命周期的适当阶段进行评审,以证实实现了指定的特征和安全性需求		强力推荐:在生命周期的适当阶段进行评审,以证实实现了指定的特征和安全性需求	
10. 确保设计假设没有向安装和维护过程妥协	强力推荐:明确安装和维护需求以及防范要点		强力推荐:明确安装和维护需求以及防范要点,另外由安全组织审查实际安装和维护过程	
11. 通过使用达到高置信度	推荐:10 000 h 运行时间,有运行设备中运用至少 1 年的经历		推荐:一百万小时运行时间,有不同设备中运用至少 2 年的经历,其中包括安全性分析,运行期间的小修改也要有详细文档资料	

注:在阶段验证活动中,可以使用检查清单、计算机辅助规范说明工具和规范检查。

表 3-11 应用、运行和维护

技术/措施	SIL1	SIL2	SIL3	SIL4
1. 生成应用、运行和维护指导说明	推荐:所有运行、应用和维护指导说明可以追溯到运用风险日志的设计		强力推荐:所有运行、应用和维护指导说明可以追溯到运用风险日志的设计	

续上表

技术/措施	SIL1	SIL2	SIL3	SIL4
2. 运行和维护指导说明的操作培训	强力推荐：所有操作者和维护人员的初始培训		强力推荐：所有操作者和维护人员的初始培训以及周期的更新培训	
3. 界面友好	强力推荐：人和系统的交互尽可能简单，以减少人因错误的风险			
4. 方便维护	强力推荐：独立的分析工具，安全相关维护措施尽可能少		强力推荐：对于无法避免的修复措施，应有足够的、灵敏的且操作简单的分析工具，安全相关维护措施尽可能少或完全不必要	
5. 操作错误的防护	推荐：每个输入命令要进行程序性的合理性检查		强力推荐：每个输入命令要进行程序性的合理性检查	
6. 故意破坏的防护			推荐：需要增加有组织的措施	

第三节　详细技术要求

一、功能正确运行的保障

功能正确运行是指依照指定的运行和安全要求，系统、子系统或设备在无故障条件下的正确运行。

功能正确运行的保障包括系统结构描述、接口定义、系统需求规范的实现、安全需求规范的实现、硬件功能正确性保障、软件功能正确性保障等。

系统结构描述必须包括对系统、子系统或设备设计的整体描述，整体描述应有足够的深度以便能清晰地理解系统所用的原则和技术。

接口定义包括人机接口、系统接口。

1. 人机接口

操作者：必须描述将要被操作人员和工程人员操作的系统/子系统/设备的机制，如正常情况、报警的响应、运用“帮助”例程。

配置：应描述工程人员为专门铁路应用配置系统、子系统或设备时的处理过程，如软件参数的确定、布线、安装技术、流程。

维护：应描述维护人员在不同等级的维护过程中使用的接口机制，也包括任何辅助设备的使用。

2. 系统接口

内部接口：必须定义系统、子系统或设备内部各项之间的功能和物理接口，如电清洁区和电污染区、内部总线架构、通信链路、功能监测和纠错、诊断和状态监测。

外部接口：必须定义系统、子系统或设备与外部各项之间的功能和物理接口，如传感器、执行设备、通信链路、测试和监控设施、扩展设备。

系统需求规范的实现必须论证在系统、子系统或设备需求规范里规定的操作功能需求是如何通过设计来实现的，应包括所有相关的证据材料（或给出参考资料索引），如设计原理和计算、测试规范和结果、确认。

安全需求规范的实现必须论证规定的安全功能需求是如何通过设计来实现的，包括所有相关的证据材料(或给出参考资料索引),如设计原理和计算、测试规范和结果、安全性分析和结果。

硬件功能正确性保障的内容必须包括描述系统、子系统或设备的硬件结构,解释设计如何达到所需的完整性,包括需求规范说明和其他相关标准所拟定的几方面,即:可靠性、可用性、可维性和安全性。这里对安全性的考虑只限于无失效条件,因为失效的影响已在其他地方考虑处理。

软件功能正确性保障的内容必须包括或参考所有 EN 50128 所需文档,尤其是软件确认报告和软件评估报告,除此之外,必须说明硬件与软件之间的相互作用。

还有一些需特别注意的问题,包括硬件与软件之间的依赖性、交互作用顺序、响应时间、自检验程序、状态监测、数据采集技术、平滑降级、拒绝方法等。

二、故障的影响

本小节将说明在发生随机硬件故障直至可能的系统性故障时,系统、子系统或设备持续符合规定的安全要求的能力。

(一)单一故障影响

在发生单个随机故障时必须确保系统、子系统或设备满足规定的 THR。当可识别的任何一种单一随机硬件故障发生时,必须确保 SIL3 和 SIL4 的系统保持安全,被证明其影响可被忽略的故障可以不予考虑,这种故障—安全的机制有几种实现方式:

1. 组合式故障—安全

采用这种技术,每个安全相关功能必须至少由两项来执行,各项之间必须相互独立,以避免共因失效。只有当必要数量的项取得一致时,才允许进行非限制行为,必须能检测出一个项中的危险失效并在足够短的时间内加以拒绝,以避免第二个项发生相同故障。

2. 反应式故障—安全

这种技术允许一个安全相关功能由单个项执行,前提是通过快速的危险失效检测和拒绝来确保它的安全操作(如通过编码,多路计算和比较或通过连续的测试)。尽管只由一个项实施实际的安全相关功能,但检查、测试或检测功能必须能被看作为第二项。检查、测试或检测功能必须是独立的,以避免共因失效。

3. 内在式故障—安全

这种技术允许一个安全相关功能由单个项执行,前提是假定项的所有可信失效模式均为非危险的,任何被声明为不可信的失效模式(如因为内在的物理特性)必须使用 EN 50129 附录 C 定义的规程来进行评定。内在式故障—安全也可用在组合式和反应式故障—安全系统的某些功能中,如用来确保各项之间的独立性或在检测到一个危险失效时强制关机。

无论使用哪种技术或其组合,都必须使用适当的结构分析方法来证明已确保单个硬件元件的随机失效模式是非危险的。

应使用一个"自顶向下"的失效分析方法,如故障树分析(FTA),在必要时可辅之以"自底向上"的方法,如失效模式和影响分析(FMEA)。失效分析应是定性的,并且当可以得到可信的数据时进行定量化,随机硬件失效率或元器件的失效概率如有可能应基于现场数据,分析中必须证明失效模式之间元器件失效率分配的合理性。

(二)项的独立性

在包括多个项并且各项同时出错可能导致危险的系统中,各项间的独立性是单故障—安全性的强制性先决条件。为确保这种独立性,必须实施适当的规则或指导方针,采取的措施应在系统的整个生命周期内有效。此外,系统或子系统的设计应尽量减小由于独立性丧失(如由系统性设计引起)而带来的潜在危险后果。图 3-2 给出了两个工作项组成的系统中各种类型的影响,该图可以扩展到多个工作项组成的系统。

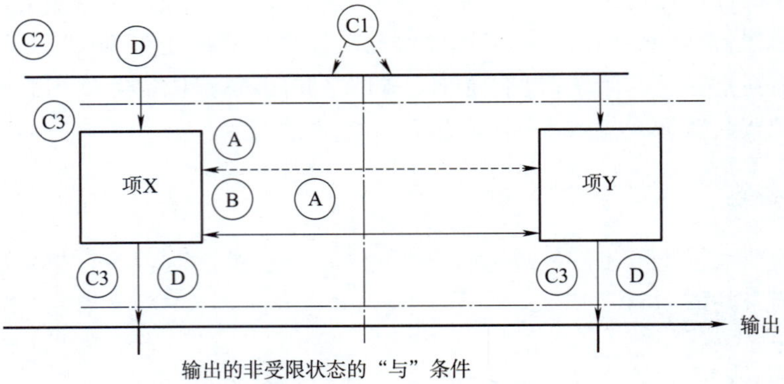

图 3-2 影响项独立性的干扰

注:
- ——— 预期的连接
- - - - - 非预期的连接(可能由故障引起)
- —·—·— 独立(如果规定的措施适合避免非故意的干扰和连接)
- 前接点(正常开放的接点)
- 双前接点(两个非受限的独立活动“与”符号表示)
- (A) 内部物理干扰(非预期的)
- (B) 内部功能干扰(非预期的,使用预期的连接)
- (C1) 外部环境干扰(电磁干扰等)(非预期的)
- (C2) 由电源引起的外部干扰(非预期的,使用预期连接)
- (C3) 输入/输出间的外部干扰(进程工作电压,引起EMI电压)(非预期的,使用预期连接)
- (D) 外部功能干扰(非预期的,使用外部连接)

可能导致独立性丧失的几种干扰:

(1)类型 A 内部物理干扰。如果系统内部的各项之间不存在物理连接,没有物理或功能的干扰,就获得了内部独立性。物理连接是指两个项之间的任何介质,如电连接、电磁耦合,必须采用措施防止意外的内部物理干扰。

(2)类型 B 内部功能干扰。各项之间的功能干扰是基于物理连接的,必须采取措施防止内部功能干扰。必须通过内部功能独立性方法来实现(B 类干扰的防护),内部功能干扰能使一个项的失效信息以危险方式影响另一个项。

(3)类型 C 外部物理干扰。外部物理干扰能导致各项之间丧失物理独立性。这主要取决于以下因素，如环境压力、电磁干扰（EMI）、静电放电（ESD）、气候、机械和化学因素；电源；外部输入和输出。应采取措施防止意外的外部物理干扰，本节第三小节给出了应考虑的外部干扰的要求。

（4）类型 D 外部功能干扰。外部功能影响能导致各项之间丧失功能独立性，必须采取措施避免外部功能影响。必须通过外部功能独立性方法来实现（对 D 类影响的防护），外部功能影响能使来自外部的故障信息以危险方式影响系统。

1. 单故障检测

第一个故障（单故障）可能是危险故障，它可能以单独的形式或与第二个故障组合的形式出现，必须在足够短的时间内被检测到并强制进入安全状态（如拒绝）以实现规定的量化安全目标。这必须通过采用故障模式和影响分析方法（FMEA）和随机故障完整性的定量评估方法来加以证明。

在组合式故障—安全条件下，上述要求意味着应在足够短的时间内检出第一个故障，并强制达到安全状态，以确保在检测和拒绝期间出现第二个故障的危险小于规定的概率指标。

在反应式故障—安全条件下，上述要求意味着检测和拒绝所需最大时间不应超出规定的有潜在危险的瞬间输出持续时间限制，在图 3-3 中描述了组合式和反应式故障—安全的要求。

EN 50129 要求必须给出在允许时间内实现故障检测和拒绝的技术和相关计算。在计算中使用的基本故障率数据（如硬件元器件的故障率）的出处必须是明确的，并且应明确解释定量分析方法。在检测由设备自身完成时故障检测时间是测试的间隔时间，在检测由人工完成时故障检测时间是维护的间隔时间，极端情况是系统安装后的生命期，当设备处于储存时，它是维护人员定期测试的间隔时间。

2. 故障检测后的措施（包括安全状态的保持）

检测出第一个故障后，系统、子系统或设备应进入或保持在一个安全状态，这个安全状态通常（但非必要）是受更多限制的。达到安全状态的时间必须足够短以使检测和拒绝的总时间满足规定的安全指标，这些要求如图 3-3 所示，拒绝时间定义为自动或人为切断系统相应部分所用的时间。

检测出第一个故障并进入安全状态后，后续故障应不能使系统退出安全状态，仅在受控方式下并作为纠错过程的一部分，才能退出限制性的安全状态，在第一个故障出现后允许的修复时间内，如果故障进一步发生，系统、子系统或设备应保持在安全状态，为实现规定的安全性指标允许的修复时间必须足够短。

3. 多重故障的影响

EN 50129 要求必须及时检测可能直接造成危险或与继发故障组合后造成危险的多重故障（如两重或三重故障），并且强制达到一个安全状态。这一时间应足够短以满足规定的安全指标。必须用恰当方法（如故障树分析法 FTA）来证明多重故障的影响，同时给出在允许时间内完成多重故障检测和拒绝的技术以及支持计算。

EN 50129 要求必须进行共因故障分析（CCF）以确保多重故障只在多个随机单一故障组合情况下发生，而不是一个共因故障的结果。

4. 系统故障的防护

除通过质量和安全管理技术来减少人为错误的可能之外，还必须采取技术性措施，以使得即便存在一个危险性系统故障，也尽可能地防止它产生不可接受的危险。如可以将整个系统的架构配置成即便设计为安全的子系统或设备项出现危险失效时仍不会引发事故。

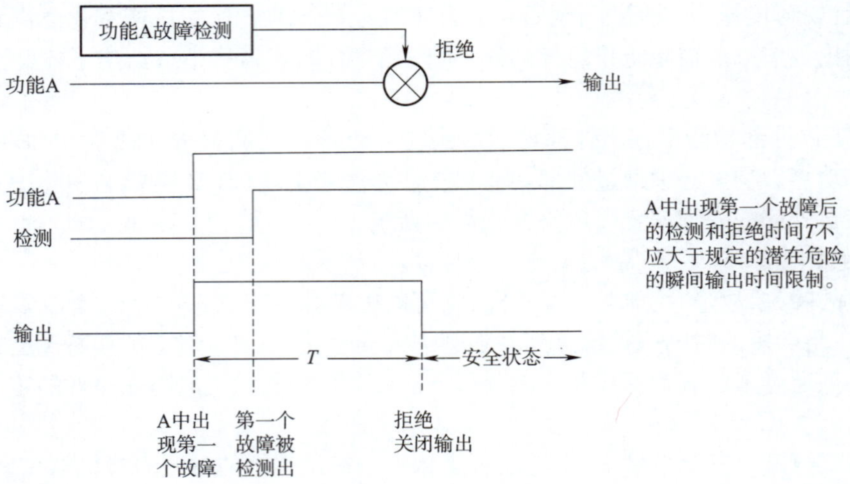

(a) 反应式故障—安全

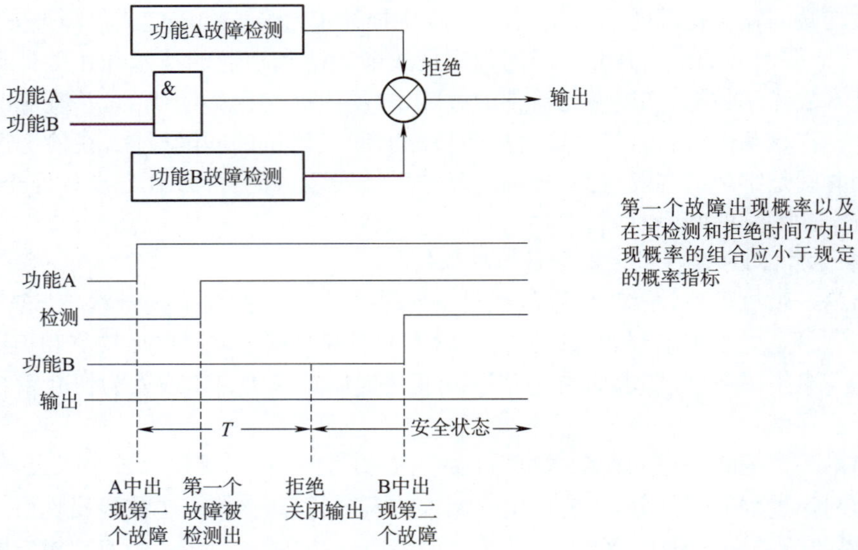

(b) 组合式故障—安全

图 3-3　单一故障的检测和拒绝

三、外界影响下的运行

本小节讨论系统、子系统或设备在规定的外界影响下正确、安全地运行的能力，“正确运行”包括满足功能需求和安全需求两个方面，安全性相关系统应切实可行地设计成即使在外界影响超出规定限制的条件下，系统仍能保持安全。下面列出须考虑的影响、须遵照 EN 50125-1 和 EN 50125-3 中列出的不同情况的条件值以及须考虑存储和运输的影响。

(1)对于气候条件，必须确保在规定的气候条件下达到 EN 50125-3 中所需的安全性。如果铁路管理机构规定的条件比设备能实现的条件更严格，供方可以在用户同意的条件下增加适应气候条件的措施。

(2)对于机械条件，必须确保在规定的机械环境条件下达到相关标准所需的安全性。

(3)对于海拔条件，必须确保在实际的海拔高度下达到相关标准所需的安全性。系统、子系统或设备工作的海拔高度一般不超过海拔 1 800 m。

(4)对于电气条件(非车载)，应确保在规定的电气环境条件下达到相关标准所需的安全性。在 EN 50121-4 和 EN 50124-1 里给出的值可作为基础数据。

(5)对于电气条件(车载)，应确保车载设备在规定电气条件下达到相关标准所需的安全性，EN 50121-4，EN 50124-1 和 EN 50155-1 里引用的值可作为基础数据。

(6)对非授权访问的防护中，用存取等级来定义谁可存取、存取原因和存取方法，从而防范非授权存取。对于每个特定操作，操作人员都需符合一定的关于专业领域，技能水平以及针对设备培训的标准。按照上述的访问等级，必须考虑如何获得防护，防护措施应防护授权人员的意外访问及非授权人员的有意访问，外部条件必须考虑通过附加设备来完成防护的方法，如外罩、保密措施和可达性，封装必须考虑通过实际设备来完成防护的方法，如外罩、安放、密封、电编码、机械编码和固件。

EN 50129 要求在必要时，应采取措施来处理铁路管理机构规定的更严格的条件，以下为更严格条件的例子：设备周围温度快速变化造成的雾化；由灰尘、烟雾、蒸汽、腐蚀性化学制品，盐和硫化氢造成的严重空气污染(污染物的种类和浓度应在规范中明确)；对于室外设备，应考虑霜和温度快速变化的影响；化学影响，如石油制品，有机材料和除草剂；来自火灾或太阳辐射的过度热量；植物、昆虫或动物的活动或入侵；污物或灰尘的积累(导电的或非导电的)；特定国家和地区还包括的温度限制。

四、安全相关应用条件

本小节将描述系统、子系统或设备在应用时应满足的与功能安全相关的规则、条件和约束。一般应考虑以下主题：适合特定应用的可编程系统配置；生产、安装、测试和试运行的防范要点；维护和发现失效的规则和方法；系统操作规程；安全告警和预防；电磁兼容(EMC)防范要点(抗扰度和发射)；关于修改和最终停用的信息；辅助设备和工具的安全性验证，如测试设备，维修设备和配置工具。以下给出了一些必须包括的特殊主题：

(1)对于子系统或设备的配置，如果一个子系统或设备对每个特定应用都需进行配置，那么应当规定配置工具和配置的程序，如程序性的方法、版本控制、配置系统的硬件要求、配置系统的软件细节、软件维护、验证和确认、仿真。

(2)对于系统建立，应详述如何将子系统和设备构造成一个特定的信号系统，如版本控制设置、应用控制设置、接口设置、初始化设置、维护控制设置、生产和产品测试、系统测试例程以及安装和测试及试运行。

(3)对于功能改变，如果一个子系统或设备的设计是充分通用的，即可用在不同应用的系统里，那么必须编写文件说明为了适应这些不同应用它是如何配置和建立的。任何与安全使用有关的限制与条件必须加以明确规定。

关于系统的运行与维护，应确保系统、子系统或设备在规定的环境条件下持续安全和正确地运行的必要维护，须以操作和维护计划的形式编写成文，文件中应包括下列几个方面：

(1)工作状态。须对每个系统、子系统或设备的固有条件加以定义，从而为操作与维护人员在下述情形下提供足够理解信息。

EN 50129 要求必须描述系统、子系统或设备在上电后，或者由于断电或其他原因造成系统关闭后的启动条件。应对缺省条件、初始化周期、自检测的执行、所需的人工介入、输出条件、异常事件后(如火灾或者非法入侵)的报警进行规定。一旦系统、子系统或设备成功地初始化后，应规定正常工作的条件，如周期、非数据例程、失效暴露。如果设备或配置的系统、子系统或设备有一个切换到一个冷备或热备系统或子系统的装置，那么此切换例程必须要重述规定的条件，还要清楚规定设备对失效模块切换时的反应。当一个系统、子系统或设备在因配置变化或终止试运行的预期关闭，或由于断电造成非预期关闭时，应规定所有相关条件。如缺省条件、平滑降级应用的条件、安全方面、过程以及对其他互联系统的影响。

(2)维护分级应就一线维护、由用户实施的二线维护以及由生产商实施的二线维护方面做出规定。“一线”是指失效发现和修复均在现场进行的预防性维护，而“二线”是在车间环境中可能修复的，即脱离现场进行的预防性维护。

(3)在周期性维护的描述里，应参考所有相关领域。如培训、可达性、模块化、可交换性；备件供给以及备件储备。

(4)对于维护辅助手段，在每一级维护中，应规定人员可使用的辅助设备，这些辅助设备应包括故障诊断、故障信息解释以及故障纠正。

在系统生命周期的运行与维护期间，必须对系统、子系统或设备工作状态进行监控以确保其性能与设计性能相吻合，并且在最初安全性评估时的假设条件在实际工作环境中依然保持有效。这部分应包括：安全相关性能监控并与预期的性能比较；利用对失效报告的监控和评估来检测失效趋势及可能出现的能被纠正的危险失效，继而提高安全性与可靠性；利用对事件和事故报告的分析和调查来揭示提高系统安全性所需的修改。

在停用和处理阶段，系统、子系统或设备最后在停用时所需的技术安全性预防措施和程序必须成文，其中必须包括为不中断铁路运行可能出现的分阶段更换系统的介绍。设备停用后的最终处理的警告和指南也应包括在该文档内。

五、安全合格测试

EN 50129 要求必须包括证明在运行条件下成功完成安全合格测试的证据，这些测试的目的为：增强系统、子系统或设备能满足规定的运行需求的置信度；增强已达到规定的可靠性和安全性指标的置信度；在遵循所提供的适当预防和监测措施的情况下，允许系统、子系统或设备在最后安全审批(Safety Approval)之前投入运行。这些测试仅仅增加了置信度，而非安全性论证的唯一方法。

对于安全合格测试的需求来说，安全合格测试的范围和持续时间应由铁路管理机构和安全管理机构一致认可，并必须在考虑系统、子系统或设备的新颖性和复杂性的基础上证明其合理性。因为安全合格测试的实现包括在安全案例内，所以在测试期间系统的安全性没有得到完全保障，因此，应提供适当的预防措施、程序与监控手段来确保测试期间的铁路安全，在负有完全安全责任的运行开始前，必须完成所定义的安全合格测试。而且必须建立一个说明系统何时投入使用，有无乘客，有无预防措施，每个阶段获得的认可等级(临时的或最终的安全性认证)的记录。

对于安全合格测试的结果来说，必须记录安全合格测试的说明，其中完整地描述所进行测试和获得的结果。

第四节　SIL3 或 SIL4 补充技术要求

一、物理的内部独立性的获得

EN 50129 给出以下措施，提供了两个同时出错可能导致危险的项之间的主要独立性：

(1)防止意外电连接的措施(内部电绝缘的防护)，其中包括：印刷电路板同一层上的线路之间的绝缘；绝缘距离(爬电距离和电气间隙)至少符合 EN 50124-1 的加强绝缘尺度；多层印刷板的不同层线路之间的绝缘；同一电缆中的绝缘导线之间的绝缘；同一变压器的绝缘绕组之间的绝缘；变压器内部的最高温度应加以限制(包括失效情况)以避免碳化；光耦合器绝缘元件之间的绝缘，应限制光耦内部的最高温度(包括失效情况)以避免碳化。

(2)避免由预期的连接产生非预期结果的措施(内部接口的防护)，应使用具有固有特性的设备对接口进行防护。

(3)避免由电磁耦合产生非预期结果的措施(内部串扰的防护)。电子网络之间的串扰可通过如下的措施来防护：如果不同部件位于同一印刷电路板上，它们应通过不同的供电网络来供电。若非如此，则接地网络阻抗应足够低，以便即使在失效时也能避免串扰。如果要防止位于同一印刷电路板上的不同线路之间的串扰，必要的线间距取决于所使用的技术、耦合长度和耦合机制。对于正常运行模式，这个距离应通过理论计算及实际测量加以论证。如果在发生失效时需要避免耦合，应采取附加的措施(如屏蔽或采用双倍距离)。确认应通过理论计算和(或)实际测量加以论证。

另外，EN 50129 标准也给出下面的措施，提供了两个同时出错可能不会导致危险的项之间的辅助独立性：

m 中取 n 系统每一项可由多个独立项组成，同时出错可能导致风险的两个项间的独立性已在前文中进行了论述(主独立性)，这些项被称为主项，每个主项可含有一个或多个用于检查主项的所谓附加项。主项和附加项之间的独立程度可以低于前文中所述，称为“辅助独立性”。如果主项和附加项之间任何可能的一次故障后果可以在由后续故障使之变得危险之前就被检测出，那么主项独立于附加项。对于辅助独立性，允许对主独立性采取的措施作下述简化：绝缘距离(爬电距离和电气间隙)应与 EN 50124-1 的基本绝缘要求相一致；防护设备不需要固有特性(只有二次失效才可能破坏一个主项和一个附加项之间的独立性)。至少电压监控(附加项)的电源网要和被监控主项的电源网隔离。

二、物理的外部独立性的获得

EN 50129 给出以下措施提供物理的外部独立性：

(1)应遵循 EN 50124-1，采取措施以避免由于电磁干扰/静电放电(EMI/ESD)干扰正常运行所造成的非预期结果。

(2)一般应遵守规定的气候条件，需采取措施降低系统在规定的气候条件之外运行的风险。

(3)应采取措施避免由机械应力干扰正常运行所产生的非预期结果，如即使在铁路管理机构和供方商定的机械应力状态下，也应采取措施确保可靠而正确的运行，防护措施要遵从 EN 50155-1 或 EN 50155-2。

(4)即使在铁路管理机构和供方商定的化学应力状态下，也应采取措施确保可靠而正确的运行。

(5)应采取措施以避免在非允许供电电压下的非预期操作(供电电压的防护):应由电压监控检测非允许供电电压(超出系统、设备或元器件允许数据值),并在可能出现风险前触发进入一个安全状态;电压监控应在整个生命周期内正常运行,如果不能检测电压监控的失效,那么有必要对电压监控进行冗余。

(6)应采取措施以避免外部电压通过输入输出端口干扰正确的运行而造成非预期的风险结果(外部接口防护):要假定最不利情形下的外部电压(电缆和导线上的过程电压和所有可能的电磁干扰感应电压);通电部分与需保护正确运行的外露导电部分、地或电路之间的间隙应根据 EN 50124-1 规定的浪涌电压来确定;通电部分与需保护正确运行的外露导电部分、地或电路之间的爬电距离应根据 EN 50124-1 规定来确定,且与运行期间最大标称均方根值电压相对应;对于绝缘尺度的规定,应选择比较大的距离(电气间隙和爬电距离)。

三、单故障分析方法示例

根据同时失效可能导致危险的项失效率总和为 a,相应项的单故障检测和拒绝时间 t_{sf} 应不超过下面的数值:

$$t_{sf} \leqslant k/(1000a)$$

对于 2oo2 系统,$k=1$;对于 3oo2 系统,$k=0.5$。

上面提到的失效率是应力分布的一个函数,该应力分布取决于运行期间的环境条件,应力分布依赖于应用。如果对失效率具有不利影响,可以用一个简化的应力分布作为基础。如果系统、子系统或设备内包括多个项,并且不是所有双故障项的组合都是危险的,那么故障检测时间对于不同组合要分开确定。在这种情况下,如果一个项有多个不同的故障检测时间,那么应选取最短的时间,并且应对所有项的失效进行周期性测试,这些测试应代表所有影响正确运行的可信故障,完成测试时间应小于 t_{sf}。大规模集成电路的失效检测应符合表 3-12,如果无故障的 2ooN 系统($N=2$ 或 3)掉电,那么故障检测可能被中断,中断的时间长度应不超过前文中允许的失效检测时间值的 400 倍。这是基于电子元器件在设备不上电时的可靠性要好 20 倍的假设而得到的,当失效检测被中断的时间比允许时间更长时,系统、子系统或设备可能只有在完成多重失效检测之后才能再次运行。

表 3-12　2ooN 系统中,通过周期性在线测试,同时加以比较(软件或硬件)的方式对大规模集成电路暴露失效的措施(假设在第二个失效发生之前暴露第一个失效)

元器件	失　效	措　施
1 CPU 1.1 寄存器	任意,如数据位组合上的依赖性(模式敏感型失效)	一在各种可能模式里(数据位组合)使用所有寄存器(除预置寄存器); 一在初始化预置寄存器后(如中断控制寄存器),需测试正确的预置功能; 一超过 8 bit 的寄存器可以使用下列数据位的组合在每个在线测试阶段加以测试: ...5555...H 0AAAA...H ...33.....H 9999...H 0CCCC...H 6666...H 0000...H 0FFFF...H 0F0F0...H ...0F0F...H 数据位的各种组合的附加测试是必要的,可以分配在几个测试阶段进行(如用一个随机数发生器)

续上表

元器件	失　效	措　　施
1.2 指令编码和执行	任意，如影响寄存器或内存的错误指令译码或错误指令执行，取决于源和/或目标数据位组合	一使用各种类型的一条指令，用 1.1 里列出的数据位的组合来测试； 一对于所有条件、源、目标和地址位的值(包括加载程序计数器)进行测试，判断是否所有可用的系统指令是可执行的； 一测试判断所有可用的系统相关中断指令都已执行，这与中断和中断条件有关； 一要测试所有可用的系统指令，允许在 RAM 里生成并跳转执行； 一在至少有一个寄存器里的存储信息发生与执行相关的变化后，建议不仅检查相关的寄存器而且要检查所有其他寄存器里的存储信息
1.3 时钟	频率错误	一如果对每个计算通道使用独立的时钟发生器，那么可以通过比较来检测一个通道中的频率错误； 一在多重故障的情况下，需要附加的频率监视器
1.4 复位	额外的或没有复位	一如果对每个计算通道使用独立的复位设备，那么可以通过比较来检测一个通道中的复位错误； 一在多重故障的情况下，需要附加的正确启动监视器
1.5 电源	供电电压错误	一如果对每个计算通道使用独立的电源，那么可以通过比较来检测一个通道中的供电电压错误； 一在无独立或多重故障的情况下，需要附加的电压监视器
2. 寄存器 2.1 ROM	任何错误的存储信息和任何错误的地址译码或控制信号	一读并比较所有的存储信息
2.2 RAM	读或写之后的任何错误内容和任何错误的地址译码或控制信号	一读并比较所有的存储信息； 一用 1.1 里列出的数据位组合进行写、读或比较测试； 一测试是否所有的单元是可寻址的(如通过在一个单元里加载一个特定的数据位组合，并且读、比较相关芯片上的所有其他单元)，在同一单元里加载相反的数据位组合重复上述过程，对相邻单元用相同的方式重复该过程，直到所有 RAM 芯片中所有芯片都用到为止； 一最后描述的测试也暴露了同一 RAM 电路里每位对其他位的干扰，这个测试可分作几个在线测试阶段完成

当安全相关功能由单一部件执行时，危险侧失效暴露时间 t_{sf} 是对单一失效进行检测和以安全方式来反应的最大时间总和。暴露时间必须不超过任何危险条件持续时间的规定时限，为了避免所有危险条件，该持续时间必须小于所控制设备的所需响应时间(取决于单一部件系统)，响应时间主要取决于所控制的设备类型，因此，它取决于特定应用。例如：如果控制的设备是一个信号灯继电器，则 $t_{sf}<100$ ms。在 t_{sf} 时间内，第一个安全相关失效必须被检测出来，同时必须触发一个安全反应，在单一部件情况下，对失效应进行定期的测试，这些测试应代表影响正确运行的所有故障，并且完成测试时间应小于 t_{sf}。

四、多重故障分析方法示例

对与第三个故障组合可能导致风险的双故障的处理考虑包括如下方面：如果某部件单故障的及时检测和拒绝是不可能的或不适宜的，那么应考虑第二个部件发生后续故障的可能性；必须确保两个部件同时故障是无风险的，这意味着至少需要三个独立部件。它们的连接方式要确保只有在三个部件都不正常时才可能是有风险的，如 3oo3 系统；设同时误动作可能导致风险的至少三个部件的失效率总和为 a，双故障的故障检测和拒绝时间 t_{df} 应满足：$t_{df}\leqslant 2/a$；失效率应是应力分布的一个函数，该应力分布取决于运行期的环境条件，此应力分布依赖于应用。如果对于失效率具有不利影响，那么可以用一个简化的应力分布来作为基础；如果系统、子系统或设备包括多个部件，并且不是所有的三个失效部件的组合都是有风险的，那么对于不同组合的检测时间可分开确定。在这种情况下，如果对于两个部件有多个不同的失效检测时间，应选择最短的时间。

对与第四个失效组合可能导致危险的三重失效的处理考虑包括如下方面：如果两个部件中双失效的及时检测和拒绝是不可能的或不适合的，那么应考虑第三个部件后续失效的发生几率；必须确保三个部件同时失效是无风险的，这意味着至少需要四个独立部件。它们的连接方式确保只有在四个部件都不正常工作才可能导致危险，如 4oo4 系统。如果失效率 a 不超过下述值：$a \leqslant 2\times10^{-4}\text{h}^{-1}$ 就不需要在维护期采取运行数据流和测试之外的三重失效检测措施；失效率 a 是同时误动作可能导致风险的那些部件的失效率的总和（四重失效）。

不允许存在后续失效取消一个安全反应的可能，仅在部件的失效部分处于离线状态且实施恢复性维护时，才能在受控方式下允许后续失效取消一个安全反应，一种失效分析方法的实例如图 3-4 所示。

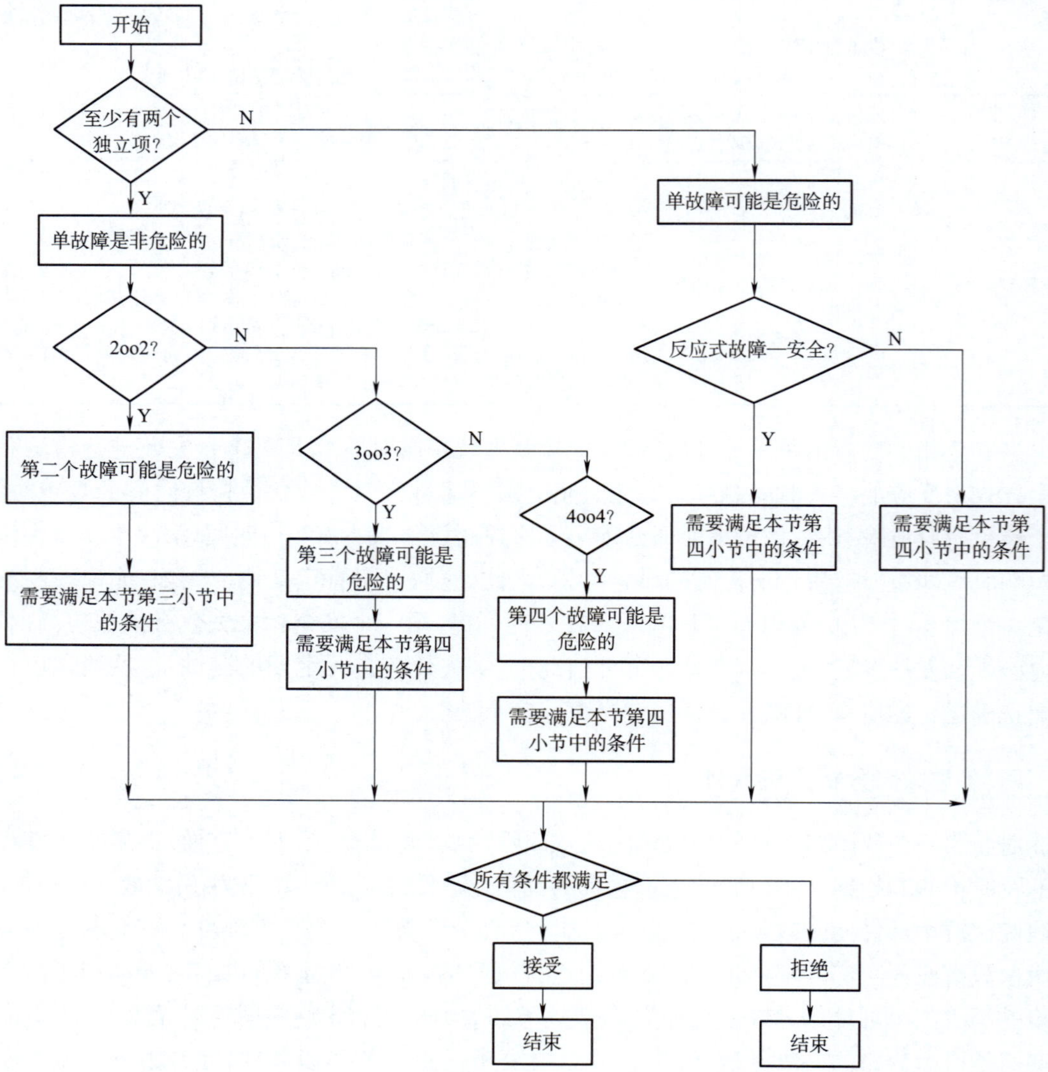

图 3-4　一种失效分析方法的实例

第五节　其他要求

一、可编程器件要求

可编程器件通常指以下几种器件：FPGA（可编程阵列）、PLD（可编程逻辑器件）、EPLD（可擦除的逻辑编程器件）、CPLD（复杂可编程逻辑器件）、PAL（可编程阵列逻辑）、PLA（可编程逻辑阵列）、LCA（逻辑单元阵列）。

一个可编程器件至少由以下两个部分组成：

· 硬件，是指符合 EN 50129 标准对开发过程相关规定的集成电路；

· 逻辑，是指可编程器件硬件的程序设计过程。

在可编程器件上运作的应用软件的开发过程应参照 EN 50128 标准的相关规定，这个原则也适用于已存在的可编程器件。在可编程器件功能的使用由可编程器件提供的编程语言来开发的情况下，这些功能的开发应参照 EN 50128 标准。在使用可编程器件时，安全只能与过程一起保证，设计这些过程应是重点。

在可编程器件功能开发过程中，要注意 EN 50128 标准里有一些不适用要求和以下的额外要求。

EN 50128 标准里的不适用要求包括：

（1）软件需求规范应包括使所有安全功能在整个系统运行期间可测并达到系统安全需求规范所要求程度的那些需求。

（2）一旦确定了软件需求规范，验证应论证：(a)证明对不可测需求正确覆盖的任何额外活动的定义；(b)软件需求规范在满足或考虑硬件和软件之间约束的充分性。

（3）既有软件的使用应受下列限制：(a)对于所有软件安全完整性等级，应清楚地识别和记录既有软件需要满足的需求、既有软件环境的假设、与软件其他部分的接口等信息；(b)对于所有软件安全完整性等级，应把既有软件包含在整个软件的确认过程之中；(c)对于软件安全完整性等级 SIL 3 或 SIL 4，应采取分析既有软件可能出现的故障及其对整个软件的影响、制定检测既有软件故障和保护系统不受这些故障影响的策略等预防措施；(d)验证和确认过程应确保既有软件满足已分配的需求、已发现既有软件故障并且避免将其集成的系统受这些故障的影响、对既有软件环境的假设已满足；(e)既有软件应附有足够精确（如可用功能的限制）和完整（即功能、约束和证据）的描述。描述应包括应用过程中集成人员应注意并考虑的硬件和软件约束，特别是描述能告诉集成人员该软件的设计目的以及它的性质、行为和特征（注：统计证据可用于既有软件的验证策略）。

（4）只要有可能，首选在设计时使用根据 EN 50128 标准开发的既有已验证的软件组件。

（5）应用程序数据或算法配置软件时，软件架构规范应考虑 EN 50128 标准的相关要求。

（6）接口描述应说明：(a)前/后置条件；(b)所有指定数据的所有边界值的定义和描述；(c)超过边界值时的行为；(d)值达到边界时的行为；(e)对于时间苛求的输入和输出数据而言，正确操作的时间限制和要求以及例外的管理；(f)在适合的情况下，为接口缓冲区分配的内存和检测不能分配内存的机制，或者所有缓冲区都是满的；(g)功能之间同步机制的存在（见 e）。

所有来自或到达接口的数据都应定义为数据类型所定义的所有值的范围，包括在功能处理时不使用的范围，如对所有指定数据以及使用它们的每个软件功能的所有等价类的定义和描述，对未使用或禁止的等价类的定义（注：数据类型包括：功能或流程的输入参数和输出结果、以报文或通信包形式指定的数据、来自硬件的数据）。

（7）软件设计规范应说明：(a)可追溯到软件架构的软件组件及其安全完整性等级；(b)软件组件与环境的接口；(c)软件组件之间的接口；(d)数据结构；(e)组件需求的分配和跟踪；(f)主要算法和排序；(g)错误报告机制。

（8）根据所要求的软件安全完整性水平，所选择的设计方法应具有促进以下方面的特征：(a)控制复杂性的抽象、模块化和其他特性；(b)清晰而精确的功能、组件间信息流、顺序和时间相关信息、并发性、数据结构和属性的表达；(c)人的理解力；(d)验证和确认；(e)软件维护。

（9）软件集成测试规范应说明：(a)每个软件组件通过一起执行组件来为其他组件提供指定的接口；(b)当接口经受超出规范的输入时，软件行为是合适的方式；(c)所要求的输入数据及其序列和它们的值应是测试案例的基础；(d)预期的输出数据及其序列和它们的值应是测试案例的基础；(e)哪些组件测试的结果打算用于软件集成测试中的重用。

（10）软件集成测试报告应证明已正确使用了 EN 50128 标准附录所选择的技术和措施。

（11）软件确认报告应包含确认根据 EN 50128 标准附录 A 所选择的技术或措施的每一组合都适用于已定义的软件安全完整性等级。此报告也应考虑到所产生的软件的规模和复杂性，并考虑到测试、验证和确认活动的实际结果，包含对所采用的技术和措施的综合效果的评价。

额外要求包括：

（1）软件和可编程设备功能之间的任何限制都应在可编程器件逻辑需求规范中记录或引用（如系统或软件级别文档）。

（2）在可编程器件组件和可编程器件整体逻辑边界的所有接口都应在可编程器件逻辑结构中记录或引用（如硬件级的文档），这些接口的描述应按如下规则编制：(a)功能方面，应包括时钟、复位和协议；(b)实现方面，应包括接口时序和同步。

（3）为了与可编程器件逻辑上所要求的安全完整性等级相一致，所选择的设计方法应具备如下特征：(a)可综合性；(b)抽象性，模块化和其他控制复杂性的特性；(c)清晰准确的功能、可编程器件逻辑组件之间的信息流、序列以及数据结构与性能的表达；(d)人的理解；(e)验证和确认；(f)维护性和可移植性。

（4）如果不是正在开发的复杂可编程器件，对其验证计划中定义的标准来说，这些标准的依据应在可编程器件结构和可编程器件逻辑的设计中提供。对这些可编程器件来说，可以采用简化的生命周期和系统故障对抗技术。

（5）可编程器件逻辑的特定测试（需求和集成阶段）应通过如下方式进行描述：(a)应表明每个可编程器件组件通过与其他组件共同工作的方式，为其他组件提供指定的接口；(b)应表明当外部接口的输入超出正常范围时，可编程器件的逻辑表现为适当方式；(c)所需的时序和性能应能证明；(d)要求的输入和预期的输出应是测试用例的基础。

（6）在可编程器件的物理实现阶段中，此阶段目标为产生能够实现可编程器件体系结构和设计的可编程器件编程文档，并且提供能够维持和再生可编程器件编程文档的方法。

该阶段输入文档应包括可编程器件的体系结构和设计规范以及（V）HDL 代码或等价物。该阶段输出文档应包括网表和编程文档；可编程器件综合、布局和布线验证报告。

该阶段的要求包括物理实现应是在可编程器件逻辑结构和设计基础上执行的；和可编程器件结构和设计中所定义的定时、亚稳态、加载、映射、扇出、隔离等要求一样，可编程器件的实现限制应将实现要求实例化；应在可编程器件测试前，将实施的限制和程序文档置于配置控制之下；可编程器件合成、布局和布线验证报告应基于其结构和设计、网表和编程文档由验证人员编制。可编程器件合成、布局和布线验证报告的编制应和验证报告的一般要求相一致，并且应包括以下内容：(a)可编程器件编程文档中结构和设计规范中所定义的约束的正确实现(例如：隔离、布局、资源分配)；(b)目标可编程芯片和供应商约束的相关正确实施；(c)以及在本小节后文中所列举的选择的技术和方法的正确使用。

对于技术和方法，表 3-13 至表 3-15 阐明了实现符合性的方法。表中的每个技术和方法，对每一种安全完整性等级(SIL)都有相应的要求。对每一项技术来说，符合安全完整性等级 1 和 2 的要求是一样的；同样地，每种技术在软件安全完整性等级 3 和 4 都有相同的要求。

表 3-13　设计(包括所有预综合(pre-synthesis)活动)

技术/措施	SIL1	SIL2	SIL3	SIL4
1. 结构化说明	强力推荐	强力推荐	强力推荐	强力推荐
2. (V)HDL 形式的设计说明	强力推荐	强力推荐	强力推荐	强力推荐
3. 图形入口	—	—	不推荐	不推荐
4. 使用布尔方程式的设计说明	推荐	推荐	不推荐	不推荐
5a. 利用布尔方程式对电路进行说明：低复杂度设计的人工检验	强力推荐	强力推荐	强力推荐	强力推荐
5b. 利用布尔方程式对电路进行说明：高复杂度设计的状态转移仿真	强力推荐	强力推荐	强力推荐	强力推荐
6. 使用经验证的设计环境	强力推荐	强力推荐	强力推荐	强力推荐
7. 使用经验证的(V)HDL 仿真器	强力推荐	强力推荐	强力推荐	强力推荐
8. 元件级别的功能测试：如利用(V)HDL 测试台	强力推荐	强力推荐	强力推荐	强力推荐
9. 使用异步构造的限制	强力推荐	强力推荐	强力推荐	强力推荐
10. 可测性设计(基于测试覆盖百分比)	推荐	推荐	推荐	推荐
11. 模块化	推荐	推荐	强力推荐	强力推荐
12. 验证场景(测试台)的覆盖范围	推荐	推荐	强力推荐	强力推荐
13. 编码规范的监视	强力推荐	强力推荐	强力推荐	强力推荐
14. 仿真结果文档编制	强力推荐	强力推荐	强力推荐	强力推荐
15a. 代码审查	推荐	推荐	强力推荐	强力推荐
15b. 走查	推荐	推荐	强力推荐	强力推荐
16a. 使用经验证的软核	推荐	推荐	强力推荐	强力推荐
16b. 软核的验证	推荐	推荐	强力推荐	强力推荐

注 1. 对于不复杂的可编程器件，以下技术或措施对于所有安全完整度等级仅仅是推荐：12. 16a/b、19a/b、20、23、24、26a/b/c、27a、28a/b、30。

2. 根据已有组件的使用需求，作为技术 16a/b 的一个替代，软核可以集成和验证。

表 3-14 综 合

技术/措施	SIL1	SIL2	SIL3	SIL4
17. 内部一致性检查	强力推荐	强力推荐	强力推荐	强力推荐
18a. 用来检查时间限制的门级网表仿真	推荐	推荐	推荐	推荐
18b. 传播时延的静态分析	推荐	推荐	推荐	推荐
19a. 针对参考模型的门级网表的仿真的验证	推荐	推荐	强力推荐	强力推荐
19b. 门级网表与参考模型的比较(形式化等效检查)	推荐	推荐	强力推荐	强力推荐
20. 对于复杂设计的 PLD/CPLD 通过仿真进行检查	推荐	推荐	强力推荐	强力推荐
21. IC 供应商需求和限制的检查	强力推荐	强力推荐	强力推荐	强力推荐
22. 综合约束、结果和工具的文档编制	强力推荐	强力推荐	强力推荐	强力推荐
23. 使用经验证的综合工具	强力推荐	强力推荐	强力推荐	强力推荐
24. 使用经验证的函数库/CPLD 技术	强力推荐	强力推荐	强力推荐	强力推荐
25. 基于过程的脚本	推荐	推荐	强力推荐	强力推荐

表 3-15 布局和布线

技术/措施	SIL1	SIL2	SIL3	SIL4
26a. 已应用硬核适用的证明	强力推荐	强力推荐	强力推荐	强力推荐
26b. 已确认硬核的应用	强力推荐	强力推荐	强力推荐	强力推荐
26c. 硬核的在线测试	强力推荐	强力推荐	强力推荐	强力推荐
27a. 针对参考模型的门级网表的仿真	强力推荐	强力推荐	强力推荐	强力推荐
27b. 传播时延的静态分析	强力推荐	强力推荐	强力推荐	强力推荐
28a. 针对参考模型的门级网表的仿真的验证	强力推荐	强力推荐	强力推荐	强力推荐
28b. 门级网表与参考模型的比较(形式化等效检查)	强力推荐	强力推荐	强力推荐	强力推荐
29. 规则检查设计(DRC)	强力推荐	强力推荐	强力推荐	强力推荐
30. 使用经验证的设计环境,使用经验证的 cell 设计库	强力推荐	强力推荐	强力推荐	强力推荐
31. 处理技术的额外裕度(>20%)使用少于 3 年	强力推荐	强力推荐	强力推荐	强力推荐

其中,“强力推荐”意味着如果此项技术没有使用,那么使用其他技术的原因应在质量保障计划或者其他在质量保障计划所参考的文档中详细说明。“推荐”意味着这些技术可以组合;“—”意味着该技术或措施没有任何支持或反对的使用建议;“不推荐”意味着如果要使用这种技术或方法,则使用它的理由应在质量保障计划或由质量保障计划中所参考的其他文档详细记载。

技术或措施的组合应在质量保障计划或由质量保障计划所参考的文档中进行描述,应选择一个或多个技术,除非表中的注释还有其他要求。这些注释可在包括已核准的技术或技术组合的参考中。如果使用这些技术或技术组合(包括所有相应的强制性技术),那么评估者应接受他们成为有效的技术,并且只关心它们的正确应用。如果使用了不同技术并证明其合理,那么评估人员应接受。

对于并不复杂的可编程器件,技术和措施的简化集是适用的。对于复杂性的评价标准应在验证计划中进行定义。

考虑以下几方面是十分重要的:所选择的技术和措施的一致性,以及他们将如何相互优势互补;对于开发生命周期的各个阶段,哪些技术和措施是适宜的;该技术和措施是最适合于解决每个不同的安全相关系统的开发过程中所遇到的具体问题。

在本节的表中，数字+字母的形式(如5a)代表一组等效的技术或方法，属于同一组的技术为相同的推荐水平。每组只有一个技术可根据推荐的指定水平来选择实施。

使用既有的可编程器件须受以下限制：

(1)对于所有的安全完整性等级，应清楚地识别和记录以下信息：(a)该既有的可编程器件要满足的需求；(b)关于既有的可编程器件的环境假设；(c)与其他可编程器件的接口。

(2)对于所有的安全完整性等级，既有的可编程器件应包含于整个硬件的确认过程之中。

(3)对于安全完整性等级SIL3或SIL4，还须采取以下预防措施：(a)既有的可编程器件可能发生的失效和对整个系统上的影响应进行分析；(b)应定义检测既有可编程设备失效的策略，并保护系统免受这些失效；(c)应确保验证和确认过程；(d)既有的可编程器件满足已分配需求；(e)检测该既有的可编程设备的失效，并且保护包含其在内的系统避免这些失效；(f)有关既有的可编程设备的环境假设得到满足。

二、既有硬件和商业现货产品硬件要求

既有硬件(Previously Developed Hardware, PDH)在新的项目中通常意味着对已开发的既有硬件做出修改，不同的修改需求会导致不同的修改。这意味着任何类型的需求变更、错误检测、硬件技术的修改、采购问题，应执行影响分析。受影响的子系统和组件应参与验证和确认的过程。

如果既有硬件(HW)使用了不同的软件(SW)，应执行HW/SW接口的再验证。变更后应分析、回顾和确认安全完整性等级(SIL)。如果与原来的SIL有差异，则应考虑对接口和系统级的影响。

系统环境的影响也需要考虑，既有硬件(HW)可能会对设计工具链、其他的硬件HW或软件SW组件和系统有影响。应明确工具链已满足安全需求。后续章节中对COTSH的要求也要满足。

既有硬件(HW)应当作为离散组件集成进入变更和配置管理流程，既有应用的产品和生命周期数据到新应用的可追踪性应得到保证。

商业现货产品硬件(Commercial Off The Shelf Hardware，COTSH)的使用越来越广泛，COTSH意味没有技术验证数据表的大量市场组件可用，COTSH组件的使用均应在系统实现过程中得到验证。

COTSH质量管理的技术方面包括：组件制造商应建立质量控制流程，在组件制造商处可获得生产线的质量记录，在预定条件下代表组件功能的现场数据应予以维护。

通过制造商的测试方法和记录可获得组件RAM参数。组件的选择应基于技术和RAM需求。

由于可用性的需求，应提供一些影响硬件设计的采购需求。主要关注的问题包括：(a)COTSH组件的市场生命周期的可用性；(b)第二来源供应商策略；(c)COTSH组件的演进(新的组件向下兼容)；(d)系列产品参数变化的识别。

选用的COTSH应至少满足工业级要求，其质量应符合维修最少和失效率最低的原则，宜选用可预计失效模式的COTSH，选用的COTSH应按规定的质量确保大纲进行设计、制造、检查、安装、试验、运用和维修。

对选用的COTSH应采用型式试验、以往的运行经验、分析等三种方法或这三种方法的任意组合进行质量鉴定，以证实其能满足所需要的性能要求。COTSH质量鉴定试验应基于其实际操

作中所用的代表性软件和诊断流程,并在其实际运行时进行。对于其完成安全功能所必需的所有部分,或者其运行或失效可能对安全功能有损害的部分,都应在质量鉴定过程中进行试验。质量鉴定的接受应基于证据,证明COTSH包括相关软件、固件和接口能执行其要求的功能。

如果传统的鉴定过程适用有难度,亦可采用COTSH的适用性确认来代替。适用性确认应鉴别对其物理的、性能的及研制过程的要求,以便对拟用其的系统或设备能够执行安全功能提供足够的可信度。适应性确认过程适用于完成安全功能所需的硬件、软件等。只要有可能,适用性确认过程应包括对设计过程的评价。

验收后应将COTSH纳入系统配置管理之中,一旦COTSH升级或修改,应及时通过鉴定并采纳使用。系统质量计划应提供需要使用COTSH新版本时对其升级的流程。应在后续生命周期中继续评价和分析COTSH在其他场合与应用时所产生的错误和失效信息,以及由于对其进行相应修改而导致的错误和失效信息。

三、型式试验耐受要求

车载列控安全计算机高、低温指标应满足GB/T 25119的相关要求,耐受振动、冲击等指标应满足GB/T 21563的相关要求。地面列控安全计算机高、低温指标应满足TB/T 2953的相关要求,耐受振动指标应满足TB/T 2846的相关要求。车载列控安全计算机工作环境具体要求见表3-16,地面列控安全计算机工作环境具体要求见表3-17。

表3-16　车载列控安全计算机工作环境要求

工作环境	设备位置	
	车体内部	车体外部
环境温度(℃)	−25～+45	−25～+40
直接临近电子元件处空气温度(℃)	−25～+70,短时(10min)可达85	
应允许存放的最低温度(℃)	−40	
湿度	最湿月份的月平均最大相对湿度≤95%(该月份月平均最低温度为25 ℃)	
海拔	不超过1 400 m,预定工作在2 500 m设备工频耐受电压应乘修正系数1.145	
冲击和振动	能通过GB 21563标准第8～10章的冲功能随机试验、模拟长寿命试验、冲击试验	

表3-17　地面列控安全计算机工作环境要求

工作环境	设备位置	
	室　外	室　内
环境温度(℃)	−40～70(有防护无温度控制场所使用的产品); −50～40(无防护产品)	5～35(全封闭空调设备场所使用的产品); 5～35(一般空调设备场所使用的产品); 0～45(有温度控制场所使用的产品); −40～55(无温度控制场所使用的产品)
湿度(25 ℃)	100%(不结露)	≤95%
平均气压(kPa)	70～106(相当于海拔约3 000 m以下)	
振动	能通过TB/T 2846标准第8章的共振试验、振动性能试验、振动耐久试验	

四、电磁兼容及防雷要求

列控安全计算机的电磁兼容性应满足GB/T 24338、GB/T 25119、GB/T 17626等标准的相关要求，电磁兼容与防雷设计应在铁路信号安全计算机生命周期的开始阶段就开始考虑，并遵循“设计—实现—测试—改进”的循环控制方式。应对列控安全计算机外部输入电源进行电磁兼容与防雷设计，列控安全计算机与室外设备连接的安全输入/输出接口应考虑防雷设计，不与室外设备连接，但连接室内不同机柜的安全输入/输出接口可在入口端考虑单级防雷设计，连接室内机柜内设备的安全输入/输出接口可不需考虑防雷设计。列控安全计算机进行电磁兼容测试时，应采用与铁路信号现场应用相同的配置条件。

（一）车载列控安全计算机电磁兼容性要求

1. 发射试验和限值

车载列控安全计算机发射试验和限值要求见表 3-18。

表 3-18　车载列控安全计算机发射试验和限值要求

端　口	频率范围	限　值
交流或直流辅助电源端口	9～150 kHz	无限值要求
	150～500 kHz	99 dBμV 准峰值
	500 kHz～30 MHz	93 dBμV 准峰值
蓄电池端口电源	9～150 kHz	无限值要求
	150～500 kHz	99 dBμV 准峰值
	500 kHz～30 MHz	93 dBμV 准峰值
信号和通信、过程测量和控制端口-电子电源交流正弦或直流	9～150 kHz	无限值要求
	150～500 kHz	99 dBμV 准峰值
	500 kHz～30 MHz	93 dBμV 准峰值
机箱端口	30～230 MHz	40 dBμV/m 准峰值，10 mF
	230 MHz～1 GHz	47 dBμV/m 准峰值，10 mF

2. 抗扰度试验和限值

车载列控安全计算机抗扰度试验和限值见表 3-19，按本部分的规定进行试验后，如果设备处于风险或不安全的状态，则认为设备未能通过该项试验。

表 3-19　车载列控安全计算机抗扰度试验和限值要求

端　口	环境现象	试验等级	判　据
蓄电池参考端口（除能源输出端外）、交流辅助电源输入端口（额定电压不大于 400 Vr. m. s）	电快速瞬变脉冲群	2 kV 5/50 ns t_T/t_h 5 kHz 重复频率	A
	浪涌	线—线 1 kV，线—地 2 kV，波形 1.25/50 μs，源阻抗：线—线 2 Ω，线—地 12 Ω	B
	射频场感应的传导骚扰	10 Vr. m. s（载波电压） 150 kHz～80 MHz 1 kHz，80% AM 源阻抗：150 Ω，	A
	电压暂降、短时中断和电压变压	参考 GB/T 25119—2010 标准条款 5.1	A

续上表

端　　口	环境现象	试验等级	判　　据
信号和通信、过程测量和控制端口	电快速瞬变脉冲群	2 kV 5/50 ns t_T/t_h 5 kHz 重复频率	A
	射频场感应的传导骚扰	10 Vr. m. s(载波电压) 150 kHz～80 MHz 1 kHz,80% AM 源阻抗:150 Ω	A
机箱机柜端口	射频电磁场辐射	10 V/m(载波的 r. m. s 值) 80 MHz～1 GHz 1 kHz,80% AM	A
	数字无线电话的辐射电磁场	20 V/m(载波的 r. m. s 值) 800～960 MHz; 1 400～2 000 MHz; 1 kHz,80%AM	A
	静电放电	6 kV 接触放电; 8 kV 空气放电	B

注:t_T为上升时间,t_h为持续时间。

电磁兼容性(EMC)试验的性能判据如下:

性能判据 A:在试验过程中和试验后设备能按预期要求连续工作。当设备按预期使用时,设备的性能没有下降或功能丧失不允许低于制造商规定的相应性能等级,可以用允许的性能降低来代替性能等级。如果制造商没有规定最低性能等级或允许的性能降低,两者的任何一个可从产品的说明和文件中导出,也可从设备按预期使用时用户相应的要求导出。

性能判据 B:试验后设备能按预期要求连续工作。当设备按预期使用时,设备的性能没有下降或功能丧失不允许低于制造商规定的相应性能等级,可以用允许的性能降低来代替性能等级。试验过程中是允许性能下降的,但不允许实际运行状态或存储数据有所改变。如果制造商没有规定最低性能等级或允许的性能降低,两者的任何一个可从产品的说明和文件中导出,也可从设备按预期使用时用户相应的要求导出。

(二)地面列控安全计算机电磁兼容性要求

1. 发射限值

地面列控安全计算机发射限值要求见表 3-20。

表 3-20　地面列控安全计算机发射限值要求

端　　口	频率范围(MHz)	限　　值
外　　壳	30～230	30 dB(μV/m)准峰值,测量距离 30 m
	230～1000	37 dB(μV/m)准峰值,测量距离 30 m
交流电源	0.15～0.50	79 dBμV 准峰值 64 dBμV 平均值
	0.5～5	73 dBμV 准峰值 60 dBμV 平均值
	5～30	73 dBμV 准峰值 60 dBμV 平均值

2. 抗扰度试验和限值

地面列控安全计算机抗扰度试验和限值要求见表 3-21。按本部分的规定进行试验后,如果设备处于风险或不安全的状态，则认为设备未能通过该项试验。

表 3-21　地面列控安全计算机抗扰度试验和限值要求

机箱端口	射频电磁场辐射	10 V/m(载波的 r. m. s 值) 80 MHz～1 GHz 1 kHz，80% AM	A
	数字无线电话的辐射电磁场	20 V/m(载波的 r. m. s 值) 800～960 MHz； 1 400～2 000 MHz 1 kHz，80% AM	A
	工频电磁场	100 A/m(r. m. s 值) 50/60 Hz、16. 7 Hz、0 Hz 直流	A
	静电放电	±6 kV 接触放电； ±8 kV 空气放电	B
	脉冲磁场	300 A/m	B
I/O 端口	射频场感应的传导骚扰	10 V r. m. s(载波电压) 150 kHz～80 MHz； 1 kHz，80% AM 源阻抗：150 Ω	A
	电快速瞬变脉冲群	±2kV 5/50 ns t_T/t_h 5 kHz 重复频率	A
	浪涌	1. 2/50 μs，±2 kV(共模)，±1 kV(差模)，±2 kV(非平衡系统中差模)	B
直流电源端口	射频场感应的传导骚扰	10 V r. m. s(载波电压) 150 kHz～80 MHz； 1 kHz，80% AM 源阻抗：150 Ω	A
	电快速瞬变脉冲群	±2 kV 5/50 ns t_T/t_h 5 kHz 重复频率	A
	浪涌	1. 2/50μs，±2 kV(共模)，±1 kV(差模)，±2 kV(非平衡系统中差模)	B
交流电源端口	射频场感应的传导骚扰	10 V r. m. s(载波电压) 150 kHz～80 MHz； 1 kHz，80% AM 源阻抗：150 Ω	A
	电快速瞬变脉冲群	±2 kV 5/50 ns t_T/t_h 5 kHz 重复频率	A
	浪涌	1. 2/50 μs，±2 kV(共模)，±1 kV(差模)，±2 kV(非平衡系统中差模)	B
接地端口(适用电缆长度不小于 3 m 的情况)	射频场感应的传导骚扰	10 V r. m. s(载波电压) 150 kHz～80 MHz； 1 kHz，80% AM； 源阻抗：150 Ω	A
	电快速瞬变脉冲群	±1 kV 5/50 ns t_T/t_h 5 kHz 重复频率	A

电磁兼容性(EMC)试验的性能判据如下:

性能判据 A:在试验过程中和试验后设备能按预期要求连续工作,当设备按预期使用时,设备的性能没有下降或功能丧失不允许低于制造商规定的相应性能等级,可以用允许的性能降低来代替性能等级。如果制造商没有规定最低性能等级或允许的性能降低,两者的任何一个可从产品的说明和文件中导出,也可从设备按预期使用时用户相应的要求导出。

性能判据 B:试验后设备能按预期要求连续工作,当设备按预期使用时,设备的性能没有下降或功能丧失不允许低于制造商规定的相应性能等级,可以用允许的性能降低来代替性能等级。试验过程中是允许性能下降的,但不允许实际运行状态或存储数据有所改变。如果制造商没有规定最低性能等级或允许的性能降低,两者的任何一个可从产品的说明和文件中导出,也可从设备按预期使用时用户相应的要求导出。

3. 列控安全计算机的雷电电磁脉冲防护水平要求

列控安全计算机的雷电电磁脉冲防护应满足 GB 50343、TB/T 3074 等标准的相关要求,具体防护水平要求见表 3-25。

(1)性能判据

动态模拟试验的性能判据分为 A、B 两种:

- 判据 A 为受试设备经试验后,在设备技术规范内性能正常;
- 判据 B 为受试设备经试验后,在设备技术规范内功能或性能暂时降低或丧失,但能自行恢复。

安全设备的性能判据采用 A,非安全设备的性能判据采用 B。

(2)试验等级选择

信号设备动态模拟试验的试验等级应根据信号设备的安装情况来选择,信号设备的安装类别可能有下列几种:

- 室内电缆隔离良好,甚至短线路也有隔离良好的电气环境。
- 电源电缆和信号电缆在室内相互并行的电气环境。
- I/O 线、信号传输线为户外电缆,进入室内后沿给信号设备供电的电源电缆敷设的电气环境。
- 在非人口密集地区,室内信号设备与户外信号传输电缆和架空电力线路相连的电气环境。
- 信号设备与钢轨连接的电气环境。

信号设备动态模拟试验的等级见表 3-22,室内信号设备动态模拟试验选试验等级 1～4 级;室外信号设备动态模拟试验选试验等级 4 级或试验等级 X 级。

表 3-22 信号设备动态模拟试验的等级

安装类别	试验等级	试验电压±10%(kV)					
		电　源		不平衡线路/长距离总线		平衡线路	
		线—地	线—线	线—地	线—线	线—地	线—线
A	1	1	0.5	1	0.5	1	—
B	2	2	1	2	1	2	—
C	3	4	2	4	2	4	—

续上表

安装类别	试验等级	试验电压±10%(kV)					
		电　　源		不平衡线路/长距离总线		平衡线路	
		线—地	线—线	线—地	线—线	线—地	线—线
D	4	a	a	4	2	4	—
E	X	特定	特定	特定	特定	特定	特定

注:试验 X 为试验最严酷的等级,由设备安装地点决定。

a 由当地电力线路等级决定:电力系统为架空电力线路时,线—地试验电压为 20 kV,线—线试验电压为 10 kV;电力系统为埋地电缆线路时,线—地试验电压为 10 kV,线—线试验电压为 5 kV;试验 1～3 时设备连线都是室内设备间的连线,与室外无关,试验 4 的设备与户外线路相连。

第四章　软件安全性设计

本章依据 EN 50128 标准，主要描述安全相关系统软件安全性设计所需要的具体技术要求，包括软件管理与组织、软件保障一般要求以及通用软件、应用数据和算法的研发，最后给出了具体软件开发的技术和措施。

第一节　概　　述

一、软件研发流程

目前，无论是质量保障法（即避错和检错措施）还是软件容错法的应用，都无法确保系统软件的绝对安全。没有已知的方法来证明一个相当复杂的安全相关软件中不存在错误的方法，特别是规范和设计不存在错误的方法。

研发高安全完整性等级软件应使用以下规则（当然也不仅限于研发高安全完整性等级软件）：自顶向下的设计方法；模块化设计；研发生命周期阶段的验证；验证过的模块和模块库；清晰的文档；可审计的文档；验证和确认；评估；配置管理和变更控制；适当考虑组织和人员能力问题。

系统安全需求规范确定了分配给软件的所有安全功能，并确定了系统的安全完整性水平。软件研发路线如图 4-1 所示，具体包括：

（1）定义软件需求规范，同时考虑软件架构。软件架构是用于为软件和软件安全完整性等级实现安全策略的；

（2）根据软件质量保障计划、软件安全完整性等级和软件生命周期来设计、研发和测试软件；

（3）在目标硬件上集成软件和验证功能；

（4）确认和配置软件；

（5）如果在运行过程中需要软件维护，那么可再适当运用本章第二节的软件维护要求进行处理。

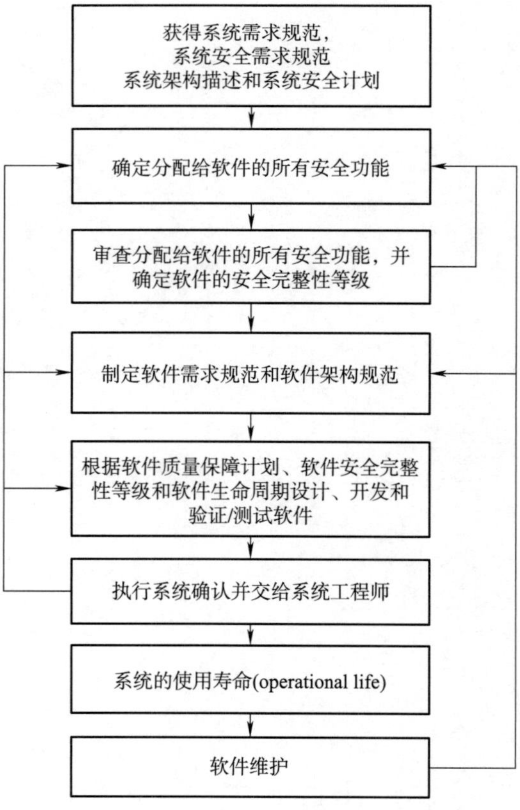

图 4-1　软件研发路线

许多活动都是在软件研发过程中交叉进行的，这包括测试、验证、确认、评估、质量保障、修改和变更控制。EN 50128 标准列出了对支持工具而言的需求和对由应用数据或算法所配置的对系统而言的需求，并给出了对涉及软件研发的角色独立性和人员能力的要求，给出了推荐的生命周期及文档集。

二、软件安全完整性等级

EN 50128 标准要求分配给软件的安全相关系统功能和软件接口，应在系统文档中确定。软件嵌入系统应在功能和接口、应用条件、系统的配置或架构、可控风险、安全完整性需求、需求分配和软硬件的安全完整性等级分配、时间约束等方面充分定义。

安全完整性需求的分配可以为良好分隔子系统的软件和硬件部分分配不同的 SIL。这种分配依赖于子系统的软件和硬件对安全相关功能的贡献，也依赖于降低失效的机制包括不同 SIL 功能的分隔。

软件安全完整性等级是从 0 级(最低)到 4 级(最高)这 5 个等级。根据系统安全完整性等级和与系统使用的软件有关的风险等级，所要求的软件安全完整性等级应在系统层次上确定和评估。

SIL0 级的需求至少应满足功能的软件部分对于安全的影响低于 SIL1。这是因为风险评估，甚至是危害识别中存在不确定性。针对不确定性，谨慎的做法是将目标定为较低的安全完整性等级，如 SIL0 级，而不是没等级。

EN 50128 标准要求应表明依据所规定的软件安全完整性等级的每一项需求都已得到满足，且需求子条款的目标也得以满足。

如果某一技术或措施在表格中被列为强力推荐(HR)，而没有使用该技术，则使用其他技术的理由应在软件质量保障计划中或软件质量保障计划参考的其他文档中作详细说明并作相应的记录。如果使用相应表格中被认可的技术的组合，则不需要作记录。选择的技术应证明其已经得到正确应用。

如果一项不包括在表格中的技术或措施被建议使用，那么应对其有效性及能满足特殊需求和子条款整体目标的适用性作论证，并在软件质量保障计划中或软件质量保障计划参考的其他文档中作相应的记录。

三、软件管理和组织

(一)组织、任务和责任

定义软件组织、任务和责任是为了确保软件负责人员是有组织的、有权利且有能力完成工作职责。

作为最低要求，供应商处理人员和职责的组织和管理应遵循 EN ISO 9001 标准相关规定。涉及软件研发或任务维护的人员应是指定的，并且有记录。评审人员应由供应商、用户或安全主管部门任命，与供应商独立，由安全主管部门的领导，属于供应商或用户组织并与该项目独立。整个软件生命周期中，人员的任务分配应按照规定，以达到软件 SIL 等级的要求。

首选的组织架构如图 4-2 所示，在 SIL3 和 SIL4 的组织架构中，软件组件的需求管理人员、设计人员、实施人员可以是同一个人；软件组件的需求管理人员、设计人员、实施人员应向项目经理报告；软件组件的集成人员和测试人员可以是同一个人；软件组件的集成人员和测试人员可以向项目经理或确认人员报告；验证人员可以向项目经理或确认人员报告；确认人员不

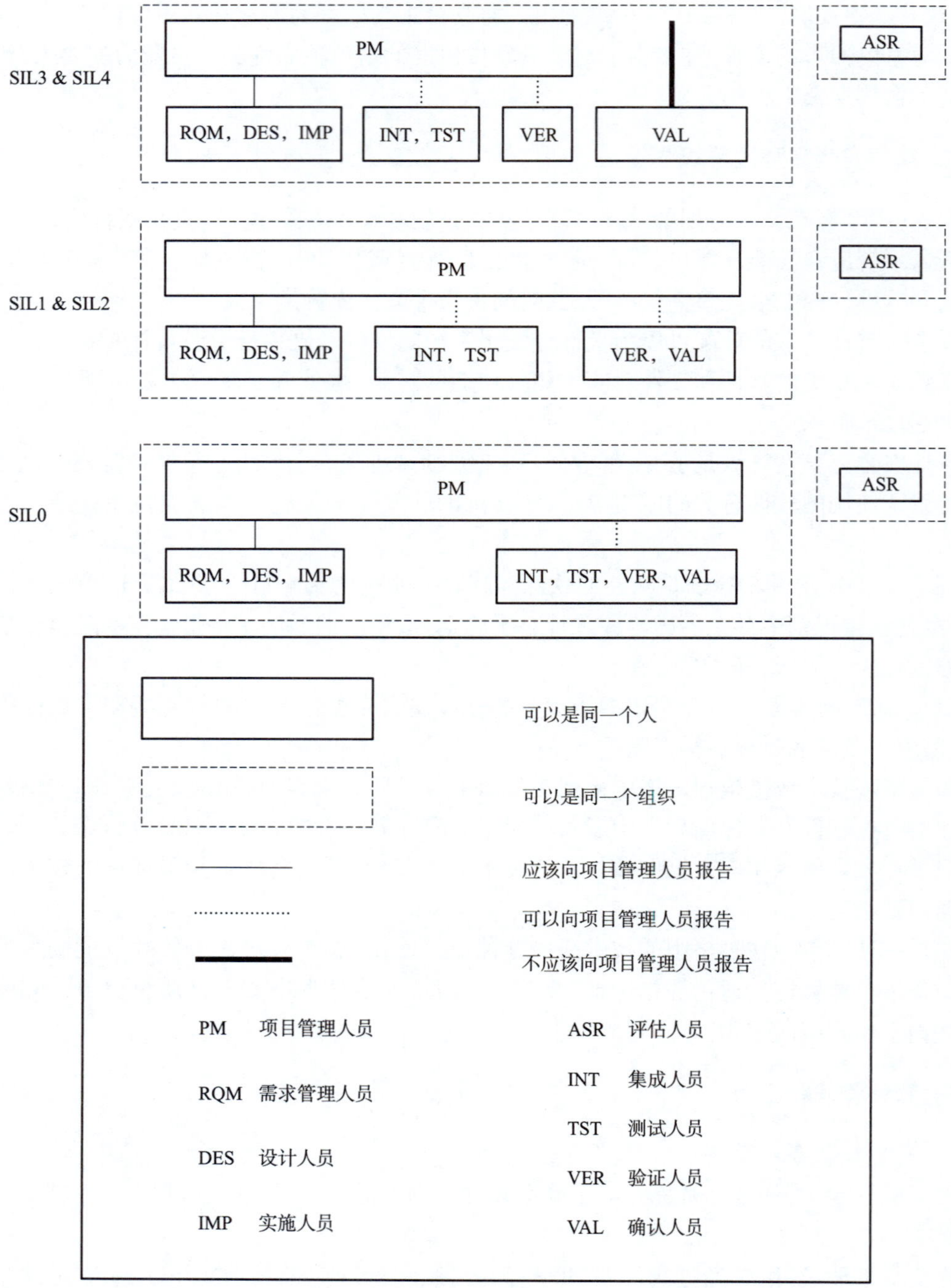

图 4-2　首选的组织架构

应向项目经理报告，项目经理不应影响确认人员的决定，但是确认人员通知项目经理其决定；软件组件的需求管理人员、设计人员或实施人员不应是同一软件组件的测试人员或集成人员；一个软件组件的测试人员或集成人员不应是同一软件组件的需求管理人员、设计人员或实施人员；验证人员不应是需求管理人员、设计人员、实施人员、集成人员、测试人员或确认人员；确认人员不应是需求管理人员、设计人员、实施人员、集成人员、测试人员或验证人员；项目经理可以额外担任需求管理人员、设计人员、实施人员、集成人员、测试人员或验证人员的角色，这些额外角色之间要满足独立性的要求；项目经理、需求管理人员、设计人员、实施人员、集成人员、测试人员、验证人员和确认人员可以属于同一组织；评估人员应是独立的并在组织上独立于项目经理、需求管理人员、设计人员、实施人员、集成人员、测试人员、验证人员和确认人员的角色。

当然也可以应用下列选项：确认人员也可以是验证人员的角色，但是仍与项目经理保持独立，在这种情况下，验证人员的输出文件应由另一个相同等级独立性的主管人员作为确认人员审查。这个组织的选择应获得评审人员的批准；验证人员也可以担任集成人员和测试人员的角色，在这种情况下，确认人员应检查规定目标的集成和测试的文件证据是否充足，因此，保持项目组织的两个等级检查。

在 SIL1 和 SIL2 的组织架构中，组件的需求管理人员、设计人员、实施人员可以是同一个人并应向项目经理报告；软件组件的集成人员和测试人员可以是同一个人；软件组件的集成人员和测试人员可以向项目经理或确认人员报告；验证人员和确认人员可以是同一个人；验证人员和确认人员可以向项目经理报告；一个软件组件的需求管理人员、设计人员或实施人员不应是同一软件组件的测试人员或集成人员；一个软件组件的测试人员或集成人员不应是同一软件组件的需求管理人员、设计人员或实施人员；验证人员或确认人员不应是需求管理人员、设计人员、实施人员、集成人员或测试人员；项目经理可以额外担任需求管理人员、设计人员、实施人员、集成人员、测试人员或验证人员的角色，这些额外角色之间要满足独立性的要求；项目经理、需求管理人员、设计人员、实施人员、集成人员、测试人员、验证人员和确认人员可以属于同一组织；评估人员应是独立的并在组织上独立于项目经理，需求管理人员，设计人员，实施人员，集成人员，测试人员，验证人员和确认人员的角色。当然也可以应用下列选项：验证人员也可以担任集成人员和测试人员的角色，在这种情况下，确认人员的角色应包括检查验证人员的输出文件，因此，保持项目组织的两个等级检查；确认人员也可以是验证人员的角色，但是仍与项目经理保持独立，在这种情况下，验证人员的输出文件应由另一个相同等级独立性的主管人员作为确认人员审查。这个组织的选择应获得评估人员的批准。

在 SIL0 的组织架构中，软件组件的需求管理人员、设计人员、实施人员可以是同一个人并应受项目经理的管理；软件组件的集成人员、测试人员、验证人员、确认人员可以是同一个人；集成人员、测试人员、验证人员、确认人员可以受项目经理的管理；一个软件组件的需求管理人员、设计人员或实施人员不应是同一软件组件的测试人员或集成人员；一个软件组件的验证人员或确认人员不应是同一软件组件的需求管理人员、设计人员或实施人员；项目经理可以额外担任需求管理人员、设计人员、实施人员、集成人员、测试人员或验证人员的角色，这些额外角色之间要满足独立性的要求；项目经理、需求管理人员、设计人员、实施人员、集成人员、测试人员、验证人员和确认人员可以属于同一组织；评估人员应是独立的并在组织上独立于项目经理、需求管理人员、设计人员、实施人员、集成人员、测试人员、验证人员和确认人员的角色。当然也可以应用下列选项：需求管理人员、设计人员、实施人员、集成人员和测试人员可以是同一个人；验证人员和确认人员可以是同一个人；验证人员或确认人员不应是需求管理人员、设计人员、实施人员。一个组件的需求管理人员、设计人员和实施人员的角色可以担任不同组件的测试人员和集成人员的角色，验证人员和确认人员的角色应在项目等级予以定义，并且应在整个研发项目中保持不变。

(二)人员的能力

软件人员的能力是确保所有对软件负有责任的人员有能力履行职责,通过在不同条件下正确、高效、持续地执行相关任务和高品质完成任务。

每个研发软件的人员所需的关键能力见 EN 50128 标准附录 B。如果在软件生命周期中,某个人员需要额外的经验、能力或资格,应列入软件质量保障计划中。有文档证明的人员能力的证据,包括技术知识、资格、相关经验和相应的培训,应由供应商维护,以证明相应的安全组织。组织应根据现有质量标准,维护管理人员能力的流程以适应相应职位。一旦被证明能够使评审人员满意或被证明对于所指定的角色能够胜任,每个人需展示持续维护和发展的能力。它可以通过保持日志以显示活动定期且正确开展来证明,并按照 EN ISO 9001 和 ISO/IEC 90003:2004 中"能力、意识、培训"的规定开展额外的培训。

(三)生命周期问题和文档

生命周期将软件研发构造成规定的阶段和活动,文档则记录贯穿整个软件生命周期的所有与软件相关的信息。

EN 50128 标准要求选择软件研发的生命周期模型,并在软件质量保障计划中加以详细说明,EN 50128 标准中给出了生命周期模型的例子。生命周期模型应考虑各阶段之间的迭代可能。质量保障流程应与生命周期活动一起运行,并且使用相同的术语。软件质量保障计划、软件验证计划和软件配置管理计划应在项目启动的时候制定并维持整个软件研发生命周期。所有文档应架构化,以便能随着研发过程不断扩展。各个文档应有唯一的参考资料号和与其他文档应有确定的、记录在案的文档关系,以便进行追溯。每个文档对术语、缩写词和简写词应有相同的解释。如果由于历史的原因,这一点达不到,就应列出不同的释义和参考资料资料。

除了既有软件文档,各文档应按下列规则编制:

(1)应包括或执行所有前续文档的适用条件和需求,使文档具有层次关系;

(2)不应与前续文档有抵触。在各个文档中,提及每一条目或概念应使用相同的名称或描述。所有文档内容应以适用于操作、处理和存储的形式来记录。当独立的团体制作的文档组合成一个单一文档,应追溯与任意独立团体制作有关的部分。文档应能组合或拆分,某些研发步骤由项目经理决定并获得确认人员同意的情况下,可以组合、拆分或在合理的情况下取消。

第二节　软件保障一般要求

一、软件测试

软件测试由测试人员或集成人员执行,目的是在所选定的测试覆盖范围内,在可实现的程度上确定软件对相应测试规范的行为及性能。

此阶段的输入文档包括软件验证计划中指定的所有必要的系统、硬件和软件文档。输出文档包括整体软件测试规范、整体软件测试报告、软件集成测试规范、软件集成测试报告、软件/硬件集成测试规范、软件/硬件集成测试报告、软件组件测试规范、软件组件测试报告。

软件测试需求包括:

(1)测试应由需求管理人员、设计人员或实施人员等其他方执行,如果充分地记录并符合后续要求,验证人员可接受。

(2)用于测试的测量设备应适当的校准。任何用于测试的工具、硬件、软件应证明适合其目的。

(3)软件测试应按照规定记录于测试规范和测试报告。

测试规范应包括测试目标;测试用例;测试数据和预期结果;实施的测试类型;测试环境、工具、配置和程序;测试完整性判定的测试准则;达到的测试覆盖率标准和程度;测试过程所涉及人员的职责和角色;测试规范覆盖的需求;软件测试设备的选择和使用。

测试报告应当提到测试人员的名字,说明测试结果及测试目标和测试规范的测试标准是否满足要求,应记录和总结失败结果;应记录测试用例及其结果,为便于后继分析,其形式最好是机器可读的。测试应是可重复的,而且如果可行应以自动方式进行,要验证自动测试所执行的测试脚本。记录所有项涉及到的特性和配置(包括:使用的硬件,使用的软件,使用的设备,设备校准,以及测试规范的版本信息);提供测试覆盖率和测试完成的评估,并指出任何的偏差。

二、软件验证

软件验证的目的是检查并基于证据判断一个特定研发阶段的输出项(流程、文档、软件或应用)满足完整性、正确性、一致性的需求及计划,这些活动由验证人员管理。

此阶段的输入文档包括所有必需的系统、硬件和软件文档。输出文档包括软件验证计划、软件验证报告、软件质量保障验证报告。

软件验证应以至少包含软件验证计划以及一个或多个(流程相关)验证报告的形式记录。应根据验证人员的职责,在必要文档的基础上,编制软件验证计划。软件验证计划应说明所执行的活动,确保适当的验证,特别的设计或其他验证需要适当提供。在研发过程中(取决于系统的大小),该计划可能会被细分成或添加成若干子文档,使验证的详细需求更加清晰。软件验证计划应当记录在验证过程中使用的所有标准、技术和工具。软件验证计划应包括所选择的技术和措施,也应说明将执行的活动,确保这个阶段输入的正确性及一致性,包括审查、测试和集成。在每个研发阶段,应表明满足功能、性能和安全的需求。每个验证的结果应以软件验证计划中规定的或建议的形式来保存。

软件验证计划应解决如下问题:验证策略和技术的选择(为避免对验证和测试的评估过分复杂化,应优先考虑选择自身容易分析的技术);选择适当的技术措施;验证活动的选择和文档化;对获得的验证结果的评估;安全和鲁棒性需求评估;验证过程所涉及人员的角色和职能;要求达到的基于测试覆盖率的功能程度;以促进软件验证计划审查的方式处理每个验证步骤的架构和内容,特别是软件需求验证、软件架构和设计验证、软件组件验证、软件源代码验证和集成验证。

软件质量保障验证报告应根据验证人员的职责,基于输入文档编制。软件验证计划应满足一般可读性和追溯性需求以及特殊性要求;软件质量保障验证报告应根据验证人员的职责,基于输入文档编制。这些报告应清晰和方便分割,并应遵循软件验证计划。

每个软件验证报告应记录以下内容:验证项目的特性和配置,以及验证人员的名字;不符合规范的项目;不适合问题解决的组件,数据,架构和算法;检测到的错误或缺陷;软件验证计划的完成或偏差(如果产生偏差,验证计划应说明该偏差是否是关键的);假设(如果有的话);验证结果的总结。

三、软件确认

软件确认的目的是要证明软件安全完整性等级定义的软件流程和输出满足软件需求，并适用于预期应用。主要的确认活动是通过分析或测试，证明所有软件需求按照适用的安全完整性等级要求所规定、实施、测试及实现，并基于审查、分析、测试结果评估所有异常和不一致现象的安全临界点。

此阶段的输入文档包括所有的系统、硬件和软件。输出文档包括软件确认计划、软件确认报告、软件确认验证报告。

软件确认的需求包括应研发和执行软件确认活动，他们的结果由确认人员根据定义适当的独立性等级评估。确认应至少按照后续要求记录在软件确认计划和软件确认报告中。软件确认计划应根据确认人员的职责，基于输入文档编制。软件确认计划应包括证明所选确认策略合理性的总结，合理的理由应依据所要求的软件安全完整性等级，包括：手动或自动化技术或两者皆有；静态或动态技术或两者皆有；分析或统计技术或两者皆有；真实或模拟环境的测试或两者皆有。

软件确认计划应确定证明任何软件规范适用于系统安全需求规范所设定的安全需求。该计划也应确定证明所有软件测试规范作为软件需求规范测试的充分性的必要步骤。软件确认报告应根据确认人员的职责，基于输入文档编制。软件确认的结果应记录在软件确认报告中。确认人员应核查验证过程是完整的。软件确认报告应充分描述已被确认的软件基线。软件确认报告应明确辨别软件和影响软件使用的任何已知缺陷。软件确认验证报告应根据确认人员的职责，基于输入文档编制。软件确认计划应满足对于可读性和追溯性的一般要求以及特殊要求；软件确认计划要保持内部一致性，结果应记录在软件确认验证报告中，应允许确认人员要求或执行额外的审查、分析和测试，软件应在获得确认人员的授权后才能释放操作。另外，模拟和仿真可能会用于补充确认过程。

四、软件评估

软件评估目的是评价生命周期过程及其输出使得软件具有所规定的软件安全完整性等级并符合预期应用。对于安全完整性等级为 0 的软件，应满足于 EN 50128 标准的要求，但若是证书表明符合 EN ISO 9001 的要求，就不需要评估。

此阶段的输入文档包括系统安全需求规范；软件需求规范；执行评估过程所需要的所有其他文档。软件评估的输出文档包括软件评估计划软件评估报告、软件评估验证报告。

软件评估应由独立评估人员执行。不必对已有出自另一评估人员的软件评估报告的软件作新的评估。但评估人员要检查软件在预期的环境中适合预期的应用，并且要检查前一个评估人员阐明软件具有与所需等级至少相等的安全完整性等级。评估人员应有权利接触整个研发过程中所有与项目有关的文档。软件评估计划应根据评估人员的职责，基于输入文档编制。在适当情况下，可以使用现有已文档化的通用软件评估计划和流程。

软件评估计划应包括评估处理的各方面、整个评估过程的活动和他们连接到工程活动的顺序、要考虑的文档、通过/失败标准的描述和处理不合理情况的方法、软件评估报告内容和形式的要求。软件评估验证报告应根据验证人员的职责，基于输入文档编制，软件评估计划应满足可读性和追溯性的一般要求和特殊要求；软件评估计划要保持内部一致性。结果应记录在软件评估验证报告中，评估人员应评估系统软件是否符合预期的目的，并对系统安全需求规范中的安全问题要求做出正确的响应。评估人员应根据所要求的安全完整性等级，评估是否选择了适合于预期研发的一组适当技术并应用。此外，评估人员应考虑每个技术的应用程度，即它是否适用于所有或一部分软件，并寻找证据证明它是适当应用的。

评估人员应评估配置和变更管理系统及其使用或应用的证据。评估人员应审查项目人员的能力，并评估软件研发团体。对于包含安全相关的应用条件的软件，评估人员应检查是否存在对安全有影响的明显偏差、需求的不符合性和记录的不一致性，并且判断是否接受来自于项目的申辩，结果应记录于评估报告中。评估人员应评估验证和确认的活动以及支持的证据。评估人员会认可软件确认计划的范围和内容，但认可应声明测试过程中评估人员在场。评估人员可以执行整个研发过程的审计和检查（如目击测试）。评估人员可以要求额外的验证和确认工作，评估人员在项目早期中介入是很有利的。

软件评估报告应由评估人员编制，软件评估报告应满足软件评估计划的要求并提供结论和建议。评估人员应记录其活动作为软件评估报告的一致性基础，这些应在软件评估报告中总结。评估人员应识别和评估与 EN 50128 标准要求不一致的地方，并判断其对最终结果的影响。这些不一致及其判断应列在软件评估报告中。

五、软件质量保障

软件质量保障的目标在于确定、检测并控制所有确保软件达到质量要求所必须采用的技术和管理手段，需要提供针对系统失效所需的定性防护并确保可以形成审查跟踪保证验证和确认活动可以有效开展。同时，通过软件质量保障可以提供上述活动已执行的证据。

此阶段的输入文档包括生存周期每个阶段使用的所有文档，输出文档包括软件质量保障计划、软件配置管理计划以及软件质量保障验证报告。

软件质量保障要求所有计划在项目开始时发布并在生命周期过程中更新，参与软件研发的组织应实施并使用符合 EN ISO 9000 标准的质量保障系统。

软件质量保障计划应在输入文档的基础上由验证人员负责编写，应针对项目编写，并至少应说明或参考以下条款：

（1）生命周期模型的定义，具体包括：(a)描述符合计划的活动和基本任务，如根据系统等级确定的安全计划；(b)每项活动的进入和退出准则；(c)每项活动的输入和输出；(d)主要质量活动；(e)负责每项活动的业务实体；

（2）文档架构；

（3）文档控制，具体包括：(a)涉及编制、检查、批准的角色；(b)分配范围；(c)存档情况；(d)追踪和差异追踪信息；(e)根据分配到的安全完整性等级制定的质量保障方法、措施及工具；(f)根据 EN 50128 标准的相关规定证明所涉及的每项技术组合或所采用的措施适用于所定义的软件安全完整性等级。

软件质量保障计划所需的一些信息可包含于其他文档之中，例如：独立的软件配置管理计划、维护计划、软件验证计划和软件确认计划。软件质量保障计划的子条款应参考包含有这些信息的文档资料。对于软件质量保障计划的每个子条款来说，其内容应直接详细说明或参考其他文档。对于参考资料应进行审查，以便确保其提供了所有所需信息并充分满足 EN 50128 标准的要求。

质量保障活动、操作和文档等全部要求均应在软件质量保障计划中规定或参考资料中给出规定，并根据特定项目进行裁剪。软件质量保障验证报告应基于输入文档，由验证人员负责编写。软件质量保障计划被确定后，验证应说明：(a)软件质量保障计划满足可读性和可追溯性的一般要求以及相关特殊要求；(b)确定软件质量保障计划的内部一致性，其结果应记录在软件质量保障验证报告中。验证报告的每个计划文档均应有一个段落详细说明在整个项目中其自身的频率、责任、方法等更新信息。对于软件而言，从第一次发布开始前其文档和交付物应受配置管理的控制，配置管理控制下的所有项的变更应得到授权和记录。除软件研发过程外，配置管理系统还应覆盖整个生命周期中的软件研发环境，对研发再现和维护活动所必须的这一扩充应包括所有工具、编译器、数据和测试文档、参数文档和支持的硬件平台信息。

供应商应建立、记录并维护外部供应商的控制流程，其中包括：(a)确保外部供应商提供的软件满足已有需求的方法和相关记录，确保前期已研发的软件符合所需的软件安全完整性等级和可靠性，新开发软件应按供应商的软件质量保障计划，或根据外部供应商编制的特定软件质量保障计划进行研发和维护，该特定软件质量保障计划应与供应商软件保障计划协调一致。(b)确保提供给软件外部供应商的需求是完备和充分的方法和相关记录。

在安全相关系统的确认过程中，需求的可追溯性应作为一个重要的考虑因素，并且应提供相关方法使其在整个生命周期的所有阶段均可以得到证明。在 EN 50128 标准所涉及的安全相关应用环境下，在适应所指定的软件安全完整性等级的程度上，可追溯性应特殊说明：(a)需求到设计或其他满足它们的目标的可追溯性；(b)设计对象到实例化它们的实现对象的可追溯性；(c)需求和设计对象到验证它们的测试(组件、集成、整体测试)和分析的可追溯性。可追溯性应作为配置管理的主题。

在特殊情况下，例如：既有软件或原型软件，可追溯性可在实现或代码文档后建立，但应在验证和确认前建立。在这种情况下，验证和确认应证明这与在所有阶段上实现可追溯性是同样有效的。对于不能充分追踪的需求、设计和实现目标，应证明其与系统的安全或完整性是无关的。

六、软件修改和变更控制

修改和变更控制的目标是确保修改软件时，软件的变更过程可以按照要求执行，从而保留软件的安全完整性和可靠性。这一过程中的目标由配置管理人员进行管理。

此阶段的输入文档包含软件质量保障计划、软件配置管理计划、所有与设计、研发及分析相关的文档、变更请求以及变更影响分析和授权。输出文档包含所有更改的输入文档、软件变更记录以及新的配置记录。

变更管理过程应至少包括以下方面：(a)问题报告或纠正措施的文档，以用于对责任管理进行反馈；(b)问题报告中采集信息的分析(用于确定其原因)；(c)在开发阶段和软件维护两个阶段中遵循报告、追踪、解决所识别问题的活动；(d)关于开发和软件维护的具体组织职责；(e)如何实施控制以确保采取纠正措施并确保采取有效措施；(f)对正在开发或已交付的软件组件的变更影响的影响分析；(g)影响分析应当对变更进行重新验证、重新确认和重新评估；(h)如果有多重变更，影响分析应考虑累计影响(注：可能累积的数个变更需要完整的再测试)；(i)实现变更前应有授权所有的变更都将导致回到生命周期的适当阶段，所有后续阶段都应根据 EN 50128 标准的要求，按照具体阶段所规定的流程展开。

七、支持工具和语言

支持工具和语言的目标是提供证据证明工具的潜在失效不会影响以安全相关方式集成工具集的输出，该方式未被工具以外的技术和组织措施所发现。软件工具划分 T1、T2、T3 三类。

T1 类工具不产生直接或间接影响软件可执行代码（包括数据）的输出，包括：文本编辑器或没有自动代码生成能力的需求或设计支持工具；配置控制工具。

T2 类工具支持设计或可执行代码的测试与验证，工具中的错误无法反映设计缺陷，但不会直接造成可执行软件的错误，包括：测试工具生成器；测试覆盖度量工具；静态分析工具。

T3 类工具产生的输出可直接或间接影响安全相关系统的可执行代码（包括数据），包括：源代码编译器；数据、算法编译器；系统运行过程中改变设置点的工具；优化编译器（源代码程序与生成的目标代码之间关系并不明显）；能将可执行运行时间包加到可执行代码中的编译器。

当工具被用作人工操作的替代品时，工具输出的完整性的证据可以被相同的过程步骤所引证，就像在人工操作中完成输出一样。

如果对工具输出的完整性进行了论证，并且软件完整性水平没有被替换所降低，那么这些过程步骤可能会被替代方法所替代。

此阶段的输入文档包括工具规范或手册，输出文档包括工具验证报告。

软件工具应作为软件开发活动相互耦合部分的被选择，为提高软件完整性，减少研发期间引进失效的可能性，应使用支持软件研发的恰当工具，与软件研发阶段相关的工具包括：

为了通过减少在开发过程中引入或检测不到错误的可能性，以达到提高软件完整性，应使用适当的工具来支持软件的开发，例如：与软件开发生命周期阶段相关的工具包括：(a)转换或编译工具，将软件或设计表现（如文本或图表）从抽象水平转换到其他水平，包括设计改良工具、编译器、汇编器、链接器、合并工具、加载工具以及代码生成工具；(b)验证和确认工具，如静态代码分析器、测试覆盖率监视器，定理证明助手，仿真器和模型检查器；(c)诊断工具，用于在操作条件下维护和监控软件；(d)基础设施工具，如开发支持系统；(e)配置管理工具，如版本控制工具；(f)应用数据工具，创建或维护要求定义的参数和实例化系统功能的数据，例如：功能参数、仪器应用范围、报警及差错等级、故障时采用的输出状态、地理布局。

选择的工具应该能够合作。在这种情况下，如果一个工具的输出有合适的内容和格式为后续工具的自动输入，那么工具就会进行合作，从而最大限度地减少在中间结果的重新加工利用中引入人为错误的可能性。

选择工具应证明与应用需求相一致。应考虑在软件的整个生命周期中提供必要的服务的合适工具。

应合理选择 T2 和 T3 类工具，理由包括可以注入工具输出的潜在故障的识别以及避免或处理此类故障的措施。T2、T3 规格的所有工具应该有规范或手册，明确定义工具行为和关于其使用的任何指令或约束。T3 类中每个工具，应存在工具的输出与输出的规范或者可检测到输出故障一致性的证据。证据可基于对手工过程所必需的、与替代工具相同的步骤，且如果这些步骤都换成了替代物（如工具的验证），争论也可能存在。证据还可能基于：(a)历史相似环境中取得成功应用的合适组合(组织内部或其他组织间);(b)本章第二节中工具验证的详细说明;(c)差异性冗余代码,允许检测和控制源于工具的失效;(d)与源于风险分析过程和流程(包括工具)的安全完整性等级的符合性;(e)避免或处理工具带来的故障的其他适当方法。(注 1:一个版本历史可以保证工具的成熟性,并记录与其在环境中使用相关的错误或歧义;注 2:列出的关于 T3 工具的证据也可用于 T2 工具,以判断其结果的正确性。)

工具结果验证应形成包括以下结果的文档:(a)验证活动的记录;(b)使用版本的工具手册;(c)验证的工具功能;(d)工具和设备使用;(e)验证活动结果,文档化的验证结果应阐明该软件已通过验证或其失败的原因;(f)测试用例和后续分析的结果;(g)预期和实际结果之间的差异。

当上述一致性证明是无效时,应当通过有效措施来控制与失效执行安全性相关的软件失效,使该失效归因于工具本身。其中一个例子是差异性冗余代码的产生,允许检测和控制失效导致源于翻译器的失效。作为另一个例子,非可信编译器的适用度可以证明如下,编译器产生的目标代码受到组合的测试、检验和分析,能够保证代码的正确性,达到与目标安全完整性等级一致的程度。特别地,下面的内容适用于所有的测试、检查和分析:(a)测试显示对所实现的代码有足够高的覆盖率。如果存在任何测试无法访问的代码,则通过检查或分析显示,当在目标上执行代码时,有关的功能正确执行;(b)检查和分析已经应用于目标代码并表明其能够检测故障的类型,该故障可能源于编译器的缺陷;(c)检测、检测和分析后,不再有翻译和编译;(d)如果执行进一步编译或翻译,将重复所有的测试、检验和分析。

所选定的软件或设计表现(包括编程语言)应当选取评价适合的翻译器,并满足相关的评估标准,使用与其应用特定匹配的方法,确定其便于检测设计和编程错误检测的特点,并确保其具有支持匹配设计方法的特点。

编程语言是软件或设计的一种表示形式。翻译器将软件或设计表示(如文本或图表)从一个抽象层次转换为另一个层次。翻译器包括:设计优化工具、编译器、汇编器、连接器、合并器、加载器和代码生成工具。

针对一个特定的应用程序或一类应用程序,可对翻译器进行评估。在后一种情况下,该工具的用户可以使用该工具的所有有关工具预期和适当使用的必要信息。对某一特定项目的工具的评估可减少检查该项目工具的一般适用性和相关"规范或手册"(如正确使用这些工具)的一致性。正确使用可包括在特定项目内的额外验证活动。

根据定义的条件,可使用确认套件来评估翻译器的适用性,其中包括功能性和非功能性要求。对于功能翻译要求来说,动态测试可能是主要的确认技术。如有可能,应使用自动测试套件。如果不能完全满足上述要求,该语言用途的适合性,以及任何处理任意已确定语言缺陷的额外措施都是合理的和已评估的。

当自动代码生成或类似的自动翻译发生时,在选择开发支持工具的开发生命周期中,应对安全相关软件开发的自动翻译程序的适用性进行评估。配置管理应确保在 T2、T3 规范中可以使用正确版本的工具。当使用新版本的工具时,应保证该工具可以通过合理性证明,该证明可依赖于较早版本工具提供的证据,证据要足够,且包括:(a)功能差异(如果有的话)应不影响工具与工具箱其余工具的兼容性;(b)新版本不太可能包含重要的新未知故障(注此点证据可基于对所做的变更的可信标识,以及对所执行的验证和确认操作的分析)。

工具类和适用条件之间的关系定义在表 4-1 中。

表 4-1　工具适用条件

工具类型	适用条件
T1	—软件工具应作为软件开发活动相互耦合部分的被选择(EN 50128 标准 6.7.4.1)
T2	—软件工具应作为软件开发活动相互耦合部分的被选择(EN 50128 标准 6.7.4.1) —应合理选择 T2 和 T3 类工具,理由包括可以注入工具输出的潜在故障的识别以及避免或处理此类故障的措施。(EN 50128 标准 6.7.4.2) —T2、T3 规格的所有工具应该有规范或手册,明确定义工具行为和关于其使用的任何指令或约束。(EN 50128 标准 6.7.4.3) —配置管理应确保在 T2、T3 规范中可以使用正确版本的工具。(EN 50128 标准 6.7.4.10) —当使用新版本的工具时,应保证该工具可以通过合理性证明(EN 50128 标准 6.7.4.11)
T3	—软件工具应作为软件开发活动相互耦合部分的被选择(EN 50128 标准 6.7.4.1) —应合理选择 T2 和 T3 类工具,理由包括可以注入工具输出的潜在故障的识别以及避免或处理此类故障的措施。(EN 50128 标准 6.7.4.2) —T2、T3 规格的所有工具应该有规范或手册,明确定义工具行为和关于其使用的任何指令或约束。(EN 50128 标准 6.7.4.3) —T3 类中每个工具,应存在工具的输出与输出的规范或者可检测到输出故障一致性的证据。(EN 50128 标准 6.7.4.4) —工具结果验证应形成包括以下结果的文档:(a)验证活动的记录;(b)使用版本的工具手册;(c)验证的工具功能;(d)工具和设备使用;(e)验证活动结果,文档化的验证结果应阐明该软件已通过验证或其失败的原因;(f)测试用例和后续分析的结果;(g)预期和实际结果之间的差异。(EN 50128 标准 6.7.4.5) 或: —当上述一致性证明是无效时,应当通过有效措施来控制与失效执行安全性相关的软件失效,使该失效归因于工具本身。(EN 50128 标准 6.7.4.6) —所选定的软件或设计表现(包括编程语言)应当选取评价适合的翻译器,并满足相关的评估标准、使用与其应用特定匹配的方法、确定其便于检测设计和编程错误检测的特点、并确保其具有支持匹配设计方法的特点。(EN 50128 标准 6.7.4.7) —如果不能完全满足上述要求,该语言用途的适合性,以及任何处理任意已确定语言缺陷的额外措施都是合理的和已评估的。(EN 50128 标准 6.7.4.8) —当自动代码生成或类似的自动翻译发生时,在选择开发支持工具的开发生命周期中,应对安全相关软件开发的自动翻译程序的适用性进行评估。(EN 50128 标准 6.7.4.9) —配置管理应确保在 T2、T3 规范中可以使用正确版本的工具。(EN 50128 标准 6.7.4.10) —当使用新版本的工具时,应保证该工具可以通过合理性证明(EN 50128 标准 6.7.4.11)

八、软件部署和维护

(一)软件部署

软件部署的目标是确保软件在最终环境中应用时,能够按照要求执行并保证软件的安全完整性等级和可靠性。

该阶段输入文档包括与部署有关的所有设计、研发和分析文档,输出文档包括软件版本和部署计划、软件部署手册、发布说明、部署记录以及部署验证报告。

软件部署由项目经理负责执行,在交付软件发布之前,软件基线应该记录下来,并在配置管理控制下保持可追踪性。根据既有软件和根据先前的 EN 50128 标准版本开发的软件也应包括在内。软件发布应在整个基线生命周期中复制,发布说明由设计人员基于输入文档和相应的需求编制,应提供如下信息:需遵守的应用条件;软件组件之间和软硬件之间的兼容性信息;软件使用的限制。

软件部署测试应基于输入文档以及相关需求进行编写的。为了正确识别和安装软件版本，软件部署手册应对相关步骤进行定义。在增量部署的情况下（如对于单个组件的部署），强烈推荐用于 SIL3 和 SIL4，并推荐用于 SIL1 和 SIL2，软件设计包含用于确保排除不兼容版本软件组件激活的功能。配置管理应确保在无法避免相同软件组件不同版本共存时中，不会造成损害。当安装新的软件版本时，回滚流程（即可以返回以前的版本）应可用。

该软件应具有嵌入的自识别机制，允许在加载过程中及加载装入目标之后进行识别。自我识别机制应该指示软件的版本信息，任何配置数据以及产品标识。代码中包含软件发布信息的数据，建议通过编码进行保护。

部署记录基于输入文档编制。部署记录应通过嵌入的自识别机制的检查，提供预期软件已加载的证据。此记录应保存在已交付系统的相关文件中，就像其他验证文档一样，并且是委托和验收的一部分。

已部署的软件应可追溯至已交付的安装，当发现关键错误并需要在多个安装中进行纠正时，这一点非常重要。诊断信息应由软件提供，作为故障监测的一部分。

部署验证报告由验证人员基于输入文档编制。建立软件部署手册、部署记录、发布说明后，验证应分别说明其满足 EN 50128 标准关于可读性和可追溯性的一般要求和相关具体要求，且应保证内部一致性。

应在软件包中采取措施对可执行代码或数据在存储、转换、传送和复制过程中的错误进行阻止和检查。可执行代码推荐进行检错编码作为检查加载过程中代码完整性的一部分。

（二）软件维护

软件维护的目标确保当对软件进行校正、增强或修改时，软件能够按照要求执行并保证软件的安全完整性等级和可靠性。

输入文档包括所有与设计、研发和分析相关的文档，输出文档包括软件维护计划、软件修改记录、软件维护记录以及软件维护验证报告。

EN 50128 标准主要应用于新的研发，仅当既有软件要进行重要修改时，EN 50128 标准要完全应用于既有软件。关于软件维护的本部分内容就要适用于所有变更，即使是微小变更。因此强烈建议在升级和维护既有软件的过程中应用此部分要求。

对于任意软件安全完整性等级，在开始进行任何变更之前，供应商应决定是否将维护操作看作是主要的或次要的，或系统现有的维护方法是否足够。供应商应记录所做的决定并将决定提交给评估机构。

软件的维护应以 ISO/IEC 90003 为指导。软件系统应具有可维护性，特别是应遵循 EN 50128 标准的相关条款，还应使用 ISO/IEC 9126，以实现和验证最低水平的可维护性。

软件维护计划应基于相关输入文档进行编写。软件维护计划中应建立软件维护流程，这些流程包括：(a)控制错误报告、错误日志、维护记录、变更授权和软件/系统配置以及 EN 50128 标准表 A.10 中的技术和措施；(b)对任何修改的验证、确认和评估；(c)批准软件变更部门的定义；(d)修改的授权。

每个软件项在首次发布之前都要建立软件维护记录，并实施维护。除 ISO/IEC 90003 对于“维护记录和报告”的需求之外，该记录还应包括：对此软件项的所有软件变更记录的引用；变更影响评估；组件的测试案例，包括重新确认和回归测试数据以及软件配置历史。

软件变更记录应基于相关输入文档进行编写，每个维护活动都应建立相应的软件变更记录。软件变更记录应包括：(a)修改或变更请求，版本，错误的性质，需要变更和变更源；(b)维护行为对整个系统的影响分析，包括硬件、软件、人工交互和环境以及可能的交互；(c)修改或更改的详细规范；(d)对修改或变更在软件安全完整性等级所要求程度上的重新确认、回归测试和重新评估。根据软件安全完整性等级，重新确认的责任可能会因项目而异。此外，修改或更改对重新验证过程的影响可以局限于不同的系统级别(只有变更组件、所有已确定的受影响的组件、完整的系统)。因此，软件确认计划应根据软件安全完整性水平来解决这两个问题。重新确认的独立性程度应与确认是相同的。

软件维护验证报告由验证人员基于相应的输入文档进行编写。建立软件维护计划和软件变更记录后，验证应分别说明其满足 EN 50128 标准关于可读性和可追溯性的一般要求和相关具体要求，且应保证内部一致性。

维护活动应按照软件维护计划来进行。应选择 EN 50128 标准中所列出的相关技术和方法，选定的组合应满足 EN 50128 标准中的要求。维护阶段的技术水平、工具、文档和管理应和软件初始研发阶段相同的水平。这也适用于配置管理、变更控制、文档控制和相关方的独立性。

外部供应商控制、问题报告和纠正措施应根据 EN 50128 标准中关于软件质量保证的相关规定，采用新软件研发相同的标准进行管理。

对每个报告的问题或改进，都应做安全影响分析。对于正在维护的软件，应采取与已确认的风险成比例的缓和措施，以确保系统的整体完整性，同时报告的问题被调查和纠正。

第三节　通用软件研发要求

一、通用软件的生命周期和文档

通用软件的生命周期和文档的设计目标是从较高的抽象级别到详细的细化，对软件本身提供描述，以创建一个来演示所达到的安全性以及未来维护操作的框架。

在软件安全完整性级别所要求的程度，应为通用软件编制 EN 50128 标准附录表 A.1 中所列出的文档。表 A.1 中所描述的可交付文档序列反映了一个理想的线性瀑布模型，但这种模型并不是在活动的安排和联系的意义上规定为参考，因为在实践中很难达到严格的遵从性。阶段可以重叠，但是验证和确认活动应该证明在阶段中和各个阶段之间的输入和输出(文档和软件)的一致性。

二、软件需求

软件需求分析的目标是描述软件满足所有系统和安全需求的一整套需求，并为每个后续阶段提供一套完整的文档，同时也要描述整体软件测试规范。

输入文档包括系统需求规范、系统安全需求规范、系统架构描述、外部接口规范(如软件/软件接口规范、软件/硬件接口规范)、软件质量保障计划以及软件确认计划。输出文档包括软件需求规范、整体软件测试规范以及软件需求验证报告。

软件需求说明书应当表达所开发软件的要求属性。这些属性，除了安全其他全部在 ISO/IEC 9126 系列标准中定义，应包括：功能(容量和响应时间性能)、鲁棒性和可维护性、安全性(安全功能及其相关软件安全完整性等级)、效率、可用性及可移植性。

在软件需求规范中，应分析得到软件安全完整性等级，并予以记录。在软件安全完整性级别所要求的程度，软件需求规范应当按照以下方式表达和结构化：(a)完整、清晰、精确、明确、可验证、可测试、可维护、可行；(b)可追溯到所有的输入文档。软件需求规范应采用可以让系统整个生命周期中参与负有责任的人员均可以理解的表达、描述方式。

软件需求规范应识别并记录所有与任何其他系统的接口，无论是在控制设备的内部还是外部，包括操作人员，只要存在或计划直接连接之处。

软件需求规范应详细描述所有相关操作模式，可编程电子产品行为的所有相关模式，特别是故障行为，应在软件需求说明书中记录或引用(如系统级文档)。硬件和软件之间的任何约束都应该在软件需求规范中记录或引用(如系统级文档)。

软件需求规范应考虑在系统文档描述所要求的程度内的软件自我检查和通过软件的硬件检查。软件的自我检查包括软件自身的失效和错误通过软件的检测和报告。软件需求规范应包括对系统安全需求规范所要求程度上的功能周期性检测的要求。软件需求规范应包括在系统安全需求规范所要求程度上的，在整个系统操作过程中，使所有的安全功能可测试的要求。软件所执行的所有功能，特别是那些与达到所要求的系统安全完整性等级相关的功能，都应该在软件需求规范中清楚地识别出来。软件需求规范中也应清楚地标识出需要软件执行的任何非安全功能，其中，软件需求规范应所选取的技术和方法支持，其组合形式应满足 EN 50128 标准的相关要求。

整体软件测试规范应在软件需求规范的基础上，由测试人员负责编制。在其中应采取满足 EN 50128 标准相关要求的技术和措施，整体软件测试规范描述对已完成软件进行的测试。

软件需求测试规范应为每个所需功能确定测试案例，测试案例包括所需的输入信号及序列和值、预期的输出信号及其序列和值、包括性能和质量方面的测试成功标准。

软件需求验证报告应基于系统安全规范需求规范、软件需求规范、整体软件测试规范以及软件质量保障计划，由审核人员负责编制。其编写要求与验证报告所有的一般要求相一致。软件需求规范确立后，验证过程应说明：(a)在满足系统需求规范、系统安全需求规范和软件质量保障计划陈列的要求中，软件需求规范的适当性；(b)软件需求规范应满足 EN 50128 标准对可读性和可追溯性的一般要求和具体要求。(c)软件测试规范对软件需求规范测试的充分性；(d)任何附加活动的定义，以证明对不可测试的需求的正确覆盖；(e)软件需求规范的内部一致性；(f)在满足或考虑硬件和软件之间的约束条件下，软件需求规范的适当性。上述验证、分析结果应完整记录在软件需求验证报告中。

三、软件架构和设计

对架构和设计进行分析的目标是研发可以达到软件需求的软件架构、确定和评估硬件/软件交互作用对于安全性影响的重要性。若预先没有定义设计方法，则选定一种设计方法，基于输入文档设计所定义的软件安全完整性等级的软件，确保最终的系统及其软件从一开始就可测试。由于验证和测试是确认过程中最关键因素，因而需要特别考虑实现过程中所必须的验证和测试方法。

输入文档要求包括软件需求规范。输出文档要求包括软件架构规范、软件设计规范、软件接口规范、软件集成测试规范、软件/硬件集成测试规范、软件架构及设计验证报告。

软件架构规范应当以软件需求规范为基础，由设计师负责编制。建议的软件架构应该在软件架构规范中建立和详细说明，软件架构规范应考虑在所要求的软件安全完整性等级上实现软件需求规范的可行性，软件架构应该尽量减少应用安全部分的大小和复杂性。软件架构规范应识别、分析和详细说明所有硬件/软件交互的重要性，软件架构规范应识别所有软件组件，无论组件属于新组件或已有组件，无论组件是否已经完成验证（若已验证，则识别其验证条件），无论组件属于何种软件安全完整性等级应均可识别组件。软件组件应覆盖软件需求已定义子集，并在配置管理系统中清楚地标识并独立地进行版本控制。

既有软件的使用应受下列限制：(a)对于所有软件安全完整性等级，应清楚地识别和记录既有软件需要满足的需求、既有软件环境的假设、与软件其他部分的接口等信息；(b)对于所有软件安全完整性等级，应把既有软件包含在整个软件的确认过程中；(c)对于软件安全完整性等级 SIL3 或 SIL4，应采取分析既有软件可能出现的故障及其对整个软件的影响、制定检测既有软件故障和保护系统不受这些故障影响的策略等预防措施；(d)验证和确认过程应确保既有软件满足已分配的需求、已发现既有软件故障并且避免将其集成的系统受这些故障的影响、对既有软件环境的假设已满足；(e)既有软件应附有足够精确（如可用功能的限制）和完整（即功能、约束和证据）的描述。描述应包括应用过程中集成人员应注意并考虑的硬件和软件约束。特别是描述能告诉集成人员该软件的设计目的以及它的性质，行为和特征（注：统计证据可用于既有软件的验证策略）。

应尽可能地优先选择使用已经根据 EN 50128 标准验证过的软件组件。若软件由不同软件安全完整性等级的组件构成，那么该软件的全部组件应视为属于最高软件安全完整性等级，除非存在证据表明较高软件安全完整性等级组件和较低软件安全完整性等级组件相互独立，此独立证据应在软件架构规范中予以记录。

软件架构规范应描述软件安全完整性等级所要求程度上的软件研发策略。软件架构规范应依据完整、一致、清晰、准确、明确、可验证、可测试、可维护和可行原则进行表达和构造，并应确保可以追溯至软件需求规范。软件架构规范中应包括处理故障的措施，以达到避免故障和故障处理策略之间的平衡。软件架构规范应证明技术、措施和工具是在要求的软件安全完整性等级上，从满足软件需求规范的集合中选择的。

当软件被应用程序数据或算法配置时，软件架构规范应考虑 EN 50128 标准的相关要求。软件架构规范应从 EN 50128 标准附录选取相关技术、措施，所选择的组合应证明满足 EN 50128 标准的相关要求。已开发的软件架构的规模和复杂性应取得平衡。

软件原型代码可以用于在软件开发的任意阶段引出需求或获得关于需求及其对应结果的详细观点。仅当代码及其研发过程和文档被证明符合 EN 50128 标准时，原型代码才可用于目标系统。

软件组件之间和整个软件边界之间全部接口的软件接口规范，应基于软件需求规范和软件架构规范，由设计人员负责编写。接口描述应说明：(a)前/后置条件；(b)所有指定数据的所有边界值的定义和描述；(c)超过边界值时的行为；(d)值达到边界时的行为；(e)对于时间苛求的输入和输出数据而言正确操作的时间限制和要求以及例外的管理；(f)在合适的情况下，为接口缓冲区分配的内存和检测不能分配内存的机制，或者所有缓冲区都是满的；(g)功能之间同步机制的存在[见(e)]；

所有来自或到达接口的数据都应定义为数据类型所定义的所有值的范围，包括在功能处理时不使用的范围，例如：对所有指定数据以及使用它们的每个软件功能的所有等价类的定义和描述，对未使用或禁止的等价类的定义（注：数据类型包括：功能或流程的输入参数和输出结果、以报文或通信包形式指定的数据、来自硬件的数据）。

软件设计规范应基于软件需求规范、软件架构规范和软件接口规范，由设计人员负责编制。在设计过程开始之前，可以使用输入文档，并且不需最终定稿。软件设计规范的描述应基于分解到组件的软件设计，每一模块都对应有软件组件设计规范和软件组件测试规范。在软件设计规范中，应对追溯到软件架构及其安全完整性等级的软件组件、软件组件和环境的接口、软件组件之间的接口、数据架构、组件需求的分配和追溯情况、主要算法和顺序、失效报告机制给出明确说明。软件设计规范应当从 EN 50128 标准中选择技术和措施，并应证明所选择的组合满足 EN 50128 标准相关要求。

编码标准应予以制订并指定：(a)如 EN 50128 标附录所定义良好的编程习惯；(b)避免或检测在使用该语言时可能出现的错误的措施，此错误在验证过程中是不可检测的，上述失效源于语言所有功能的分析；(c)源代码的文档化流程。编码标准的选择应符合软件安全完整性水平所要求的程度。编码标准应当应用于软件研发的全部阶段，并且由软件质量保障计划引用。

为了与软件所要求的安全完整性等级相一致，所选择的设计方法应具备如下特征：(a)抽象性，模块化和其他控制复杂性的特性；(b)清晰准确的功能、组件之间的信息流、与顺序和时间相关的信息、并发、数据架构和性能；(c)人的理解；(d)验证和确认；(e)软件维护。

软件集成测试规范应基于软件需求规范、软件架构规范、软件设计规范及软件接口规范由集成人员负责编写。软件集成测试规范说明的编写应与测试规范的一般要求保持一致。

软件集成测试规范应说明：(a)每个软件组件通过一起执行组件来为其他组件提供指定的接口；(b)当接口经受超出规范的输入时，软件行为是合适的方式；(c)所要求的输入数据及其序列和它们的值应是测试案例的基础；(d)预期的输出数据及其序列和它们的值应是测试案例的基础；(e)哪些组件测试的结果打算用于软件集成测试中的重用。软件集成测试规范应当从 EN 50128 标准中选择技术和措施，并应证明所选择的组合满足 EN 50128 标准相关要求。

软件/硬件集成测试规范基于系统设计描述、软件需求规范、软件架构规范、软件设计规范由集成人员负责编制。

软件/硬件集成测试规范应在研发生命周期的早期创建，以便能够正确指导集成测试，并适当地提供特殊设计或其他集成需求。根据系统规模，在研发过程中，软件/硬件集成测试规范可能会被细分为多个子文档，并且随着硬件和软件设计的发展，以及集成的细节需求变得更加清晰，这些文档会自然地添加到其中。

软件/硬件集成测试规范应区分供应商在其前提下执行的活动和需要在用户方执行的活动。软件/硬件集成测试规范应说明：(a)软件在硬件上以适当方式运行，通过指定的硬件接口来使用硬件的情况；(b)软件可按要求处理硬件失效；(c)应证明所要求的时间和性能；(d)所要求的输入数据及其序列和它们的值应是测试案例的基础；(e)预期的输出数据及其序列和它们的值应是测试案例的基础；(f)哪些组件测试和软件集成测试的结果打算用于软件/硬件集成测试中的重用。软件/硬件集成测试规范应记载：(a)测试用例和测试数据；(b)将要执行的测试的类型；(c)测试环境，包括工具，支持软件和配置描述；(d)评判测试完成的测试标准。软件/硬件集成测试规范的编写要与测试规范的一般要求一致。对于其选择的技术和措施，应证明所选组合是满足 EN 50128 标准的相关要求。

软件架构和设计验证报告基于软件需求规范、软件构架规范、软件设计规范、软件集成测试规范和软件/硬件集成测试规范，由验证人员负责编写。软件架构和设计验证报告的编写要与验证报告的一般要求一致。

在软件架构、接口和设计规范建立后，验证应说明：(a)软件架构、接口和设计规范的内在一致性；(b)软件架构、接口和设计规范在满足软件需求规范一致性和完整性方面的适当性；(c)验证软件架构规范、软件接口规范、软件设计规范满足 EN 50128 标准对于可读性和可追溯性的一般要求及相应的具体要求；(d)在考虑硬件和软件约束时，软件架构规范和软件设计规范的适当性。

软件集成与软件/硬件集成测试规范创建后，需验证说明软件、软件/硬件集成测试规范满足 EN 50128 标准对于可读性和可追溯性的一般要求，以及相应的具体要求。

四、组件设计

组件设计的目标是通过研发软件组件设计，在软件安全完整性水平要求所要求的程度上，使其达到软件设计规范的要求。同时，通过研发软件组件测试规范设计，在软件安全完整性水平要求所要求的程度上，使其达到软件设计规范的要求。

输入文档要求包含软件设计规范。输出文档包括软件组件设计规范、软件组件测试规范以及软件组件设计验证报告。

对于每个组件，软件组件设计规范应基于软件设计规范，由设计人员负责编制。对于每个软件组件要求提供作者、配置历史以及简要描述等信息，其中，配置历史应包括组件的当前和此前全部版本的精确标识，并应明确描述版本、日期和作者以及该版本相对于以往版本变化的描述。

软件组件设计规范应说明：(a)可以追溯到上一层的所有最低层次的软件单元(如子程序、方法、程序)的标识；(b)它们与环境以及其他具有详尽输入和输出的组件之间的详细接口；(c)在组件本身没有任何进一步的分配的安全完整性等级；(d)详细的算法和数据结构。每个软件组件设计规范应保持自我一致并允许转变为相应组件的代码。应保证软件组件设计规范的可读、易懂以及可测试性，并同时确保已研发软件组件规模和复杂程度的平衡性。软件架构设计规范应当从 EN 50128 标准中选择技术和措施，并应证明所选择的组合满足 EN 50128 标准相关要求。

对于每个组件，软件组件测试规范应基于软件组件设计规范由测试人员负责编写。软件组件测试规范的编写要求应与测试规范的一般要求保持一致。软件组件测试规范应当针对需要测试的组件编制，测试应能够表明每个组件都能执行其预期的功能。需要在软件组件测试规范中，定义和证明所要求的评判标准和测试覆盖度能够达到软件完整性水平所要求的的程度。测试的设计应满足可以确认组件执行其预期功能(黑盒测试)、能够核查内部组件如何交互从而执行预期功能(黑/白盒测试)，并且确认所有组件都已得到测试(白盒测试)。软件组件测试规范应当从 EN 50128 标准中选择技术和措施，并应证明所选择的组合满足 EN 50128 标准相关要求。

软件组件设计验证报告应基于软件设计规范、软件组件设计规范以及软件组件测试规范，由验证人员负责编写。软件组件设计验证报告的编写要求与验证报告的一般要求一致。

软件组件设计规范确定后，验证应说明：(a)软件组件设计规范满足软件设计规范方面的充分性；(b)软件组件设计规范满足 EN 50128 标准对于可读性和可追溯性的一般要求及相应的具体要求；(c)软件组件测试规范作为软件组件设计规范的测试用例的充分性；(d)软件组件测试规范满足 EN 50128 标准对于可读性和可追溯性的一般要求及相应的具体要求；(e)根据所需性能的可行性、用于进一步验证以及进一步改进的可维护性，将软件设计规范分解至软件组件和软件组件设计规范。所有结果应记录在软件组件设计验证报告中。

五、组件实现和测试

组件实现和测试的目标是为了实现可分析、可测试、可验证和可维护的软件。

输入文档包括软件组件设计规范以及软件组件测试规范。输出文档包括软件源代码和支持文档、软件组件测试报告以及软件源代码验证报告。

软件源代码应基于软件组件设计规范，由实现人员编制。编制过程应平衡源代码的规模和复杂性，保证源代码的可读性、可理解性和可测试性。源代码应在文档化测试开始前置于配置控制下。

软件组件测试报告应基于软件组件测试规范和软件代码由测试人员负责编制。软件组件测试报告应根据测试报告的一般要求编写。软件组件测试报告应包括：(a)测试结果和每个组件是否满足其软件组件设计规范要求的描述；(b)每个组件都应提供的测试覆盖声明，用以表明对于所有所要求的标准都达到了所要求的测试覆盖程度。

软件源代码验证报告应基于软件组件设计规范、软件组件测试规范和软件源代码，由验证人员负责编制。软件源代码验证报告应当按照建立验证报告的一般要求编写。

在软件源代码和软件组件测试报告建立完成后，应通过验证说明：(a)软件源代码在满足软件组件设计规范方面的充分性；(b)从 EN 50128 标准中选择了技术和措施，所选择的组合满足 EN 50128 标准相关要求；(c)确认编码标准的正确应用；(d)软件源代码满足 EN 50128 标准对于可读性和可追溯性的一般要求及相应的具体要求；(e)根据软件组件测试规范，软件组件测试报告对测试执行记录的充分性。结果应记录在软件源代码验证报告中。

六、集　　成

集成的目标是实现软件和软件/硬件的集成，并证明软件和硬件可以正确交互，以执行其预期的功能。

输入文档包含软件/硬件集成测试规范以及软件集成测试规范。输出文档包含软件集成测试报告、软件/硬件集成测试报告以及软件集成验证报告。

软件组件的集成应该是将独立的、以前测试过的组件逐渐合并成一个整体的过程，以便组件接口和组装的软件在系统集成和系统测试之前得以充分证明。在软件/硬件集成期间，对集成系统进行的任何修改和变更应进行影响研究，该研究应确定所有受到影响的组件和必要的重新验证活动。

软件集成测试报告应基于软件集成测试规范，由集成人员负责编制。软件集成测试报告应根据测试报告的一般要求编写。软件集成测试报告应按照如下要求编制：(a)软件集成测试报告应该说明测试结果，以及软件集成测试规范的目标和标准是否满足。如果测试失败，应记录测试情况；(b)应记录测试用例及其结果，为便于后继分析，其形式最好是机器可读的；(c)测试应是可重复的，而且如果可行应以自动方式进行；(d)软件集成测试报告应记录所有所涉及项的特性和配置。软件集成测试报告从 EN 50128 标准中选择了技术和措施,所选择的组合满足 EN 50128 标准相关要求。

软件/硬件集成测试报告应基于软件/硬件集成测试规范,由集成人员负责编制。软件/硬件集成测试报告应根据测试报告的一般要求编写。

软件/硬件集成测试报告应按照如下要求编制:(a)软件/硬件集成测试报告应该说明测试结果,以及软件/硬件集成测试规范的目标和标准是否满足。如果测试失败,应记录测试情况;(b)应记录测试用例及其结果,为便于后继分析,其形式最好是机器可读的;(c)软件/硬件集成测试报告应记录所有所涉及项的特性和配置。软件/硬件集成测试报告从 EN 50128 标准中选择了技术和措施,所选择的组合满足 EN 50128 标准相关要求。

软件集成确认报告应基于软件和软件/硬件集成测试规范和相应的测试报告,由验证人员负责编制。软件集成验证报告应根据验证报告所确定的一般要求编写。

在软件集成测试报告和软件/硬件集成测试报告建立完成后,应通过验证说明:(a)软件集成测试报告根据软件集成测试规范执行测试记录的充分性;(b)软件集成测试报告满足 EN 50128 标准对于可读性和可追溯性的一般要求及相应的具体要求;(c)软件/硬件集成测试报告根据软件/硬件集成测试规范执行测试记录的充分性;(d)软件/硬件集成测试报告满足 EN 50128 标准对于可读性和可追溯性的一般要求及相应的具体要求。

七、整体软件测试/最终确认

整体软件测试/最终确认的目的是对集成软、硬件进行分析和测试,以确保其符合软件需求规范,特别是对软件安全完整性等级所强调的功能和安全方面进行验证,并检查软件是否适合其预期应用。

输入文档包含软件需求规范、整体软件测试规范、软件验证计划、软件确认计划、所有包含中间验证结果的硬件和软件文档、系统安全需求规范。输出文档包含整体软件测试报告、软件确认报告以及发布说明。

整体软件测试报告应基于整体软件测试规范,由测试人员负责编制。整体软件测试报告应按照测试报告的一般要求编写。验证者应基于其判断指定和执行补充测试,或者由测试人员执行。虽然总体软件测试主要是基于软件需求规范的结构,但整体软件测试主要基于软件需求规范架构进行,确认人员可以通过设计反映用户实际需求的复杂场景施压于系统测试,从而贡献其在整体软件测试/最终确认过程中的附加价值。

整体软件测试报告中应记录全部的测试和分析结果。该软件应通过连接真实硬件单元或有操作接口的实际系统,或通过输入信号和输出驱动负载的仿真来执行。软件应在正常运行、预期出现的情况和需要系统操作不需要的条件下执行。当使用模拟输入或负荷时,则应说明这些输入和负载与操作中遇到的输入和负载并无显著差异。模拟输入或负载可取代仅出现在系统级或故障模式中的输入或负载。

软件确认报告应基于软件确认计划,由确认人员负责编制。软件验证报告应根据验证报告所确定的通用要求编写。

完成集成、整体软件测试和分析过程后,软件确认报告报告应按照如下要求编制:(a)应说明是否满足软件验证计划的目标和标准,此计划的偏差应当予以记录和证明;(b)对测试结果进行总结说明,并对其目标机上运行的整个软件是否满足软件需求规范中规定的要求;(c)应提供软件需求规范所要求的测试覆盖的评估；(d)根据软件验证计划和报告进行的其他验证活动的评价应与需求跟踪全面执行和覆盖一同进行；(e)若确认人员编写了没有交予测试人员的测试案例，软件测试确认报告应按照 EN 50128 标准的要求进行记录。

软件确认报告应包括所选择的技术和措施的每种组合对于其定义的软件安全完整性等级适用的确认，应包括对于测试、确认过程中所采用技术和措施的整体效能评估，评估应考虑所产生的软件规模和复杂性，同时考虑实际测试、验证和确认活动的结果。

软件确认报告中应说明：(a)软件的特性及其配置文档；(b)技术支持软件和设备的适当标识说明；(c)所使用的仿真模型的适当标识说明；(d)整体软件测试规范的充分性说明；(e)对所有被发现偏差的采集和追踪；(f)对风险(影响)项的所有偏差的核查和评估；(g)根据变更管理过程与步骤和全部偏差的清晰辨识，项目执行纠错行为的适当处理；(h)以可追溯方式对偏差给出的限制；(i)考虑到应用条件和限制，软件是否符合预期应用的结论。

所发现的任何偏差，包括检测到的错误、与 EN 50128 标准的不符合性、与任意软件需求或计划的不符合性以及约束和限制，应在软件确认报告的独立子条款中给出明确标识，同时应进行相关的安全完整性等级评估，并在已交付软件的发布说明中给出明确描述。

已交付软件的版本说明应包括使用软件的所有限制，这些限制来源于检测出的错误、与 EN 50128 标准的不符合性、需求的满足程度、任意计划的满足程度。

第四节　应用数据和算法的研发

一、目　　标

许多铁路系统的特点是需要设计每次的安装，以满足特定应用程序的个别独特的需求。由应用程序数据或应用程序算法配置的系统，允许根据每个特定应用程序，利用被批准的通用软件单独需求定制。

开发应用数据的目的是正确地从给定的安装和对预期行为的检查中得到数据的正确派生，然后对应用数据的使用开发过程进行评估。应用算法的研发要求与通用软件的研发要求相同。

典型的例子是这样的一个系统，其通用软件通过一组应用算法预先配置为通用的铁路应用程序，然后通过应用算法的实例化和互连以及通过一组配置数据进一步配置到每个特定的安装，例如：联锁系统(如信号管理、道岔管理)的信号原理可以由一组应用算法来实现。

应用数据通常以外部对象的参数值或描述(特性，类型，位置等)作为其表现形式。应用算法的表现形式可以为功能模块图，状态表和继电器梯形图等，根据其输入、当前状态和特定参数值决定系统的期望响应。应用算法由逻辑连接和将要执行的操作两部分组成。应用数据/算法通常由专门的工具产生，可以用表格或图表格式表示，这些格式通过特殊语言(带有语法和语义)处理转换成为源代码后，经常可以被解释或编译成可执行代码。

系统通过可配置性的定制，使设计者对详细的软件功能有不同程度的控制。用于开发的流程和工具，应适合于其开发的功能所确定的系统安全完整性等级。下面将对可配置系统初始研发需求以及每个应用程序特定数据/算法的后续开发进行描述。

二、输入文档

输入文档包括通用软件的软件需求规范、通用软件的软件架构规范、通用软件和应用工具的应用条件以及通用软件和应用工具的用户手册。

三、输出文档

输出文档包括应用准备计划、应用需求规范、应用架构和设计、应用测试规范、应用测试报告、应用准备验证报告、应用数据/算法的源代码以及应用数据/算法的验证报告。

四、要　　求

(一)应用研发过程

应用准备计划由需求管理人员或设计人员负责，基于输入文档进行编制。

为了定义和详细描述应用研发过程，包括负责它们的所有的活动、交付物和角色，应制定应用准备计划。它既可以为一组特定应用制定，也可以一类特定应用制定。

应用准备计划应为应用准备过程定义文档架构，而且应从 EN 50128 标准中选择技术和措施，所选择的组合满足 EN 50128 标准相关要求。应用准备计划应指定应用研发过程中要使用到的流程和应用工具。

为了确保应用数据/算法是完整正确的，并确保它们相互之间兼容并与通用应用兼容，以提供满足通用应用的应用条件的证据，该计划应包括验证和确认行为，这些验证和确认行为以及依据能够被用于产生应用数据/算法的工具的验证和确认行为所取代。这些结果都收集于应用准备验证报告和应用测试报告中。

应用程序准备计划应包括验证和确认的活动，以确保应用程序工具和通用软件相互兼容，与特定的应用程序兼容，并提供证据证明其应用条件得到满足。

风险分析执行应覆盖应用研发过程，包括应用工具和流程，以便确认应用准备计划，并保证满足软件安全完整性等级，应用准备计划应包括风险分析。应用准备计划应明确规定执行验证、确认和准备任务的人员之间的独立性要求，数据准备活动由应用程序设计人员进行。

应用准备计划应为在应用准备生命周期中使用的任意硬件或软件工具定义一个工具集。在可能的情况下，应用程序准备计划应要求指定对应用程序工程师熟悉的要求和设计的符号。在引入新符号时，应提供必要的用户文档，并在适当的时候进行培训。

应用数据/算法确认报告应由验证人员负责，基于输入文档进行编制。一旦建立应用准备计划，验证应说明：(a)应用准备计划满足 EN 50128 标准关于可读性和可追溯性的一般要求以及相关特定要求；(b)应用准备计划的内在一致性。结果应记录于应用数据/算法确认报告中，应用准备计划的实施应针对每个特定应用进行验证和确认。

(二)应用需求规范

应用需求规范由需求管理人员负责，基于输入文档进行编制。特定应用的需求应包括所考虑的安装的特定需求(如轨道布局、信号位置、信号系统的速度限制)，通用软件和应用工具的应用条件的回顾或引用，以及应用应遵守的标准(如信号系统的信号原则)。系统通用软件的处理、与应用数据和算法相关的要求应在这个阶段指定。

应用数据/算法确认报告应验证人员负责，基于输入文档进行编制，而且报告要满足相关要求。一旦建立了应用需求规范，验证应说明：(a)应用需求规范满足 EN 50128 标准关于可读性和可追溯性的一般要求以及其他特定需求；(b)应用需求规范的内在一致性。结果应记录于应用数据/算法验证报告中。

(三)架构和设计

应指明具体应用中要使用的通用硬件和软件组件的数量和类型，应定义特殊应用架构中的组件位置、应用数据和算法。本阶段应设计由通用软件处理的应用数据和算法。

(四)应用数据/算法产品

应用研发过程应包括通用和特定数据/算法源代码的产生和编译，以及与此产品相关的验证和测试活动，推荐使用图表语言生成应用算法的源代码。

应用测试报告由测试人员负责，基于输入文档进行编写，报告应满足规定要求。应用测试报告应记录应用测试规范所定义测试的正确和完整执行情况。

应用准备验证报告应：(a)记录执行的每项活动以确保数据/算法的正确性和完整性，以及它们与应用原则和特定应用架构的一致性；(b)评估数据/算法与通用应用的兼容性。

应用测试规范由测试人员负责，基于输入文档编写，并满足规定要求。应用测试规范应指定在数据/算法准备的中间阶段或最终阶段执行的测试，以确保：(a)关于应用原则的数据/算法的一致性和完整性；(b)关于特定应用架构的数据/算法的一致性和完整性。

应用数据/算法验证报告由测试人员负责，基于输入文档编写，并满足规定要求。一旦应用测试规范建立，验证应说明：(a)应用测试规范满足 EN 50128 标准关于可读性和可追溯性的一般要求以及特定要求；(b)应用测试规范的内在一致性。结果应记录于应用数据/算法确认报告中。

(五)应用集成和测试验收

对某些系统来说，应用数据/算法能在安装到目标系统之前，为工厂测试而与通用硬件和软件集成。当通过其他方式获得足够程度的置信度时，这不是必须的。应用应安装在目标系统中，而且应执行安装完成的集成测试。最后，目标系统应作为一个完整的操作系统服务，在安装完成过程中完成目标系统的最终验收过程。应用测试报告应记录应用测试规范中所定义测试的正确和完整执行。应用准备验证报告应执行对安装完成的测试完整性和正确性的检查。

应用测试规范由测试人员负责，基于输入文档进行编写，并符合规定的要求。应用测试规范应指定执行的测试以确保：(a)如果需要，通用硬件和软件上的数据/算法的正确集成；(b)安装完成的数据/算法的正确集成。应用数据/算法验证报告由确认人员负责，基于输入文档进行编写并满足报告所需要求，一旦应用测试规范建立，验证应说明应用测试规范满足 EN 50128 标准的要求。

(六)应用确认和评估

确认和评估活动应审核生命周期的每个阶段的表现。

(七)应用准备流程和工具

对每种由应用数据/算法配置的新系统而言，应研发特定流程和工具，以允许将指定的应用开发过程用于新系统的安装。这些工具的研发应按照 EN 50128 标准与该系统的通用软件和硬件并行进行。验证、确认和评估行为应确保数据准备工具和通用软件之间的兼容。任何编译过程都需要确认和评估，应当指出的是，通常数据和算法的转换需要专门编译器来完成。

每个特定应用的所有应用数据/算法和有关文档应符合 EN 50128 标准规定的软件部署要求。

每个具体应用的所有应用程序数据/算法和相关文档应按照 EN 50128 标准所指定的软件部署要求进行。所有的应用程序数据/算法和相关文档应遵循 EN 50128 标准的软件维护要求。所有应用数据/算法及相关文档应按照 EN 50128 标准的要求进行配置管理。应用程序数据/算法的配置管理可以与通用软件部分分开。通用软件和应用工具的应用条件的覆盖和执行应在应用确认报告得以证明。

（八）通用软件研发

支持应用数据/算法执行的通用软件研发应遵循 EN 50128 标准 7.1 至 7.7 的要求，同时还应遵守以下的附加要求：

(a)在每个系统和子系统中，应用数据/算法配置的功能类型和分类应在通用软件的软件需求规范中确定。分配给功能的安全完整性等级将决定系统所有安装的应用数据/算法的后续研发所应用的标准。

(b)除非在生命周期的早期阶段中已确定详细接口，在通用软件设计过程中，应确定通用软件和应用数据/算法之间的详细接口，例如作为使用既有应用特定语言需求的结果。

(c)通用软件和应用数据/算法之间必须实行严格分离，即除非通用软件和应用数据/算法之间的已定义接口有变动，否则就可能重新编译和升级通用软件或应用数据/算法，而不需要升级其他。同样地，特定应用数据/算法应和通用应用数据/算法也应分离。

(d)变更控制程序应确保在已确定修改后的软件与原始应用程序数据/算法相兼容或已修订的应用程序数据/算法后，才可安装通用软件的任何修改。

(e)应注意通用软件的验证过程和确认测试阶段，以确保考虑到数据和算法的所有相关组合。如果在通用软件的验证、测试和确认过程中没有考虑到数据和算法的所有相关组合，应明确认定为通用软件的使用限制。当某些数据或者算法超出这个限制，应执行通用软件的补充验证、测试和确认过程。

(f)如果可行，通用软件应设计成可检测损坏的应用数据/算法。

(g)设计人员应在通用软件和应用工具的整体软件测试/最终确认阶段公布通用软件和应用工具的发布说明。这些文档的内容应受验证和确认活动的支配。在“通用软件和应用工具的应用条件”文档中应说明以下内容：ⓐ对通用软件和应用工具的用户手册的引用；ⓑ应用数据/算法的任何约束。例如，强制架构或者编码规则以满足安全完整性等级。

第五节　技术和措施的选择标准

本章前述的相关规定要与本节的条款表格（表 4-2 到表 4-12）联系在一起来说明获得一致性的方法。此外还存在低一级的表格，即扩展条款表中的某些条目的细化表格（表 4-3，表4-13 至表 4-24），例如：表 4-3 中的“建模”就扩展出表 4-18。

对于每个软件安全完整性等级（SIL），都对应在表格中的每种技术或措施的要求。在文档的此版本中，软件安全完整性等级 1 和 2 对每个技术的要求是相同的。同样的，软件安全完整性等级 3 和 4 对每项技术的要求也是一样的。这些要求是：

“强力推荐”意味着如果没有使用该技术或措施，在软件质量保障计划或软件质量保障计划的其他参考文档中，应详细说明使用其他技术的原因。

"推荐"意味着对该安全完整性等级推荐此技术或措施。比"强力推荐"的推荐等级要低，这些技术可组合形成一个(技术或措施)包的一部分。

"—"意味着该技术或措施不推荐或也不反对使用。

"不推荐"意味着在该安全完整性等级下该技术或措施肯定不推荐。如果使用了该技术或措施，在软件质量保障计划或软件质量保障计划的其他参考文档中，应详细说明使用它的原因。

除非表格附加的注释有其他要求，通过选择一个或多个技术或措施，技术或措施的组合需要在软件质量保障计划或其他参考资料的文档中加以说明。

以上注释可包含对经过检验的技术或经过检验的技术组合的参考资料。如果使用了这些技术或技术组合，包括所有的单个强制技术，那么评估人员应接受它们的合法性并只考虑它们是否被正确应用。如果使用了技术的不同集合并且得以证明，那么评估人员可认为这是可接受的。

一、条 款 表

表 4-2　生命周期问题(Lifecycle Issues)和文档

文　档	SIL0	SIL1	SIL2	SIL3	SIL4
计划					
1. 软件质量保障计划	强力推荐	强力推荐	强力推荐	强力推荐	强力推荐
2. 软件质量保障验证报告	强力推荐	强力推荐	强力推荐	强力推荐	强力推荐
3. 软件配置管理计划	强力推荐	强力推荐	强力推荐	强力推荐	强力推荐
4. 软件验证计划	强力推荐	强力推荐	强力推荐	强力推荐	强力推荐
5. 软件确认计划	强力推荐	强力推荐	强力推荐	强力推荐	强力推荐
软件需求					
6. 软件需求规范	强力推荐	强力推荐	强力推荐	强力推荐	强力推荐
7. 整体软件测试规范	强力推荐	强力推荐	强力推荐	强力推荐	强力推荐
8. 软件需求验证报告	强力推荐	强力推荐	强力推荐	强力推荐	强力推荐
架构和设计					
9. 软件架构规范	强力推荐	强力推荐	强力推荐	强力推荐	强力推荐
10. 软件设计规范	强力推荐	强力推荐	强力推荐	强力推荐	强力推荐
11. 软件接口规范	强力推荐	强力推荐	强力推荐	强力推荐	强力推荐
12. 软件集成测试规范	强力推荐	强力推荐	强力推荐	强力推荐	强力推荐
13. 软件/硬件集成测试规范	强力推荐	强力推荐	强力推荐	强力推荐	强力推荐
14. 软件架构和设计验证报告	强力推荐	强力推荐	强力推荐	强力推荐	强力推荐
组件设计					
15. 软件组件设计规范	推荐	强力推荐	强力推荐	强力推荐	强力推荐
16. 软件组件测试规范	推荐	强力推荐	强力推荐	强力推荐	强力推荐
17. 软件组件设计验证报告	推荐	强力推荐	强力推荐	强力推荐	强力推荐
组件实现和测试					
18. 软件源代码和支持文档	强力推荐	强力推荐	强力推荐	强力推荐	强力推荐
19. 软件组件测试报告	推荐	强力推荐	强力推荐	强力推荐	强力推荐

续上表

文　档	SIL0	SIL1	SIL2	SIL3	SIL4
20. 软件源代码验证报告	强力推荐	强力推荐	强力推荐	强力推荐	强力推荐
集成					
21. 软件集成测试报告	强力推荐	强力推荐	强力推荐	强力推荐	强力推荐
22. 软件/硬件集成测试报告	强力推荐	强力推荐	强力推荐	强力推荐	强力推荐
23. 软件集成验证报告	强力推荐	强力推荐	强力推荐	强力推荐	强力推荐
整体软件测试/最终确认					
24. 整体软件测试报告	强力推荐	强力推荐	强力推荐	强力推荐	强力推荐
25. 软件确认报告	强力推荐	强力推荐	强力推荐	强力推荐	强力推荐
26. 工具确认报告	推荐	强力推荐	强力推荐	强力推荐	强力推荐
27. 发布说明	强力推荐	强力推荐	强力推荐	强力推荐	强力推荐
由应用数据/算法配置的系统					
28. 应用需求规范	强力推荐	强力推荐	强力推荐	强力推荐	强力推荐
29. 应用准备计划(见注 2)	强力推荐	强力推荐	强力推荐	强力推荐	强力推荐
30. 应用测试规范(见注 2)	强力推荐	强力推荐	强力推荐	强力推荐	强力推荐
31. 应用架构和设计(见注 2)	强力推荐	强力推荐	强力推荐	强力推荐	强力推荐
32. 应用准备验证报告	强力推荐	强力推荐	强力推荐	强力推荐	强力推荐
33. 应用测试报告	强力推荐	强力推荐	强力推荐	强力推荐	强力推荐
34. 应用数据/算法源代码	强力推荐	强力推荐	强力推荐	强力推荐	强力推荐
35. 应用数据/算法验证报告	强力推荐	强力推荐	强力推荐	强力推荐	强力推荐
软件部署					
36. 软件发布和部署计划	推荐	强力推荐	强力推荐	强力推荐	强力推荐
37. 软件部署手册	推荐	强力推荐	强力推荐	强力推荐	强力推荐
38. 发布说明	强力推荐	强力推荐	强力推荐	强力推荐	强力推荐
39. 部署记录	推荐	强力推荐	强力推荐	强力推荐	强力推荐
40. 部署验证报告	推荐	强力推荐	强力推荐	强力推荐	强力推荐
软件维护					
41. 软件维护计划	推荐	强力推荐	强力推荐	强力推荐	强力推荐
42. 软件变更记录	强力推荐	强力推荐	强力推荐	强力推荐	强力推荐
43. 软件维护记录	推荐	强力推荐	强力推荐	强力推荐	强力推荐
44. 软件维护验证报告	推荐	强力推荐	强力推荐	强力推荐	强力推荐
软件评估					
45. 软件评估计划	推荐	强力推荐	强力推荐	强力推荐	强力推荐
46. 软件评估报告	推荐	强力推荐	强力推荐	强力推荐	强力推荐

注：

1. 文档可以不同部分组合而成。
2. 文档 29、30 和 31 采用强力推荐或推荐取决于在过程中定义的重要性和验证在哪里发生，如数据只需要验证，但测试是在系统领域中进行，而更多的功能特性需要测试和验证，在这种情况下标记为强力推荐但可以选择推荐。

表 4-3　软件需求规范

技术/措施	SIL0	SIL1	SIL2	SIL3	SIL4
1. 形式化方法(基于数学方法)	—	推荐	推荐	强力推荐	强力推荐
2. 建模	推荐	推荐	推荐	强力推荐	强力推荐
3. 结构化方法	推荐	推荐	推荐	强力推荐	强力推荐
4. 决策表	推荐	推荐	推荐	强力推荐	强力推荐

要求：
(1)软件需求规范应包括一个用自然语言以及所有必需的形式化或半形式化标记的问题说明。
(2)该表格反映了为了明确和精确定义规范的额外需求。应选择这些技术中的一种或多种来满足使用的软件安全完整性等级。

表 4-4　软件架构

技术/措施	SIL0	SIL1	SIL2	SIL3	SIL4
1. 防御性编程	—	强力推荐	强力推荐	强力推荐	强力推荐
2. 失效检测与识别	—	推荐	推荐	强力推荐	强力推荐
3. 纠错编码	—	—	—	—	—
4. 检错编码	—	推荐	推荐	强力推荐	强力推荐
5. 失效断言程序	—	推荐	推荐	强力推荐	强力推荐
6. 安全囊技术	—	推荐	推荐	推荐	推荐
7. 差异性编程	—	推荐	推荐	强力推荐	强力推荐
8. 恢复块	—	推荐	推荐	推荐	推荐
9. 逆向恢复	—	不推荐	不推荐	不推荐	不推荐
10. 前向恢复	—	不推荐	不推荐	不推荐	不推荐
11. 重试失效恢复机制	—	推荐	推荐	推荐	推荐
12. 记忆执行案例	—	推荐	推荐	强力推荐	强力推荐
13. 人工智能——失效纠正	—	不推荐	不推荐	不推荐	不推荐
14. 软件动态重配置	—	不推荐	不推荐	不推荐	不推荐
15. 软件错误影响分析	—	推荐	推荐	强力推荐	强力推荐
16. 优美降级	—	推荐	推荐	强力推荐	强力推荐
17. 信息隐蔽	—	—	—	—	—
18. 信息封装	推荐	强力推荐	强力推荐	强力推荐	强力推荐
19. 完全定义接口	强力推荐	强力推荐	强力推荐	强制	强制
20. 形式化方法	—	推荐	推荐	强力推荐	强力推荐
21. 建模	推荐	推荐	推荐	强力推荐	强力推荐
22. 结构化方法	推荐	强力推荐	强力推荐	强力推荐	强力推荐
23. 计算机辅助设计和规范工具支持的建模	推荐	推荐	推荐	强力推荐	强力推荐

要求：
(1)对 SIL3 和 SIL4，认可的技术组合如下：
　　1、7、19、22 和从 4、5、12 或 21 中选出的一个；
　　1、4、19、22 和从 2、5、12、15 或 21 中选出的一个。
(2)对 SIL1 和 SIL2，认可的技术组合是：1、19、22 和从 2、4、5、7、12、15 或 21 中选出的一个。
(3)这些问题中的一部分可在系统级给予定义。
(4)可以根据 EN 50159 的要求使用检错编码。

注：技术/措施 19 是对外部接口的。

表 4-5　软件设计和实现

技术/措施	SIL0	SIL1	SIL2	SIL3	SIL4
1. 形式化方法	—	推荐	推荐	强力推荐	强力推荐
2. 建模	推荐	强力推荐	强力推荐	强力推荐	强力推荐
3. 结构化方法	推荐	强力推荐	强力推荐	强力推荐	强力推荐
4. 模块化方法	强力推荐	强制	强制	强制	强制
5. 组件	强力推荐	强力推荐	强力推荐	强力推荐	强力推荐
6. 设计和编码标准	强力推荐	强力推荐	强力推荐	强制	强制
7. 可分析程序	强力推荐	强力推荐	强力推荐	强力推荐	强力推荐
8. 强类型编程语言	推荐	强力推荐	强力推荐	强力推荐	强力推荐
9. 架构化编程	推荐	强力推荐	强力推荐	强力推荐	强力推荐
10. 编程语言	推荐	强力推荐	强力推荐	强力推荐	强力推荐
11. 语言子集	—	—	—	强力推荐	强力推荐
12. 面向对象编程	推荐	推荐	推荐	推荐	推荐
13. 过程编程	推荐	强力推荐	强力推荐	强力推荐	强力推荐
14. 元编程	推荐	推荐	推荐	推荐	推荐

要求：
(1)对 SIL3 和 SIL4,认可的的技术组合是 4、5、6、8 和从 1 或 2 中选出的一个。
(2)对 SIL1 和 SIL2,认可的技术组合是 3、4、5、6 和从 8、9 或 10 中选出的一个。
(3)元编程应限制在编译之前软件源代码的产生中。

表 4-6　验证和测试

技术/措施	SIL0	SIL1	SIL2	SIL3	SIL4
1. 形式化证明	—	推荐	推荐	强力推荐	强力推荐
2. 静态分析	—	强力推荐	强力推荐	强力推荐	强力推荐
3. 动态分析和测试	—	强力推荐	强力推荐	强力推荐	强力推荐
4. 度量	—	推荐	推荐	推荐	推荐
5. 可追溯性	推荐	强力推荐	强力推荐	强制	强制
6. 软件错误影响分析	—	推荐	推荐	强力推荐	强力推荐
7. 代码测试覆盖	推荐	强力推荐	强力推荐	强力推荐	强力推荐
8. 功能/黑盒测试	强力推荐	强力推荐	强力推荐	强制	强制
9. 性能测试	—	强力推荐	强力推荐	强力推荐	强力推荐
10. 接口测试	强力推荐	强力推荐	强力推荐	强力推荐	强力推荐

要求：
(1)对 SIL3 和 SIL4,认可的技术组合是 3、5、7、8 和从 1、2 或 6 中选择的一个。
(2)对 SIL1 和 SIL2,认可的技术组合是 5 和从 2、3、8 中选择的一个。

注：
1. 技术/措施 1、2、4、5、6 和 7 是用于验证行为的。
2. 技术/措施 3、8、9 和 10 是用于测试行为的。

表 4-7　集成

技术/措施	SIL0	SIL1	SIL2	SIL3	SIL4
1. 功能和黑盒测试	强力推荐	强力推荐	强力推荐	强力推荐	强力推荐
2. 性能测试	—	推荐	推荐	强力推荐	强力推荐

表 4-8　整体软件测试

技术/措施	SIL0	SIL1	SIL2	SIL3	SIL4
1. 性能测试	—	强力推荐	强力推荐	强制	强制
2. 功能和黑盒测试	强力推荐	强力推荐	强力推荐	强制	强制
3. 建模	—	推荐	推荐	推荐	推荐
要求： 对 SIL1 和 SIL2，认可的技术组合是 1 和 2。					

表 4-9　软件分析技术

技术/措施	SIL0	SIL1	SIL2	SIL3	SIL4
1. 静态软件分析	推荐	强力推荐	强力推荐	强力推荐	强力推荐
2. 动态软件分析	—	推荐	推荐	强力推荐	强力推荐
3. 因果图	推荐	推荐	推荐	推荐	推荐
4. 事件树分析	推荐	推荐	推荐	推荐	推荐
5. 软件错误影响分析	推荐	推荐	推荐	强力推荐	强力推荐
要求： 应选择一个或多个这些技术以满足所使用的 SIL。					

表 4-10　软件质量保障

技术/措施	SIL0	SIL1	SIL2	SIL3	SIL4
1. EN ISO 9001 认证认可	推荐	强力推荐	强力推荐	强力推荐	强力推荐
2. 遵守 EN ISO 9001	强制	强制	强制	强制	强制
3. 遵守 ISO/IEC 90003	推荐	推荐	推荐	推荐	推荐
4. 公司质量体系	强制	强制	强制	强制	强制
5. 软件配置管理	强制	强制	强制	强制	强制
6. 检查单	推荐	强力推荐	强力推荐	强力推荐	强力推荐
7. 可追溯性	推荐	强力推荐	强力推荐	强制	强制
8. 数据记录和分析	强力推荐	强力推荐	强力推荐	强制	强制
要求： 该表应用于不同角色和所有阶段。					

表 4-11　软件维护

技术/措施	SIL0	SIL1	SIL2	SIL3	SIL4
1. 影响分析	推荐	强力推荐	强力推荐	强制	强制
2. 数据记录和分析	强力推荐	强力推荐	强力推荐	强制	强制

表 4-12　数据准备技术

技术/措施	SIL0	SIL1	SIL2	SIL3	SIL4
1. 表格规范方法	推荐	推荐	推荐	推荐	推荐
2. 特定应用语言	推荐	推荐	推荐	推荐	推荐
3. 仿真	推荐	强力推荐	强力推荐	强力推荐	强力推荐
4. 功能测试	强制	强制	强制	强制	强制
5. 检查单	推荐	强力推荐	强力推荐	强制	强制
6. 范根检查法	—	推荐	推荐	推荐	推荐
7. 形式化设计审查	推荐	强力推荐	强力推荐	强力推荐	强力推荐
8.（数据）正确性的形式化证明	—	—	—	强力推荐	强力推荐
9. 走查	推荐	推荐	推荐	强力推荐	强力推荐
要求： （1）对 SIL1 和 SIL2，认可的技术组合是 1 和 4。 （2）对 SIL3 和 SIL4，认可的技术组合是 1、4、5、7 或 2、3、6。					

注：此处，技术 8 应用于数据正确性的形式化证明。

二、详细表格

表 4-13　编码标准

技术/措施	SIL0	SIL1	SIL2	SIL3	SIL4
1. 编码标准	强力推荐	强力推荐	强力推荐	强制	强制
2. 编码风格指导	强力推荐	强力推荐	强力推荐	强力推荐	强力推荐
3. 无动态对象	—	推荐	推荐	强力推荐	强力推荐
4. 无动态变量	—	推荐	推荐	强力推荐	强力推荐
5. 限制使用指针	—	推荐	推荐	推荐	推荐
6. 限制使用递归	—	推荐	推荐	强力推荐	强力推荐
7. 没有无条件转移	—	强力推荐	强力推荐	强力推荐	强力推荐
8. 限制规模和复杂性的功能、子程序和算法	强力推荐	强力推荐	强力推荐	强力推荐	强力推荐
9. 功能、子程序和算法的进出口策略	推荐	强力推荐	强力推荐	强力推荐	强力推荐
10. 限制子程序参数数量	推荐	推荐	推荐	推荐	推荐
11. 限制使用全局变量	强力推荐	强力推荐	强力推荐	强制	强制
要求： 技术 3、4 和 5 作为经过验证的编译器或翻译器的一部分是接受的。					

表 4-14　动态分析和测试

技术/措施	SIL0	SIL1	SIL2	SIL3	SIL4
1. 从边界值分析开始的测试用例执行	—	强力推荐	强力推荐	强力推荐	强力推荐
2. 从错误估计开始的测试用例执行	推荐	推荐	推荐	推荐	推荐
3. 从错误撒播开始的测试用例执行	—	推荐	推荐	推荐	推荐
4. 性能建模	—	推荐	推荐	强力推荐	强力推荐

续上表

技术/措施	SIL0	SIL1	SIL2	SIL3	SIL4
5. 等价类和输入划分测试	推荐	推荐	推荐	强力推荐	强力推荐
6. 基于架构的测试	—	推荐	推荐	强力推荐	强力推荐
要求： 对测试案例的分析在子系统级，并基于规范或规范和代码。					

表 4-15　功能/黑盒测试

技术/措施	SIL0	SIL1	SIL2	SIL3	SIL4
1. 从因果图开始的测试用例执行	—	—	—	推荐	推荐
2. 原型/仿真	—	—	—	推荐	推荐
3. 边界值分析	推荐	强力推荐	强力推荐	强力推荐	强力推荐
4. 等价类和输入划分测试	推荐	强力推荐	强力推荐	强力推荐	强力推荐
5. 过程模拟	推荐	推荐	推荐	推荐	推荐
要求： 模拟的完整性依赖于 SIL、复杂度和应用的程度。					

表 4-16　文本编程语言

技术/措施	SIL0	SIL1	SIL2	SIL3	SIL4
1. ADA	推荐	强力推荐	强力推荐	强力推荐	强力推荐
2. MODULA-2	推荐	强力推荐	强力推荐	强力推荐	强力推荐
3. PASCAL	推荐	强力推荐	强力推荐	强力推荐	强力推荐
4. C 或 C++	推荐	推荐	推荐	推荐	推荐
5. PL/M	推荐	推荐	推荐	不推荐	不推荐
6. BASIC	推荐	不推荐	不推荐	不推荐	不推荐
7. 汇编语言	推荐	推荐	推荐	推荐	推荐
8. C#	推荐	推荐	推荐	推荐	推荐
9. JAVA	推荐	推荐	推荐	推荐	推荐
10. 语句表	推荐	推荐	推荐	推荐	推荐
要求： (1)语言的选择应基于 EN 50128 标准 6.7 和 7.3 给定的要求。 (2)不要求证明排除特定编程语言的决定。					

注：
1. 关于评估一个编程语言适合性的信息参见 EN 50128 标准 D. 54“合适的编程语言”的条目。
2. 如果某个特定语言不在表中，不意味着其被自动排除。但它也应当遵守 EN 50128 标准 D. 54。
3. 和运行应用程序必需的所选定的语言相关的运行时(run-time)系统也应根据软件 SIL 证明使用合理。

表 4-17　应用算法图形语言

技术/措施	SIL0	SIL1	SIL2	SIL3	SIL4
1. 功能方块图	推荐	推荐	推荐	推荐	推荐
2. 顺序功能图表	—	强力推荐	强力推荐	强力推荐	强力推荐
3. 梯形图	推荐	推荐	推荐	推荐	推荐
4. 状态图表	推荐	强力推荐	强力推荐	强力推荐	强力推荐

表 4-18　建　　模

技术/措施	SIL0	SIL1	SIL2	SIL3	SIL4
1. 数据建模	推荐	推荐	推荐	强力推荐	强力推荐
2. 数据流图	—	推荐	推荐	强力推荐	强力推荐
3. 控制流图	推荐	推荐	推荐	强力推荐	强力推荐
4. 有限状态机或状态转移图	—	强力推荐	强力推荐	强力推荐	强力推荐
5. 时间 Petri 网	—	推荐	推荐	强力推荐	强力推荐
6. 判定/真值表	推荐	推荐	推荐	强力推荐	强力推荐
7. 形式化方法	—	推荐	推荐	强力推荐	强力推荐
8. 性能建模	—	推荐	推荐	强力推荐	强力推荐
9. 原型/仿真	—	推荐	推荐	推荐	推荐
10. 架构图	—	推荐	推荐	强力推荐	强力推荐
11. 顺序图	推荐	强力推荐	强力推荐	强力推荐	强力推荐
要求： (1)应定义和使用建模指南。 (2)应至少选择一个强力推荐的技术。					

表 4-19　性能测试

技术/措施	SIL0	SIL1	SIL2	SIL3	SIL4
1. 雪崩/压力测试	—	推荐	推荐	强力推荐	强力推荐
2. 反应时间和存储约束	—	强力推荐	强力推荐	强力推荐	强力推荐
3. 性能要求	—	强力推荐	强力推荐	强力推荐	强力推荐

表 4-20　静态分析

技术/措施	SIL0	SIL1	SIL2	SIL3	SIL4
1. 边界值分析	—	推荐	推荐	强力推荐	强力推荐
2. 检查单	—	推荐	推荐	推荐	推荐
3. 控制流分析	—	强力推荐	强力推荐	强力推荐	强力推荐
4. 数据流分析	—	强力推荐	强力推荐	强力推荐	强力推荐
5. 错误估计	—	推荐	推荐	推荐	推荐
6. 走查/设计评审	强力推荐	强力推荐	强力推荐	强力推荐	强力推荐

表 4-21　组件

技术/措施	SIL0	SIL1	SIL2	SIL3	SIL4
1. 信息隐藏	—	—	—	—	—
2. 信息封装	推荐	强力推荐	强力推荐	强力推荐	强力推荐
3. 参数编号限制	推荐	推荐	推荐	推荐	推荐
4. 完全定义的接口	推荐	强力推荐	强力推荐	强制	强制
要求： 信息隐藏和封装只有在没有数据存取的通用策略时才强力推荐。					

注：技术/措施 4 用于内部接口。

表 4-22　代码测试覆盖率

测试覆盖率准则	SIL0	SIL1	SIL2	SIL3	SIL4
1. 声明	推荐	强力推荐	强力推荐	强力推荐	强力推荐
2. 分支	—	推荐	推荐	强力推荐	强力推荐
3. 复合条件	—	推荐	推荐	强力推荐	强力推荐
4. 数据流	—	推荐	推荐	强力推荐	强力推荐
5. 路径	—	推荐	推荐	强力推荐	强力推荐

要求：

(1)对每个 SIL,应为所进行的测试开发覆盖率量化指标。这可以支持测试获得的置信度和其他技术必要性的判断。

(2)对于 SIL3 或 SIL4 组件级测试覆盖率应根据以下度量：

—2 和 3;或

—2 和 4;或

—5

或者应根据 2、3、4、5 中的一个或多个度量集成级测试覆盖率。

(3)也可使用其他测试覆盖率准则,只要证明其合理。这些准则取决于软件架构(见表 4-4)和编程语言(见表 4-16 和表 4-17)。

(4)应对任何测试不可行的代码应通过使用一种合适的技术证明其正确,如表 4-20 中的静态分析。

注：

1. 声明覆盖率自动由条目 2 到 5 得到。
2. 这个表里的测试覆盖率准则用于基于结构的(基于代码,白盒)测试。用于功能(基于规范,黑盒)测试的技术/措施在表 4-15 中给出。
3. 通常很难得到一个百分率很高的覆盖率。使用通过边界值、等价类、输入划分测试的测试用例可以用较少数量的测试获得满意的覆盖率。
4. 2 和 3 之间的区别实际上取决于编程语言的等级和混合条件的使用。当只使用单一条件时,如作为编译的结果,2 和 3 视为完全相同。

表 4-23　面向对象的软件架构

技术/措施	SIL0	SIL1	SIL2	SIL3	SIL4
1. 对架构类应用程序域概念的可追溯性	推荐	推荐	推荐	强力推荐	强力推荐
2. 适合的框架、一般使用的类和设计模式的结合的使用	推荐	推荐	推荐	强力推荐	强力推荐
3. 面向对象的详细设计	推荐	推荐	推荐	强力推荐	强力推荐

要求：

当使用已有的框架和设计模式时,对已存在软件的要求也用于这些框架和模型。

注：

1. 面向对象方法和过程方法的信息表现不同,以下列出包括需要特别考虑的建议：

   —理解类阶层以及在给定方法(包括当使用一个已存在的类库时)调用后执行的软件功能的识别。

   —基于架构的测试(表 4-14)。

   从应用域到类架构的可追溯性较不重要。
2. 对于预期软件的一部分,可能存在来自于已成功解决类似任务的既有软件的一种框架,且这对研发人员来说很了解。则推荐使用此框架。

表 4-24　面向对象的详细设计

技术/措施	SIL0	SIL1	SIL2	SIL3	SIL4
1. 类应只有一个对象	推荐	推荐	推荐	强力推荐	强力推荐
2. 只有得到的类是其基本类的完整时才使用继承	推荐	强力推荐	强力推荐	强力推荐	强力推荐
3. 编码标准限制继承深度	推荐	推荐	推荐	强力推荐	强力推荐

续上表

技术/措施	SIL0	SIL1	SIL2	SIL3	SIL4
4. 严格控制操作(方法)重叠	推荐	推荐	推荐	强力推荐	强力推荐
5. 只对接口类使用多重继承	推荐	强力推荐	强力推荐	强力推荐	强力推荐
6. 从未知类继承	—	—	—	不推荐	不推荐
要求： (1)一个类以有一个责任为特点，即注意紧密联系数据和对这些数据的操作。 (2)需谨慎以避免对象间的循环依靠。					

第五章　列控安全计算机设计举例

本章将描述一种二乘二取二结构的列控安全计算机的设计与实现，作为前述章节所阐述相关技术的应用举例，包括该列控安全计算机架构描述、硬件设计和软件设计细节、安全完整性等级指标计算过程描述以及基于时间自动机的该列控安全计算机系统建模与验证。

第一节　二乘二取二列控安全计算机结构设计

一、结构特点

二乘二取二列控安全计算机依据 IEC 61508 标准、EN 50129 标准和 EN 50128 标准，基于分层思想设计，逻辑上分成应用软件层、安全计算机软件层、实时多任务操作系统层、硬件层。

容错及安全管理（FTSM）机制是实现该列控安全计算机的基础，FTSM 机制基于确定性原则设计，即安全计算机必须在正确的时间执行正确的动作，并产生正确的结果，否则判错而导向安全，该机制能够防止已知或未知的失效，FTSM 硬件扮演 FTSM 仲裁者角色，FTSM 硬件基于 M. Nicolaidis 在 1998 年发表的论文"Fail-safe interfaces for VLSI：theoretical foundations and implementation"中已经证明的强故障—安全硬件设计方法，使用可重配置 FPGA 实现，其固有安全特性保证其一旦出现错误能够使它控制的通道安全关闭。

安全计算机软件和应用软件采用相同的 COTS 操作系统开发。应用软件受控于安全计算机软件，FTSM 过程对于应用软件透明，应用软件与安全计算机软件分离设计保证了不同的应用软件的移植工作量很小。硬件层还包括冗余处理硬件，使用 COTS 产品实现。FTSM 硬件及冗余处理硬件根据二乘二取二结构特点配置。

FTSM 硬件产生安全计算机各通道的同步信息，并监视安全计算机各通道之间的相互同步情况和各通道的软件运行情况，根据监视结果来决定系统的主备升、降级。安全计算机软件调度机制基于时间触发（Time-Trigger）方式，其控制周期可变以适应不同应用。设置软件流程检查点（check-point），基于松散耦合同步方式，能够降低共模干扰，缩短安全反应时间。安全计算机软件接收 FTSM 硬件发出的同步信息，完成程序流程调度、数据比较等功能，并向 FTSM 发出同步监视信息、软件流程监视信息。

该二乘二取二列控安全计算机综合使用了 EN 50129 标准所规定的组合式故障—安全、反应式故障—安全、内在式故障—安全技术。

该二乘二取二列控安全计算机主要包括二取二 A 系、二取二 B 系、通信控制器 A、通信控制器 B 和容错和安全管理单元（FTSMU）等部分，结构原理如图 5-1 所示。

二取二 A 系包含处理单元 1 和 2，二取二 B 系包含处理单元 3 和 4，它们与通信控制器 A、通信控制器 B 采用完全相同的工控机（IPC），为了实现 FTSMU 对其软件复位的控制，需要安装一块 IPC 复位控制板，它们使用的交流 220 V 电源受控于 FTSMU。

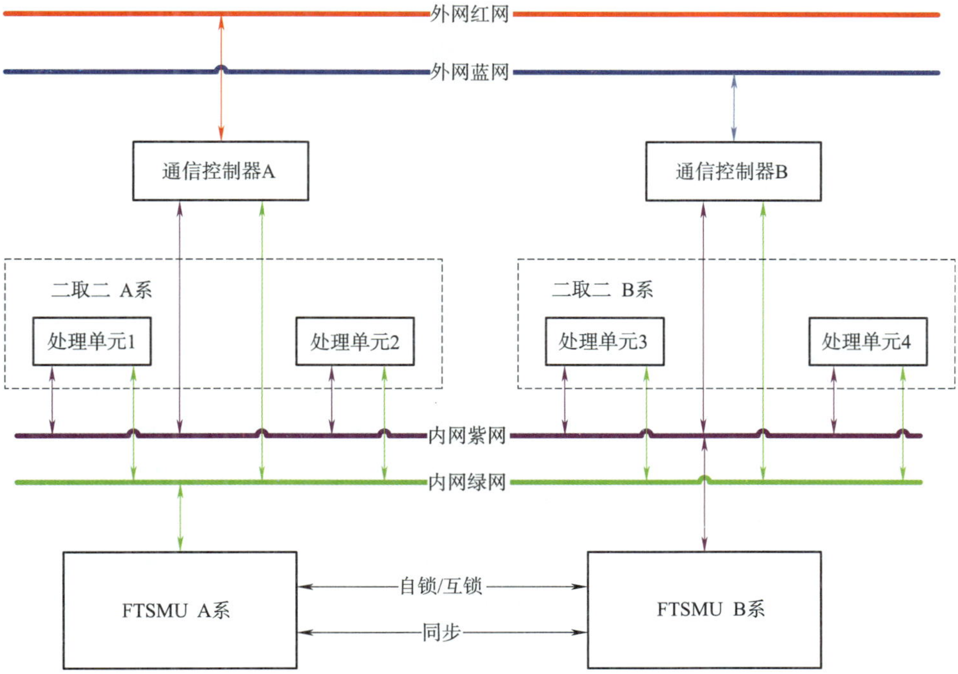

图 5-1　一种基于以太网连接的二取二列控安全计算机逻辑结构示例

从图 5-1 中可知，二取二 A 系中的处理单元 1 和 2、二取二 B 系的处理单元 3 和 4、通信控制器 A、通信控制器 B 和容错和安全管理单元（FTSMU）A 系、B 系通过冗余的以太网内网（交换机）相连接，冗余的以太网外网（交换机）分别与通信控制器 A、通信控制器 B 连接。

实际使用时，以太网内、外网交换机是通过对以太网交换机划分虚拟局域网（VLAN）而获得的，即 1 台 24 口以太网交换机划分 16 个口为内网紫网，划分余下的 8 个口为外网红网，另 1 台 24 口以太网交换机划分 16 个口为内网绿网，划分余下的 8 个口为外网蓝网。

为了描述容错和安全管理单元（FTSMU）对列控安全计算机的控制，可以画出列控安全计算机的另一种结构原理如图 5-2 所示。

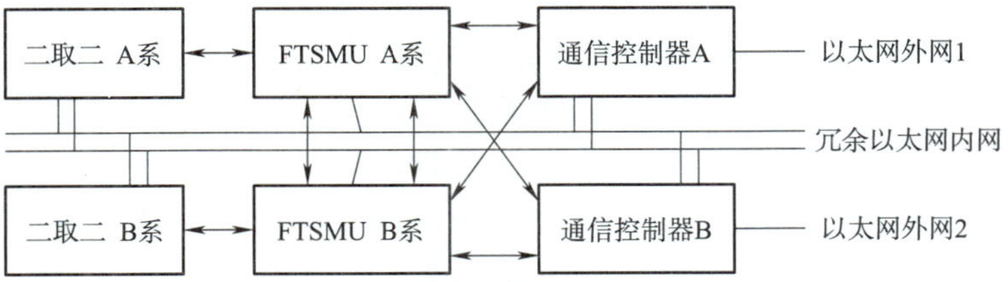

图 5-2　列控安全计算机的另一种结构原理

从图 5-1、图 5-2 中可知，容错和安全管理单元（FTSMU）包括 FTSMU A 系、FTSMU B 系两部分，其中 FTSMU A 系控制二取二 A 系，并与 FTSMU B 系共同控制通信控制器 A 和通信控制器 B，FTSMU B 系控制二取二 B 系，并与 FTSMU A 系共同控制通信控制器 A 和通信控制器 B。

发送给列控安全计算机的应用数据首先通过以太网外网分别送到通信控制器 A、B，二取二A系中的处理单元1和2、二取二B系的处理单元3和4中承载的列控应用软件，在FTSMU A系、B系的控制下，通过冗余的以太网内网，读取通信控制器A、B中的应用数据进行处理。列控安全计算机承载的列控应用软件发送给其他列控设备的数据在FTSMU A系、B系的控制下，通过冗余的以太网内网，发送给通信控制器A、B，通信控制器A、B立即通过冗余的以太网外网，向其他列控设备发送。

通过以太网内网，二取二A系双机向FTSMU A系、二取二B系双机向FTSMU B系发送软件流程特征码等状态信息，同时通过串口输出动态信号，FTSMU A系、B系根据状态信息和动态信号，完成FTSM运算，然后向对应的A系、B系二取二双机发送模式控制码和工控机(IPC)复位控制信号、交流电源控制信号。

通信控制器A、通信控制器B分别向FTSMU A系、FTSMU B系通过串口输出动态信号，FTSMU A系、B系根据这些动态信号，完成FTSM运算，向通信控制器A、B同时发送工控机(IPC)复位控制信号、交流电源控制信号，共同控制通信控制器A和通信控制器B。

因此，FTSMU A系控制二取二A系，并与FTSMU B系共同控制通信控制器A和通信控制器B的复位和交流电源，FTSMU B系控制二取二B系，并与FTSMU A系共同控制通信控制器A和通信控制器B的复位和交流电源。

二、二取二功能的实现

在该列控安全计算机的设计中，二取二功能的实现依赖于分层设计方法及任务级同步方式。将二取二系统分为了容错和安全管理层以及二取二执行层两个层次结构。层次结构如图5-3所示。设立基于硬件设计的容错和安全管理层作为可信且安全“第三方”提供同步信号，解决了双机不可能判断谁对谁错的逻辑二难特性。二取二执行层承载安全计算机软件和列控应用软件，二取二双机软件受同步信号的控制实现任务级同步。使用该实现方法，设计人员能够灵活地在一个任务中设置多个同步点，最大限度地提高失效反应时间。在对双机间状态数据和输出数据进行比较的策略上，采用了软件比较，硬件判决的方法，充分发挥软件适应性很强的特点，避免了使用纯硬件表决器对于吞吐量和数据处理能力的要求，而又能保证其安全性。

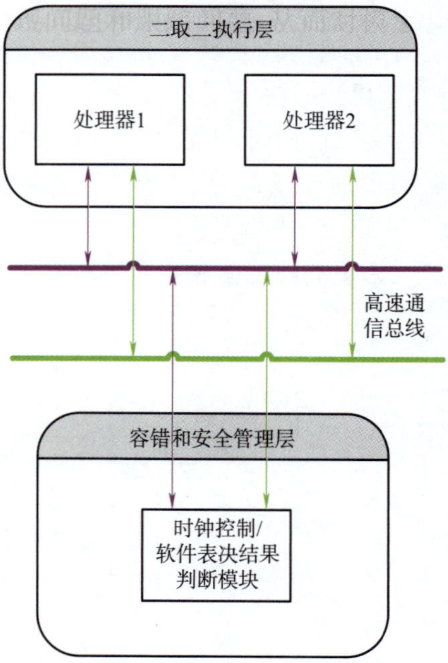

图5-3　列控安全计算机二取二的层次结构

容错和安全管理层采用纯硬件锁步(lock-step)二取二设计方法，负责控制二取二执行层双机之间的同步状态，同时判断双机之间输入数据，输出数据和中间运行状态的表决结果是否一致，当判断出二取二执行层运行异常时采取安全策略停止二取二执行层工作。二取二执行层利用软件来实现，完成数据输入、数据运算和数据输出等应用处理工作，完成每个阶段的应用处理后，双机软件会向容错和安全管理层发送同步状态信号，由容错和安全管理层来判断双机的同步状态。双机的软件根据输入数据，输出数据和中间运行状态的重要程度采用不同的任务级同步比较策略，只把比较结果发送给容错和安全管理层进行判断，避免了使用硬件表决器对于吞吐量和数据处理能力的要求。

容错和安全管理层与二取二执行层以及二取二执行层的双机之间通过高速通信总线来实现数据的交换，可以满足整个二取二系统对于实时性的要求。高速通信总线采用了冗余结构，提高了整个系统的可靠性和可用性。

考虑到二取二双机初始上电后的启动和自检时间差异较大，如果按照系统正常周期控制同步容差来对初始上电过程进行约束，很可能会导致上电失步，而使整个系统的可用性降低。为了解决这一问题，由容错和安全管理层设置专门的上电初始同步时限，保证二取二执行层双机在初始同步时限内完成启动和自检，并同时进入正常周期工作控制流程。

二取二双机在时限内完成正常启动的流程如图 5-4 所示，具体流程如下：

(1)二取二双机各自上电后进行初始化及自检；

(2)二取二双机在硬件和软件自检成功后，向容错和安全管理层发送自检成功的状态；

(3)容错和安全管理层硬件在收到二取二双机中任意一机的自检成功求后，开始上电同步定时；

(4)容错和安全管理层在时限内收到二取二双机报告的自检成功状态后，同时向双机发送控制命令，通知二取二双机进入正常工作流程；

(5)到二取二双机收到进入正常工作流程的命令后，进入正常工作流程，上电和自检流程结束。

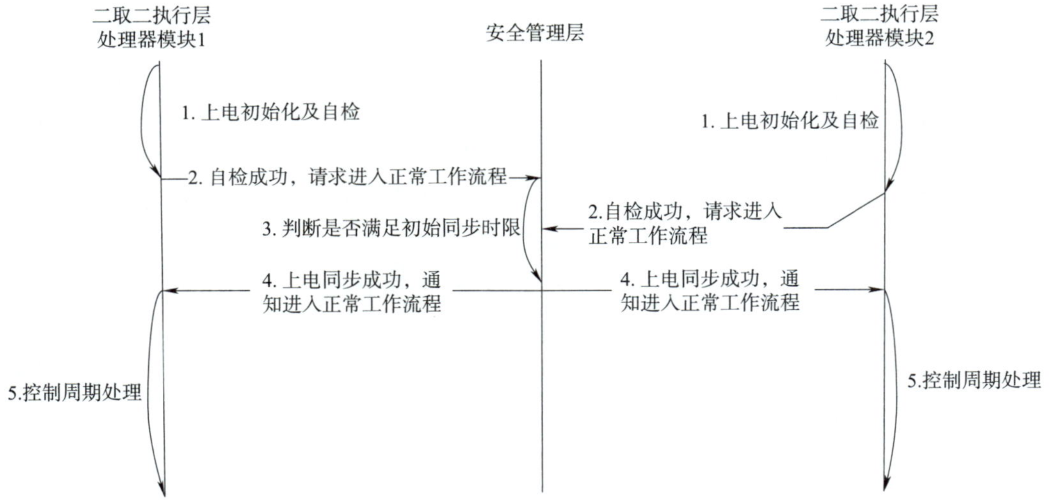

图 5-4　二取二双机上电正常启动流程图

二取二双机中任意一机无法在时限内正常启动的流程如图 5-5 所示，具体流程如下：

(1)二取二双机各自上电后进行初始化及自检；

(2)二取二双机中硬件和软件自检成功后，向容错和安全管理层发送自检成功的状态，另一机因为硬件或者软件的失效无法及时完成自检；

(3)容错和安全管理层硬件在收到二取二双机中任意一机的自检成功求后，开始上电同步定时；

(4)容错和安全管理层在时限内未收到二取二双机报告的自检成功状态，此时容错和安全管理层硬件会发出报警信息，并通知二取二双机停止工作；

(5)到二取二双机收到容错和安全管理层命令,并停止工作,系统进入故障—安全状态。

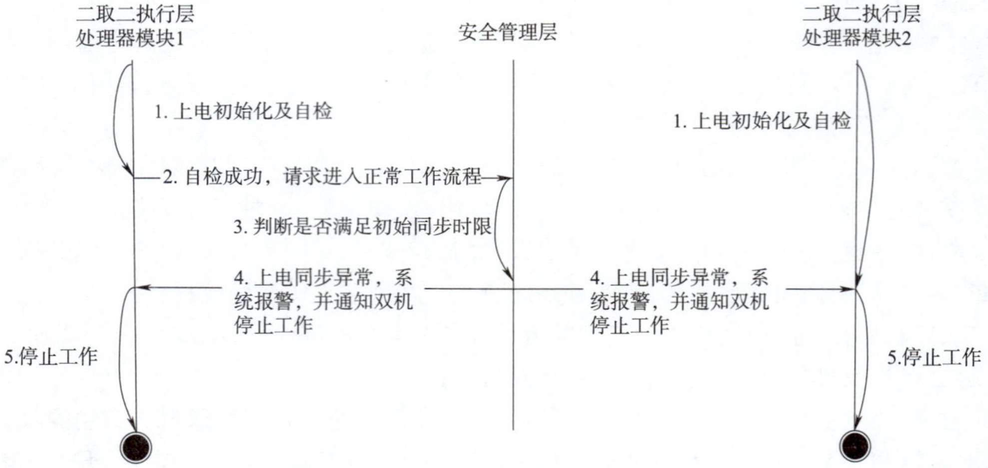

图 5-5　二取二双机上电异常控制流程图

对于计算控制系统来说,周期控制是一种应用最广泛的控制方式。针对周期控制的特点,可以在每个周期开始处设置同步点,由容错和安全管理层发出同步信号,控制二取二双机完成任务级的同步。对于一些安全完整度等级要求较高的控制系统,对二取二双机的同步精度要求较高,同时对双机失步后系统的故障反应时间更是有很高的要求。如果仅在周期开始或者结束处设置同步检查点,很难达到控制精度和故障反应时间的要求,针对这种应用场合,可以在控制周期中加入多个同步检查点,来提高控制精度和故障反应速度。同时考虑系统的复杂性与周期控制的特点,将控制周期分为数据输入、应用处理和数据输出三个典型阶段的方式,在每个阶段设置一个同步点。如图 5-6 所示的流程图中,详细说明了一个控制周期中,容错和安全管理层和二取二执行层如何相互配合来完成任务级同步。具体过程如下所示:

(1)二取二双机各自完成上电初始化及自检后,容错和安全管理层发出同步信号,二取二双机开始执行正常控制周期功能,对输入数据进行处理;

(2)容错和安全管理层发出同步信号后,开启输入数据处理阶段计时,要求二取二双机必须在指定时间范围内完成输入数据处理;

(3)二取二双机收到容错和安全管理层发出的同步信号后,进行输入数据处理;

(4)二取二双机完成输入数据处理后,向容错和安全管理层报告输入数据处理完成;

(5)信息发出后,二取二双机开始等待进入应用处理阶段的指令;

(6)容错和安全管理层计算收到二取二双机报告的输入数据处理完成信息的时间差,并判断这个时间差是否在系统可以容忍的同步容差范围内,如果满足系统的要求,则认为二取二双机处于同步状态,通知二取二双机进入应用处理阶段;

(7)容错和安全管理层发出同步信号后,开启应用处理阶段计时,要求二取二双机必须在指定时间范围内完成应用处理;

(8)二取二双机收到容错和安全管理层发出的同步信号后,进行应用处理;

(9)二取二双机完成应用处理后,向容错和安全管理层报告应用处理完成;

(10)信息发出后,二取二双机开始等待进入数据输出处理阶段的指令;

(11)容错和安全管理层计算收到二取二双机报告的应用处理完成信息的时间差,并判断这个时间差是否在系统可以容忍的同步容差范围内,如果满足系统的要求,则认为二取二双机处于同步状态,通知二取二双机进入数据输出处理阶段;

(12)容错和安全管理层发出同步信号后,开启数据输出处理阶段计时,要求二取二双机必须在指定时间范围内完成数据输出处理;

(13)二取二双机收到容错和安全管理层发出的同步信号后,进行数据输出处理;

(14)二取二双机完成数据输出处理后,向容错和安全管理层报告数据输出处理完成;

(15)至此二取二双机完成了一个控制周期的处理,进入一个新的控制周期,开始等待进入数据输入处理阶段的指令;

(16)容错和安全管理层计算收到二取二双机报告的数据输出处理完成信息的时间差,并判断这个时间差是否在系统可以容忍的同步容差范围内。如果满足系统的要求,则认为二取二双机处于同步状态,通知二取二双机开始一个新的控制周期,并进入数据输入处理阶段。

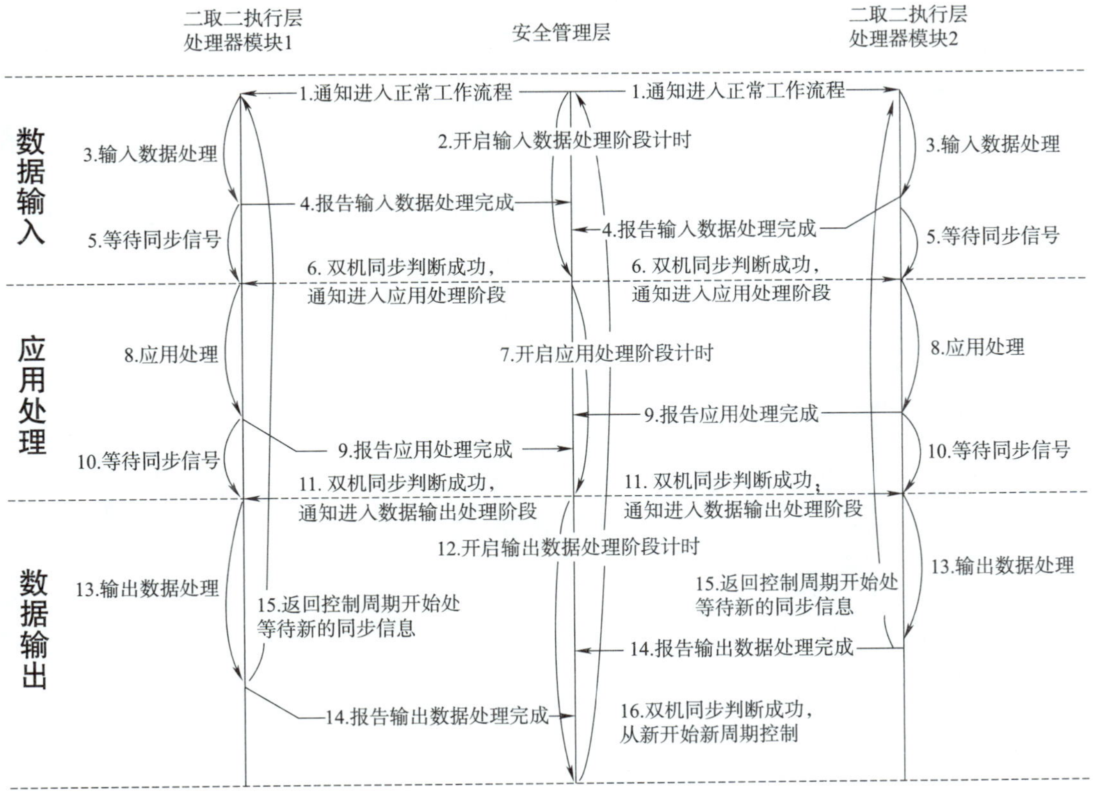

图 5-6 周期控制的工作流程

从上述处理过程可以看出,容错和安全管理层对于双机任务级同步的管理同时采用了两种方式:

(1)将控制周期根据控制精度和故障反应时间的要求进行时间分割,分为多个时间不等的时间片,为控制周期内的处理过程分配固定的时间片,要求在时间片内完成特定应用处理,一旦二取二双机中任何一机未在规定时间内完成工作,则认为双机失步;

(2)对二取二双机完成特定应用处理的时间差进行监控,如果时间差超过系统的同步容限，则判断双机失步。

为了对二取二双机软件在周期运行中的状态进行监督，根据需要选择二取二双机的输入数据，输出数据和中间运行状态等信息进行表决，保证双机运行状态一致性。在本设计中采用了基于双机软件表决、容错和安全管理层硬件判决处理单元软件表决结果一致性的策略，可以发挥软件的优势，根据数据的重要程度采用基于任务级同步的差异性数据表决策略，避免了使用纯硬件表决器对于吞吐量和数据处理能力的要求。数据表决的流程如图 5-7 所示，具体流程如下：

(1)二取二双机各自将本地待表决的数据准备好；

(2)将待表决数据通过发送到二取二另外一机；

(3)等待收取二取二另外一机发送的待表决数据；

(4)收到数据后，将本地数据和接收到的数据进行表决；

(5)表决完成，则将表决结果发送容错和安全管理层进行判断；

(6)发送结果后，二取二双机软件开始等待容错和安全管理层的控制命令；

(7)容错和安全管理层收到表决结果后，采用硬件对结果进行判断，只有双机的表决结果完全一致，容错和安全管理层才会认为表决成功；

(8)如果表决成功，容错和安全管理层会通知二取二双机继续控制流程，否则会命令二取二双机停止工作，转入故障—安全状态；

(9)二取二双机软件根据容错和安全管理层发送的控制命令继续控制流程或停止工作。

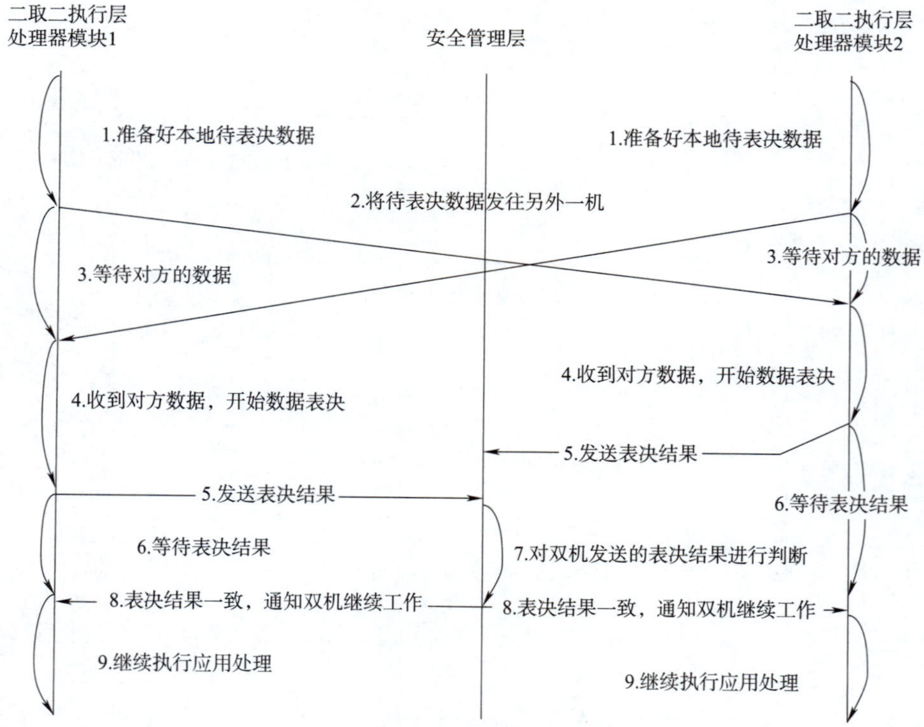

图 5-7　数据表决流程

在分层结构的二取二系统中，容错和安全管理层指挥二取二双机完成二取二控制功能，它是整个系统安全可靠运行的“裁判”。容错和安全管理层的功能由时钟级同步控制的锁步二取二硬件表决模块来完成，具体实现过程中利用数字可编程逻辑器件（FPGA）来实现上述功能。数字可编程逻辑器件具有时钟控制精确、配置灵活、可重复编写等优点，同时由于只对二取二处理单元双机的软件表决结果进行判断，硬件表决的数据量较小，具有很好的实用性。

三、二乘（双通道热备）功能的实现

双通道热备系统由于具有较高的可用性和可靠性，同时具备一定的容错能力，便于操作人员进行维护，因此广泛地应用于铁路信号设备中。为了保证双通道热备系统的可用性和可靠性，设计过程中需要着重考虑的问题包括："主""备"通道状态切换，"主""备"通道之间状态同步，"主""备"通道的一致性校验等。

现有双通道热备的技术方案中，多数系统在双通道之间设置交互信息的心跳线，依靠软件分别判断对方的状态来实现"主""备"状态的预置和切换。这种方式缺少第三方监督，当心跳线交互信息出现错误时，可能导致备通道误升"主"通道，产生双主状态，影响信息传输与控制，进入不安全状态。

为了解决缺少第三方判决的问题，有的系统设置了切换单元，通过继电器、中小规模数字集成电路组成的简单逻辑电路完成切换逻辑控制，保证在任意时刻，只有一个通道处于主状态。但是这种切换单元的功能仅限于"主""备"状态的预置和切换，无法控制两个通道间的同步状态，在对双通道状态的监控中存在盲点，同时如果切换单元缺少冗余设计，一旦切换单元故障，会给整个系统的正常运行带来更大的风险。

鉴于以上情况，本设计采用了一种分层结构的双通道热备实现方法，将双通道热备系统分为了热备状态管理层、应用处理层和数据通信层三个层次结构，系统层次结构如图 5-8 所示。

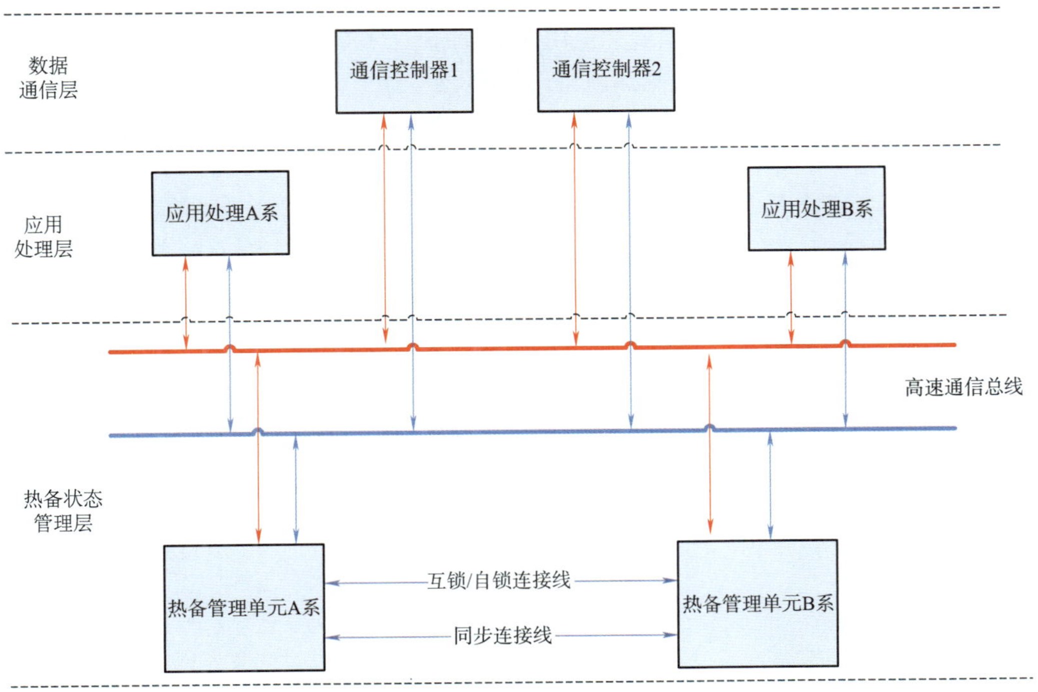

图 5-8　双通道热备系统的层次结构图

热备状态管理层采用冗余硬件设计方法，包括两个热备管理单元，热备管理单元 A 系监控应用处理 A 系的工作状态，并向应用处理 A 系发送模式码来通知工作模式。同理，热备管理单元 B 系控制应用处理 B 系的工作模式，热备管理单元作为第三方判决设备来控制主备状态的预置和切换。

两个热备管理单元之间采用自锁/互锁逻辑选择 1 个工作正常的通道为“主”状态，避免两个通道间互相进行判断时出现的“双主”或者“双备”的状态。同时热备管理单元还能够输出同步管理信号，保证两个通道的控制周期同步并通过流程控制码来实时监控双通道的运行状态，提高故障反应时间。

应用处理层包括两台应用处理机。在每个控制周期开始时都会从对应的热备管理单元接收工作模式码，并根据接收到的工作模式码来执行“主”状态或者“备”状态的流程。完成应用处理流程后，会向热备管理单元报告自己的工作状态。热备管理单元根据这些信息判断双机的工作状态是否正常。当任何一个机出现问题时，热备状态管理层会指挥双机完成“主”“备”状态的切换，对工作异常的应用处理机采取复位或断电措施使其停止工作。

数据通信层包括两台通信控制器，主要完成数据转发的功能，接收来自外界的数据，并转发给应用处理层的两台应用处理机，同时将处于“主”状态的应用处理机发出的运算结果向外部系统发送。两台处理机相互独立工作，构成冗余的配置结构，任何一台处理机发生故障时，另外一台仍能为应用处理层的双机完成数据转发工作。两台通信控制器的状态要收到热备管理层中两个热备管理单元的共同监控。通信控制器正常工作时，会向热备管理层发送周期变化的电平信号，一旦这种动态信号停止或者发生了异常，容错和安全管理层会判断该通信控制器发生了异常，并把通信控制器的状态发送给应用处理层的两台应用处理机，便于应用处理机选择正常的通信控制器输出。

热备管理层的一个热备管理单元和应用处理层的一台应用处理机共同构成热备系统的一个通道，数据通信层的两台通信控制器相互冗余，为两个通道共同使用。三层结构之间通过高速通信总线来实现数据的交换，可以满足整个双通道热备系统对于实时性的要求。高速通信总线采用了冗余结构，提高了整个系统的可靠性和可用性。

在双通道热备系统中，可靠地实现“主”“备”通道状态切换是实现系统功能的关键，在具体的方案中，通过自锁/互锁逻辑来实现两个通道工作模式的管理，互锁/自锁逻辑原理如图 5-9 所示。

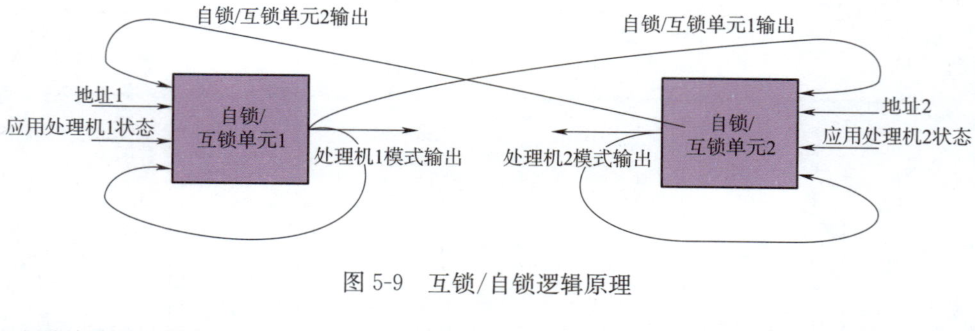

图 5-9　互锁/自锁逻辑原理

两个热备管理单元之间的自锁/互锁逻辑分成完全一致的两个部分，分别位于两个热备管理单元内，分别称为自锁/互锁单元 1、互锁/自锁单元 2。

每个互锁/自锁单元的输入包括：本地应用处理机状态输入、本地自锁/互锁单元的输出、对方自锁/互锁单元的输出、互锁/自锁单元地址(1 或 2)。每个自锁/互锁元的输出为:给应用处理机的模式码。

自锁/互锁单元将本地应用处理机报告的模式码分为"工作"状态和"非工作"状态,"工作"状态包括"主"和"备"两种模式,"非工作"状态包括"上电""故障""同步"和"维护"四种模式。各种模式之间的转换关系如图 5-10 所示,应用处理机在各种工作模式下完成的工作如下:

(1)"上电"模式:完成上电初始化和自检;

(2)"主"模式:完成正常的应用处理功能,并向通信控制器发送输出数据;

(3)"备"模式:完成正常的应用处理功能,但不向通信控制器发送输出数据;

(4)"同步"模式:处于"同步"模式的应用处理机,要向处于"主"模式的应用处理机请求同步数据,并根据这些数据完成对自身状态的同步;

(5)"故障"模式:处理机运行出现问题,停止工作;

(6)"维护"模式:在此模式下,应用处理 A 系、B 系和通信控制器 A、B 独立自由运行,不受热备管理单元的控制,维护人员可以对系统软件进行升级和维护。

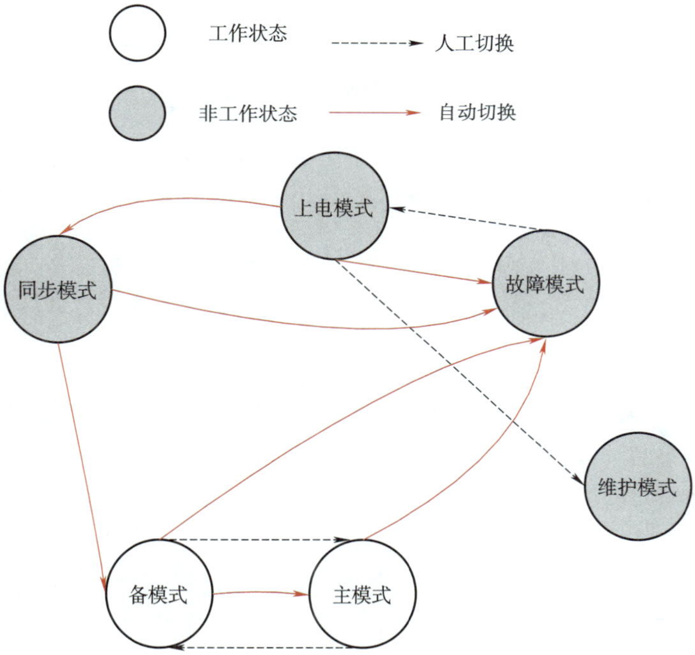

图 5-10　模式转换图

自锁/互锁单元根据保存的上个周期应用处理机的模式信息以及本周期的输入信息,根据图 5-10 所示的转换关系,判决出双通道的工作模式。遇到互锁争权情况时,指定自锁/互锁单元 1 的输出为"主"状态,自锁/互锁单元 2 的输出为"备"状态,自锁/互锁单元应为安全设计,本身发生故障,其输出为不同于其他状态的故障状态而导向安全。

为了便于使用人员和维护人员对本双通道热备系统的状态进行监控,本系统提供如图 5-11 所示的控制面板,其具有显示双通道的工作状态和实现人工切换的功能。面板的上方一排为状态指示灯,显示应用处理机和通信控制器是否上电以及是否处于工作状态的信息。下面一排为带灯按钮,当应用处理 A 系或者应用处理 B 系工作的指示灯点亮时分别代表应用处理 A

系或者应用处理B系处于“主”模式。当故障指示灯亮起时，代表对应的应用处理机或者通信控制器发生了故障，需要人工按压点亮的指示灯使对应的设备重新上电。控制面板还提供人工切换的功能，当热备系统正常工作时，按压应用处理A系或者应用处理B系工作按钮可以指定对应的处理器进入“主”模式，另外一机进入“备”模式。当需要对软件升级或者进行人工维护时，可以在热备系统上电后的若干秒内，同时按压两个应用处理机工作按钮，整个系统进入“维护”模式，便于操作人员进行维护。

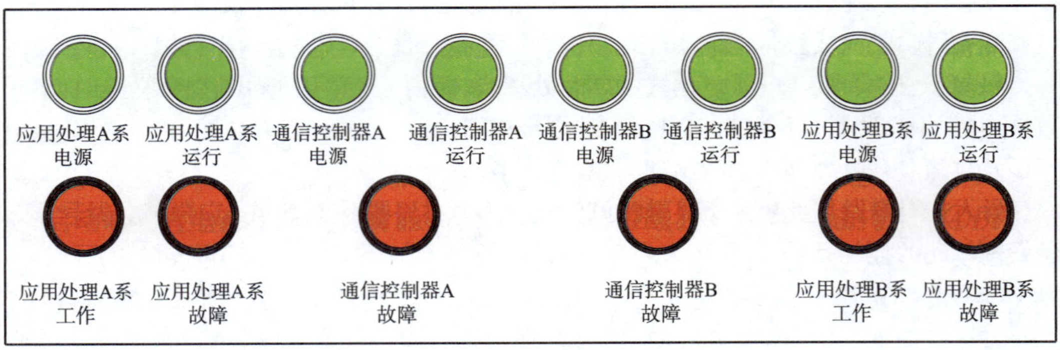

图 5-11　控制面板示意图

为了保证发生“主”“备”状态切换时，切换动作是无缝的，需要保证“主”“备”通道之间状态同步。除了保证应用处理机在进入“备”模式之前，必须在“同步”模式中根据处于“主”模式的应用处理机发送的数据进行同步之外，在本方案中还通过以下两种方式保证应用处理层双机之间的状态同步：

(1)应用处理层双机处于周期同步的工作状态；

(2)数据通信层通信控制器保证给应用处理层双机发送的输入数据的一致性。

由于应用处理层双机是受热备管理层控制的，因此需要两个热备管理单元中的“周期控制”模块保证切换“无缝”。这就要求“备”通道热备管理单元的“周期控制”模块是无条件跟随“主”通道热备管理单元的“周期控制”模块，即“主”通道热备管理单元的“周期控制”模块要同步“备”通道热备管理单元的“周期控制”模块。

这样，必须在两个热备管理单元中的“周期控制”模块之间设置“同步连接线”，但考虑到两个热备管理单元的“主”“备”关系是会变化的，所以“同步连接线”只能由当前“主”通道的热备管理单元作为输出使用，当前“备”通道只能接收“同步连接线”发来的同步信号。热备管理单元中的“周期控制”模块的原理框图如图 5-12 所示。

从图 5-12 可以看出，热备管理单元中的“周期控制”模块中的计数器受控于同步信号，同步信号的来源有两个：本地周期控制单元的“周期控制”模块输出和“主”热备管理单元的“周期控制”模块输出。

当热备管理单元所在的通道为“主”时，其“周期控制”模块输出同步信号控制自身的计数器，并通过“同步连接线”控制“备”热备管理单元中“周期控制”模块中的计数器。

所以，对于热备管理单元“周期控制”模块中的计数器的同步信号要设置切换开关，负责根据热备管理单元“主”或“备”状态来控制“周期控制”模块是使用自身的同步信号，还是“主”热备管理单元的“周期控制”模块的同步信号。同时热备管理单元“周期控制”模块的“同步连接

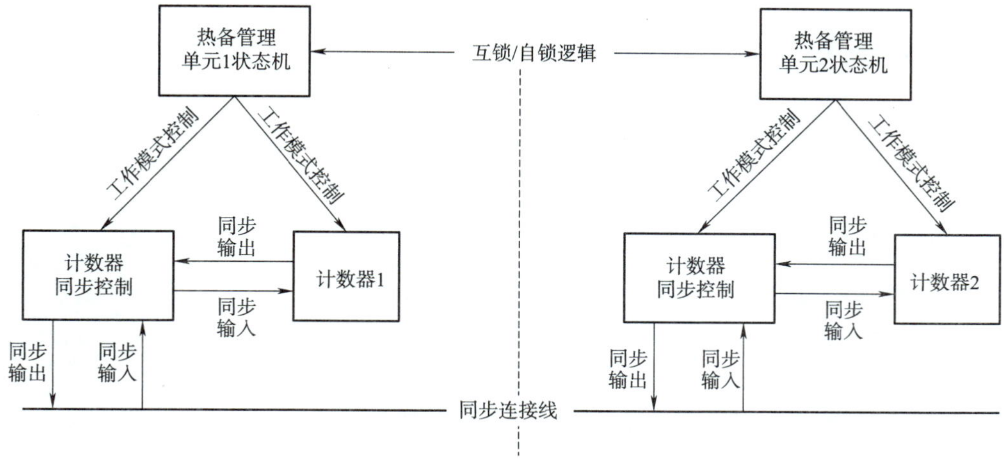

图 5-12　热备管理单元中的“周期控制”模块的原理框图

线”也要设置切换开关。当热备管理单元为“主”时，其“周期控制”模块输出同步信号，当热备管理单元为“备”时，其“周期控制”模块输入同步信号。值得强调的是：“周期控制”模块采用了安全设计，模块自身出现故障输出为非同步信号而导向安全。

在大多数控制系统中，外部输入数据的到来时刻总是随机的，对于周期控制的系统来说，总是在某一固定的时刻开始对输出的数据进行处理。由于热备系统中负责应用处理的双机不可能出于绝对的同步状态，所以会造成某一控制周期中处理的输入数据不一致，从而造成双机状态的不同步。设置数据通信管理层的好处在于可以通过通信控制器来保证给应用处理层双机发送数据的一致性，为了实现这一功能，需要应用处理机在进行数据输入处理之前，向通信控制器发送数据请求，数据请求报文中包括了周期号信息，以便通信控制器进行判断，通信控制器实现发送数据一致性的流程如图 5-13 所示。

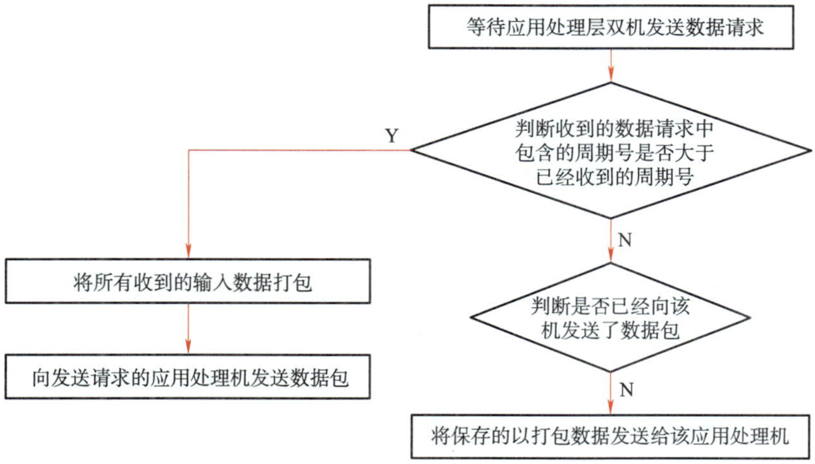

图 5-13　通信控制器发送数据一致性控制流程

在采用了以上方法后，可以保证“主”通道的运行状态和“备”通道的运行状态是周期同步的。在“主”“备”通道的一致性校验方法上，采用了无条件支持“主”通道输出的方法，在每个控制周期应用处理完毕后，“主”通道会把自己的计算结果发送给“备”通道，“备”通道把“主”通道的计算结果与本地计算的结果进行比较，如果出现了不一致的情况，则判定“备”通道出现了问题，是其转入“故障”模式。

第二节　列控安全计算机硬件设计

一、硬件设计基础

(一)中央处理器的选择

中央处理器(CPU)架构有两大体系：CISC(Complex Instruction Set Computer，复杂指令集计算机)和 RISC(Reduced Instruction Set Computer，精简指令集计算机)。

早期的 CPU 全部是 CISC 架构，它通过设置一些功能复杂的指令，把一些原来由软件实现的、常用的功能改用硬件的指令系统实现，其设计目的是用最少的机器语言指令来完成所需的计算任务，以此来提高计算机的执行速度，我们所熟知的 x86 处理器就属于 CISC 体系。

目前占主要地位的是 RISC 架构，其基本思想是通过简化计算机指令功能，只保留功能简单、能在一个节拍内执行完成的指令，而把较复杂的功能用一段子程序来实现。从而使指令的平均执行周期减少，并提高了计算机的工作主频，同时大量使用通用寄存器来提高子程序执行的速度。RISC 体系的阵营主要包括 PowerPC、ARM 等处理器，不过这些处理器虽然同样是属于 RISC 体系，但是在指令集设计与处理单元的结构上都各有差异，因此彼此完全不能兼容，在特定平台上所开发的软件无法直接为另一硬件平台所用，必须经过重新编译。

1. x86 处理器

x86 或 80x86 是英特尔 Intel 首先开发制造的一种微处理器体系结构的泛称，该系列较早期的处理器名称是以数字来表示，并以“86”作为结尾，包括 Intel 8086、80186、80286、80386 以及 80486，因此其架构被称为“x86”，目前能提供 x86 处理器的厂商除了 Intel 公司，主要还有 AMD 公司。

x86 处理器架构是一种可变指令长度的 CISC。字组(word，4 字节)长度的存储器访问允许不对齐存储器地址，字组是以低位字节在前的顺序储存在存储器中。向下兼容性一直都是在 x86 架构的发展背后的驱动力量，在目前的微架构中，x86 处理器会把 x86 指令转换为更像 RISC 的微指令再予执行，从而获得可与 RISC 比拟的超标量性能，而仍然保持向前兼容。x86 架构的处理器一共有四种执行模式，分别是实模式、保护模式、系统管理模式以及虚拟 V86 模式。1985 年 Intel 80386 的推出使 x86 架构从 16 位跃进到 32 位。

接着一系列的处理器表示了 32 位架构的细微改进，推出了数种的扩充，直到 2003 年 AMD 对于这个架构发展了 64 位的扩充，并命名为 AMD64。后来 Intel 也推出了与之兼容的处理器，并命名为 Intel64。两者一般被统称为 x86-64 或 x64，开创了 x86 的 64 位时代。

目前 Intel 公司能够用于嵌入式应用的主要是酷睿、奔腾和赛扬通用处理器、凌动片上系统(SOC)处理器。

目前 AMD 公司能够用于嵌入式应用的主要是 G 系列、R 系列等处理器。

2. PowerPC 处理器

PowerPC 是一种 RISC 多发射体系结构。20 世纪 90 年代，IBM(国际商用机器公司)、Apple(苹果公司)和 Motorola(摩托罗拉)公司成功开发出 PowerPC 芯片，并制造出基于

PowerPC的多处理器计算机。PowerPC架构特点是可伸缩性好、方便灵活，具有优异的性能、较低的能量损耗以及较低的散热量，广泛应用于高端服务器到嵌入式CPU市场。目前在嵌入式应用领域的PowerPC处理器主要是飞思卡尔的PowerQUICC系列处理器和QorIQ处理器。

3. ARM处理器

ARM公司于1991年成立于英国剑桥，主要出售芯片设计技术的授权。目前，采用ARM技术(IP)核心的处理器，即通常所说的ARM处理器已遍及工业控制、消费类电子产品、通信系统、网络系统、无线系统等各类产品市场，基于ARM技术的处理器应用约占据了32位RISC微处理器75%以上的市场。ARM处理器架构主要可分为Cortex-A系列、Cortex-R系列、Cortex-M系列。

(二)扩展总线的选择

计算机控制系统通常由功能部件组成，各功能部件之间为了传送信息需要设置扩展总线，常用的扩展总线包括CPCI总线、ATCA总线、VME总线、VPX总线、PC104总线等，一般而言扩展总线与机箱的机械结构、供电方式、散热方式关联。

1. CPCI总线

CPCI总线(CompactPCI，紧凑型PCI)，是PICMG(PCI Industrial Computer Manufacturer's Group，国际工业计算机制造者联合会)组织于1994年提出的高性能工业计算机总线标准。在电气特性上，CPCI总线以PCI电气规范为基础，解决了VME等总线技术与PCI总线不兼容的问题，使得基于PC的x86架构、硬盘存储等技术能在工业领域使用。同时由于在接口等地方做了重大改进，使得采用CPCI技术的服务器、工控电脑等拥有了高可靠性、高密度的优点。在机械结构上，CPCI总线结构使用了欧卡连接器和标准3U、6U板卡尺寸，此外，CPCI总线具有很好的抗震性和通风性，还可以从前面板拔插板卡，使更换和维修板卡极为方便。

CPCI具有可热插拔(Hot Swap)的特点，简言之，就是在运行系统没有断电的条件下，拔出或插入功能模板，而不破坏系统的正常工作的一种技术。热插拔一直是电信应用的要求，自动化系统也非常希望使用。它的实现原理是：在结构上采用三种不同长度的引脚插针，使得模板插入或拔出时，电源和接地、PCI总线信号、热插拔启动信号按序进行；采用总线隔离装置和电源的软启动；在软件上，操作系统要具有即插即用功能。目前CPCI总线热插拔技术正在从基本热切换技术向高可用性方向发展。

CPCI与传统的桌面PCI系统完全兼容，在64位/66M总线接口下能提供每秒高达512 MB的带宽，它支持用在桌面PC和工作站上的完全一样的接口芯片。使用CPCI能利用在桌面工作站上开发的整个应用，无需任何改变就能将其移到目标环境，极大地缩短了产品推向市场的时间。利用CPCI技术使得电信设备OEM能利用与桌面应用系统同样的先进技术，同时还具有针对桌面系统设计的大量PCI芯片所带来的规模经济和低成本特性。其产品成本上往往低于同等功能的VME产品，仅略高于通常的工控机IPC(Industrial Personal Computer)产品。

CPCI所具有高开放性、高可靠性、可热插拔(Hot Swap)，使该技术除了可以广泛应用在通信、网络、计算机电话集成(Computer Telephony Integration)，也适合实时机器控制(Real Time Machine Control)、产业自动化、实时数据采集(Real-Time Data Acquisition)、军事系统等需要高速运算、智能交通、航空航天、医疗器械、水利等模块化及高可靠度、可长期使用的应用领域。由于 CPCI 拥有较高的带宽，它也适用于一些高速数据通信的应用，包括服务器、路由器、交换机等。

CPCI 由 PICMG 2.x 规范族所定义，例如：常见的 PICMG 2.0 定义 CompactPCI 规范，PICMG 2.1 CompactPCI 定义热拔插规范，PICMG 2.9 定义系统管理规范，PICMG 2.16 定义包交换背板规范，PICMG 2.30 定义 PlusIO 规范。随着计算机和通信技术的进一步发展，新一代的 I/O 接口的涌现，如千兆(GE)、万兆(10GE)的以太网技术、SATA、FC 技术，使得 PCI 总线的带宽已经无力应付计算系统内部大量高带宽并行读写的要求，PCI 总线也成为系统性能提升的瓶颈，于是就出现了 PCI Express 总线。为此 PICMG 组织推出了 CompactPCI Serial(PICMG CPCI-S.0)和 CompactPCI PlusIO(PICMG 2.30)标准。

2. ATCA 总线

ATCA 总线(Advanced Telecom Computing Architecture，高级通信计算机架构)是 PICMG 标准历史上最重大的革新，于 2002 年 12 月批准通过。ATCA 是一种全开放、可互操作的电信工业标准，采用了全新的设计标准，这一新标准有助于电信设备制造商满足运营商日益苛刻的要求。ATCA 总线的特点包括：灵活的背板结构、优异的散热和可靠性、开放化、标准化。

由于这些优点，ATCA 总线不仅在电信运营领域应用广泛，也渐渐在军事和航空航天等领域得到关注。

ATCA 由一系列规范组成，包括定义了结构、电源、散热、互联与系统管理的核心规范 PICMG3.0 以及定义了点对点互联协议的 5 个辅助规范组成，包括：3.1 以太和光纤传输；3.2 InfiniBand 传输；3.3 星形传输；3.4 PCI-Express 传输；3.5 RapidIO 传输。

3. VME 总线

VME(Versa Module Eurocard)总线是一种通用的计算机总线，结合了 Motorola 公司 Versa 总线的电气标准和在欧洲建立的 Eurocard 标准的机械结构，是一种开放式架构，VME 系统的总线分为数据传输总线、数据传输仲裁总线、优先中断总线和通用总线四大类。它定义了一个在紧密耦合(closely coupled)硬件构架中可进行互联数据处理、数据存储和连接外围控制器件的系统。经过多年的改造升级，VME 系统已经发展得非常完整，围绕其开发的产品遍及了工业控制、军用系统、航空航天、交通运输和医疗等领域。VME 的数据传输机制是异步的，有多个总线周期，地址宽度是 16、24、32、40 或 64 位，数据线路的宽度是 8、16、24、32、64 位，系统可以动态的选择它们。它的数据传输方式为异步方式，因此只受制于信号交换协议，而不依赖于系统时钟；其数据传输速率为 0～500 Mbit/s；此外，还有 Unaligned Data 传输能力，误差纠正能力和自我诊断能力，用户可以定义 I/O 端口；其配有 21 个插卡插槽和多个背板，在军事应用中可以使用传导冷却模块。

VME 机械构架中的主要部分为背板，是一个印刷电路板，它的大小有三种型号：3U (160 mm×100 mm)、6U(160 mm×233 mm)和 9U(367 mm×400 mm)。根据 VME64x 标准，VME 系统中有三种连接器，它们分别是 P0/J0、P1/J1 和 P2/J2，“P”和“J”分别代表了 PLUG 和 JACK 连接器。P1/J1 和 P2/J2 连接器有 96 个管脚，排列成三排，每排 32 管脚；P0/J0连接器则有 95 个管脚。3U 型背板只具有 P1/J1 或 P2/J2 连接器，而 6U 型背板则同时具有 J1 和 J2 连接器。这些模块虽然各有分工，但是要想集体配合，还需要总线的支持。

4. VPX 总线

VPX 总线是 VITA（VME International Trade Association，VME 国际贸易协会）组织于 2007 年在其 VME 总线基础上提出的新一代高速串行总线标准。VPX 总线的基本规范、机械结构和总线信号等具体内容均在 ANSI/VITA46 系列技术规范中定义。

VPX 总线采用高速串行总线技术替代了 VME 总线的并行总线技术，引入了最新的串行总线技术，如 RapidIO、PCI-Express 和万兆以太网等，支持更高的背板带宽。VPX 核心交换可以提供 32 对差分对，每对差分对理论上可以提供 10 Gbit/s 的数据交换能力，一个 VPX 模块理论上最高可以提供 8 GByte/s 的数据交换能力。VPX 总线采用交换式结构替代 VME 的主控式结构，使得系统整体性能不在受主控板的限制，提高了系统的整体性能。同时，在交换式结构下，处理器可以在任意的时间发送数据，而不需要等待总线后才发起传输，特别适合多处理器系统。

VME 总线与 VPX 最重要的一个差异就是 VPX 总线采用了 Tyco 公司开发的新一代 7 排 MultiGig RT2 连接器。MultiGig RT2 连接器性能优异，不仅特性阻抗可控，插入损耗低，而且在传输速率高达 6.25 Gbit/s 时，串扰仍小于 3%。MultiGig RT2 连接器连接紧密而坚固，可以在军事和航空航天等恶劣环境中应用。

VPX 标准在结构上仍然使用欧卡 3U 和 6U 尺寸。6U VPX 板卡上定义 1 个 8 列 7 行 RT2 连接器 P0 和 6 个 16 列 7 行 RT2 连接器 P1～P6。其中，P0 为公用连接器，提供了维护管理总线、测试总线和电源信号；P1 提供了 32 对差分对信号和 8 个单端信号；P1～P6 为用户自定义，既可以定义为差分信号，也可以定义为单端信号。3U VPX 板卡只有 6U VPX 板卡中 P0 至 P2 三个连接器。

VPX 总线提升了电源供电能力，5 V 最高可提供 115 W 功率，12 V 提供 384 W，48 V 提供 768 W。在 VME 总线的一个插槽内，使用 5 V 电源只能提供最大 90 W 的功率，而 VPX 总线仅 5 V 电源就能提供 115 W 功率，12 V 和 48 V 电源更能提供 384 W 和 768 W 的功率。如此大功率的电源供给，使得 VPX 子卡可以集成更多的模块，也使得 VPX 总线架构的散热问题更加严重。因此，VPX 总线提供了空气散热、金属传导散热和液体散热共三种散热方式，很好的解决了 VPX 的散热问题。

随后的时间里，VITA 组织又对 VPX 标准做了一些升级，比较重要的有两个：一是 VITA48，即 VPX-REDI，主要是对散热和结构加固等方面做了新的定义，以满足军事和航空航天领域严酷的应用环境；二是 VITA65，即 OpenVPX，主要解决了不同厂商对 P2 至 P6 定义不同而不兼容的问题，其在 VPX 规范基础上重新定义了系统兼容框架，是一个系统级标准。VPX 总线也因上述优点和不断地更新升级，成为最具有发展潜力的总线技术。

5. PC104 总线

PC104 是一种专门为嵌入式控制而定义的工业控制总线，由 IEEE-P996.1 规范定义。PC104 有两个版本，8 位和 16 位，分别与 PC 和 PC/AT 相对应。PC104 PLUS 则与 PCI 总线相对应，在 PC104 总线的两个版本中，8 位 PC104 共有 64 个总线管脚，单列双排插针和插孔，P1：64 针，P2：40 针，合计 104 个总线信号，PC104 因此得名。当 8 位模块和 16 位模块连接时，16 位模块必须在 8 位模块得下面。P2 总线连结在 8 位模块中是可选的，这样让这些模块无论何处都可在堆栈中使用。

PC104 具有以下特点：小尺寸结构，标准模块的机械尺寸是 96 mm×90 mm；堆栈式连接，去掉总线背板和插板滑道，总线以“针”和“孔”形式层叠连接，即PC104总线模块之间总线的连接是通过上层的针和下层的孔相互咬和相连，这种层叠封装有极好的抗震性；轻松总线驱动，减少元件数量和电源消耗，4mA总线驱动即可使模块正常工作，每个模块1～2 W能耗。

PC104 PLUS是专为PCI总线设计的，可以连接高速外接设备。PC104 PLUS在硬件上通过一个3×40即120孔插座，PC104 PLUS包括了PCI规范2.1版要求的所有信号。为了向下兼容，PC104 PLUS保持了PC104的所有特性。PC104 PLUS用120针2 mm孔堆栈插座连接，不同于用124针插槽连接的32位PCI总线，PC104 PLUS不支持64位扩展，和JTAG，PRSNT或CLKRUN信号。

PC104 PLUS与PC104相比有以下3个特点：相对PC/104连接，增加了第三个连结接口支持PCI bus、改变了组件高度的需求，增加模块的柔韧性、加入了控制逻辑单元，以满足高速度bus的需求。

（三）通信总线的选择

计算机控制系统的子系统之间、甚至是功能部件之间为了传送信息需要设置通信总线，常用的通信总线包括以太网、现场总线或传统串行通信总线。

1. 以太网

以太网是一种计算机局域网组网技术。最初是由Xerox公司研制而成的，并且在1980年由Xerox、Intel、DEC和3Com公司共同使之规范成形，后来作为802.3标准为电气与电子工程师协会（IEEE）所采纳，IEEE 802.3标准规定了包括物理层的连线、电信号和介质访问层协议的内容。以太网是当前应用最普遍的局域网技术，其基本特征是采用载波监听多路访问/冲突检测（CSMA/CD）的共享访问方案，CSMA/CD协议在CSMA协议的基础上增加了碰撞检测功能，从而使其性能大大改善。目前以太网主要有百兆、千兆等类型，十兆以太网目前已经很少应用，百兆以太网一般称为快速以太网，千兆以太网一般称为高速以太网。

以太网标准拓扑结构为总线型拓扑，但目前的快速和高速以太网为了最大程度减少冲突，最大程度提高网络速度和使用效率，使用交换机来进行网络连接和组织，这样以太网的拓扑结构就成了星型，但在逻辑上以太网仍然使用总线型拓扑和CSMA/CD的总线争用技术。

2. 现场总线

现场总线（Fieldbus）是应用在生产现场、在测量控制设备之间实现双向、串行、多点数字通信的系统，也被称为开放式、数字化、多点通信的底层控制网络。它在制造业、流程工业、交通、楼宇等方面的自动化系统中具有广泛的应用前景。

主要的现场总线的主要标准是国际电工委员会制定的IEC 61158标准，2007年7月，IEC 61158第四版正式成为国际标准。IEC 61158第四版是由多部分组成的、长达8100页的系列标准，它包括：IEC/TR 61158-1总论与导则、IEC 61158-2物理层服务定义与协议规范、IEC 61158-300数据链路层服务定义、IEC 61158-400数据链路层协议规范、IEC 61158-500应用层服务定义、IEC 61158-600应用层协议规范。从整个标准的构成来看，该系统标准是经过长期技术争论而逐步走向合作的产物，标准采纳了经过市场考验的二十种主要类型的现场总线、工业以太网和实时以太网，具体类型见表5-1。

表 5-1　IEC 61158 第四版现场总线类型

类型	名　称	类型	名　称
1	TS61158 现场总线	11	TC-net 实时以太网
2	CIP 现场总线	12	EtherCAT 实时以太网
3	ProfiBus 现场总线	13	Ethernet Power Link 实时以太网
4	P-NET 现场总线	14	EPA 实时以太网
5	FF 的 HSE 高速以太网	15	Modbus-RTPS 实时以太网
6	Swift Net 被撤销	16	SERCOS Ⅰ、Ⅱ 现场总线
7	World FIP 现场总线	17	V-NET/IP 实时以太网
8	INTER BUS 现场总线	18	CC-Link 现场总线
9	FF 的 HI 现场总线	19	SERCOSⅢ实时以太网
10	PROFINET 实时以太网	20	HART 现场总线

此外，现场总线的国际标准还有 IEC 62026 中的 AS-i、Device Net、SDS 与 Seriplex；ISO 61898 的 CAN(1 Mbit/s)与 ISO 11519 的 CAN(125 kbit/s)，及 CC-Link。

CAN(Controller Area Network，控制器局域网)总线是国际上应用最广泛的现场总线之一，它是一种多主方式的串行通信总线，基本设计规范要求有高的位速率，高抗电磁干扰性，而且能够检测出产生的任何错误。当信号传输距离达到 10 km 时，CAN 总线仍可提供高达 5 kbit/s 的数据传输速率。

CAN 控制器根据两根线上的电位差来判断总线电平。CAN 中的总线电平为两种互补逻辑数值之一："显性"或"隐性"。"显性"(Dominant)数值表示逻辑"0"，而"隐性"(Recessive)表示逻辑"1"，二者必居其一。发送方通过使总线电平发生变化，将消息发送给接收方。"显性"和"隐性"位同时发送时，总线电平为"显性"，图 5-14 是 CAN 的连接示意图。

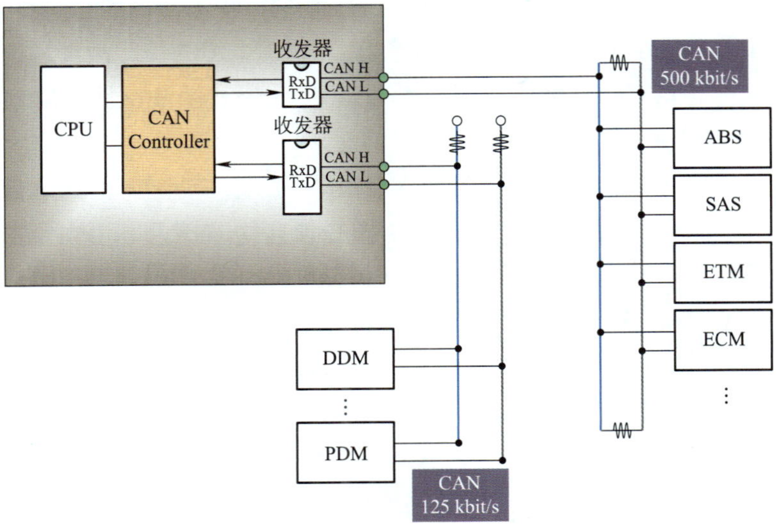

图 5-14　CAN 的连接示意图

应用 CAN 总线时，首先面临的问题就是 CAN 控制器和收发器的选择，其在 CAN 总线中的位置如图 5-15 所示。

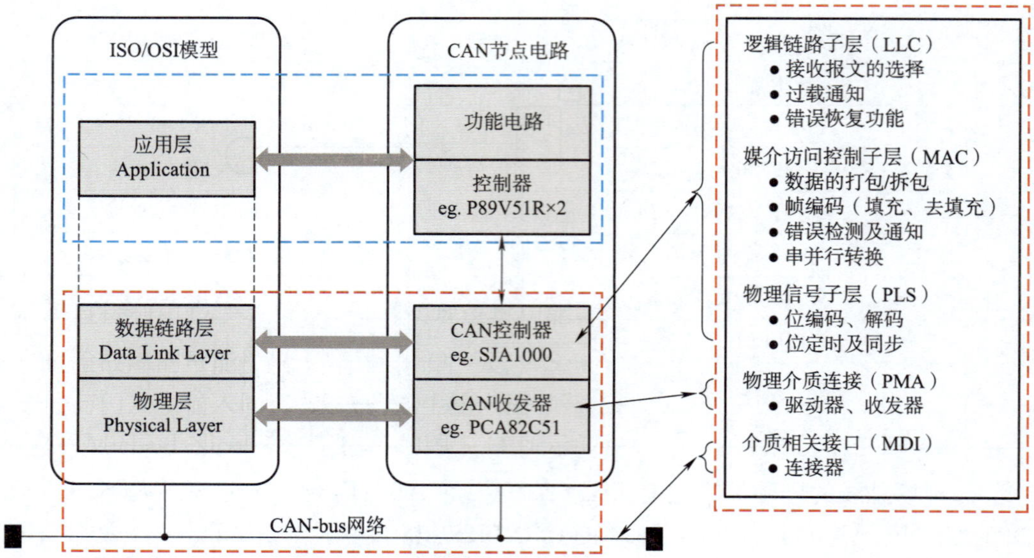

图 5-15　CAN 总线中的控制器和总线收发器

CAN 控制器有两大类：一类是独立的 CAN 控制器，如 SJA1000、Intel82526/82527、MCP2510/MCP2515 等，另一类是带有片内 CAN 的微控制器，如 P89C591、P89V51Rx2、87C196CA/CB、LPC2119/2129/2290/2194/2292/2294 等。前者 SJA1000 应用最为广泛，后者随着技术的发展，基于 ARM 的 LPC2119/2129/2290/2194/2292/2294 应用越来越广泛。

CAN 收发器则是 CAN 协议控制器和物理总线之间的接口。它可以为总线提供差动的发送功能，为控制器提供差动的接收功能，是 CAN-Bus 网络中的必须设备。常见的有 PCA82C250/251、TJA1050/TJA1040/TJA1041、TJA1054 等。

CAN-bus 常用于电磁环境复杂的工业现场，而且物理电缆的长度最长可达数千米。所以 CAN_H 和 CAN_L 上的电信号会叠加很多干扰信号，需要在硬件设计上添加滤波器和抗干扰电路，如图 5-16 所示。

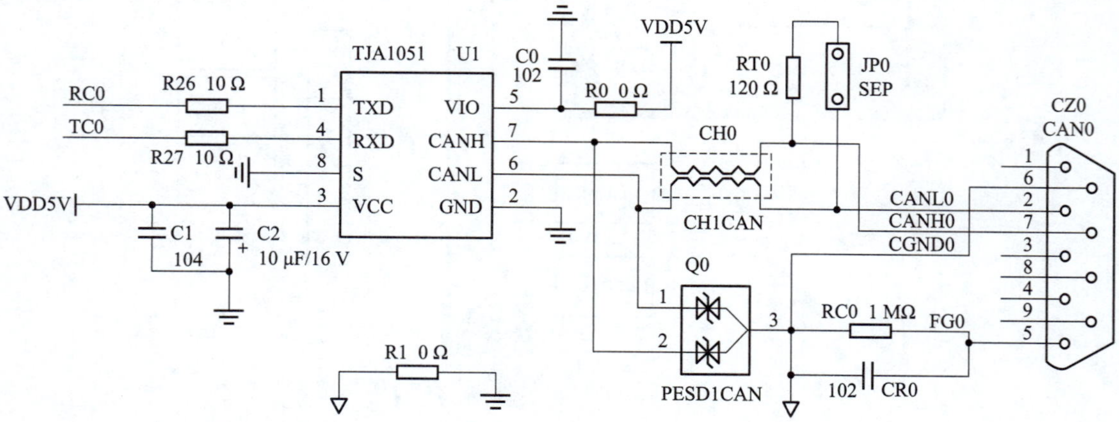

图 5-16　滤波器和抗干扰电路

其中，扼流圈用于抑制共模干扰，PESD1CAN 是适用于 CAN 总线、可对抗 ESD 及其他电压突变脉冲的 ESD 保护器件。

ProfiBus 是一种具有广泛应用范围的、开放的数字通信系统，适合于快速、时间要求严格的应用和复杂的通信任务。ProfiBus 首先在工厂自动化领域应用，从 1995 开始在过程自动化领域引用，在铁路信号领域主要应用 ProfiBus-DP 形式。

ProfiBus 的技术系统体系结构如图 5-17 所示，包括对应 OSI 模型第一层物理层的传输技术，对应第二层数据链路层的通信技术，对应第七层应用层的应用行规 Ⅰ 和 Ⅱ。

在物理层上，ProfiBus 使用 RS-485、RS-485-IS、MBP 和光纤等传输技术。列控车载设备主要使用 RS-485 和光纤传输技术，RS-485 是最常用的传输技术，它使用屏蔽双绞电缆，传输速率可达到 12 Mbit/s。光纤传输技术适合用于有高电磁干扰或要求更大的网络距离的区域。

在数据链路层(协议层)上，ProfiBus 用 DP 和它的 DP-V0、DP-V1 和 DP-V2 版本提供了宽阔的选项范围，它能使不同应用之间的通信得到优化，列控设备主要使用 DP-V0。

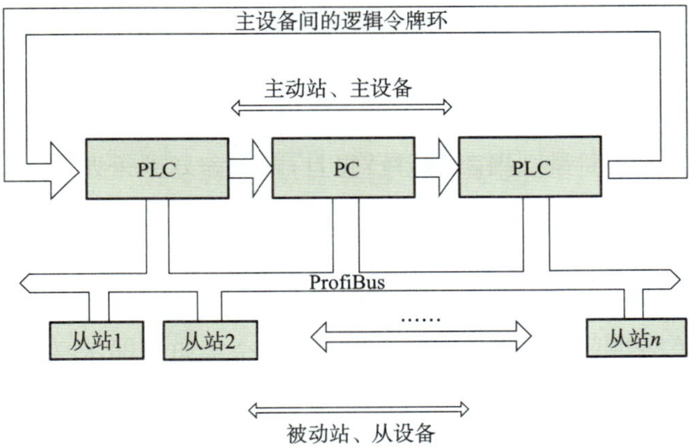

图 5-17　有若干主站和从站的 ProfiBus 系统配置

第 7 层定义应用层并建立与应用程序的接口。它为循环和非循环的数据交换提供各种服务。在第 7 层上面的应用行规 Ⅰ 和 Ⅱ 中，安排了制造商与用户之间基于特定设备应用所约定的规范。跨过若干层的模块系统如下：

- 用于设备描述和集成的功能和工具(总称：集成技术)；
- 标准范围(接口，主站行规；总称：系统行规)，它主要服务于统一的标准化系统的实现。

为了设备的开发或 ProfiBus 协议的实现，可使用标准化组件以及服务，它们能够使设备制造商能低成本地开发产品。

实现低/中数量的产品推荐使用一个完整的 ProfiBus 接口模块。这些只有信用卡大小的模块实现了全部总线协议，它们作为一种附加的模块安装在设备的主板上。

在有大量设备的情况下，以市场上可得到的商品化的 ProfiBus 协议芯片为基础，单独实现是值得推荐的方案，由此区分以下几种芯片：

- 单芯片，所有协议功能都集成在此芯片上，而不需要附加的控制器；
- 通信芯片，在此芯片上实现了或多或少的部分协议，并且需要一个附加的控制器；
- 协议芯片，此芯片带有集成的微控制器。

对于实现版本类型，主要取决于现场设备的复杂性和所需要的性能及功能，下面举说明：

(1)简单从站的实现

单芯片 ASIC 的实现对于简单的 I/O 设备是理想的,所有协议功能都已经集成到 ASIC 上,不需要任何微处理器或软件,而只需要总线接口驱动器、石英和电源电子设备作为外部组件。

(2)智能从站的实现

在这种实现方式下,ProfiBus 协议第 2 层的基础部分由协议芯片实现,而余下的协议部分则在一个微控制器上用软件来实现。在市场上可得到的大多数 ASIC 芯片,都实现了所有循环协议部分,它们负责时间要求苛刻的数据传输。

另一方面,使用具有解释控制器的协议芯片,可以实现时间要求不苛刻的数据传输的协议部分。

这些 ASIC 提供了一个通用的接口并且能够与普通的微控制器共同运行。具有一个集成的 ProfiBus 核的微处理器将提供更多的选项。

(3)复杂主站的实现

在这种实现方式下,ProfiBus 协议的时间要求苛刻的部分也是由协议芯片实现,而余下的协议部分则作为软件在一个微控制器上实现。不同制造商的各种 ASIC 芯片现在均可用于实现复杂的主站设备,它们可以和很多通用微处理器结合在一起运行。

(4)ProfiBus 栈

芯片和相应的协议软件(ProfiBus 栈)常常可以来自不同的供应商,很好地增加了市场上可供使用的各种解决方案。

基于这一事实,可开发出技术优化及低成本的许多产品,它们满足应用特殊的市场需求,并符合 ProfiBus 用户组织的有关承诺。这也验证了 ProfiBus 的开放性和多供应商能力,它不局限于规范,但也构成了产品实现。

纯软件解决方案是很少的,因为它们与面向芯片的实现方案相比,其性能/价格是不理想的,因此,它们仅用于特殊的应用。

ProfiBus 总线中 RS-485 的所有设备都连接在总线结构(线)中,在一个总线段中最多可连接 32 个站(主站或从站)。每个总线段的开头和结尾均有一个有源的总线终端器,如图 3-45 所示。两个总线终端器都有永久的供电电源,以确保无出错运行,总线终端器通常在设备或连接器中切换。如果在实现中大于 32 个站或需要扩大网络区域,则必须使用中继器(repeater)来连接各个总线段,RS-485 传输技术的布线和总线终端如图 5-18 所示。

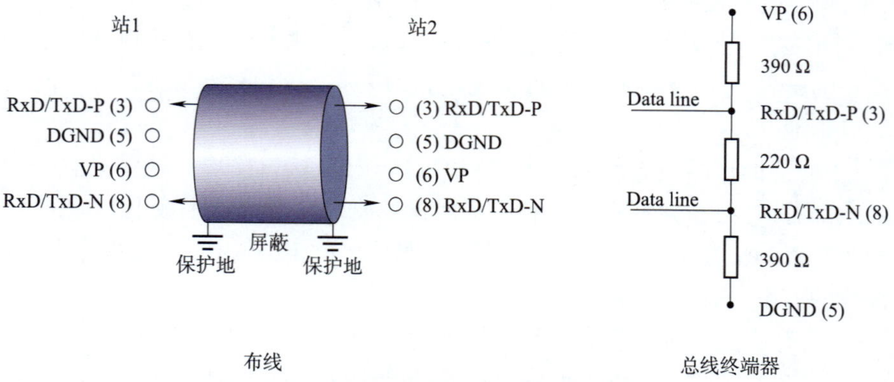

图 5-18 RS-485 传输技术的布线和总线终端器

RS-485 的安装连接与屏蔽接地分别如图 5-19 和图 5-20 所示。

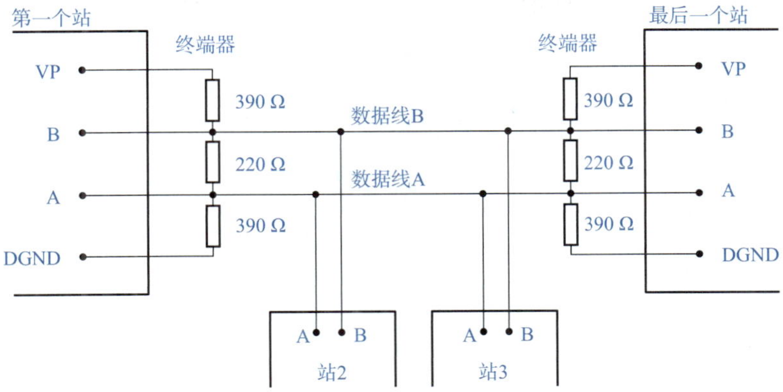

图 5-19　RS-485 的安装连接

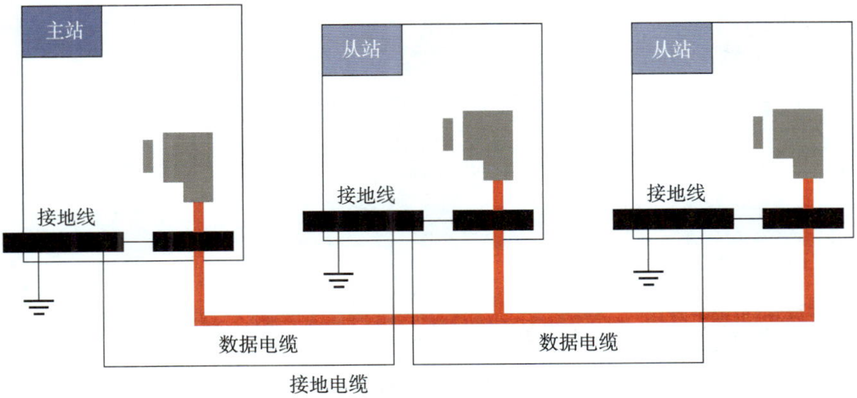

图 5-20　RS-485 的屏蔽与接地

对于不同的应用，在市场上有不同类型的电缆（类型 A～D）可供使用，既可用于设备与设备之间的连接，也可用于设备与网络元件（如段耦合器，链接器和中继器）之间的连接。当使用 RS-485 传输技术时，推荐使用电缆类型 A，如表 5-2 所示的数据。

表 5-2　类型 A 的传输速率和范围

传输速率(kbit/s)	每个总线段的范围(m)
9.6、19.2、45.45、93.75	1 200
187.5	1 000
500	400
1 500	200
3 000；6 000；12 000	100
这些值适用于具有以下特性的 A 型电缆： 阻抗 135～165 Ω； 电容≤30 pF/m； 回路电阻≤115 Ω/km； 线径>0.64 mm； 导线截面积>0.34 mm^2。	

许多制造商可以提供 ProfiBus 电缆，特别推荐一种快速连接系统，当使用适当的电缆和特殊的剥线工具时它可以使布线快速、可靠且非常简单，在连接站时要始终确保数据线不颠倒。为了确保系统对电磁辐射的高抗干扰性能，总是使用屏蔽数据线（类型 A 是屏蔽的）。屏

蔽物应接地，在两端的地应使用尽可能大面积的屏蔽压板，以保证地对大地的良好导电性，此外，始终要确保数据线与所有电力电缆分开敷设，并尽可能保持一定的距离。传输速率≥1.5 Mbit/s时，决不要使用短接线。

市场上可供应的连接器支持引入数据线和导出数据线在连接器中直接连接，这样就避免了使用短接线，并可以在任何时刻在总线上连接和断开总线连接器，且不会中断数据通信。适用于 RS-485 传输技术的连接器类型取决于保护等级。9 针 D 型连接器主要用于保护等级为 IP20 的区域。对于保护等级 IP 65/67 有三种通用连接器可供选择：M12 圆形连接器（符合 IEC 947-5-2）、Han-Brid 连接器（符合 DESINA 建议）、Siemens 混合连接器。

3. MVB 总线

现代列车与传统的列车相比，越来越多的诸如状态、控制、故障诊断、旅客服务等信息推动了列车通信网络（TCN）的产生。国际电工技术委员会（IEC）制定了列车通信网络 TCN 标准 IEC 61375，多功能车厢总线 MVB 是 TCN 标准中的一部分，它是应用于车厢或固定车组这一特定范围内的局域网（在 TCN 中，“总线”和“局域网”是相同的概念），将一个车厢内或一个车组内的可编程设备互连，并可直接连接简单的传感器和执行机构，其结构如图 5-21 所示。

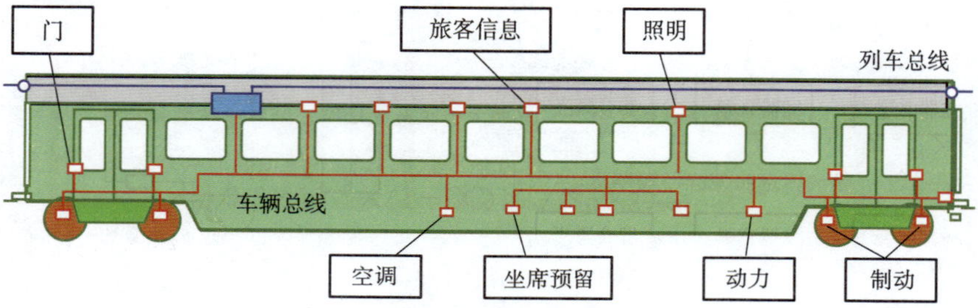

图 5-21　MVB 总线

需要指出的是：一节车厢内可以有一条或多条车厢总线，也可以没有；车厢总线亦可以在固定编组的情况下跨接几节车厢。如果整列车是固定编组，列车总线并不需要对节点进行连续编号，这时车厢总线可以起到列车总线的作用。

MVB 为车厢内各设备的诸多功能（如门控、制动、空调、旅客信息、座席预留、照明等）的自动实现、消息的传送、资源的共享以及各设备之间的合理配合提供了可靠、顺畅的通道。

MVB 物理层为数据链路上的两端实体间提供建立、维护和拆除物理连接信道所必须的（机械的、电气的、功能的）特性，目的在于保证可靠的电信号的传输，即按比特为单位的同步与传输。

MVB 可以提供三种不同的物理介质：电气短距离介质 ESD、电气中距离介质 EMD、光介质 OGF，它们的工作速度为 1.5Mbit/s。

在 MVB 中，根据列车编组和实际使用情况，采用总线型拓扑结构是比较适合的。MVB 所支持的三种物理介质，其中任一种介质连接几个 MVB 设备就可以构成一个总线段，每一个段中有一个总线管理器。在 MVB 中，允许存在多个总线段，段与段之间通过中继器互连，如图 5-22 所示的 MVB 就是由两种介质构成的总线段组成，图中不同的总线段以不同的线型表示。

MVB 数据链路层分为两个子层：①逻辑链路控制 LLC 子层，该层用于向 LLC 实体提供无连接和面向连接两种类型的交换信息帧的操作方式；②介质访问控制 MAC 子层，该子层支持 LLC 子层执行介质访问功能，以确保物理功能和逻辑功能的连续性。

在 MVB 中，由总线管理器控制介质访问，总线上可以有多个总线管理器，但在一定时间内，只能由一个总线管理器控制总线，这个“一定时间”称为一个轮换。由于 MVB 应用环境特

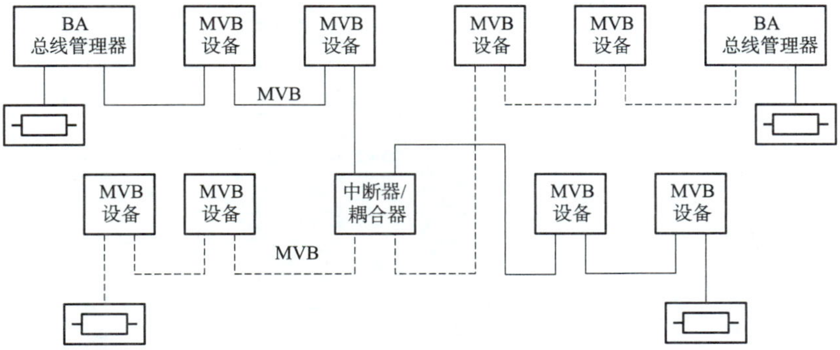

图 5-22　MVB 拓扑结构

殊，经由 MVB 传输的数据有实时性要求严格的过程数据和较不紧迫的消息数据之分，所以主设备将轮换分为固定的周期，称为"基本周期"，由周期相和偶发相（管理相、事件相、保护相）构成，使用两种总线分配方法：周期性数据传输、事件可控的数据传输。

（1）周期性数据传输

周期相留给以周期为基础的数据传输，在这段时间里，主设备根据周期表以固定的顺序和时间间隔发送预先定义好的主设备帧序列，以实现确定的和可精确计算的过程数据传输和在询问设备状态时的过程数据传输。

（2）事件可控的数据传输

偶发相预留事件的仲裁和消息的传送、扫描设备状态和控制权的转移，主设备周期地询问所有与之相连的设备，是否有数据传输。

组合这两种总线分配方法，能最佳地与数据传输要求相匹配。任何情况下由正在工作的总线管理器决定那些设备可以传输数据。

在 MVB 系统中，MVB 控制器（MVBC）是一个 MVB 电路和实际的物理设备之间的接口控制器，它的主要功能是实现 MVB 总线信号与数据帧的编解码，纠错等功能，是实现 MVB 产品的关键硬件模块。

考虑 MVB 产品规模、研发时间、成本等诸多因素的要求，MVBC 既可选择成熟的 ASIC 芯片或组件实现，也可选择使用可编程逻辑器件（如 FPGA）实现。

当连接同一机箱内的不同 MVB 设备时，由于距离非常短，可使用非光电隔离的 ESD 方式，如图 5-23 所示。

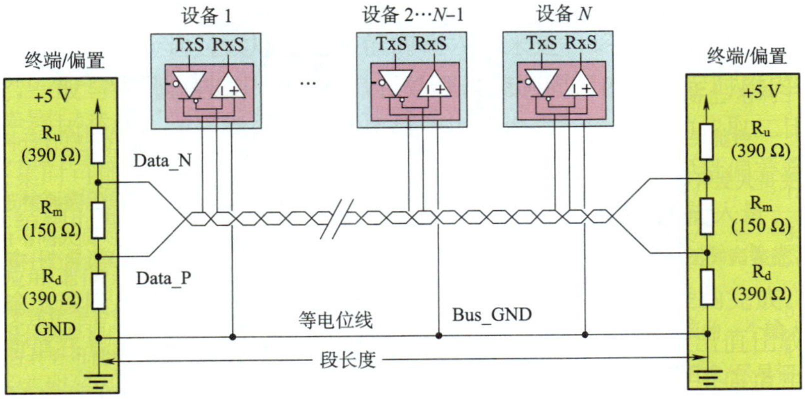

图 5-23　非光电隔离的 ESD

当电磁干扰较大时，需要考虑光电隔离的 ESD 方式，如图 5-24 所示。

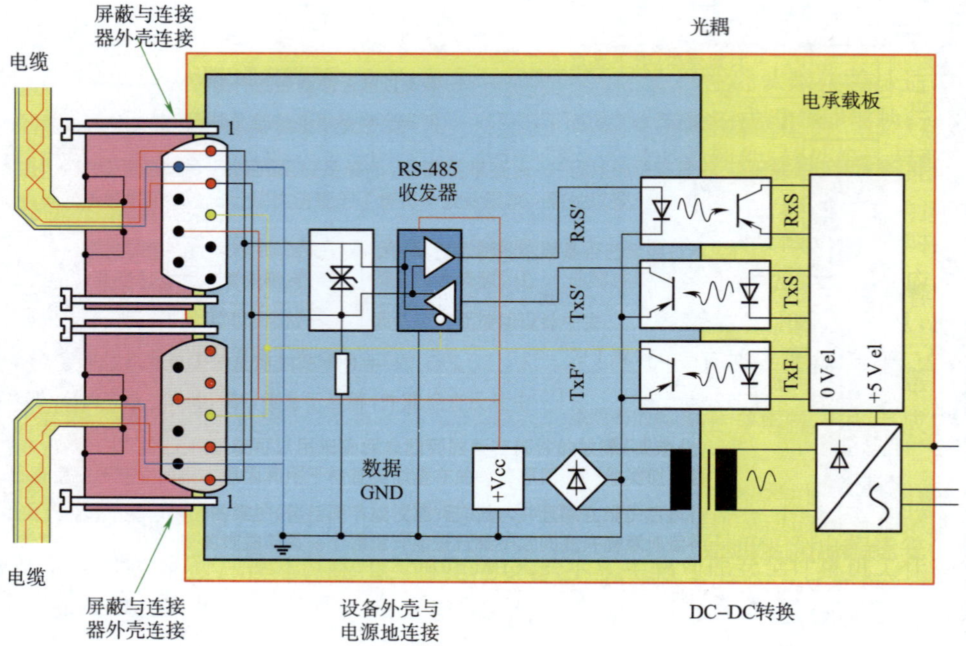

图 5-24 光电隔离的 ESD

当 ESD 使用双线连接(Double-Line Attachment)时，接插件具体接线如图 5-25 所示。

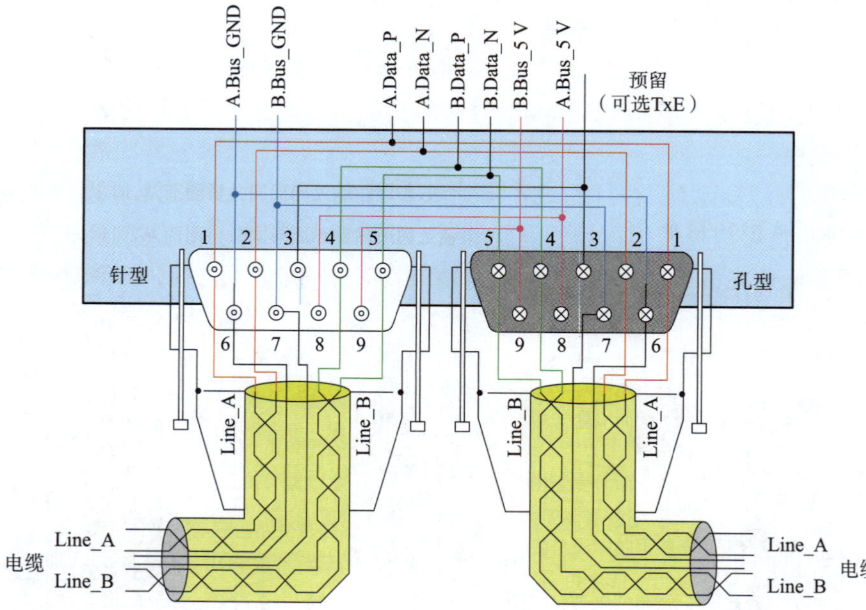

图 5-25 双线连接 ESD 接插件具体接线

当使用单线连接(Single Line Attachment)的 EMD 时，采用变压器耦合方式提供低成本的隔离方式，如图 5-26 所示。

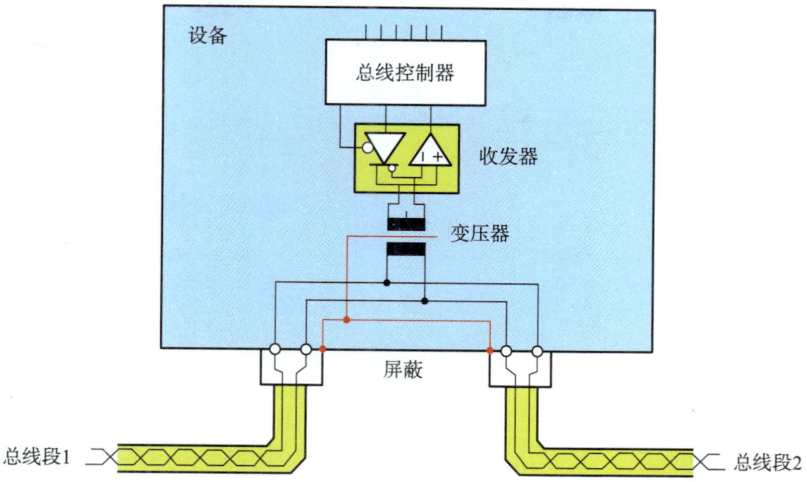

图 5-26 单线连接 EMD

当 EMD 使用双线连接时，具体接线如图 5-27 所示。这种方式由于在同一个电缆上承载 2 组冗余线而容易安装，且不会导致机车环境中未考虑到的共模故障(大多数是司机损坏或不正确连接)。

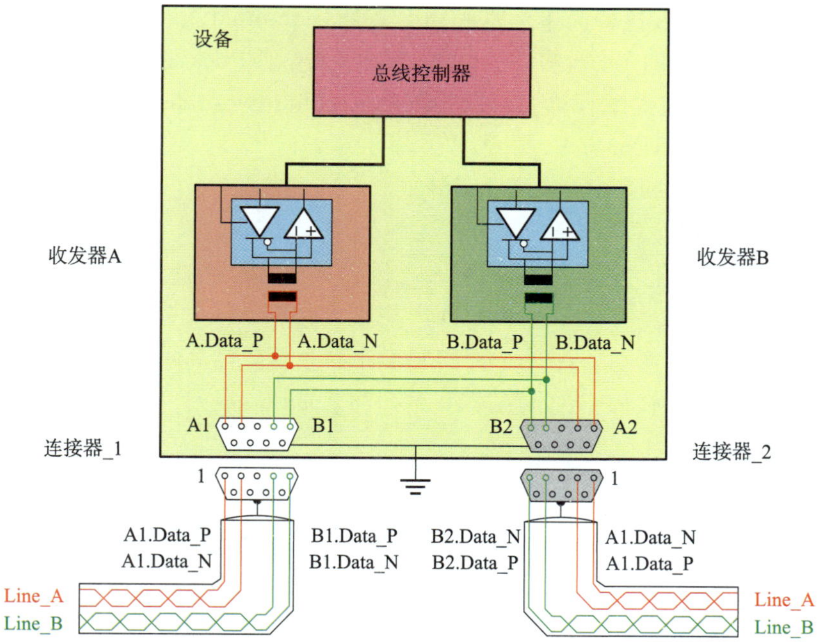

图 5-27 双线连接 EMD

由于 EMD 应用时传输距离一般较远，因此需特别考虑接地问题，如图 5-28 所示，此时，屏蔽层直接连接到设备外壳，设备外壳只要有可能就要接地。

(四)可编程逻辑器件的选择

可编程逻辑器件(Programmable Logic Device,PLD)是一种通用的数字集成电路芯片，其逻辑功能由用户对器件编程而确定。因此，PLD 实际上是一种能够为用户提供范围广泛的多

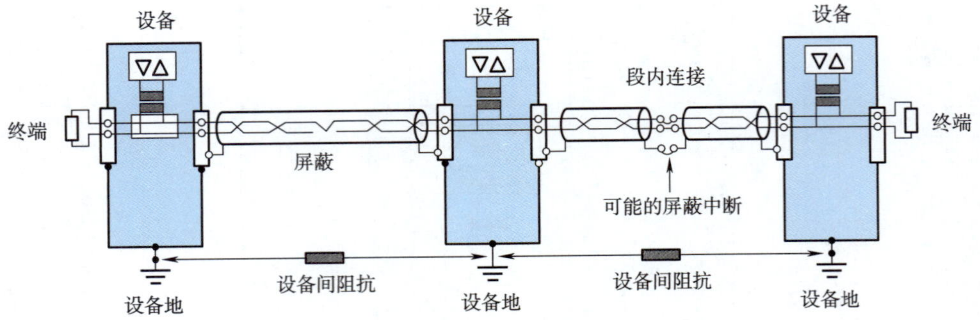

图 5-28　EMD 接地

种逻辑能力、特性、速度和电压特性的标准成品部件，可在任何时间改变，从而完成许多种不同的功能。

目前 PLD 两种主要应用类型是现场可编程门阵列（FPGA）和复杂可编程逻辑器件（CPLD）。FPGA 提供了最高的逻辑密度、最丰富的特性和最高的性能，还可提供诸如内建的硬连线处理器（如 Power PC、ARM 或其他软核 CPU）、大容量存储器、时钟管理系统等特性，并支持多种最新的超快速器件至器件（device-to-device）信号技术。FPGA 被应用于范围广泛的应用中，从数据处理和存储，以及到仪器仪表、电信和数字信号处理等。CPLD 提供的逻辑资源少得多，适合用来实现各种简单运算和组合逻辑（combinational logic），一般能实现数千个逻辑门，甚至数万个逻辑门才能构成的电路，其功耗要较 FPGA 低得多。

PLD 编程要采用特定的编程语言：硬件描述语言（hardware description language，HDL）来实现，普遍使用的是 VHDL 与 Verilog。

目前主要的 PLD 厂商是 Altera 和 Xilinx。

1. Altera PLD 产品

Altera 成立于 1983 年，主要提供 FPGA、CPLD 等 PLD 及设计软件 QuartusⅡ、Altera Nios 处理器等 IP 核产品。Altera 的 CPLD 产品主要包括 MAX 7000S、MAX 3000A、MAX Ⅱ、MAX ⅡZ、MAX Ⅴ等产品。Altera 的 FPGA 产品主要包括高端 Stratix 系列 FPGA、中端 Arria 系列 FPGA 和低成本 FPGA：MAX 10 系列和 Cyclone 系列。

2. Xilinx PLD 产品

Xilinx 主要提供 All Programmable FPGA、CoolRunner-Ⅱ 1.8V 系列 CPLD 和 XA 系列汽车专用 CPLD 等 PLD 及设计软件 Vivado Design Suite、软核处理器等 IP 核产品。

二、电源设计

（一）一般要求

地面应用的列控安全计算机外部供电应具有冗余和不间断特性，宜设置过压和过流保护，供电波动范围为标称电压的 85%～120%。由于主副电源切换导致的电源中断时间不得大于 0.15 s、电源电压跃变不得超过标称电压的 5%。

车载列控安全计算机的外部供电同样宜设置过压和过流保护，供电波动范围为标称电压的 70%～125%，应确保不出现超过 0.1 s、标称电压的 60%～140%范围内的供电电压波动以及超过 1 s、标称电压的 125%～140%范围内的供电电压波动。

（二）外部供电电源

地面列控安全计算机外部供电来自信号电源屏，一般为 220 V 交流电源。信号电源屏一般基于综合化、模块化、智能化、网络化控制方式实现，能够提供稳定、可靠的信号电源。

例如：以一种典型的铁路信号智能电源屏为例，其具有以下特点：

（1）实现Ⅰ、Ⅱ路电源自动快速切换。两路交流电源可实现自动切换，且切换时间在 100 ms 以内，小于标准规定的 150 ms 要求。

（2）操作方便、明了、便于维护。整个系统采用模块化设计，多种模块可灵活组成各种电源系统，使整个系统单元化，操作便捷，加之采用无损伤热插拔技术，更换单元模块快捷方便，便于维护。

（3）安全可靠，稳定性能好。各电源模块采用“1＋1”或“n＋1”冗余方式热机备用。某一电源模块故障，自动进入保护状态，电源切换到备用模块供电，提高了系统的可靠性、稳定性。

（4）综合化、智能化程度高。整个电源屏采用综合监测装置及监控模块，把各个单元模块运用状态、开关量、电气参数等数据，通过通信传输到监控单元，集中监测电源屏使用状况，并记忆故障现象、状况，给出声光报警信号。

（5）模块热插拔技术。该电源屏系统所有模块采用无损伤热插拔技术，极大地方便了现场维护工作的开展。

（6）高频化设计。内含 PFC 电路，使功率因数达到 0.99，效率大于 85％。

（7）模块化和分散稳压设计。使系统显示出组成的灵活性，实现故障隔离，单路电源故障不影响其他电源的稳压和输出。

车载应用的列控安全计算机外部供电来自车载蓄电池，一般为 110 V 直流电源。

（三）安全计算机内部电源

不论地面应用还是车载应用的列控安全计算机，其内部一次电源绝大多数情况下为直接采购成品 COTS 电源实现。

选择成品 COTS 电源时，除了要根据输入电压、输出电压与电流等基础参数来选择之外，还要特别注意其电磁兼容能力、输出功率、输入电压范围、内部保护能力及其 MTBF 参数。对于车载内部一次电源还要特别注意针对 EN 50155 标准所要求的特殊浪涌防护能力，一般而言，即使电磁兼容能力满足 IEC/EN 61000 和 EN 50121 标准规定，在成品 COTS 电源的前端（输入之前）也要设置 EMI 滤波器，甚至设置防雷器件。电源内部保护能力是安全标准所要求的，一般是指过压、过流、短路、无负载等保护。

对于二次电源，既可选择成品 COTS 电源实现，也可自行设计实现。根据电路的具体要求，可选择 DC-DC 方式实现，也可采用线性电源实现，考虑效率问题，线性电源一般基于低压差线性稳压器（LDO）实现，需要注意的是：LDO 电源响应速度快，但其输出不可使用陶瓷电容，陶瓷电容会 LDO 稳压器产生振荡。DC-DC 方式的优点在于效率高，还可实现隔离。

对于电源输出功率余量，一般遵循两个原则：一是“大马拉小车”，可提高可靠性，当然需要准确估计和测量板卡与设备实际功率。二是实际消耗功率一般取额定功率的 1/2，不能太小，会影响效率，甚至会影响电源的稳定性。

需要特别注意的是：由于成品 COTS 电源在高温时都会出现功率容量下降的问题（不同的品牌和品种，开始功率容量下降的温度起点不一样），选择电源时必须考虑这个问题，标准规定的最极端高低温指标为－20 ℃～70 ℃，因此最好选择 70 ℃以后才会出现功率容量下降的品牌和品种，否则其功率容量预留非常难于处理。

铁路现场维修一般要求板卡或设备热拔插，此时应考虑电源的热拔插，推荐使用现成的热拔插控制器。热拔插是指将板卡从加有电源的主机(背板、服务器等)上插入或拔出。当板卡插入主机时，主机已处于稳定工作状态，所有电容均被充满电，而待插入的板卡是不带电的，板卡上的电容没有电荷，因此，当板卡与主机背板接触时，由于板卡上的电容的充电而将从主机电源吸入较大的瞬时电流。同样，当把带电的板卡拔出主机时，由于板卡上旁路电容的放电，在板卡与带电背板之间形成了一条低阻通路，也将产生较大的瞬时电流。这两种情况下的较大的瞬时电流，可能使背板电源出现瞬时跌落，从而导致系统复位，更为严重的后果将会导致连接器、电路元件、电路板的金属连线等部件(或器件)的损坏。

因此，要求热拔插控制器要有如下的特点：①在正常操作中具有双速/双电平的故障保护；②启动时具有电流浪涌控制功能；③具有过压、欠压、过流、短路保护功能；④所需外部配套的元器件较少；⑤可编程的开起和响应时间设置；⑥对一定范围内提供热拔插保护；⑦对系统故障可以自动锁存和保护；⑧内置电荷泵控制器对 N 沟道的 MOSFET 管提供驱动和保护。

当需要考虑电源冗余设计时，可使用有源 ORing 技术。传统的 ORing 方案中，每个电源的输出使用一个二极管，两个或者更多的电源输出并联，构成 ORing 冗余电源。当其中的一路电源出现短路故障时，冗余电源便起作用，维持母线电压，当一路电源与地短路时，这个二极管防止电流倒流。于是，存在故障的电源便与系统断开，并且把冗余电源系统与系统连接起来，二极管在导通时，本身存在很大的正向电压在正常工作时产生功率损耗。

有源 ORing(Active ORing)则用一只 MOSFET 晶体管和一个集成电路来取代二极管来降低功率损耗，如图 5-29 所示。

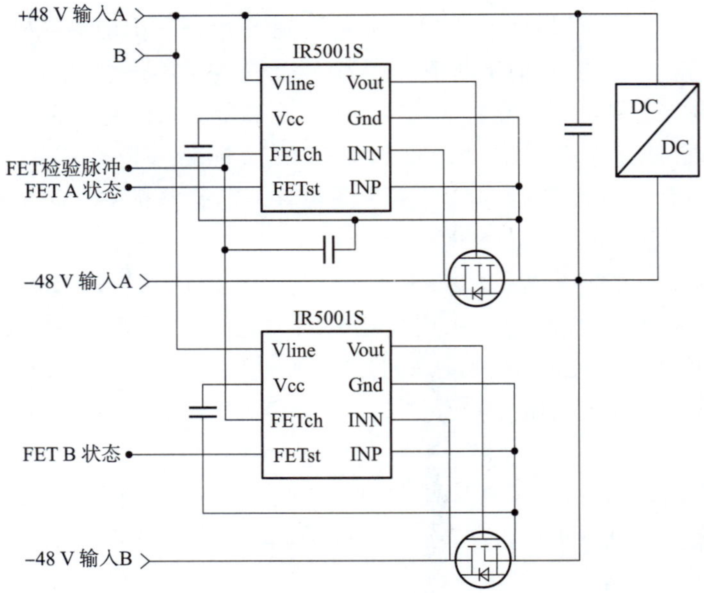

图 5-29　使用 IR5001S 实现的有源 ORing 电路

（四）安全关断电源设计

通过关断电源实现故障—安全的方法，较一般通过关断输出而实现故障—安全的方法更加彻底。

为了实现通过关断电源而到达故障—安全的目的，安全关断电源的技术方案中为被控系统提供了两条供电支路：上电启动-正常关断支路和安全关断支路，实现方法的原理如图 5-30 所示。两个供电支路并联而成，共同为被控系统提供电源，两个支路中任何一个支路正常工作时，可以完成给被控系统供电的工作，使被控系统正常工作。

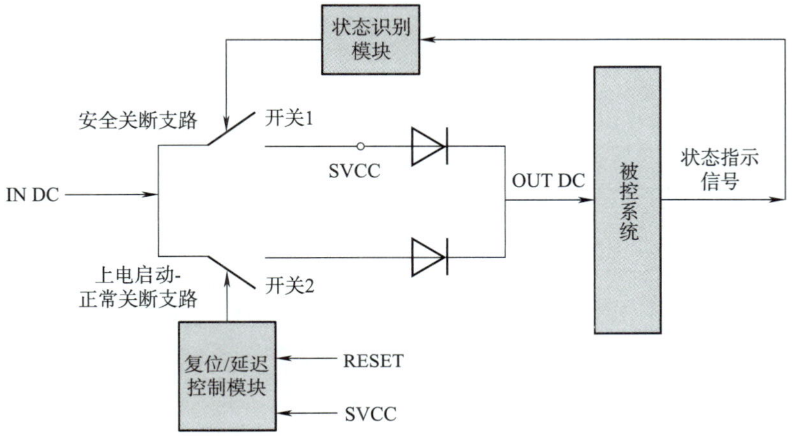

图 5-30　通过关断电源而实现故障—安全的原理

上电启动-正常关断支路是系统初始上电或复位时能够导通的支路；安全关断支路是被控系统正常运行时能够维持的供电支路。为了达到检测出被控系统故障时，安全切断其电源的设计目标，必须使两条供电支路同时断开，通过对两条供电支路间逻辑关系进行设计可以满足这样的设计目标。

图 5-30 所示的原理图中，在上电复位时通过上电启动-正常关断支路建立电源，给被控系统提供电源。被控系统上电后输出状态指示信号，状态识别模块通过状态指示信号来判定被控系统的工作状态是否正常。当被控系统工作正常时，状态识别模块生成的关断信号会导通安全关断支路的开关 1，建立电源给被控系统供电，此时两条供电支路同时给被控系统供电。在安全关断支路导通同时延迟一定的时间后，复位/延迟控制模块会自动断开开关 2，切断上电启动-正常关断支路，此时只通过安全关断支路给被控系统供电。一旦被控系统出现故障，无法正常输出状态指示信号，那么状态识别模块就会及时识别出被控系统的异常，输出关断信号控制开关 2 断开安全关断支路，此时所有给被控系统提供电源的支路都被断开，使整个系统导向安全，系统工作的流程如图 5-31 所示。

从上述工作原理可以看出，两条供电支路是否能够导通，分别受控于状态识别模块和复位/延迟控制模块。

状态识别模块完成对被控系统工作状态的判断，为了实现故障—安全的目的，避免发生固“0”或固“1”的错误，要求被控系统正常工作时输出周期变化的电平信号。状态识别模块通过

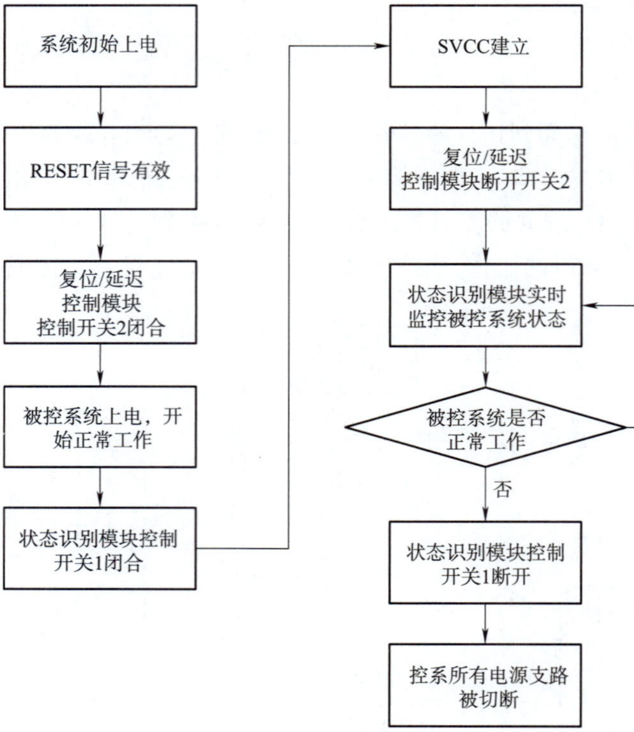

图 5-31　被控系统工作流程

解码电路来识别被控系统发出的状态信号是否正常，当被控系统正常工作时，状态识别模块会导通这一供电支路的开关，维持系统正常工作，经过开关后的电源称为 SVCC。当状态识别模块检测不到状态信号或者解码异常时都会判断被控系统的工作状态出现了异常，从而断开安全关电支路。

复位/延迟控制模块在初始上电或复位时导通开关 2 给被控系统供电，在被控系统正常工作后，又要控制开关 2 断开，以便实现故障—安全的功能。复位/延迟控制模块可以使用触发器来实现，图 5-32 给出了使用 D 触发器来实现复位/延迟控制功能的原理。

上电复位时 RESET 信号对 D 触发器置位，使开关 2 导通给被控系统供电，被控系统正常工作后，状态识别模块控制开关 1 导通，使 SVCC 建立。经过延迟后，SVCC 作为 D 触发器的时钟锁存“0”使开关 2 关闭，此时自关断电源输出的 12 V 电源只通过开关 1 输出。一旦被控系统出现错误导致不再输出代表正常工作的周期变化信号而将开关 1 关闭，使 FTSMU 电源关闭，从而使对应的二取二单系电源关闭。

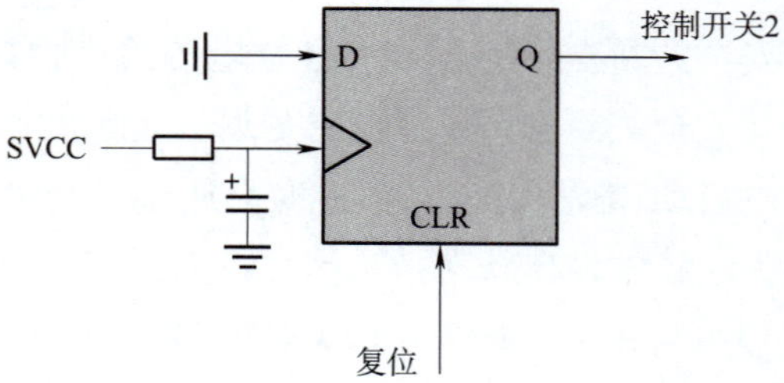

图 5-32　复位/延迟控制模块原理

对于电源开关，可以选择机械继电器、光电继电器或自行使用大功率三极管或 MOS 管设计电子开关。机械继电器的优点是导通电阻小，但其开关寿命与通过电流有关，且寿命相对短，大电流型号价格昂贵。光电继电器控制简单，但大电流型号价格昂贵。使用大功率三极管或MOS管设计电子开关则不存在上述缺点，因此大功率三极管或MOS管来实现电子开关的功能。图5-33给出了使用大功率三极管来实现电子开关的原理图，当控制端信号为高电平时，三极管1和三极管2同时导通，电子开关处于闭合状态；当控制端信号为低电平时，三极管1和三极管2同时截止，电子开关处于断开状态。

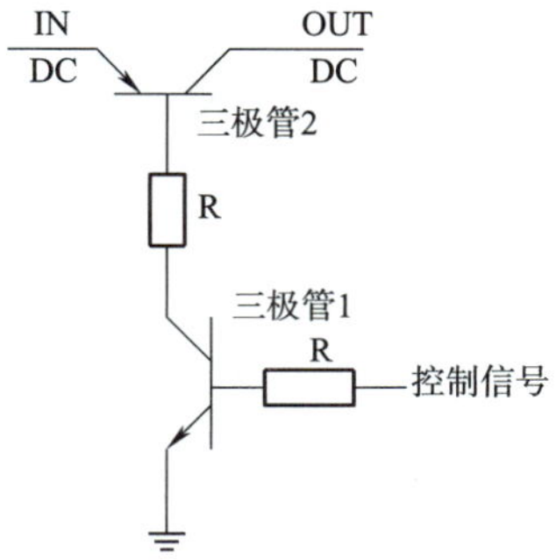

图5-33　使用大功率三极管来实现电子开关原理

开关和对应的控制电路需要考虑必要的冗余和安全设计要求，可以选择冗余配置的开关及控制电路。对于安全性要求较高的系统，使用如图5-34所示的串联双模结构，对于安全性、可靠性都要求较高的系统而言，使用如图5-35所示的四模冗余结构。需要指出的上述2个支路的并联二极管也要根据冗余结构选择如图5-34、图5-35所示对应的串联双模和四模冗余结构。

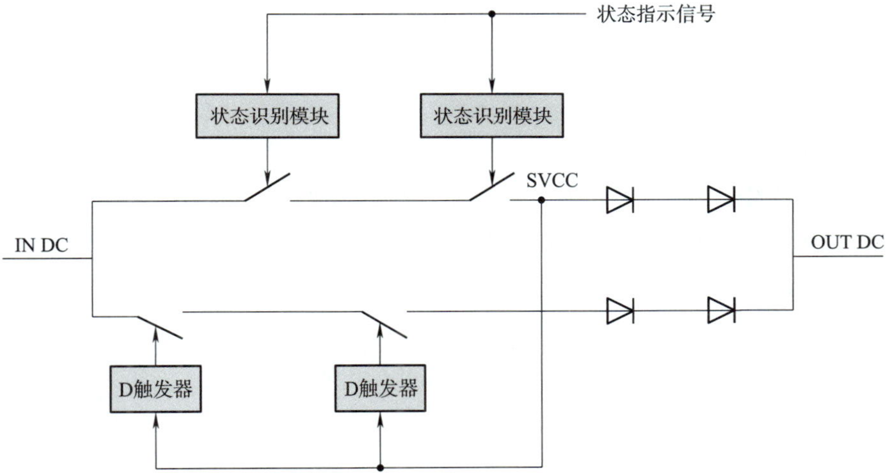

图5-34　开关及控制电路串联双模结构

三、强故障—安全电路设计

在故障—安全技术的发展历程中，故障—安全逻辑系统曾经主要是以非对称错误特性的元件为基础构成的，然而实现具有非对称错误特性的元件往往是一种很困难的事情。可是，随着微电子技术的飞速发展，人们试图使用通用的集成电路芯片等对称错误特性的元件实现故障—安全逻辑系统，这对故障—安全技术的发展具有非常重要的意义。但是，当把这种故障—安全逻辑实用化的时候，必须解决如何对它的错误进行实时检测的问题，为此，日本学者提出了用两个逻辑值0和1以外的第三值的方案，把第三值作为错误检出来使用，继而提出了双轨逻辑和多轨逻辑系统，后来被自校验逻辑电路所继承。

（一）自校验逻辑电路基本概念

自校验逻辑电路是指本身具有在通常的工作过程中检出内部故障能力的电路的总称，它

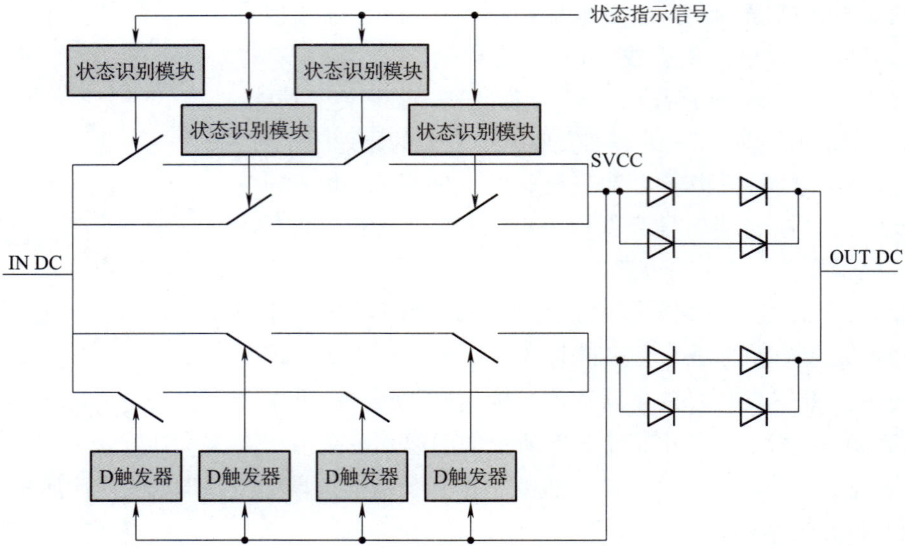

图 5-35 开关及控制电路四模冗余结构

具备如下三个特点：

（1）用错误检测码把输出编码化；

（2）按照一旦发生故障，在电路的输出端输出非编码字的原则构成功能电路；

（3）用检查电路监督功能电路的非编码字输出，一旦错误发生、向外部发出通知路本身发生故障时也发出通知。

在自校验逻辑电路中有一种称为完全自校验的逻辑电路，完全自校验逻辑电路的模型如图 5-36 所示，它包括一个功能电路和一个检查电路检测器。

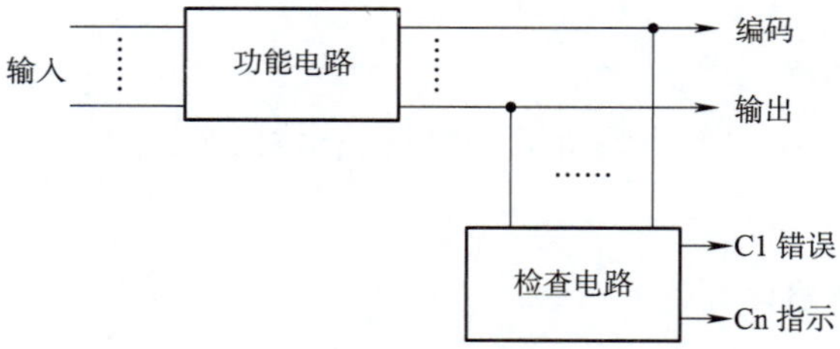

图 5-36 完全自校验逻辑电路的一般结构

其中，完全自校验的功能电路必须具有以下两个基本特性：

第一是它的自测试性。对电路指定故障集合中的每一个故障，至少有一个编码输入，使电路对应的输出是非编码字。

第二是它的故障保险性。对电路指定故障集合中的每一个故障，对编码输入，电路或者仍给出正确的编码输出，或者输出非编码字。

检查电路的作用是检查功能电路输出码字的有效性，它将功能电路的码字输出映射为检查电路的码字输出，将功能电路的非码字输出映射为检查电路的非码字输出，检查电路的这种特性称作代码分离性。因此，通过对检查电路输出的观察可以检测到功能电路或检查电路本身的任何规定故障(即设计时规定的可以检测的故障)，但是，内检查电路输出提供的信息，不能确定故障是在功能电路还是在检查电路本身。

自校验逻辑电路是用硬件与编码相结合、检测故障的一种手段，比用软件进行故障测试有如下优点：

(1)永久性故障一旦出现，总可以被检测到，从而防止故障在系统中扩散；

(2)在系统中适当地分布自校验逻辑电路，为故障定位提供了方便；

(3)可以省掉或大大简化软件诊断程序。

自校验逻辑电路也有以下不足之处：

(1)为了实现功能电路的自校验，必须附加一些硬件，这将增加硬件的开销；

(2)用以检查编码输出的检查电路自身发生故障时，也必须能够提供出错信息，否则检查电路故障有可能导致漏检故障。

但是，由于大规模集成电路的发展，硬件的成本显著下降，在芯片上增加一些检查电路并不困难，对成本也无太大的影响。至于缺点(2)，可以通过进一步的理论研究获得解决。

(二)完全自校验检测器

完全自校验检测器一般采用双输出端，且进行检错编码。最简单的码距为 2 的检错码有两种方案；一是双重编码，编码集合={00,11}；二是二取一编码，编码集合{01,10}。双重编码的 TSCC 检测器的输出为 01 或 10 时指示错误；而二取一编码时，检测器输出为 00 或 11 时指示错误，一般采用二取一编码。

检测器采用单输出是不能实现完全自校验特性的，因为只要检测器输出端发生单固定故障就检测不出来，所以要采用编码的双输出端。

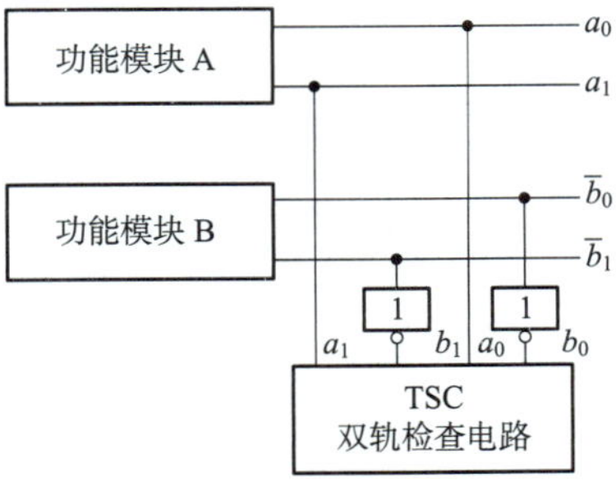

图 5-37 双轨检测器结构

设被检测器所检测的功能电路是两个相同的功能模块，每个功能模块的输出有两个比特，分别为 $a_0a_1\ \overline{b_0}\,\overline{b_1}$。如果是把其中一个功能模块的输出全部反相，同另一个功能模块的输出一起送至检测器，如图 5-37 所示，则检测器把两组二取一编码的输入对转换成二取一编码的输出对。

两输入对为(a_0,b_0)、(a_1,b_1)，它们满足如下关系：

$$a_i=\overline{b_i}\,(i=0,1)$$

检测器的输入矢量为(a_1,b_1,a_0,b_0)，输入代码集合 I 为：

$$I=(0101,0110,1001,1010)$$

相应的输出代码集合 $C=\{01,10\}$，输出矢量为(c_1,c_0)。

应满足如下关系式：

$$c_1=a_1b_0+b_1a_0$$

$$c_0=a_1a_0+b_1b_0$$

根据这个关系式可以写出它的真值表，见表 5-3。

表 5-3　双轨检测器真值表

a_1	b_1	a_0	b_0	c_1	c_0
0	0	0	0	0	0
0	0	0	1	0	0
0	0	1	0	0	0
0	0	1	1	0	0
0	1	0	0	0	0
0	1	0	1	0	1
0	1	1	0	1	0
0	1	1	1	1	1
1	0	0	0	0	0
1	0	0	1	1	0
1	0	1	0	0	1
1	0	1	1	1	1
1	1	0	0	0	0
1	1	0	1	1	1
1	1	1	0	1	1
1	1	1	1	1	1

这种检测器可以用两级与非门实现，也可以用一级与门、一级或门实现，如图 5-38(a)、(b)所示，它们的方框符号如图 5-38(c)所示，称为 N^2 完全自校验检测器。

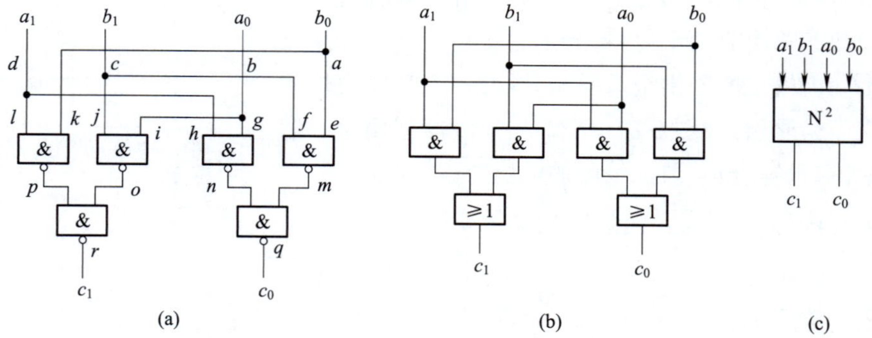

图 5-38　N^2 完全自校验检测器

表 5-4 给出了图 5-38(a)电路所有可能的单固定故障分析，从该表中可以看到，对每个故障，总会有一个编码输入，使得输出为非码字 00 或 11，所以电路对单固定故障集合是自测试的。从该表中还可以看到，对电路的单固定故障和编码输入，检测器输出或者是正确的码字，或者是非码字，而不会出现错误的码字。所以，电路对于单出定故障集合是故障保险的。这样一来，图 5-38(a)电路是一个完全自校验逻辑电路。对于 5-38(b)电路也可做类似的分析，它

同样也是一个完全自校验检测器。

表 5-4　自校验检测器单固定故障分析

输入				正常输出		单 s—a—1 故障对输出 c_0c_1 影响 (h)(g)(l)(k)													
b_0	a_0	b_1	a_1	c_0	c_1	a	b	c	d	e	f	i	j	m	n	o	p	q	r
0	1	0	1	1	0	11	10	11	10	10	10	10	11	10	00	10	10	10	11
0	1	1	0	0	1	11	01	01	11	11	01	01	01	01	01	00	01	11	01
1	0	0	1	0	1	01	11	11	01	01	11	01	01	01	01	01	00	11	01
1	0	1	0	1	0	10	11	10	11	10	10	11	10	00	10	10	10	10	11
输入				正常输出		单 s—a—0 故障对输出 c_0c_1 影响 (f)(h)(j)(l)													
b_0	a_0	b_1	a_1	c_0	c_1	a	b	c	d	e	g	i	k	m	n	o	p	q	r
0	1	0	1	1	0	10	00	10	00	10	00	10	10	10	10	11	11	00	10
0	1	1	0	0	1	01	00	00	01	01	01	00	01	11	11	01	01	01	00
1	0	0	1	0	1	00	01	01	00	01	01	01	10	11	11	01	01	01	00
1	0	1	0	1	0	00	10	00	01	00	10	10	10	10	10	11	11	00	10

当两个功能模块有 n 比特输出时，分别为$(a_0a_1\cdots a_{n-1})$、$(b_0b_1\cdots b_{n-1})$。此时可用 N^2 完全自校验检测器作为基本单元组成一棵检测树。图 5-39 给出了 $n=8$ 比特的双轨代码完全自校验检测器的电路结构。

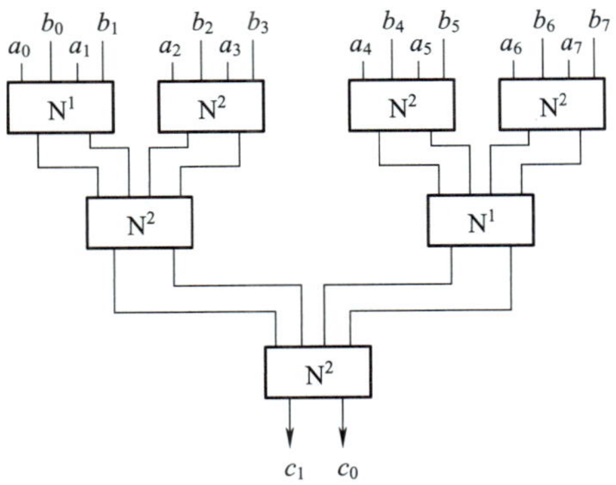

图 5-39　8 比特的双轨代码完全自校验检测器

（三）基于完全自校验的强故障—安全电路设计

完全自校验检测器具有代码分离性、自测试性和故障保险性，Michael Nicolaidis 在 1998 年 IEEE Transactions on Computers 所发表的论文"Fail-safe interfaces for VLSI：theoretical foundations and implementation"给出了基于完全自校验和双通道比较实现强故障—安全的方法。

举例来说，一般的双机故障—安全输出电路可采用图 5-40 原理结构，其逻辑表达式为 $O_1 = F_e \cdot S_1 \cdot S_1^* = \overline{\overline{F_e \cdot S_1} + \overline{S_1^*}}$。

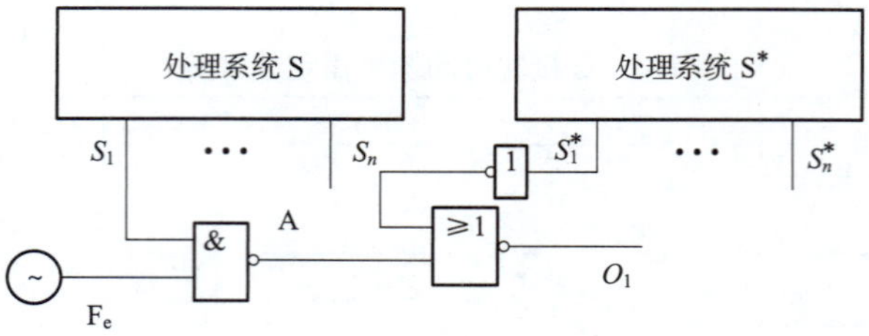

图 5-40 一般的双机故障—安全输出电路

如果直接利用 $O_1=F_e\cdot S_1\cdot S_1^*$ 实现逻辑功能，由于使用 2 个与门，容易发生同样的故障而导致危险故障的可能性增大，而利用 $O_1=\overline{\overline{F_e\cdot S_1}+\overline{S_1^*}}$ 逻辑功能则能避免这种错误，但是如果图中的与门发生输入固“1”或或门发生输入固“0”，仍然会导致危险故障。

所以，Michael Nicolaidis 给出了如图 5-41 所示的强故障—安全比较器的原理电路。

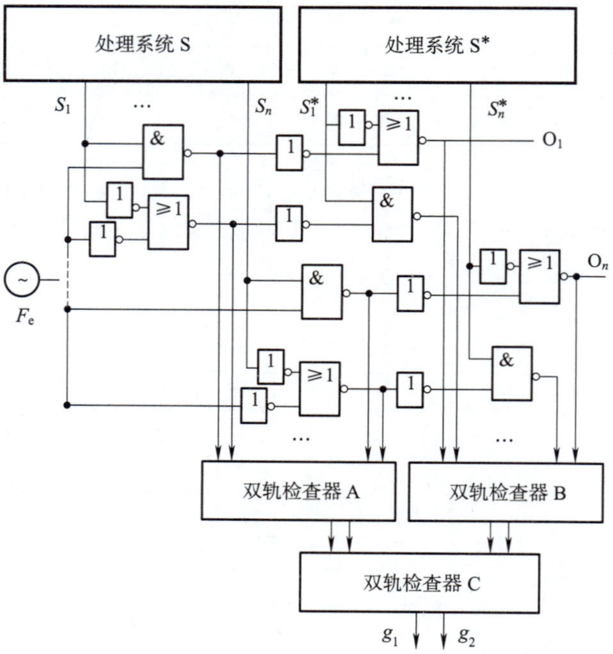

图 5-41 强故障—安全比较器电路

该电路使用了$\overline{O_1}=\overline{\overline{\overline{F_e}+\overline{S_1}}\cdot S_1^*}=\overline{F_e\cdot S_1\cdot S_1^*}$通道对 $O_1=\overline{\overline{F_e\cdot S_1}+\overline{S_1^*}}=\overline{F_e\cdot S_1}\cdot S_1^*$ 通道进行逻辑实现过程的冗余比对，2 对符合自校验条件的逻辑信号作为安全关断电路的校验信号送入双轨校验电路，它们是：$\overline{F_e\cdot S_1}$、$\overline{\overline{F_e}+\overline{S_1}}=F_e\cdot S_1$ 和 O_1、$\overline{O_1}$。

如果关断电路出现问题 2 对双轨信号则会反映，即只要有 1 对信号为：(1,1)或(0,0)则 g_1、g_2一定会出现(1,1)或(0,0)。

构成更高安全的关断电路，如图 5-42 所示，由于使用了交叉级连的关断电路，相当于串联电路，关断电路的安全性更高。

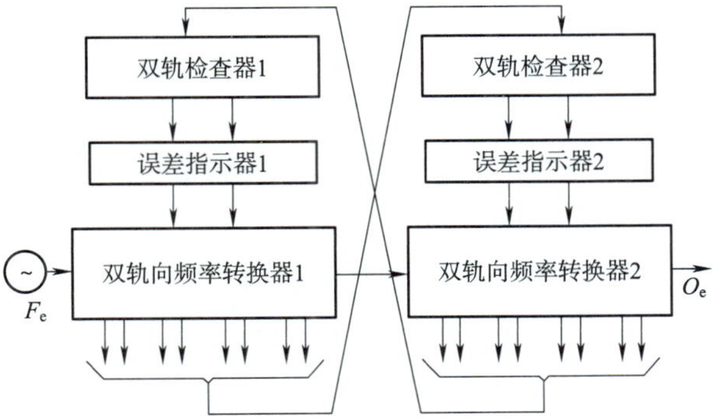

图 5-42　交叉级连关断电路

可使用上述方法在 FPGA 中实现二取二、三取二等结构所需要的强故障—安全数据比较器。

四、诊断设计

(一)一般要求

列控安全计算机应提供诊断功能，诊断功能是满足列控安全计算机安全冗余结构约束和随机硬件危险故障概率要求所必须的，同时也是一种有助于发现使列控安全计算机能力降低，但可能不会被立即检测出来的局部故障的手段。

如果列控安全计算机在检测到故障时，需要使用诊断以获得所要求的安全完整性等级指标，则应执行指定的故障—安全反应功能。

诊断应包含及时探测和报告列控安全计算机各类故障。诊断不能影响列控安全计算机执行其安全功能的能力，或引起安全功能的误动作。

列控安全计算机的验证与确认过程应包括诊断部分。

诊断可采用与列控安全计算机相同的安全冗余结构，差异结构亦可。

(二)分级诊断

分级诊断原则主要针对 COTSH 越来越广泛地使用所导致的复杂处理器及与其相关的存储器和其他外设充分诊断的现状，解决“自己诊断自己”的逻辑难题，从而提高诊断覆盖率。具体而言：

(1)所有输入通道均应通过读取特定数值的输入量来进行诊断，输入诊断由处理器发起，诊断周期固定，一般与处理器控制周期相同，在处理器控制周期内的特定时段内完成。

(2)二取二结构的输入通道在每个处理器控制周期内进行输入量的二取二比较，任何数字量排除独立采集时可能出现的瞬间差异后仍存在不一致或模拟量、脉冲量偏差超出预定范围，则认为二取二结构的此输入量的 2 组输入通道出现问题而不再认可此输入量。

(3)所有输出通道均能通过对特定数值的输出量进行反馈来完成诊断，考虑到输出可能关乎安全，因此输出诊断由特定列控应用发起，处理器控制，在特定的时段内完成。

(4)输出通道在每个处理器控制周期内进行输出反馈，并与实际输出值比较，数字输出量一旦不一致或模拟输出量、脉冲输出量偏差超出预定范围，则认为该输出通道出现问题，其对应的二取二结构的此输出应导向安全。

(5)列控安全计算机每一系中的处理器及与其相关的存储器和其他外设的诊断，主要依赖于二取二结构的 2 组硬件与软件配合，在 FTSMU(第三方)的监督下，异步完成相同的确定性工作，并在处理器每个控制周期内，对特定时段内各自独立完成的执行结果进行相互比较，只有完全一致诊断结果才会判定二取二结构的 2 组处理器及相关存储器和其他外设正常。

(6)在列控安全计算机初始上电时刻，处理器完成对其自身及与其相关的存储器和各种输入、输出以及其他外设的常规扫描诊断。

五、输入输出的安全性设计

(一)安全输入/输出接口一般要求

安全输入/输出信号应定义其安全侧。应保证其长期使用的高稳定性和高可靠性，并按故障—安全原则进行设计。

设计时应对可能发生的故障进行假设，并根据故障假设采取防护措施。设计时除各种故障假设外，还应考虑电源瞬间停电或电源波动超限以及接口、通道与外部连接线路的断线、短路、混线与接地等异常情况的影响。并应使用物理分隔的线缆以尽量最小化共因故障的影响，并满足冗余及可用性要求。

列控安全计算机安全输入/输出亦应考虑可靠性指标要求，任何单一故障不应使安全输入/输出功能丧失。

完成安全输入/输出功能的硬件与完成列控安全计算机控制功能、列控应用功能的硬件应尽量分开。

安全输入/输出接口应满足电气隔离要求，宜采用光电隔离方法。

安全输入/输出可能发生几个冗余模块同时出现故障的情况，为排除或减少几个部件同时发生故障的可能性，在设计时应考虑外部事件对设备造成的共因故障。

安全输入/输出功能应以连续的固定周期方式运行，循环周期应与列控安全计算机的控制周期要求相适应。

安全输入/输出应采取静态冗余编码、动态冗余编码、参数限界冗余、故障检测以及其他特殊的工作原理等方法以防止风险发生。

采用故障检测法应考虑检测方法自身符合故障—安全设计原则。如果检测到安全输入/输出故障时，可采取向其上一层发出警告、隔离发生故障的传输路径以及提供故障检测日志等方法。

(二)故障—安全输入接口

故障—安全输入接口必须做到以下两点：

(1)采用光电隔离技术。通常接点输入电路要经过光电耦合器才能接至输入接口，以便有效地抑制接点输入电路的电磁干扰。

(2)采用编码输入或过程输入方式，以便有效地实现故障—安全原则。过程输入方式又有两类：输入接口采用多重模块结构，并使用软件进行校验的空间冗余法，采用诊断技术检查输入值的时间冗余法。

1. 编码方式的故障—安全输入接口

这种输入接口的结构如图 5-43 所示，图中是将轨道电路的轨道继电器 GJ 的状态输入到计算机、采用编码方式的故障—安全输入接口。

图 5-43 中将轨道电路的空闲状态(危险侧)用 GJ 的吸起来表示,对应的编码为 1111;轨道电路的占用状态(安全侧)用 GJ 的落下来表示,对应的编码为 0000。微机对读入的编码进行"与"运算,如果结果为 1,则认为轨道电路在空闲状态,如结果为 0,则判定为轨道电路在占用状态或者输入接口有故障。从理论上讲,码位愈多则安全性愈高,然而可靠性和经济性也愈低,采用 4 位编码是一个折中的方案。编码输入计算机后,其长度扩充至 8 位,以保证运算和存储的安全。

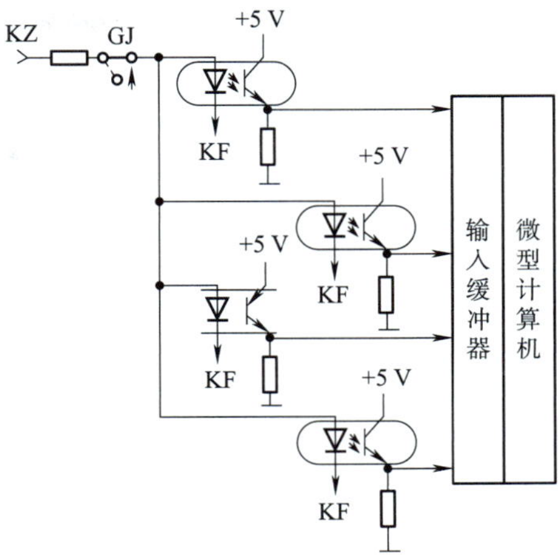

图 5-43　编码方式故障—安全输入接口

2. 采用诊断技术检查输入值的时间冗余法

图 5-44 给出了这种方法的两个电路,图 5-44(a)中用了两个光电耦合器 G_1 和 G_2。G_1 的输出级和 G_2 的输入级并联,并由输入信号 GJ 接点控制其电源的通断。G_1 的输入级和 G_2 的输出级共用微型计算机 5 V 电源,且 G_1 的输入级由微型计算机的输出进行控制。若微型计算机按 1010…输出控制信号,当 GJ 接点闭合时,则计算机就会从输入接口电路接收一个与控制信号反相的信号0101…。当 GJ 接点断开或 G_1、G_2 发生故障时,计算机的输入接口只能收到稳态信号,因此是故障—安全的。图 5-44(b)的工作原理与图5-44(a)相同,只是 G_1 的输出级与 G_2 的输入级是串联的,当 GJ 接点闭合时,则计算机就会从输入接口电路接收一个与控制信号反相的信号 1010…。当 GJ 接点断开或 G_1、G_2 发生失效时,计算机的输入接口只能收到稳态信号。

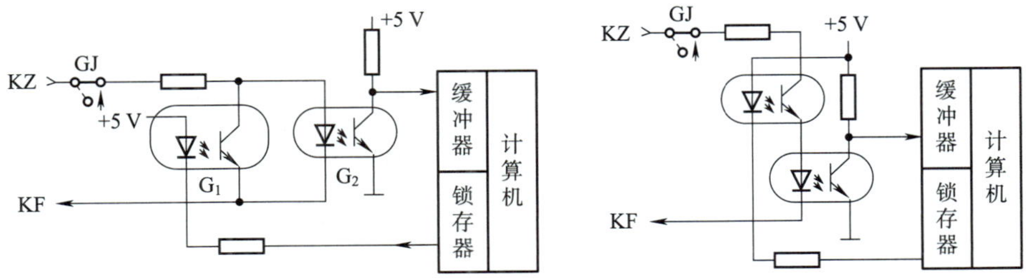

(a)　　(b)

图 5-44　检查输入值的时间冗余法(1)

图 5-45 给出了这种方法的另外一个实用电路。当计算机在 t_0 的输出为 $Q_1(t_0)Q_2(t_0)=01$ 时,继电器接点处于吸起状态(如 J_0),输入 $D_0(t_0)=1$,继电器接点处于落下状态(如 J_7),输入 $D_7(t_0)=0$。

当计算机在 $t_1(>t_0)$的输出为 $Q_1(t_1)Q_2(t_1)=10$ 时,继电器接点处于吸起状态(如 J_0),输入 $D_0(t_1)=0$;继电器接点处于落下状态(如 J_7),输入 $D_0(t_1)=1$。

对继电器接点的这样的一次采样结果为:

继电器接点吸起状态:$\langle D_i(t_1),D_i(t_0)\rangle=\langle 0,1\rangle$

继电器接点落下状态:$\langle D_i(t_1),D_i(t_0)\rangle=\langle 1,0\rangle$

输入接口电路单故障时:$\langle D_i(t_1),D_i(t_0)\rangle=\langle 0,0\rangle$

$\langle D_i(t_1),D_i(t_0)\rangle=\langle 1,1\rangle$

总之，在输入接口电路故障时，计算机输入接口只能收到稳态信号。

3. 采用多重模块结构并使用软件进行校验的空间冗余法

日本国铁研制的 SMILE 系统就是采用多重模块结构的输入接口电路，如图 5-46 所示。一个继电器接点输入接口是由三个模块组成的，每个模块包括光电隔离、锁存器、缓冲器等部件，每一个模块的输出分配到三个计算机的总线上。每个计算机分三次读取数据，用软件检查三个数据的一致性。

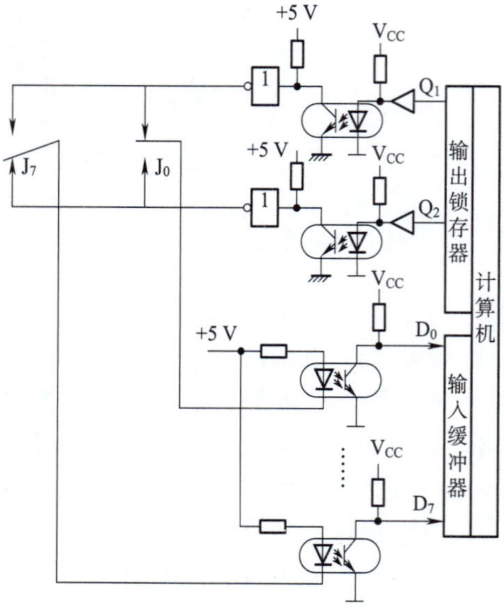

图 5-45　检查输入值的时间冗余法(2)

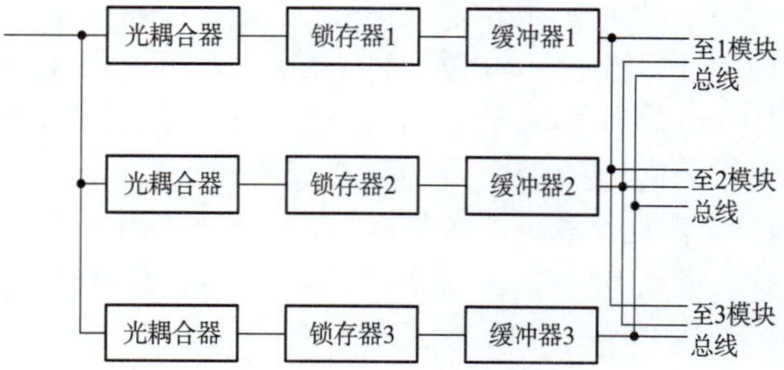

图 5-46　空间冗余法故障—安全输入接口

(三)故障—安全输出接口

在微型计算机化的铁路信号设备中，计算机输出的控制命令，通常还是用信号继电器来执行。从计算机到信号继电器间需采用代码→动/静态和动/静态→电平两级变换电路，使其输出足够的驱动功率，并满足故障—安全的要求。

代码→动/静态变换电路是常见的安全输出方式，这种变换可分成软件和硬件变换两种类型。软件变换是根据逻辑运算结果(代码形式)需要输出危险侧控制信号时，借助软件的执行使计算机不断输出脉冲串，这种方式节省了硬件，但占用了软件运行时间。硬件变换可以采用振荡式故障—安全逻辑元件来实现，也可以采用移位寄存器来实现。后者的基本原理是将危险侧代码先并行输送到移位寄存器中，而后再由控制时钟推动移位寄存器使其输出串行脉冲序列。

动/静态→电平变换电路，这是一种只有当输入为脉冲序列时其输出才为高电平，而在输入为稳态电平或电路发生故障时均为低电平的输出电路。所以称这类电路是动态鉴别电路，又称故障—安全驱动电路，图 5-47 给出了两种动/静态→电平变换电路。其中图 5-47(a)是输出脉冲经由放大器、脉冲变压器和整流器，在 A、B 点之间形成直流电源，根据需要可连接一个安全型继电器作为控制输出。本电路中，放大器本身必须设计成不会因元器件性能改变和故障产生自激振荡。脉冲变压器的主次线圈之间绝缘良好。这些要求是容易实现的。图 5-47(b)是一个不用变压器而必须采用安全型偏极继电器的鉴别电路，其工作原理是由输出脉冲驱动晶体管 B_1 和 B_2 交替地导通和截止。当 B_1 导通和 B_2 截止时，电容 C_1 经由 B_1 和 D_1 充电，当 B_1 截止和 B_2 导通时，电容 C_1 经由 B_2、偏极继电器 J 和 D_2 放电。根据输入脉冲的频率和占空比，适当选择 R 和 C_1，继电器 J 就能由 C_1 的放电电流励磁吸起，C_2 是使 J 缓放的。

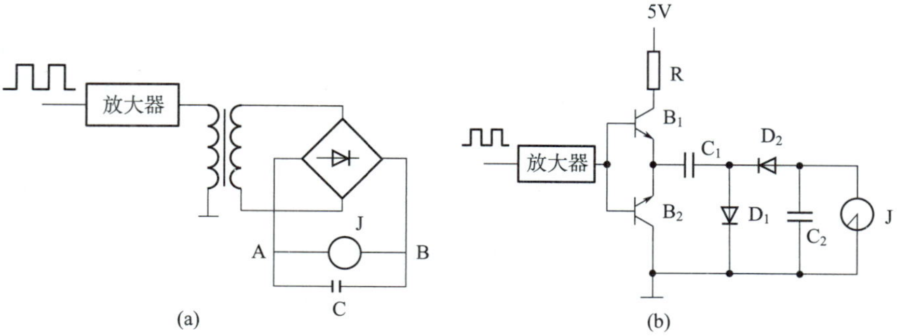

图 5-47　动/静态→电平变换电路

为了防止 B_1、C_1 和 D_2 都击穿时而使继电器 J 错误励磁，J 必须采用偏极性继电器以鉴别电流方向。

当 B_1 断路或 B_2 短路或 D_1 断路或 C_1 击穿，都不能构成 C_1 的充电回路；当 B_1 短路或 B_2 断路或 D_1 短路，C_1 都不能向 J 放电。所有这些故障的结果，都不会使继电器 J 保持吸起或不能吸起，因而是故障—安全的。

最后还必须指出，输出电路和计算机之间也需要经过光电耦合器进行隔离，以便有效地抑制输出电路的电磁干扰。

以下概括地介绍一下日本国铁研制的 SMILE 系统采用的输出电路，由于该系统的故障—安全比较器不能检测输出电路的故障，所以对直接控制信号设备的输出电路必须采用故障—安全型输出电路。如图 5-48 所示，它由电平变换电路、C 型故障—安全逻辑单元、故障—安全继电器驱动电路所组成。

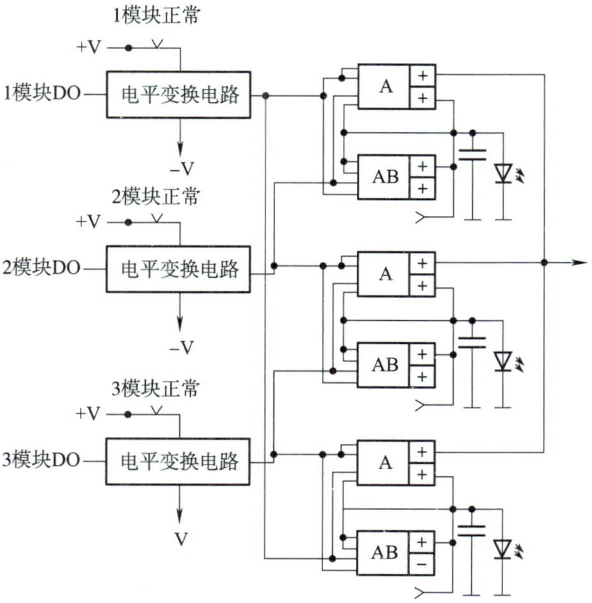

图 5-48　日本国铁 SMILE 系统输出电路

由于C型故障—安全逻辑单元的输入逻辑电平是±15 V，所以在它和计算机输出口之间设置电平变换电路。

为了提高故障—安全输出电路的可靠性，采用了三个模块输出(1模块DO、2模块DO、3模块DO)的多数判决逻辑。该电路有三个C型故障—安全逻辑单元A，分别对两个模块的输出实现“与”操作，用以检查两个模块的输出是否同时为“1”。然后把三个A单元的输出构成“线或”操作，实现多数判决逻辑操作，结果，在三个或操作。实现多数判决逻辑操作，结果，在三个模块的输出中，只有在两个模块的输出同时为“1”时，才产生“1”的外部输出信号。除此以外的情况，外部输出均为“0”，系统是按外部输出信号为“0”作为安全侧设计的。

在比较器判定为哪一个模块发生故障时，或监督定时器发生溢出时，用继电器接点切断该模块的电平变换电路的电源。使该模块的输出转变为“0”，将系统自动地转换到双模运行。

虽然用A单元对每两个模块的一致性进行着监督，但是如在发生不一致时，如果不及时处理，就会有由双模运行变为系统停机的风险。所以输出电路要有检出不一致的功能，以便在其停机以前能够及时进行维护工作，为此增加了AB单元，AB单元检测是否同时输入0。当A单元和AB单元都没有一致输出时，断开发光二极管的供电电源，让发光二极管熄灭。为了提高可维修性，需要使这个状态保持到维护人员知道为止。为了满足这一要求，把使发光二极管亮灯的输出通过保险环反馈到AB单元的输入端，在发生不一致时，由于对AB单元的反馈输入条件为“0”，就是以后两个模块的输出值一致也不会输出“1”，结果，不一致的状态被记录下来。

六、EMC及防雷设计

(一)电源

电源线的入口处必须安装电源滤波器，电源滤波器的选择基于以下原则：

(1)根据电源类型(交流或直流)选用对应的滤波器；

(2)注意滤波器的电压和电流标称值应满足设备的要求；

(3)应根据设备的负载类型(感性或容性)选择滤波器的电路形式(π型或T型)；

(4)根据骚扰发射的情况对应滤波器插入损耗曲线选择。

电源滤波器的安装应遵循以下原则：

(1)在电源入口处就近安装，使电源线进入机箱就接上滤波器；

(2)滤波器的接地线越短越粗越好；

(3)滤波器壳体与机箱良好搭接，避免滤波器的壳体和机箱之间有绝缘漆；

(4)滤波器输入输出线分开，不能并行或来回交叉，否则会大大降低滤波器的滤波效果；

(5)尽量避免其他信号线与电源线并行走线；

(6)避免附近有强干扰源，如果有，应对其加以屏蔽；

(7)尽量避免把滤波器安装在电路板上。

关于电源输出的滤波，应保证在设备内部的AC/DC或DC/DC的输出部分设置LC网络的滤波电路。

为了顺利通过电快速瞬变脉冲群、浪涌、振铃浪涌等测试，在电源输入口应设计瞬态骚扰抑制电路。常用的瞬态抑制器件有：气体放电管、金属氧化物压敏电阻和TVS管。

气体放电管具有高绝缘电阻、很强的浪涌吸收能力、适用于作为电路的一次保护；但是它的响应速度较慢，微秒级，因此对上升时间更短的骚扰应与其他两种瞬态抑制器件配合使用。

另外，气体放电管原则上只能用于交流电路。

金属氧化物压敏电阻具有响应速度快（ns 级）、残压比为 1.7～1.8、有较大的电容量，不适于在高频电路中工作、有一定的寿命（决定于遭受冲击的能量）等特点。

一般选用的压敏电压是电路工作电压的 1.4～1.6 倍，注意有效值和峰值的换算，如 220 V 交流应选择 220×1.4×1.4＝430 V。如果考虑供电电源的波动，还应适当放宽，为了延长压敏电阻的使用寿命，在电源端口应选用 5 kA 的压敏电阻。

对于电源端口，应安装三个压敏电阻，分别是火线对地、零线对地和火线对零线，另外，安装时引线应尽可能短。

TVS 具有极快的响应时间（ns 级），残压比较小，可用于保护设备或电路免受静电、电感负载切换过程以及感应雷击等产生的瞬时过电压。

一般选用的击穿电压是电路工作电压的 1.3～1.5 倍，在电源线上应使用 5 000 W 及以上的 TVS 管，必须选用双向的 TVS 管。把击穿电压小的 TVS 管串联使用可以提高 TVS 管的功率吸收能力。对于电源端口，应安装三个 TVS 管，分别是火线对地、零线对地和火线对零线，另外，安装时，引线应尽可能短。

（二）接地

设备的接地分为安全接地、工作接地。

安全接地是指在机箱上安装接地螺栓，用宽度不小于 0.8 mm 的编织铜带接地，接地线要尽可能的短。

工作接地要遵循以下原则：

（1）模拟地和数字地分别单点接地；

（2）大功率、大电流的器件单独单点接地；

（3）避免使用长地线接地，必要时使用混合接地。

为了解决地环路问题，要遵循以下原则：

（1）对于模拟信号，可以使用隔离变压器消除地环路的影响；

（2）对于数字电路，可以使用光电耦合器实现隔离；

（3）对低频和直流电路，可以使用共模扼流圈抑制地环路耦合。

当工作频率低（<1 MHz）时，应采用单点接地式（即把整个电路系统中的一个结构点看作接地参考点，所有对地连接都接到这一点上，如图 5-49 所示），以防两点接地产生共地阻抗的电路性耦合。多个电路的单点接地方式又分为串联和并联两种，由于串联接地产生共地阻抗的电路性耦合，所以高频电路最好采用并联的单点接地式，如图 5-50 所示。当工作频率在 1～10 MHz 时，如果采用单点接地，其接地线的长度不应超过波长的 1/20，否则采用多点接地。

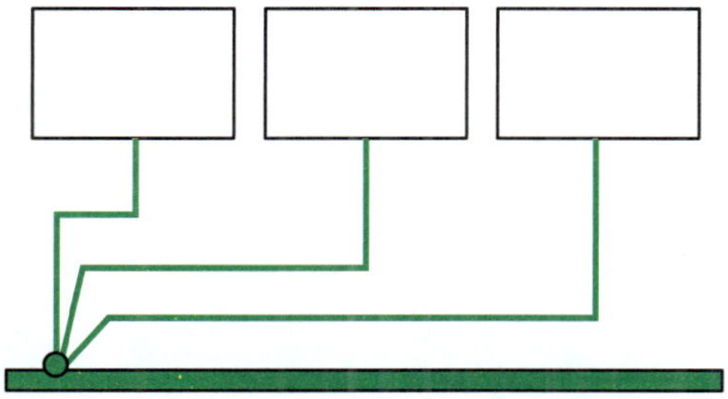

图 5-49　单点接地式

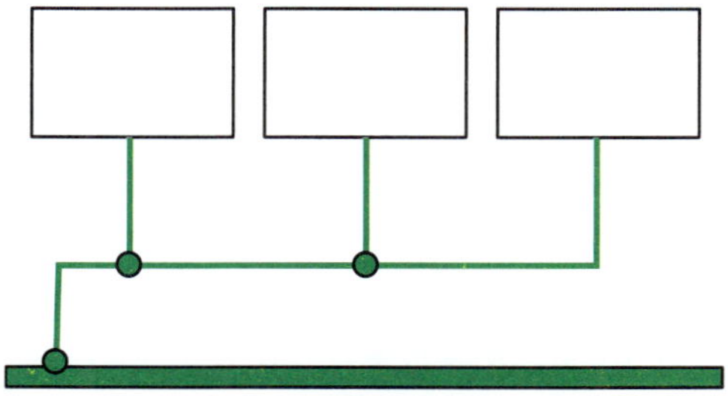

图 5-50　并联的单点接地式

当工作频率高(>10 MHz)时,应采用多点接地式(即在该电路系统中,用一块接地平板代替电路中每部分各自的地回路)。因为接地引线的感抗与频率和长度成正比,工作频率高时将增加共地阻抗,从而将增大共地阻抗产生的电磁干扰,所以要求地线的长度尽量短。采用多点接地时,尽量找最接近的低阻值接地面接地。

(三)信号端口

信号电缆连接头和插座应使用金属材料制成,建议使用航空插头或类似结构的连接头和插座。

信号电缆应使用屏蔽电缆,制作屏蔽电缆时要注意,屏蔽层必须与金属电缆连接器保证良好连接,并且连接应是360°环接。常见的错误有:屏蔽层悬空,屏蔽层成线状连接机箱,屏蔽层与一根芯线相连再接机箱。另外,对于不能使用屏蔽电缆的情况,信号线应使用双绞线并套磁环。

信号线输入端应接信号滤波器以抑制信号线对外的辐射以及从信号线耦合进入设备的骚扰,一般可以使以下几种滤波器:在信号输入线串接磁珠、用L和C组成的滤波网络、光电隔离、共模扼流圈。

磁珠对高频的骚扰有很好的滤波效果,对频率较高的数字信号线建议串接磁珠。磁珠不能满足要求时,可以单独设计L和C组成的滤波网络滤波。

光电耦合器件可以有效地隔离输入和输出,但一般只适用于数字信号,另外为了避免光隔两端的信号相互耦合,应把光电隔离器件布置在接口连接器附近,输入输出线不要并行,避免连接到连接器的引线附近有强干扰源和信号线,必要时可以使用屏蔽电缆。

共模扼流圈对共模骚扰有很强的抑制能力,对所传输的信号无任何影响。

为了抑制电快速瞬变脉冲群、浪涌等瞬态骚扰,应在输入输出信号线的输入端安装瞬态抑制器件,可以选择压敏电阻和TVS管。

信号端口应选用1 kA的压敏电阻或600 W的TVS管,瞬态抑制器件以信号线对大地形式安装,如不能通过试验,可以增加线间保护。

为了机箱内各种走线的美观,需要把走线捆扎起来,捆扎时应遵循以下原则:

(1)对大功率的信号线应单独捆扎;

(2)高速信号线单独捆扎;

(3)敏感信号线应尽量远离上述两种信号线;

(4)各种连线应尽可能地短。

(四)防雷设计

根据铁运〔2006〕26号文的规定,在列控安全计算机电源输入处应设置第Ⅲ级电源浪涌保护器。

当浪涌保护器处于劣化或损坏状态时,须立即自动脱离电路且不得影响设备正常工作。具体而言,浪涌保护器并联应用时,在任何情况下不得成为短路状态;串联应用时,在任何情况下不得成为开路状态。浪涌保护器对地有连接的,除了放电状态,其他时间不得构成导通状态;否则必须辅以接地检测报警装置。

用于电源电路的浪涌保护器,应单独设置;必须具有阻断续流的性能;安装在分线盘(柜)处、电源防雷箱内及工作电压在110 V以上的浪涌保护器应有劣化指示。并联应用的浪涌保护器应能实现热插拔,信号传输线的浪涌保护器应实现即插即用。

地面应用大多数情况下，列控安全计算机使用单相交流电源供电，应采用 L-N、L-PE 和 N-PE 的单相电源防雷方式，如图 5-51 所示。交流电源浪涌保护器的冲击通流容量≥10 kA，限制电压≤500 V。

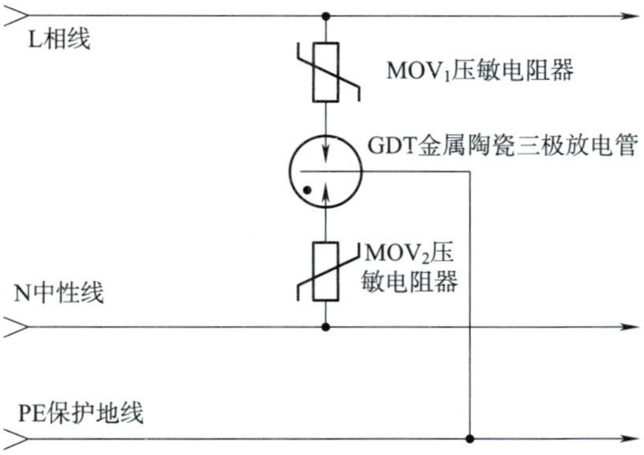

图 5-51　单相交流电源供电

根据 TB/T 2311—2002 要求：金属陶瓷三极放电管和压敏电阻器串联后的直流放电电压（标称导通电压 U_n）必须大于交流工频电源电压的 2.2 倍，对于交流 220 V 电源，标称导通电压 U_n 必须大于 484 V。

金属陶瓷三极放电管和压敏电阻器串联后防雷单元，因为无漏流，不会长期接入交流 220 V 电源后产生劣化。

电源防雷箱的功率应大于被保护设备总用电量的 1.2 倍，并联型单相电源防雷箱安装原理图如图 5-52 所示。需要注意的是，防雷部分置于总开关之后，防雷部分也需接入开关。

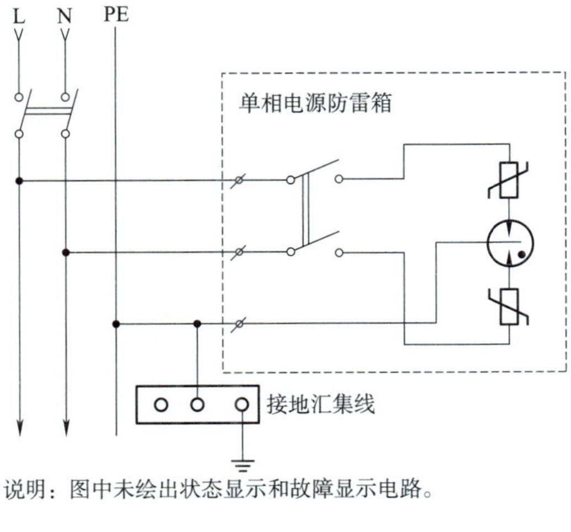

图 5-52　并联型单相电源防雷箱安装原理

当微电子设备电源引入前安装的并联型交流电源防雷箱限制电压达不到要求时，应采用带滤波器的串联型电源防雷箱，如图 5-53 所示。

单相串联电源防雷箱应为即插即用型。串联接入电源电路，电源侧（输入）为插头，用户侧

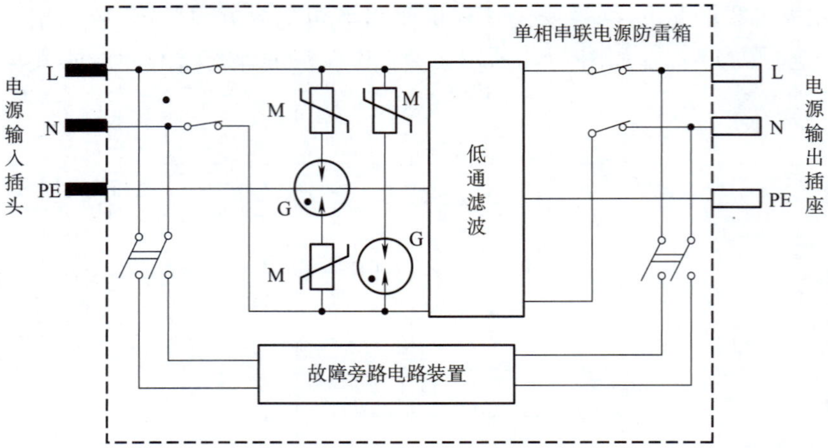

图 5-53　带滤波器的串联型电源防雷箱

(输出)为插孔。单相串联电源防雷箱的选用与用电设备的功率一致,如 UPS 为 3 kVA,防雷箱的输出功率应当为 3 kVA,单相串联电源防雷箱宜设置故障旁路电路装置,当防雷箱内部故障时能及时使电路直通。

直流电源浪涌保护器的选取原则为:工作电压 24 V 时,限制电压 75 V;工作电压 48 V 时,限制电压 110 V;工作电压 110 V 时,限制电压 220 V;工作电压 220 V 时,限制电压 500 V。

电源浪涌保护器的安装,应遵循以下原则:

(1)单相稳定电流小于 100 A 的机房,电源线与防雷箱的连接线长度不得大于 0.5 m,受条件限制连接线长度大于 0.5 m 时,应采用凯文接线法连接。防雷箱接地线必须与电源保护地线(PE)连接,并就近与接地汇集线连接。

(2)连接线应采用塑料外护套多芯铜线,第Ⅲ级不小于 2.5 mm^2。

凯文接法原理如图 5-54 所示,凯文接法则线路进入端子后再离开,每个端子应有一进一出两条线,使线路与端子的距离为零。

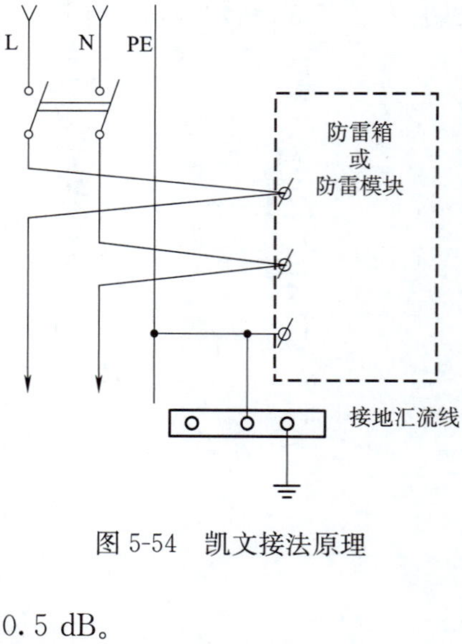

图 5-54　凯文接法原理

室内数据传输线长度大于 50 m 时,可在一端设备接口处设置浪涌保护器;大于 100 m 时,宜在两端设备接口处设置浪涌保护器,室内信号传输线浪涌保护器的选用应符合以下条款要求:

(1)室内采集、驱动信号传输线浪涌保护器冲击通流容量不小于 1.5 kA,限制电压不大于 60 V,信号衰耗不大于 0.5 dB。

(2)室内视频信号传输线浪涌保护器冲击通流容量不小于 1.5 kA,限制电压不大于 10 V,信号衰耗不大于 0.5 dB。

(3)室内 RS-232、RS-422、RJ45、G.703/V.35 等通信接口信号传输线浪涌保护器冲击通流容量不小于 1.5 kA,限制电压不大于 40 V,信号衰耗不大于 0.5 dB。

(4)其他室内信号传输线浪涌保护器冲击通流容量不小于 5 kA,限制电压按铁运〔2006〕26 号文相关规定选取。

安装于室外的电子设备宜在缆线终端入口处设置浪涌保护器或防雷变压器。

信号传输线浪涌保护器的安装,应遵循以下原则:

(1)进入建筑物的电缆金属护套和屏蔽层应与分线盘接地汇集线连接,使用中的电缆芯线经浪涌保护器接地端子与接地汇集线连接,电缆备用芯线直接与接地汇集线连接。

(2)信号传输线上设置的浪涌保护器接地线必须与被保护设备金属外壳连接,连接线应采用截面积不小于 1.5 mm^2 的多股铜芯导线,长度应不大于 200 mm,并就近与接地汇接线连接。

(3)室外的信号设备浪涌保护器接地端子应就近与接地体可靠连接,连接线应采用截面积不小于 1.5 mm^2 的多股铜芯导线。

第三节　安全完整性等级指标计算举例

一、计算举例所针对的地面列控安全计算机结构

如图 5-55 所示为一种分布式地面列控安全计算机结构,由核心主机和远程外设组成。核心主机部分放置于信号机械室内,可支持无线闭塞中心(RBC),临时限速服务器(TSRS),计算机联锁(CBI),列车运行控制中心(TCC)的核心控制逻辑以及与临时限速服务器(TSRS)、计算机联锁(CBI)相适应的人机界面(DMI)的功能。远程外设则尽量靠近现场控制对象,确保远程外设和现场控制对象之间的硬连线尽可能缩短,减少布线成本,降低各种电磁干扰的引入,减少故障点。远程外设支持计算机联锁通用数字量输入或输出功能、轨道电路通用数字量输入或输出功能以及智能输入或智能输出功能、地面电子单元(LEU)通用数字量输入或输出功能以及智能输入或智能输出功能。

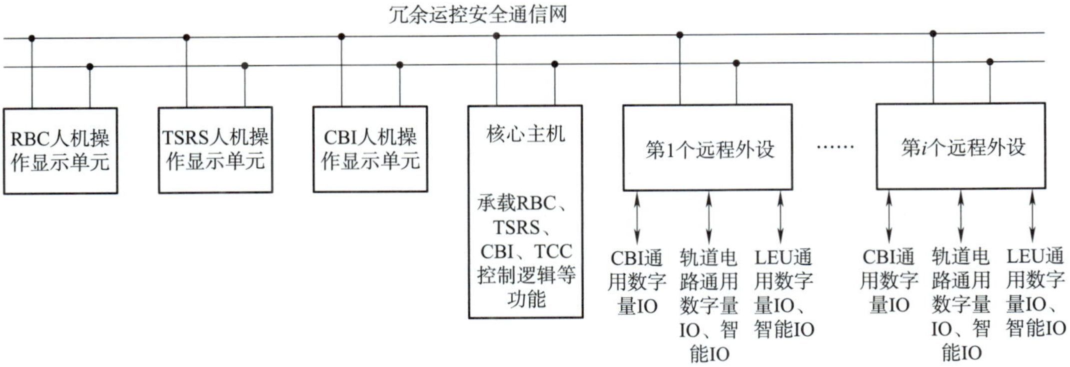

图 5-55　一种分布式地面列控安全计算机结构

典型的一种核心主机型配置包括逻辑处理单元、外部设备管理单元、容错和安全管理单元三个部分以及安全通信内网(VCIN),如图 5-56 所示。

典型的一种远程外设型配置包括外部设备管理单元、容错和安全管理单元两个部分以及安全通信内网(VCIN),如图 5-57 所示。

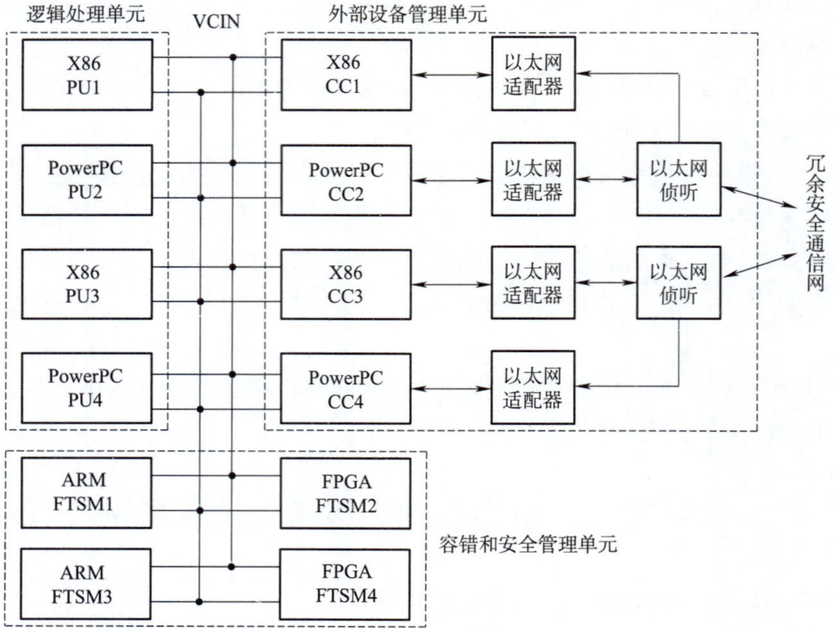

图 5-56　核心主机型结构

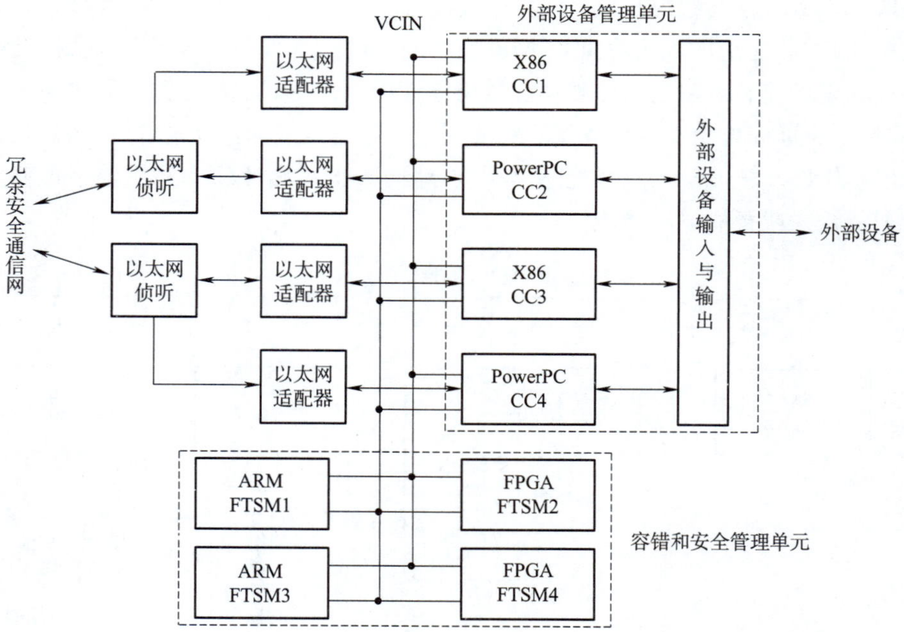

图 5-57　远程外设型结构

远程外设地面列控安全计算机的配置与核心主机外部设备管理单元的类似，因此可以得到如图 5-58 所示的用于计算安全完整性系数（SIL）指标的地面列控安全计算机可靠性框图，可靠性框图中细分为独立故障部分（白色）和共因故障部分（灰色）。

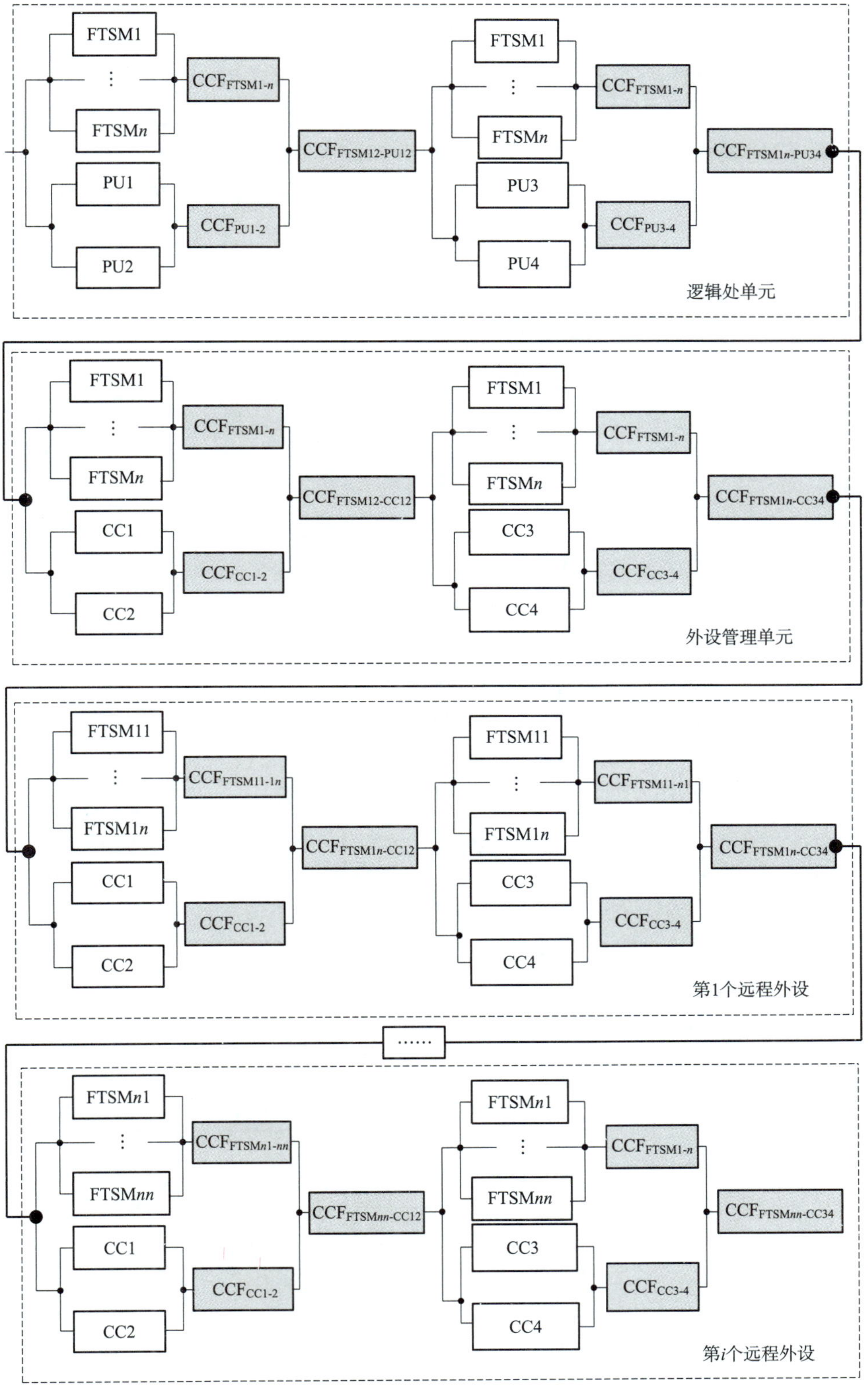

图 5-58　用于计算 SIL 指标的地面列控安全计算机可靠性框图

核心主机的逻辑处理单元的双通道 4 台计算机构成二乘二取二结构，逻辑处理单元与容错和安全管理单元相互之间构成 1oo2 关系，因为容错和安全管理单元与逻辑处理单元之间可以相互监督，当仅且当两者都故障，才可能发生危险故障，所以逻辑处理单元、容错和安全管理单元的可靠性框图结构为并联。逻辑处理单元每个通道内的 2 台计算机、容错和安全管理单元内的两个 FTSMU 都是 1oo2 结构，可靠性框图结构为并联。根据 IEC 61508 的要求，每个子系统可靠性框图为串联结构，所以逻辑处理单元和外部设备管理单元为串联结构。

二、安全完整性等级指标计算

IEC 61508 定义的安全完整性等级是进行系统研发的目标和基础，是评估系统能否保证安全的重要依据。安全完整性等级是各行业公认的一个安全性指标，规定了在低要求模式、高要求模式或连续模式下分配给一个安全相关系统的安全功能的目标故障量。低要求模式下相关的量化指标为“要求的危险故障率(PFD)”，高要求模式或连续模式下相关量化指标为“每小时危险故障的平均频率(PFH)”。由于信号系统是要求连续工作的，属于“高要求模式或连续要求模式”。

在 IEC 61508 中，安全相关系统中安全功能的危险故障概率 PFH_{SYS}，是通过计算共同提供安全功能的所有子系统的危险故障概率，并把这些值相加得出，所以 PFH_{SYS} 可表示为：

$$PFH_{SYS}=PFH_S+PFH_L+PFH_{FE}$$

其中：

PFH_{SYS}——安全相关系统的安全功能每小时危险故障概率；

PFH_S——传感器或输入子系统每小时危险故障概率；

PFH_L——逻辑子系统每小时危险故障概率；

PFH_{PE}——最终元件或输出子系统每小时危险故障概率。

在 IEC 61508 中，给出了一些常用 1oo1、1oo2、2oo3、1oo2 等简单冗余结构的 PFH 计算方法，但由于是一些简单的冗余结构，并没有具体的通用公式，不适合计算复杂冗余结构的 PFH，所以在此采用挪威工业科技研究院(SINTEF)为冗余结构定量计算安全指标而开发的 PDS 方法。PDS 方法是一种不同于 IEC 61508 中提到的方法，但遵循 IEC 61508 标准体系的相关规定和结论，PDS 方法对于定量计算安全指标提出了简单有效的计算公式。

PDS 方法冗余结构 PFH 计算公式见表 5-5，PFH 包括两部分：每个通道或子系统的独立部分故障率和冗余结构的共因故障部分。

表 5-5 PDS 方法中不同冗余结构 PFH 计算公式

冗余结构	PFH 计算公式	
	共因故障部分	独立故障部分
1oo1	—	λ_{DU}
1oo2	$\beta \cdot \lambda_{DU}$	$[\lambda_{DU} \cdot \tau]^2/\tau$
2oo2	—	$2 \cdot \lambda_{DU}$
1oo3	$C_{1oo3} \cdot \beta \cdot \lambda_{DU}$	$[\lambda_{DU} \cdot \tau]^3/\tau$
2oo3	$C_{2oo3} \cdot \beta \cdot \lambda_{DU}$	$3 \cdot [\lambda_{DU} \cdot \tau]^2/\tau$
3oo3	—	$3 \cdot \lambda_{DU}$

续上表

冗余结构	PFH 计算公式	
	共因故障部分	独立故障部分
$MooN, M<N; N=2,3,\cdots$	$C_{MooN}\cdot\beta\cdot\lambda_{DU}$	$\frac{N!}{(N-M+1)!\cdot(M-1)!}\cdot[(\lambda_{DU}\cdot\tau)^{N-M+1}/\tau]$
$MooN; N=1,2,3,\cdots$	—	$N\cdot\lambda_{DU}$

根据 PDS 方法，举例的地面列控安全计算机的 PFH 计算公式为：

$$PFH_{SYS}=PFH_{逻辑}+PFH_{外设}+\sum_{i=1}^{i=n} i\cdot PFH_{远程}$$

其中，

$$\begin{aligned}PFH_{逻辑}&=PFH_{FTSM1n,PU12}+PFH^{(CCF)}_{FTSM1n,PU12}+PFH_{FTSM1n,PU34}+PFH^{(CCF)}_{FTSM1n,PU34}\\&=\{[(\lambda_{DU,PU12})\cdot\tau]^2/\tau+C_{1oo2}\cdot\beta_{PU12}\cdot\lambda_{DU,PU12}\}\cdot\tau\cdot\\&\quad(PHP_{FTSM})\cdot\tau/\tau+C_{1oo(2+n)}\cdot\beta_{FTSM1n,PU12}\cdot\sqrt{\lambda_{DU,FTSM1n}\cdot\lambda_{DU,PU12}}+\\&\quad\{[(\lambda_{DU,PU34})\cdot\tau]^2/\tau+C_{1oo2}\cdot\beta_{PU34}\cdot\lambda_{DU,PU34}\}\cdot\tau\cdot\\&\quad(PHP_{FTSM})\cdot\tau/\tau+C_{1oo(2+n)}\cdot\beta_{FTSM1n,PU34}\cdot\sqrt{\lambda_{DU,FTSM1n}\cdot\lambda_{DU,PU34}}\end{aligned}$$

$$\begin{aligned}PFH_{外设}&=PFH_{FTSM12,CC12}+PFH^{(CCF)}_{FTSM12,CC12}+PFH_{FTSM34,CC34}+PFH^{(CCF)}_{FTSM34,CC34}\\&=\{[(\lambda_{DU,PU12})\cdot\tau]^2/\tau+C_{1oo2}\cdot\beta_{PU12}\cdot\lambda_{DU,PU12}\}\cdot\tau\cdot\\&\quad(PHP_{FTSM})\cdot\tau/\tau+C_{1oo(2+n)}\cdot\beta_{FTSM1n,PU12}\cdot\sqrt{\lambda_{DU,FTSM1n}\cdot\lambda_{DU,PU12}}+\\&\quad\{[(\lambda_{DU,PU34})\cdot\tau]^2/\tau+C_{1oo2}\cdot\beta_{PU34}\cdot\lambda_{DU,PU34}\}\cdot\tau\cdot\\&\quad(PHP_{FTSM})\cdot\tau/\tau+C_{1oo(2+n)}\cdot\beta_{FTSM1n,PU34}\cdot\sqrt{\lambda_{DU,FTSM1n}\cdot\lambda_{DU,PU34}}\end{aligned}$$

$$PFH_{远程}=PFH_{外设}$$

其中，当 FTSMU 冗余结构为 1oo2 时，

$$PHP_{FTSM}=[(\lambda_{DU,FTSM12})\cdot\tau]^2/\tau+C_{1oo2}\cdot\beta_{FTSM1n}\cdot\lambda_{DU,FTSM1n}$$

当 FTSMU 冗余结构为 2oo3 时，

$$PHP_{FTSM}=3\cdot[(\lambda_{DU,FTSM12})\cdot\tau]^2/\tau+C_{2oo3}\cdot\beta_{FTSM1n}\cdot\lambda_{DU,FTSM1n}$$

注：此处，只考虑 1oo2、2oo3 的 FTSMU 冗余结构。若采用更复杂的冗余结构，会使地面列控安全计算机结构变得更复杂，并且对安全性指标提升也有限(后面会有讨论)，所以，本书只讨论分析 FTSMU 冗余结构为 1oo2、2oo3 的情况。

上面公式中使用的术语说明见表 5-6。

表 5-6　公式中使用的术语

术　语	注　　释
PFH	每小时危险故障的平均频率
λ_{DU}	未检测到的子系统中通道每小时的危险故障率(它是在子系统通道中所有未检测到的危险故障率的总和)，其下标表示那个元件的 λ_{DU}
C_{MooN}	在 PDS 方法中，冗余结构修正因子

续上表

术　语	注　释
β_{PU}	相同设备，具有共同原因的、没有被检测到的故障分数（在公式中用一个分数或百分比表示），下标代表共同原因故障的设备
$\beta_{PU,FTSM}$	不同设备，具有共同原因的、没有被检测到的故障分数（在公式中用一个分数或百分比表示），下标代表共同原因故障的设备
$\beta_{CC,FTSM}$	
DC	诊断覆盖率（Diagnostic Coverage）是指进行自动诊断测试而导致的硬件危险故障概率的降低部分（在公式中用一个分数或百分比表示）
τ	功能测试的时间间隔，在此取 3 个月

式中涉及到的参数见表 5-7。

表 5-7　公式中使用的参数详情

项　目	描　述	取　值	备　注
$\lambda_{DU,PU}$	逻辑处理单元工控制机的未检测危险故障率	$5\times10^{-6}\times(1-DC)$	核心主机的逻辑处理单元、外设单元中的 PU、CC 采用 COTS 工控机。根据工控机手册，可查得 $\lambda=10^{-5}$，计算 $\lambda_{DU,PU}$，远程外设的外部设备管理单元的 CC 工控机有负责现场输入输出的 I/O 插板，故障率与核心主机的外设单元的 CC 工控机不一样，此处先近似取一样，以简化分析过程
$\lambda_{DU,CC}$	外部设备单元工控制机的未检测危险故障率	$5\times10^{-6}\times(1-DC)$	
$\lambda_{DU,ARM}$	FTSM（ARM）的未检测危险故障率	$1/2\times\lambda_{FTSM}\times(1-DC)$	FTSM 单板的故障率 λ_{FTSM} 一般为 10^{-5}～10^{-6}，FTSM 诊断覆盖率取与工控机一样
$\lambda_{DU,FPGA}$	FTSM（FPGA）的未检测危险故障率	$1/2\times\lambda_{FTSM}\times(1-DC)$	
DC	诊断覆盖率	DC	根据 IEC 61508 第 2 部分中表 A.3～表 A.8 的结论，安全计算机在设计时均应选择高诊断覆盖率，高诊断覆盖率为 90%～99%
C_{1oo2}	1oo2 冗余结构修正因子	1	C_{1oo2} 的值根据表 5-8 得到
C_{MooN}	1oo2、2oo3、3oo5 等冗余结构修正因子	C_{MooN}	确定 M、N 的值后，查表 5-8 得到
β	共因故障因子	0.02	可以根据 IEC 61508 中的方法计算，具体的 β 的计算过程后面有介绍

注：
1. 设备的 β 由 IEC 61508 查表算分得出，具体计算后续会有介绍。异构设备 β 不大于相同设备的 β，一般取异构设备 β 值的最小值，或异构设备 β 值的几何平均数。PDS 方法推荐使用后者。
2. CC 与 PU 的 λ 可由工控机用户手册得到。由 IEC 61508 可知，未诊断危险故障率 $\lambda_{DU}=(1/2)\times\lambda\times(1-DC)$。
3. 设备的 DC 值是通过采用 IEC 61508 中推荐的诊断技术所达到。安全计算机属于高诊断覆盖率，要求诊断覆盖率为 99%～99.9%。此处，为了提高计算结果的可信度，选择中诊断级别的诊断覆盖率 90%进行计算。
4. FTSM 单板的概率介于 10^{-5}～10^{-6} 之间，在此处，为了提高计算机结果的可信度，FTSM 单板的故障率取最差的值，$\lambda_{FTSM}=10^{-6}$，则未诊断危险故障率 $\lambda_{DU}=5\times10^{-8}$。

根据 PDS 手册，差异冗余结构的修正因子 C_{MooN} 的值如表 5-8 所示。

表 5-8　差异冗余结构的 C_{MooN} 值

M/N	N=2	N=3	N=4	N=5	N=6	N=7
M=1	$C_{1oo2}=1.0$	$C_{1oo3}=0.5$	$C_{1oo4}=0.3$	$C_{1oo5}=0.21$	$C_{1oo6}=0.17$	$C_{1oo7}=0.15$
M=2	—	$C_{2oo3}=2.0$	$C_{2oo4}=1.1$	$C_{2oo5}=0.7$	$C_{2oo6}=0.4$	$C_{2oo7}=0.27$
M=3	—	—	$C_{3oo4}=2.9$	$C_{3oo5}=1.8$	$C_{3oo6}=1.1$	$C_{3oo7}=0.8$
M=4	—	—	—	$C_{4oo5}=3.7$	$C_{4oo6}=2.4$	$C_{4oo7}=1.6$
M=5	—	—	—	—	$C_{5oo6}=4.3$	$C_{5oo7}=3.0$
M=6	—	—	—	—	—	$C_{6oo7}=4.8$
M=7	—	—	—	—	—	—

公式中的 β 是通过 IEC 61508 第六部分的评分查表法得到，该方法通过查表（IEC 61508 第六部分中的表 D. 1）为 β 值查得对应的符合项，先计算 X、Y 评分（通过表 5-8），得总分 $S=X+Y$，再通过总分 S 和表 5-9（IEC 61508 第六部分中的表 D. 4）得到 β 的具体数值。

表 5-9　评分与 β 值的对应表

得分（S 或 SD）	β 值
大于 120	0.5%
70～120	1%
45～70	2%
小于 45	5%

在表 5-10 中，项目后有勾的为各冗余结构符合的选项，累加每个项目的得分可得 X、Y 的评分值。

表 5-10　X、Y 的评分项

项　　目		逻辑子系统 X	逻辑子系统 Y
分离/隔开			
在所有位置，各通道的全部信号电缆布线是否都已分隔开	√	1.5	1.5
逻辑子系统的所有通道的印制电路板是否是单独的	√	3.0	1.0
逻辑子系统的通道是否在各自的框架中	√	2.5	0.5
差异性与冗余			
各通道是否使用差异的电子技术，如使用一个电子电路、可编程电子及其他继电器	√	8.0	
各通道是否使用差异的电子技术，如使用一个电子电路或其他可编程电子	√	6.0	
是否使用低差异性方法，如用同样的技术进行硬件诊断测试	√	2.0	1.0
是否使用中等差异性方法，如用差异的技术进行硬件诊断测试	√	3.0	2.0
在设计活动中，各设计者设计通道时，相互之间是否不进行交流	√	1.5	1.5
在试运行期间，每个通道是否使用不同人员和不同的测试方法	√	1.0	0.5
在不同时间，由不同人员对每个通道是否进行维护	√	3.0	
复杂性/设计/应用/老化/经验			
通道之间的交叉连接是否能排除任何信息交换，除非用于诊断测试或表决目的	√	0.5	0.5
输入和输出是否具有可能级别的过压和过流保护		1.5	0.5
设计时使用的技术，是否是基于在现场已成功使用 5 年或 5 年以上的设备中所采用的技术		0.5	1.0

续上表

项　　目		逻辑子系统	
		X	Y
在相似的环境中使用相同的硬件的经验是否超过 5 年		1.0	1.5
系统是否简单，如每个通道的输入/输出不大于 10			1.0
所有设备/部件是否经过适当的定额		2.0	
评估/分析及数据反馈			
为建立共同原因故障源的故障模式、效果分析或故障树分析的结果是否已经通过测验，并且通过设计是否已消除了事先确定了的共同原因故障源			3.0
设计复审过程中，所考虑的共同原因故障的结果是否被反馈回设计中去			3.0
对现场故障的所有分析是否均反馈到设计中去		0.5	3.5
规程/人工接口			
是否存在一种已书写的工作系统可以用来确保检测到的所有部件的故障(或老化)被记录，是否存在所建立的根本原因和用于检查类似潜在的故障原因的其他类似项目			1.5
为保证独立通道中任一部分的维护(包括调节或校准)已升级，并且除在维护后执行手动检查外，在完成一个通道的维护与另一个通道开始进行维护之间允许满意地运行诊断测试的规程是否就位		1.5	0.5
文档化的维护规程是否规定了冗余系统中所有部分之间是相互独立的，并不需要重新定位		0.5	0.5
是否所有印刷电路板等的维护均需在质量维修中心工厂外执行，是否所有修复项目均通过了预装测试		0.5	1.0
系统是否为低诊断覆盖率(60%～90%)，并且是否对现场可置换模块层提供故障报告		0.5	
系统是否为中等诊断覆盖率(90%～99%)，并且是否对现场可置换模块层提供故障报告	√	1.5	1.0
系统是否为高等诊断覆盖率(>99%)，并且是否对现场可置换模块层提供故障报告		2.5	1.5
能力/培训/安全素养			
设计人员是否经过培训，从而懂得共同原因故障的原因及后果	√	2.0	3.0
维护人员是否经过培训，从而懂得共同原因故障的原因及后果		0.5	4.5
环境控制			
人员的进出是否有限制(如上锁的机柜与不准许接近的位置)		0.5	2.5
在无外部环境控制的情况下，系统是否总能在已经测试过的一定温度、湿度、腐蚀度、尘埃、振动等范围内工作		3.0	1.0
信号和电源电缆在所有位置是否已经隔开	√	2.0	1.0
环境测试			
系统对所有有关环境的影响(如 EMC、温度、震动、冲击温度等)的抗干扰性是否达到认可的标准中规定的水平	√	10.0	10.0
总和		48.5	23.5

根据表 5-10，得 $S=X+Y=72$，根据表 5-9 可知，$S=72$ 对应的 $\beta=1\%$。在具体的工程实施过程中，可以遵守表 5-9 和表 5-10 中所述要求进行设计、研发、维护等，还可以进一步降低 β 值，提高整个列控安全计算机的安全指标。所以，满足上表中所列评分项的要求，β 值甚至可以进一步降低到 0.5%。

三、计算结果及分析

现将表 5-4 中的各项数值代入到地面列控安全计算机平台的 PFH 公式：

$$PFH_{SYS}=PFH_{逻辑}+PFH_{外设}+i\times PFH_{远程}$$

其中，当 FTSMU 冗余结构为 1oo2 时，

$$PHP_{FTSM}=[(\lambda_{DU,FTSM12})\times\tau]^2/\tau+C_{1oo2}\times\beta_{FTSM1n}\times\lambda_{DU,FTSM1n}$$

$$\begin{aligned}PFH_{逻辑}=&PFH_{FTSM1n,PU12}+PFH^{(CCF)}_{FTSM1n,PU12}+PFH_{FTSM1n,PU34}+PFH^{(CCF)}_{FTSM1n,PU34}\\
=&\{[(\lambda_{DU,PU12})\times\tau]^2/\tau+C_{1oo2}\times\beta_{PU12}\times\lambda_{DU,PU12}\}\times\tau\times\\
&(PHP_{FTSM})\times\tau/\tau+\\
&C_{1oo(2+N)}\times\beta_{FTSM1n,PU12}\times\sqrt{\lambda_{DU,FTSM1n}\times\lambda_{DU,PU12}}+\\
&\{[(\lambda_{DU,PU34})\times\tau]^2/\tau+C_{1oo2}\times\beta_{PU34}\times\lambda_{DU,PU34}\}\times\tau\times\\
&(PHP_{FTSM})\times\tau/\tau+\\
&C_{1oo(2+N)}\times\beta_{FTSM1n,PU34}\times\sqrt{\lambda_{DU,FTSM1n}\times\lambda_{DU,PU34}}\\
=&\{[(5\times10^{-6})(1-DC)\times2\,160]^2/2\,160+1\times0.01\times(5\times10^{-6})(1-DC)\}\times2\,160\times\\
&\{[0.5\times\lambda_{FTSM}\times(1-DC)\times2\,160]^2/2\,160+C_{1oo2}\times0.01\times0.5\times\lambda_{FTSM}\times(1-DC)\}\\
&+C_{1oo(2+2)}\times0.01\times\sqrt{[0.5\times\lambda_{FTSM}\times(1-DC)]\times[(5\times10^{-6})(1-DC)]}+\\
&\{[(5\times10^{-6})(1-DC)\times2\,160]^2/2\,160+1\times0.01\times(5\times10^{-6})(1-DC)\}\times2\,160\times\\
&\{[0.5\times\lambda_{FTSM}\times(1-DC)\times2\,160]^2/2\,160+C_{1oo2}\times0.01\times0.5\times\lambda_{FTSM}\times(1-DC)\}\\
&+C_{1oo(2+2)}\times0.01\times\sqrt{[0.5\times\lambda_{FTSM}\times(1-DC)]\times[(5\times10^{-6})(1-DC)]}\\
=&2\times\left\{\begin{aligned}&[2.5\times10^{-13}\times(1-DC)^2\times2\,160+5\times10^{-8}\times(1-DC)]\times2\,160\times\\&[[0.5\times2\,160\times\lambda_{FTSM}\times(1-DC)]^2/2\,160+C_{1oo2}\times5\times10^{-3}\times\lambda_{FTSM}\times(1-DC)]\\&+C_{1oo4}\times10^{-5}\times(1-DC)\times\sqrt{2.5\times\lambda_{FTSM}}\end{aligned}\right\}\end{aligned}$$

$$PFH_{远程}=PFH_{外设}=PFH_{逻辑}$$

所以，当 FTSMU 冗余结构为 1oo2 时：

$$\begin{aligned}PFH_{SYS}=&PFH_{逻辑}+PFH_{外设}+i\times PFH_{远程}\\
=&(4+2i)\times\\
&\left\{\begin{aligned}&\{(2.5\times10^{-13})(1-DC)^2\times2\,160+1\times(5\times10^{-8})(1-DC)\}\times2\,160\times\\&\{[1\,080\times\lambda_{FTSM}\times(1-DC)]^2/2\,160+C_{1oo2}\times5\times10^{-3}\times\lambda_{FTSM}\times(1-DC)\}\\&+C_{1oo4}\times10^{-5}\times(1-DC)\times\sqrt{2.5\times\lambda_{FTSM}}\end{aligned}\right\}\end{aligned}$$

同理，当 FTSMU 冗余结构为 2oo3 时，

$$\begin{aligned}PFH_{SYS}=&PFH_{逻辑}+PFH_{外设}+i\times PFH_{远程}\\
=&(4+2i)\times\\
&\left\{\begin{aligned}&[(2.5\times10^{-13})(1-DC)^2\times2\,160+1\times(5\times10^{-8})(1-DC)]\times2\,160\times\\&\{3\times[1\,080\times\lambda_{FTSM}\times(1-DC)]^2/2\,160+C_{2oo3}\times5\times10^{-3}\times\lambda_{FTSM}\times(1-DC)\}\\&+C_{1oo5}\times10^{-5}\times(1-DC)\times\sqrt{2.5\times\lambda_{FTSM}}\end{aligned}\right\}\end{aligned}$$

从上式可知，PHF_{sys} 中有五项参数是未定的：诊断覆盖率 DC、C_{MooN}（FTSMU 冗余结构）、FTSMU 单板的故障率、远程外设配置个数、共因故障因子 β。共因故障因子 β 根据第二部分中的计算，此处取 0.01，其余四个未定的参数取值情况如表 5-11 所示。

表 5-11　未确定的参数

未定参数	取值范围
C_{MooN}	C_{1oo2}、C_{2oo3}、C_{3oo5}……
DC	90%～99%
λ_{FTSM}	10^{-5}～10^{-6}
i	1,2,3……

远程外设是放置在车站现场，所以在实际应用中，一个核心主机可能接入多个地方车站，即多个远程外设。因此，下面将分析基于上述通用地面列控安全计算机结构，其能支持多少个远程外设，且还能使整个地面列控安全计算机满足安全完整性等级 SIL4。为方便分析，下面将按 FTSMU 冗余结构取 1oo2 和 2oo3 时讨论，并最终分析选择哪种冗余结构更合适。

(一)FTSMU 冗余结构为 1oo2

当 FTSMU 的冗余结构为 1oo2(即 $M=1,N=2$)时，再分析远程外设个数 i、DC 和 λ_{FTSM} 的取值。

整个地面列控安全计算机的 PFH：

$$PFH_{SYS}=PFH_{逻辑}+PFH_{外设}+i\times PFH_{远程}$$

$$=(4+2i)\times\left\{\begin{array}{l}\{(2.5\times10^{-13})(1-DC)^2\times2\,160+1\times(5\times10^{-8})(1-DC)\}\times2\,160\times\\\{[1\,080\times\lambda_{FTSM}\times(1-DC)]^2/2\,160+1\times5\times10^{-3}\times\lambda_{FTSM}\times(1-DC)\}\\+0.3\times10^{-5}\times(1-DC)\times\sqrt{2.5\times\lambda_{FTSM}}\end{array}\right\}$$

远程外设为 1 个、5 个时，可以画出地面列控安全计算机故障率 PFH_{sys} 随 DC、λ_{FTSM} 变化的三维曲面，如图 5-59 和图 5-60 所示。从图中可知，当远程外设从 1 个变化到 5 个，三维曲面变化不明显，并且，即使在当远程外设只有 1 个或 5 个的情况下，PFH_{sys} 随 DC、λ_{FTSM} 变化的三维曲面也很难分析 PFH_{sys} 与 DC、λ_{FTSM} 变化约束关系。所以为了进一步分析 PFH_{sys} 与 DC、λ_{FTSM} 变化关系，令 DC、λ_{FTSM} 变量中的一个取固定值，分析 PFH_{sys} 与另一变量的影响。

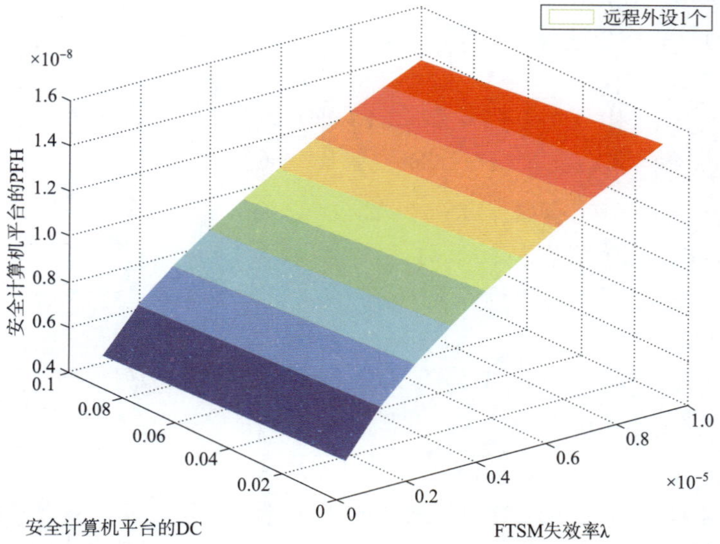

图 5-59　当外设为 1 个时，PFH_{sys} 随 DC、λ_{FTSM} 变化的三维曲面

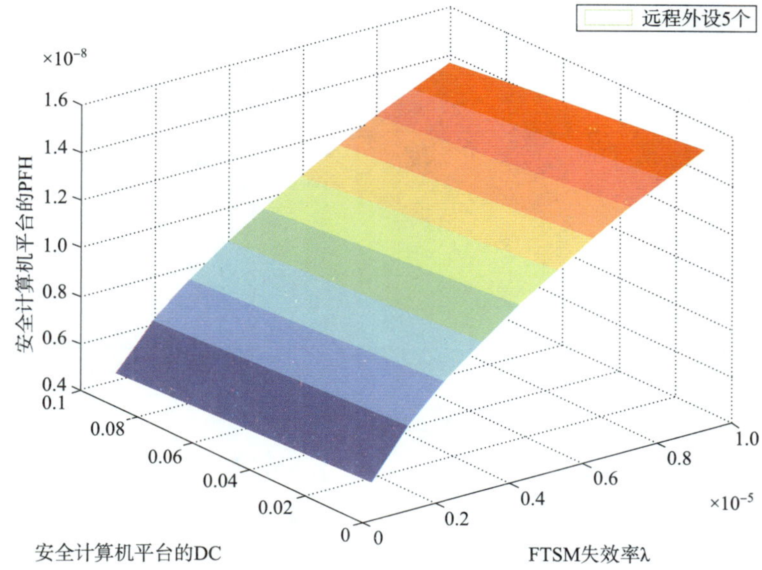

图 5-60　当外设为 5 个时，PFH_{sys} 随 DC、λ_{FTSM} 变化的三维曲面

在 i 和 C_{MooN} 确定情况下，又取 DC、λ_{FTSM} 最大值、最小值这四种情况分别讨论，见表 5-12。

表 5-12　DC、λ_{FTSM} 取值范围

DC、λ_{FTSM} 最大、最小值	取值范围
DC=90%	λ_{FTSM} 取值范围 $10^{-5}\sim10^{-6}$
DC=99%	λ_{FTSM} 取值范围 $10^{-5}\sim10^{-6}$
$\lambda_{FTSM}=10^{-5}$	DC 取值范围 90%～99%
$\lambda_{FTSM}=10^{-6}$	DC 取值范围 90%～99%

1. 当 DC=90%，λ_{FTSM} 取值范围 $10^{-5}\sim10^{-6}$

$$PFH_{SYS}=PFH_{逻辑}+PFH_{外设}+i\times PFH_{远程}$$
$$=(4+2i)\times(5.838\,5\times10^{-5}\times\lambda^2+5.406\,0\times10^{-9}\times\lambda+4.74\times10^{-7}\times\sqrt{\lambda})$$

可以得到表 5-13 所示的 PFH_{sys} 值列表。

表 5-13　当 DC=90%时，PFH_{sys} 的取值

i \ PFH \ λ	10^{-6}	2×10^{-6}	4×10^{-6}	6×10^{-6}	8×10^{-6}	10^{-5}
1	$2.844\,0\times10^{-9}$	$4.022\,1\times10^{-9}$	$5.688\,1\times10^{-9}$	$6.966\,6\times10^{-9}$	$8.044\,3\times10^{-9}$	$8.993\,9\times10^{-9}$
2	$3.792\,0\times10^{-9}$	$5.362\,8\times10^{-9}$	$7.584\,2\times10^{-9}$	$9.288\,7\times10^{-9}$	$1.072\,6\times10^{-9}$	$1.199\,2\times10^{-9}$
3	$4.740\,1\times10^{-9}$	$6.703\,5\times10^{-9}$	$9.480\,2\times10^{-9}$	$1.161\,1\times10^{-8}$	$1.340\,7\times10^{-8}$	$1.499\,0\times10^{-8}$
4	$5.688\,1\times10^{-9}$	$8.044\,2\times10^{-9}$	$1.137\,6\times10^{-8}$	$1.393\,3\times10^{-8}$	$1.608\,8\times10^{-8}$	$1.798\,8\times10^{-8}$
…	…	…	…	…	…	…
i	$4.740\,1\times(4+2i)\times10^{-10}$	$6.703\,5\times(4+2i)\times10^{-10}$	$9.480\,2\times(4+2i)\times10^{-10}$	$1.161\,1\times(4+2i)\times10^{-9}$	$1.340\,7\times(4+2i)\times10^{-9}$	$1.499\,0\times(4+2i)\times10^{-9}$

用 Matlab 画出远程外设为 1、2、3、4 时，PFH_{sys} 随 λ_{FTSM} 变化的曲线如图 5-61 所示(曲线从下至上，远程外设个数为：1、2、3、4)。

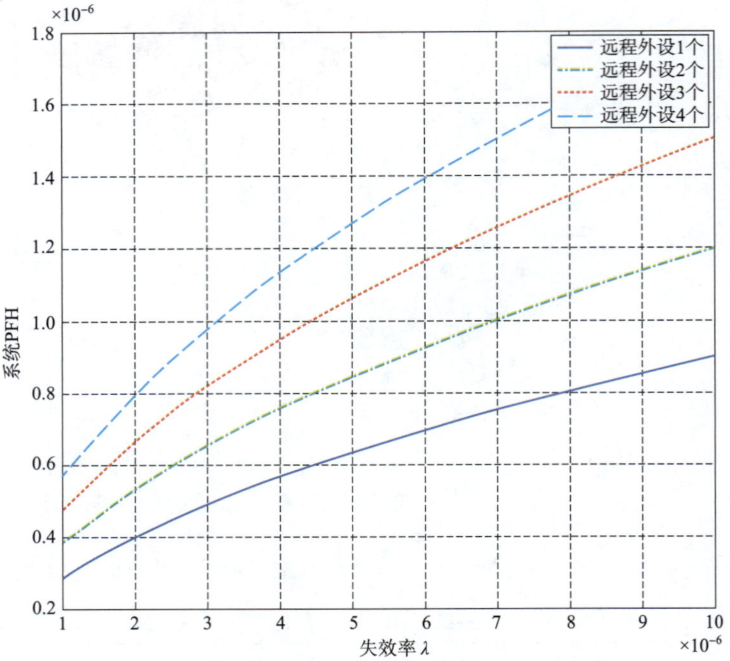

图 5-61 当 DC＝90％，PFH_{sys} 随 λ_{FTSM} 变化的曲线

由图 5-61 分析可知，当 DC＝90％，FTSM 故障率在 $10^{-5}\sim10^{-6}$ 范围内时。当有 1 个远程外设时，安全计算机的 PFH_{sys} 小于 10^{-8}，满足安全完整性等级 SIL4，当有 2 个远程外设时，λ_{FTSM} 小于 6.956×10^{-6} 时，整个地面列控安全计算机 PFH_{sys} 小于 10^{-8}，满足安全完整性等级 SIL4；当 λ_{FTSM} 大于 6.956×10^{-6} 时，整个地面列控安全计算机 PFH_{sys} 大于 10^{-8}，不满足安全完整性等级 SIL4，即当远程外设有 2 个，FTSM 取 2 取 2 结构，采用低诊断覆盖率 90％时，要使 λ_{FTSM} 小于 6.956×10^{-6} 时，整个地面列控安全计算机 PFH_{sys} 才能小于 10^{-8}，才能满足安全完整性等级 SIL4。相应的可以分析当远程外设个数为 3、4……i 个时，若 PFH_{sys} 要满足安全完整性等级 SIL4，FTSM 单板故障率 λ_{FTSM} 应满足的范围。可以算得，当 DC＝90％，λ_{FTSM} 取最小值 10^{-6} 时，为了满足 PFH_{sys} 小于 10^{-8}，最多能支持 7 个外设。

2. 当 DC＝99％，λ_{FTSM} 取值范围 $10^{-5}\sim10^{-6}$

$$PFH_{SYS}=PFH_{逻辑}+PFH_{外设}+i\times PFH_{远程}$$

$$=(4+2i)\times(5.8385\times10^{-8}\times\lambda^2+5.4060\times10^{-11}\times\lambda+4.74\times10^{-8}\times\sqrt{\lambda})$$

可以得到如表 5-14 所示的 PFH_{sys} 值列表。

表 5-14 当 DC＝99％时，PFH_{sys} 的取值

i \ PFH \ λ	10^{-6}	2×10^{-6}	4×10^{-6}	6×10^{-6}	8×10^{-6}	10^{-5}
1	2.8440×10^{-10}	4.0220×10^{-10}	5.6880×10^{-10}	6.9664×10^{-10}	8.0441×10^{-10}	8.9936×10^{-10}
2	3.8920×10^{-10}	5.3627×10^{-10}	7.5840×10^{-10}	9.2885×10^{-10}	1.0725×10^{-10}	1.1991×10^{-9}

续上表

PFH \ λ / i	10^{-6}	2×10^{-6}	4×10^{-6}	6×10^{-6}	8×10^{-6}	10^{-5}
3	$4.740\ 1\times10^{-10}$	$6.703\ 5\times10^{-10}$	$9.480\ 2\times10^{-10}$	$1.161\ 1\times10^{-9}$	$1.340\ 7\times10^{-9}$	$1.499\ 0\times10^{-9}$
4	5.688×10^{-10}	$8.045\ 1\times10^{-10}$	$1.137\ 6\times10^{-9}$	$1.393\ 32\times10^{-9}$	$1.564\ 8\times10^{-9}$	$1.798\ 6\times10^{-9}$
…	…	…	…	…	…	…
i	$4.740\ 0\times(4+2i)\times10^{-11}$	$6.703\ 4\times(4+2i)\times10^{-11}$	$9.480\ 0\times(4+2i)\times10^{-11}$	$1.161\ 1\times(4+2i)\times10^{-10}$	$1.340\ 7\times(4+2i)\times10^{-10}$	$1.498\ 9\times(4+2i)\times10^{-10}$

用 Matlab 画出远程外设为 1、2、3、4 时，PFH_{sys}随 λ_{FTSM}变化的曲线如图 5-62 所示(曲线从下至上，远程外设个数为：1、2、3、4)。

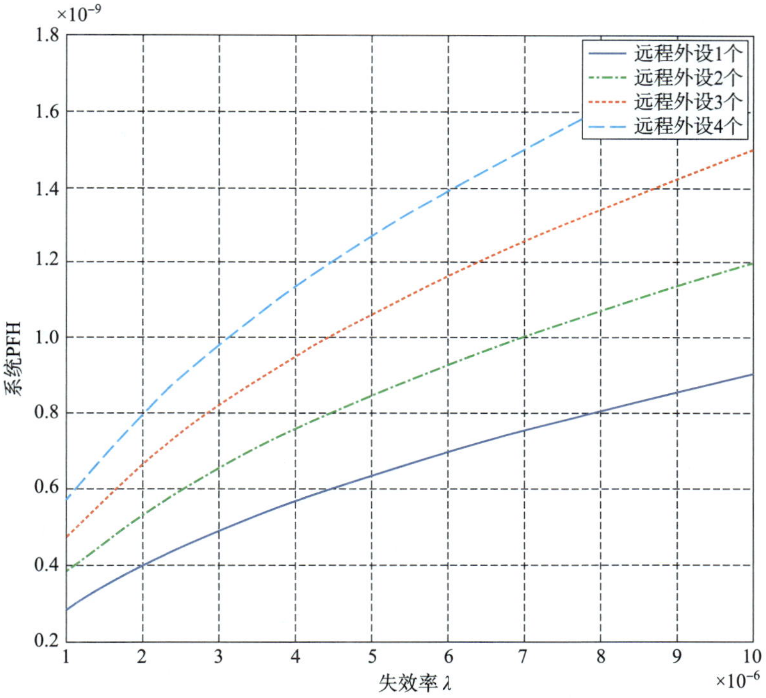

图 5-62 当 DC=99%，PFH_{sys}随 λ_{FTSM}变化的曲线

由图 5-62 分析可知，当 DC=99%，FTSMU 故障率在10^{-5}～10^{-6}范围内时，此地面列控安全计算机的 PFH_{sys}小于10^{-8}，满足安全完整性等级 SIL4。即使远程外设达到 4 个时，FTSMU 单板的 λ_{FTSM}取最大值10^{-5}，整个地面列控安全计算机的 PFH_{sys}也小于10^{-8}，很容易就满足安全完整性等级 SIL4。并且，可以算得当诊断覆盖率取 99%时，λ_{FTSM}取值为10^{-5}，能最多支持 30 个外设，所以，提高的诊断覆盖率，能大幅度提高整个地面列控安全计算机的安全性。

3. 当 $\lambda_{FTSM}=10^{-5}$，DC 取值范围 90%～99%

$$PFH_{SYS}=PFH_{逻辑}+PFH_{外设}+i\times PFH_{远程}$$
$$=(4+2i)\times[5.4\times10^{-10}\times(1-DC)^2+5\times10^{-8}\times(1-DC)]\times2\ 160\times$$

$[5.4\times10^{-8}\times(1-DC)^2+5\times10^{-8}(1-DC)]+1.5179\times10^{-8}(1-DC)$

可以得到如表 5-15 所示的 PFH_{sys} 值列表。

表 5-15　当 $\lambda_{FTSM}=10^{-5}$ 时，PFH_{sys} 的取值

PFH　DC / i	90%	92%	94%	96%	98%	99%
1	9.1078×10^{-9}	7.2861×10^{-9}	5.4646×10^{-9}	3.6430×10^{-9}	1.8215×10^{-9}	9.1074×10^{-10}
2	1.2144×10^{-8}	9.7149×10^{-9}	7.2861×10^{-9}	4.8574×10^{-9}	2.4287×10^{-9}	1.2143×10^{-9}
3	1.5180×10^{-8}	1.2144×10^{-8}	9.1076×10^{-9}	6.0717×10^{-9}	3.0358×10^{-9}	1.5179×10^{-9}
4	1.8216×10^{-8}	1.4572×10^{-8}	1.0929×10^{-8}	7.2860×10^{-9}	3.6429×10^{-9}	1.8214×10^{-9}
…	…	…	…	…	…	…
i	$1.5180\times(4+2i)\times10^{-9}$	$1.2144\times(4+2i)\times10^{-9}$	$9.1076\times(4+2i)\times10^{-10}$	$6.0717\times(4+2i)\times10^{-10}$	$3.0358\times(4+2i)\times10^{-10}$	$1.5179\times(4+2i)\times10^{-10}$

用 Matlab 画出远程外设为 1、2、3、4 时，PFH_{sys} 随 DC 变化的曲线如图 5-63 所示（曲线从下至上，远程外设个数为：1、2、3、4）。

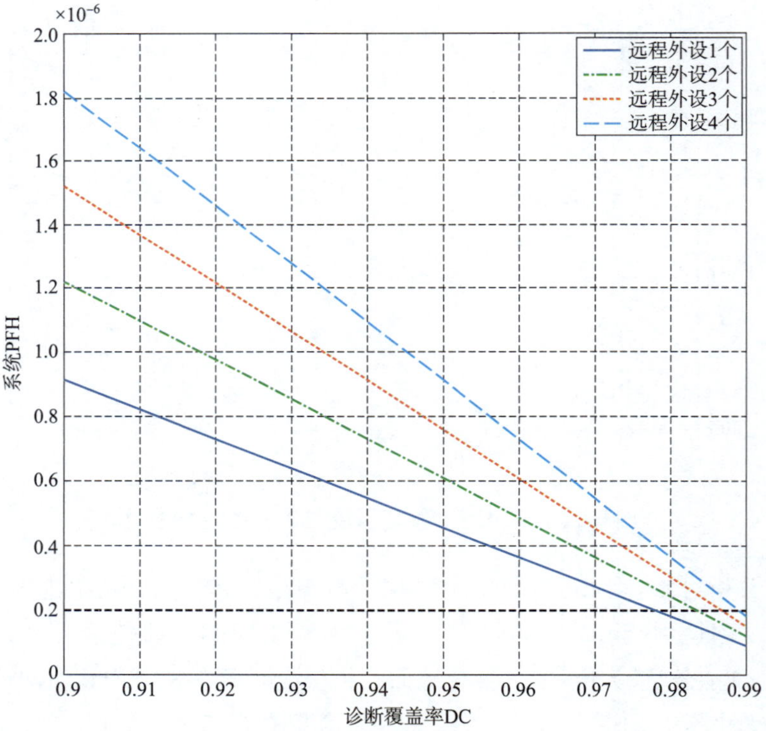

图 5-63　当 $\lambda_{FTSM}=10^{-5}$，PFH_{sys} 随 DC 变化的曲线

由图 5-63 可知，当 $\lambda_{FTSM}=10^{-5}$，诊断覆盖率 DC 取值范围 90%～99%，当远程外设的个数为 1 时，诊断覆盖率 DC 取值范围 90%～99%，此地面列控安全计算机的 PFH_{sys} 都小于 10^{-8}，满足安全完整性等级 SIL4。当远程外设只有 2 个时，诊断覆盖率 DC 大于 91.76%时，

整个地面地面列控安全计算机 PFH_{sys} 才能小于10^{-8}，满足安全完整性等级 SIL4；当 DC 小于 91.76%时，整个列控安全计算机 PFH_{sys} 大于10^{-8}，不满足安全完整性等级 SIL4。即当远程外设有 2 个，FTSMU 采用 1oo2 结构，地面列控安全计算机的 FTSMU 单板故障率为 $\lambda_{FTSM}=10^{-5}$时，要使诊断覆盖率 DC 大于 91.76%，地面列控安全计算机 PFH_{sys} 才能小于10^{-8}，才能满足安全完整性等级 SIL4。

从图 5-63 中变化趋势可知：当 FTSMU 结构取 1oo2，$\lambda_{FTSM}=10^{-5}$时，当随着远程外设个数大于 2，且不断增加时，只有当诊断覆盖率越接近 99%，才能保证整个地面列控安全计算机的 PFH_{sys} 小于10^{-8}。

4. 当 $\lambda_{FTSM}=10^{-6}$，DC 取值范围 90%～99%

$$PFH_{SYS}=PFH_{逻辑}+PFH_{外设}+i\times PFH_{远程}$$
$$=(4+2i)\times[5.4\times10^{-10}\times(1-DC)^2+5\times10^{-8}\times(1-DC)]\times2\ 160\times[5.4\times10^{-10}\times(1-DC)^2+5\times10^{-9}(1-DC)]+4.743\ 3\times10^{-8}(1-DC)$$

可以得到如表 5-16 所示的 PFH_{sys} 值列表。

表 5-16　当 $\lambda_{FTSM}=10^{-6}$时，PFH_{sys}的取值

DC / PFH / i	90%	92%	94%	96%	98%	99%
1	$2.846\ 0\times10^{-9}$	$2.276\ 8\times10^{-9}$	$1.707\ 6\times10^{-9}$	$1.138\ 4\times10^{-9}$	$5.692\ 0\times10^{-9}$	$2.846\ 0\times10^{-10}$
2	$3.894\ 7\times10^{-9}$	$3.035\ 7\times10^{-9}$	$2.276\ 8\times10^{-9}$	$1.517\ 9\times10^{-9}$	$7.589\ 3\times10^{-9}$	$3.894\ 6\times10^{-10}$
3	$4.743\ 4\times10^{-9}$	$3.894\ 7\times10^{-9}$	$2.846\ 0\times10^{-9}$	$1.897\ 3\times10^{-9}$	$9.486\ 6\times10^{-10}$	$4.743\ 3\times10^{-10}$
4	$5.692\ 0\times10^{-9}$	$4.553\ 6\times10^{-9}$	$3.415\ 2\times10^{-9}$	$2.276\ 7\times10^{-9}$	$1.138\ 39\times10^{-9}$	$5.691\ 9\times10^{-10}$
…	…	…	…	…	…	…
i	$4.743\ 4\times(4+2i)\times10^{-10}$	$3.894\ 7\times(4+2i)\times10^{-10}$	$2.846\ 0\times(4+2i)\times10^{-10}$	$1.897\ 3\times(4+2i)\times10^{-10}$	$9.486\ 6\times(4+2i)\times10^{-11}$	$4.743\ 3\times(4+2i)\times10^{-11}$

用 Matlab 画出远程外设为 1、2、3、4 时，PFH_{sys} 随 DC 变化的曲线如图 5-64 所示（曲线从下至上，远程外设个数为：1、2、3、4）。

由图 5-64 分析可知，当 $\lambda_{FTSM}=10^{-6}$，诊断覆盖率 DC 取值范围 90%～99%时。当远程外设为 1、2、3、4 个时，DC 取值范围 90%～99%，整个地面列控安全计算机 PFH_{sys} 都小于10^{-8}。并且，可以计算，当诊断覆盖率取 90%时，计算能支持多少个远程外设：

$$PFH_{SYS}=PFH_{逻辑}+PFH_{外设}+i\times PFH_{远程}$$
$$=(4+2i)\times[5.4\times10^{-9}\times(1-0.9)^2+5\times10^{-8}\times(1-0.9)]\times2\ 160\times[5.4\times10^{-8}\times(1-0.9)^2+5\times10^{-8}(1-0.9)]+1.517\ 9\times10^{-8}(1-0.9)\leqslant10^{-8}$$

计算得 $i\leqslant8.5$，即最多能支持 8 个远程外设，能使整个地面列控安全计算机满足安全完整性等级 SIL4。

（二）FTSMU 冗余结构为 2oo3

当 FTSMU 的冗余结构为 2oo3（即 $M=2$，$N=3$）时，再分析远程外设个数 i、DC 和 λ_{FTSM} 的取值。

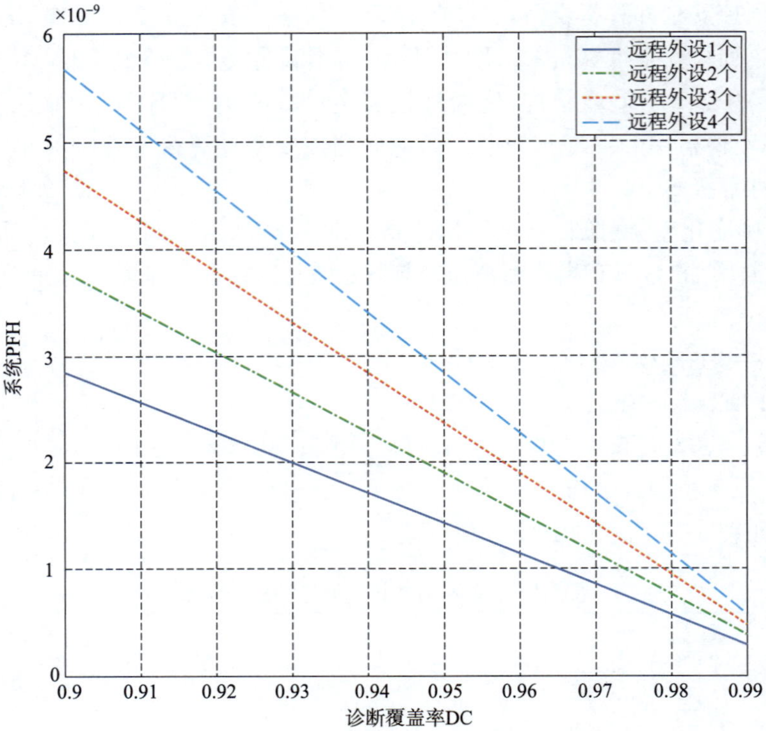

图 5-64　当 $\lambda_{FTSM}=10^{-6}$，PFH_{sys} 随 DC 变化的曲线

整个地面列控安全计算机的 PFH：

$$PFH_{SYS}=PFH_{逻辑}+PFH_{外设}+i\times PFH_{远程}$$

$$=(4+2i)\times\left\{\begin{array}{l}[(2.5\times10^{-13})(1-DC)^2\times2\,160+1\times(5\times10^{-8})(1-DC)]\times2\,160\times\\3\times[1\,080\times\lambda_{FTSM}\times(1-DC)]^2/2\,160+C_{2oo3}\times5\times10^{-3}\times\lambda_{FTSM}\times(1-DC)+\\C_{1oo5}\times10^{-5}\times(1-DC)\times\sqrt{2.5\times\lambda_{FTSM}}\end{array}\right\}$$

与 1oo2 结构时，分析的情况一样。在 i 和 C_{MooN} 确定情况下，又取 DC、λ_{FTSM} 最大值、最小值这四种情况分别讨论，见表 5-17。

表 5-17　DC、λ_{FTSM} 取值范围

DC、λ_{FTSM} 最大、最小值	取值范围
DC=90%	λ_{FTSM} 取值范围 $10^{-5}\sim10^{-6}$
DC=99%	λ_{FTSM} 取值范围 $10^{-5}\sim10^{-6}$
$\lambda_{FTSM}=10^{-5}$	DC 取值范围 90%～99%
$\lambda_{FTSM}=10^{-6}$	DC 取值范围 90%～99%

1. DC=90%，λ_{FTSM} 取值范围 $10^{-5}\sim10^{-6}$

$$PFH_{SYS}=PFH_{逻辑}+PFH_{外设}+i\times PFH_{远程}$$

$$=(4+2i)\times(1.749\,7\times10^{-4}\times\lambda^2+1.080\,1\times10^{-8}\times\lambda+3.320\times10^{-7}\times\sqrt{\lambda})$$

可以得到如表 5-18 所示的 PFH_{sys} 值列表。

表 5-18　当 DC=90%时，PFH_{sys}的取值

λ / PFH / i	10^{-6}	2×10^{-6}	4×10^{-6}	6×10^{-6}	8×10^{-6}	10^{-5}
1	$1.992\ 1\times10^{-9}$	$2.817\ 2\times10^{-9}$	$3.984\ 3\times10^{-9}$	$4.879\ 8\times10^{-9}$	$8.044\ 3\times10^{-9}$	$6.300\ 0\times10^{-9}$
2	$2.656\ 1\times10^{-9}$	$3.756\ 3\times10^{-9}$	$5.312\ 4\times10^{-9}$	$6.506\ 4\times10^{-9}$	$7.513\ 1\times10^{-9}$	$8.400\ 0\times10^{-9}$
3	$3.320\ 1\times10^{-9}$	$4.695\ 4\times10^{-9}$	$6.640\ 5\times10^{-9}$	$8.133\ 0\times10^{-9}$	$9.391\ 4\times10^{-9}$	$1.050\ 0\times10^{-8}$
4	$3.984\ 1\times10^{-9}$	$5.634\ 5\times10^{-9}$	$7.968\ 6\times10^{-9}$	$9.759\ 6\times10^{-9}$	$1.127\ 0\times10^{-8}$	$1.260\ 0\times10^{-8}$
…	…	…	…	…	…	…
i	$3.320\ 1\times(4+2i)\times10^{-10}$	$4.695\ 4\times(4+2i)\times10^{-10}$	$6.640\ 5\times(4+2i)\times10^{-10}$	$8.133\ 0\times(4+2i)10^{-10}$	$9.391\ 4\times(4+2i)\times10^{-10}$	$1.050\ 0\times(4+2i)\times10^{-9}$

用 Matlab 画出远程外设为 1、2、3、4 时，PFH_{sys}随 λ_{FTSM}变化的曲线如图 5-65 所示(曲线从下至上，远程外设个数为：1、2、3、4)。

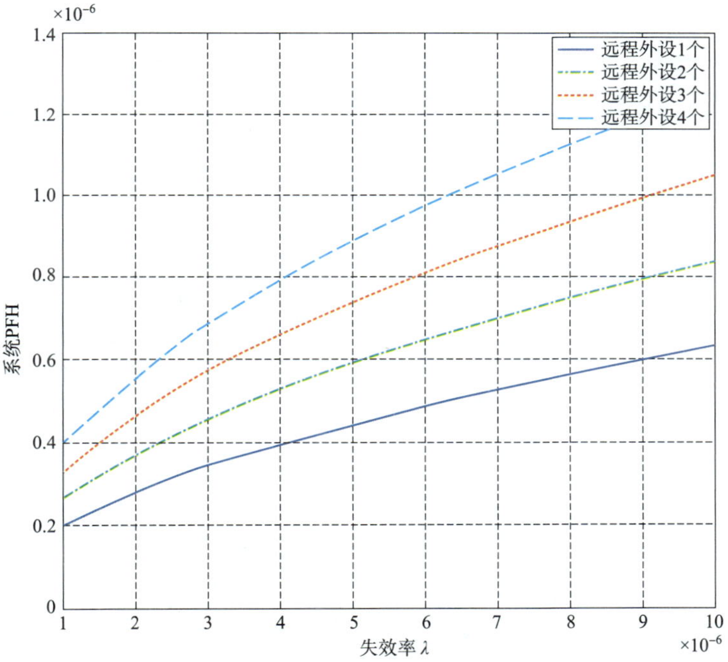

图 5-65　当 DC=90%，PFH_{sys}随 λ_{FTSM}变化的曲线

由图 5-65 分析可知，当 DC=90%，FTSMU 故障率在10^{-5}～10^{-6}范围内时。当有 1、2 个远程外设时，此地面列控安全计算机的 PFH_{sys}小于10^{-8}，满足安全完整性等级 SIL4。当有 3 个远程外设时，λ_{FTSM}小于 9.072×10^{-6}时，整个地面列控安全计算机 PFH_{sys}才小于10^{-8}，满足安全完整性等级 SIL4；λ_{FTSM}大于 9.072×10^{-6}时，整个地面列控安全计算机 PFH_{sys}大于10^{-8}，不满足安全完整性等级 SIL4。即当远程外设有 3 个，FTSMU 取二取二结构，地面列控安全计算机采用低诊断覆盖率 90%时，要使 λ_{FTSM}小于 9.072×10^{-6}时，整个地面列控安全计算机 PFH_{sys}才能小于10^{-8}，才能满足安全完整性等级 SIL4。相应的可以分析当远程外设个数为 4、5……i 个时，若此地面列控安全计算机 PFH_{sys}要满足安全完整性等级 SIL4，FTSMU 单板故障率 λ_{FTSM}应满足的范围。

2. 当 DC＝99%，λ_{FTSM}取值范围10^{-5}～10^{-6}

$$PFH_{SYS}=PFH_{逻辑}+PFH_{外设}+i\times PFH_{远程}$$

$$=(4+2i)\times(1.749\,6\times10^{-8}\times\lambda^2+1.080\,1\times10^{-11}\times\lambda+3.320\times10^{-8}\times\sqrt{\lambda})$$

可以得到如表 5-19 所示的 PFH_{sys}值列表。

表 5-19　当 DC＝99%时，PFH_{sys}的取值

i \ PFH \ λ	10^{-6}	2×10^{-6}	4×10^{-6}	6×10^{-6}	8×10^{-6}	10^{-5}
1	$1.992\,0\times10^{-10}$	$2.817\,1\times10^{-10}$	$3.984\,0\times10^{-10}$	$4.879\,4\times10^{-10}$	$5.634\,2\times10^{-10}$	$6.299\,3\times10^{-10}$
2	$2.656\,0\times10^{-10}$	$3.756\,2\times10^{-10}$	$5.312\,0\times10^{-10}$	$6.505\,8\times10^{-10}$	$7.512\,3\times10^{-10}$	$8.399\,0\times10^{-9}$
3	$3.320\,0\times10^{-10}$	$4.695\,2\times10^{-10}$	$6.640\,0\times10^{-10}$	$8.132\,3\times10^{-10}$	$9.390\,4\times10^{-10}$	$1.049\,9\times10^{-9}$
4	$3.984\,0\times10^{-10}$	$5.634\,2\times10^{-10}$	$7.968\,0\times10^{-10}$	$9.758\,8\times10^{-10}$	$1.126\,8\times10^{-9}$	$1.259\,9\times10^{-9}$
…	…	…	…	…	…	…
i	$3.320\,0\times(4+2i)\times10^{-11}$	$4.695\,2\times(4+2i)\times10^{-11}$	$6.640\,0\times(4+2i)\times10^{-11}$	$8.132\,3\times(4+2i)\times10^{-11}$	$9.390\,4\times(4+2i)\times10^{-11}$	$1.049\,9\times(4+2i)\times10^{-10}$

用 Matlab 画出远程外设为 1、2、3、4 时，PFH_{sys}随λ_{FTSM}变化的曲线如图 5-66 所示(曲线从下至上，远程外设个数为：1、2、3、4)。

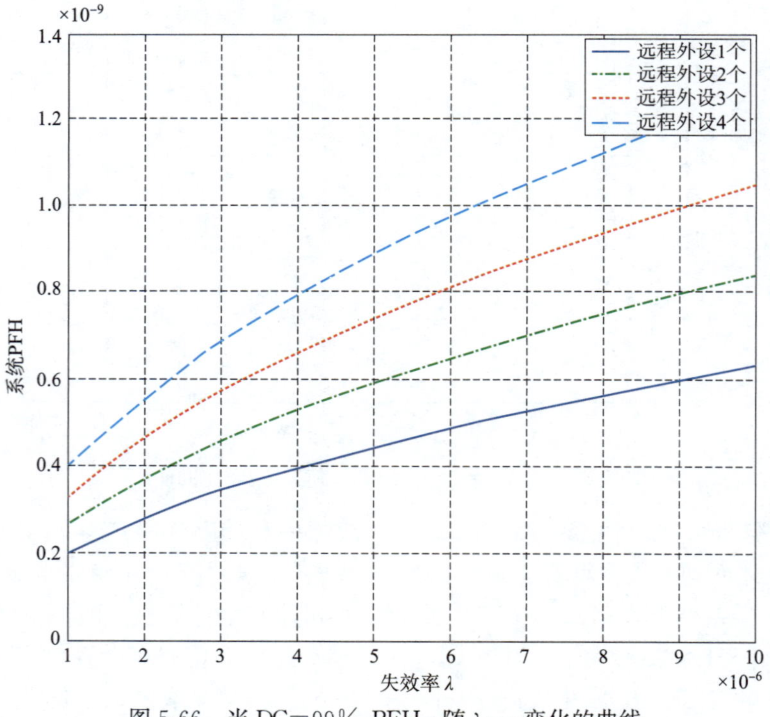

图 5-66　当 DC＝99%，PFH_{sys}随λ_{FTSM}变化的曲线

由图 5-66 分析可知，当 DC＝99%，FTSMU 故障率在10^{-5}～10^{-6}范围内时，此地面列控安全计算机的 PFH_{sys} 小于10^{-8}，满足安全完整性等级 SIL4。即使远程外设达到 4 个时，FTSMU 单板的λ_{FTSM}取最大值10^{-5}，整个地面列控安全计算机的 PFH_{sys}也远小于10^{-8}，很容

易满足安全完整性等级 SIL4。可见，提高诊断覆盖率，能有效提高整个地面列控安全计算机的安全性。

3. 当 $\lambda_{FTSM}=10^{-5}$，DC 取值范围 90%～99%

$$PFH_{SYS}=PFH_{逻辑}+PFH_{外设}+PFH_{远程}$$

$$=(4+2i)\times[5.4\times10^{-10}\times(1-DC)^2+5\times10^{-8}\times(1-DC)]\times2\,160\times[1.620\times10^{-7}\times(1-DC)^2+10^{-7}(1-DC)]+1.062\,5\times10^{-8}(1-DC)$$

可以得到如表 5-20 所示的 PFH_{sys} 值列表。

表 5-20　当 $\lambda_{FTSM}=10^{-5}$ 时，PFH_{sys} 的取值

PFH \ DC i	90%	92%	94%	96%	98%	99%
1	$6.375\,8\times10^{-9}$	$5.100\,5\times10^{-9}$	$3.825\,3\times10^{-9}$	$2.550\,1\times10^{-9}$	$1.275\,0\times10^{-9}$	$6.375\,1\times10^{-10}$
2	$8.501\,0\times10^{-9}$	$6.800\,6\times10^{-9}$	$5.100\,3\times10^{-9}$	$3.400\,1\times10^{-9}$	$1.700\,0\times10^{-9}$	$8.500\,1\times10^{-10}$
3	$1.062\,6\times10^{-8}$	$8.500\,8\times10^{-9}$	$6.375\,4\times10^{-9}$	$4.250\,2\times10^{-9}$	$2.125\,0\times10^{-9}$	$1.062\,5\times10^{-9}$
4	$1.275\,2\times10^{-8}$	$1.020\,1\times10^{-8}$	$7.650\,5\times10^{-9}$	$5.100\,2\times10^{-9}$	$2.550\,1\times10^{-9}$	$1.275\,0\times10^{-9}$
…	…	…	…	…	…	…
i	$1.518\,0\times(4+2i)\times10^{-9}$	$1.214\,4\times(4+2i)\times10^{-9}$	$9.107\,6\times(4+2i)\times10^{-10}$	$6.071\,7\times(4+2i)\times10^{-10}$	$3.035\,8\times(4+2i)\times10^{-10}$	$1.517\,9\times(4+2i)\times10^{-10}$

用 Matlab 画出远程外设为 1、2、3、4 时，PFH_{sys} 随 DC 变化的曲线如图 5-67 所示（曲线从下至上，远程外设个数为：1、2、3、4）。

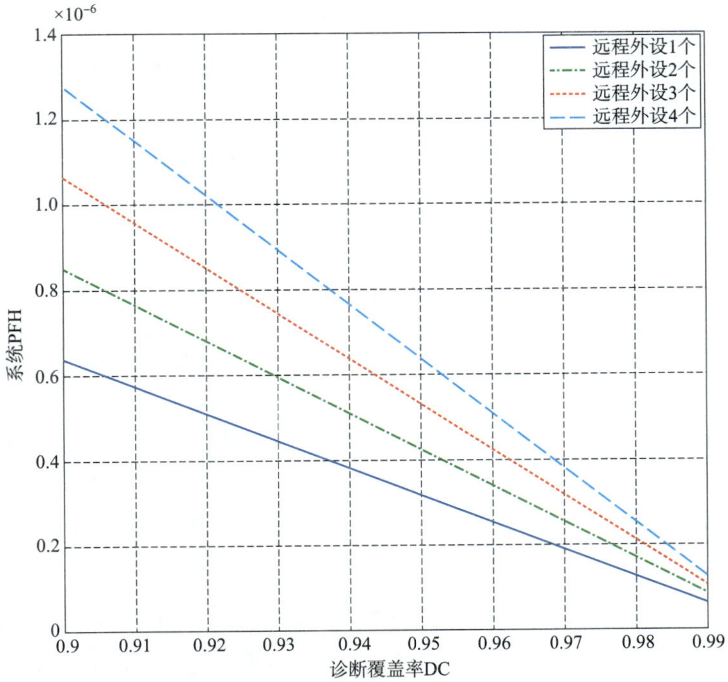

图 5-67　当 $\lambda_{FTSM}=10^{-5}$，PFH_{sys} 随 DC 变化的曲线

由图 5-67 分析可知，当 $\lambda_{FTSM}=10^{-5}$，诊断覆盖率 DC 取值范围 90%～99%时。当远程外设的个数为 1、2 时，诊断覆盖率 DC 取值范围 90%～99%，此地面列控安全计算机的 PFH_{sys} 都小于10^{-8}，满足安全完整性等级 SIL4。当远程外设只有 3 个时，诊断覆盖率 DC 大于 90.59%时，整个地面列控安全计算机 PFH_{sys}才能小于10^{-8}，满足安全完整性等级 SIL4；当 DC 小于 90.59%时，整个地面列控安全计算机 PFH_{sys} 大于10^{-8}，不满足安全完整性等级 SIL4。即当远程外设有 3 个，FTSMU 取 2oo3 结构，此地面列控安全计算机的 FTSMU 单板故障率为 $\lambda_{FTSM}=10^{-5}$时，要使诊断覆盖率 DC 大于 90.59%，整个地面列控安全计算机 PFH_{sys}才能小于 10^{-8}，满足安全完整性等级 SIL4。

从图 5-67 中变化趋势可知：当 FTSMU 结构取 2oo3，$\lambda_{FTSM}=10^{-5}$时，随着远程外设个数大于 3 个，且不断增加时，只有诊断覆盖率越接近 99%，才能保证整个地面列控安全计算机的 PFH_{sys}小于10^{-8}。

4. 当 $\lambda_{FTSM}=10^{-6}$，DC 取值范围 90%～99%

$$
\begin{aligned}
PFH_{SYS} &= PFH_{逻辑}+PFH_{外设}+PFH_{远程}\\
&=(4+2i)\times[5.4\times10^{-10}\times(1-DC)^2+5\times10^{-8}\times(1-DC)]\times2\,160\times\\
&\quad[1.620\,0\times10^{-9}\times(1-DC)^2+10^{-8}(1-DC)]+3.320\,0\times10^{-9}(1-DC)
\end{aligned}
$$

选择 DC 几个变化的数值，可以得到如表 5-21 所示的 PFH_{sys}值列表。

表 5-21　当 $\lambda_{FTSM}=10^{-6}$时，PFH_{sys}的取值

DC / PFH / i	90%	92%	94%	96%	98%	99%
1	$1.992\,1\times10^{-9}$	$1.593\,6\times10^{-9}$	$1.195\,2\times10^{-9}$	$7.968\,1\times10^{-10}$	$3.984\,0\times10^{-9}$	$1.992\,0\times10^{-10}$
2	$2.656\,1\times10^{-9}$	$2.124\,9\times10^{-9}$	$1.593\,6\times10^{-9}$	$1.062\,4\times10^{-9}$	$5.312\,0\times10^{-10}$	$2.656\,0\times10^{-10}$
3	$3.320\,1\times10^{-9}$	$2.656\,1\times10^{-9}$	$1.992\,0\times10^{-9}$	$1.328\,0\times10^{-9}$	$6.640\,0\times10^{-10}$	$3.320\,0\times10^{-10}$
4	$3.984\,1\times10^{-9}$	$3.187\,3\times10^{-9}$	$2.390\,4\times10^{-9}$	$1.593\,6\times10^{-9}$	$7.968\,1\times10^{-10}$	$3.984\,0\times10^{-10}$
…	…	…	…	…	…	…
i	$3.320\,1\times(4+2i)\times10^{-10}$	$2.656\,1\times(4+2i)\times10^{-10}$	$1.992\,0\times(4+2i)\times10^{-10}$	$1.328\,0\times(4+2i)\times10^{-10}$	$6.640\,0\times(4+2i)\times10^{-11}$	$3.320\,0\times(4+2i)\times10^{-11}$

用 Matlab 画出远程外设为 1、2、3、4 时，PFH_{sys}随 DC 变化的曲线如图 5-68 所示（曲线从下至上，远程外设个数为：1、2、3、4）。

由图 5-68 分析可知，当 $\lambda_{FTSM}=10^{-6}$，诊断覆盖率 DC 取值范围 90%～99%时。当远程外设为 1、2、3、4 个时，DC 取值范围 90%～99%，整个地面列控安全计算机 PFH_{sys} 都小于10^{-8}。并且，可以计算，当诊断覆盖率取 90%时，计算能支持的远程外设数量为：

$$
\begin{aligned}
PFH_{SYS} &= PFH_{逻辑}+PFH_{外设}+PFH_{远程}\\
&=(4+2i)\times[5.4\times10^{-10}\times(1-DC)^2+5\times10^{-8}\times(1-DC)]\times2\,160\times\\
&\quad[1.620\,0\times10^{-9}\times(1-DC)^2+10^{-8}(1-DC)]+3.320\,0\times10^{-9}(1-DC)\leqslant10^{-8}
\end{aligned}
$$

计算得 $i\leqslant13.1$，即最多能支持 13 个远程外设，能使整个地面列控安全计算机满足安全完整性等级 SIL4。

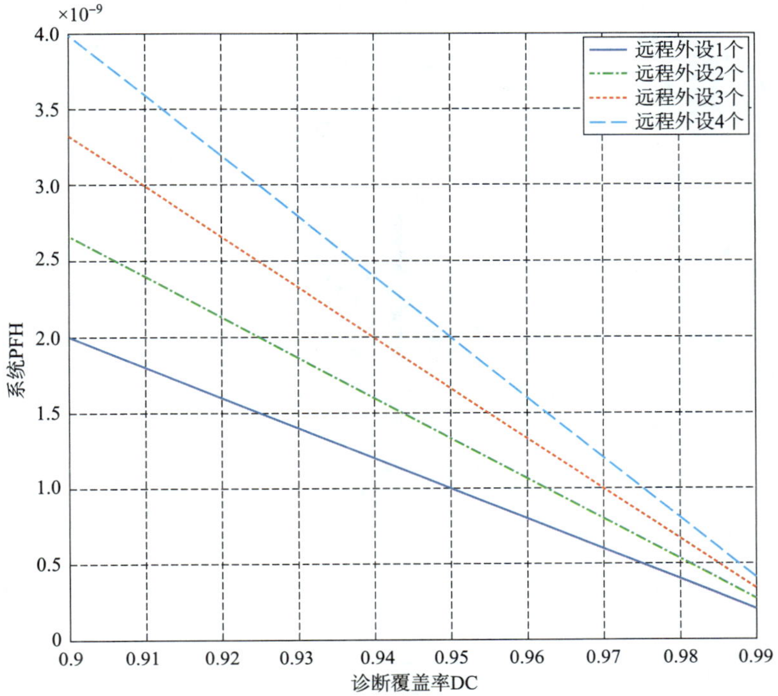

图 5-68 当 $\lambda_{FTSM}=10^{-6}$，PFH_{sys}随 DC 变化的曲线

（三）结果分析

PHF_{sys}中有五项参数是未定的：诊断覆盖率 DC、C_{MooN}（FTSM 冗余结构修正因子）、FTSM 单板的故障率、远程外设配置个数、共因故障因子 β，共因故障因子 β 此处取 1%。远程外设配置个数与实际应用相关，不能通过技术等手段限制。所以，主要讨论分析其余 3 个未定参数（诊断覆盖率 DC、C_{MooN}、FTSM 故障率）对整个安全计算机 PHF_{sys}的影响。通过上面的结果分析，可以得出以下结论：

(1)在诊断覆盖率 DC 一定的情况下，随着 FTSM 单板的故障率增大，整个地面列控安全计算机的 PFH_{sys}增大。所以，降低 FTSM 单板的故障率，能降低整个地面列控安全计算机的 PFH_{sys}，提高其安全指标。

(2)分析 1oo2、2oo3 两种冗余结构的影响。取诊断覆盖率 DC 为 90%，FTSM 冗余结构为 1oo2、2oo3 时，得到表 5-22、图 5-69。通过图中曲线走势可知，增加 FTSM 的冗余结构，从 1oo2 变到 2oo3，在诊断覆盖率 DC 一定的情况，整个地面列控安全计算机的 PFH_{sys}会降低，但减少的程度不大。所以，综合安全性和经济性考虑，FTSM 冗余结构推荐选择使用 1oo2。

表 5-22 DC 为 90%，1oo2 和 2oo3 时的 PFH_{sys}

结构 \ PFH \ λ	10^{-6}	2×10^{-6}	4×10^{-6}	6×10^{-6}	8×10^{-6}	10^{-5}
1oo2	$4.740\,1\times(4+2i)\times10^{-10}$	$6.703\,5\times(4+2i)\times10^{-10}$	$9.480\,2\times(4+2i)\times10^{-10}$	$1.161\,1\times(4+2i)\times10^{-9}$	$1.340\,7\times(4+2i)\times10^{-9}$	$1.499\,0\times(4+2i)\times10^{-9}$
2oo3	$3.320\,1\times(4+2i)\times10^{-10}$	$4.695\,4\times(4+2i)\times10^{-10}$	$6.640\,5\times(4+2i)\times10^{-10}$	$8.133\,0\times(4+2i)\times10^{-10}$	$9.391\,4\times(4+2i)\times10^{-10}$	$1.050\,0\times(4+2i)\times10^{-9}$

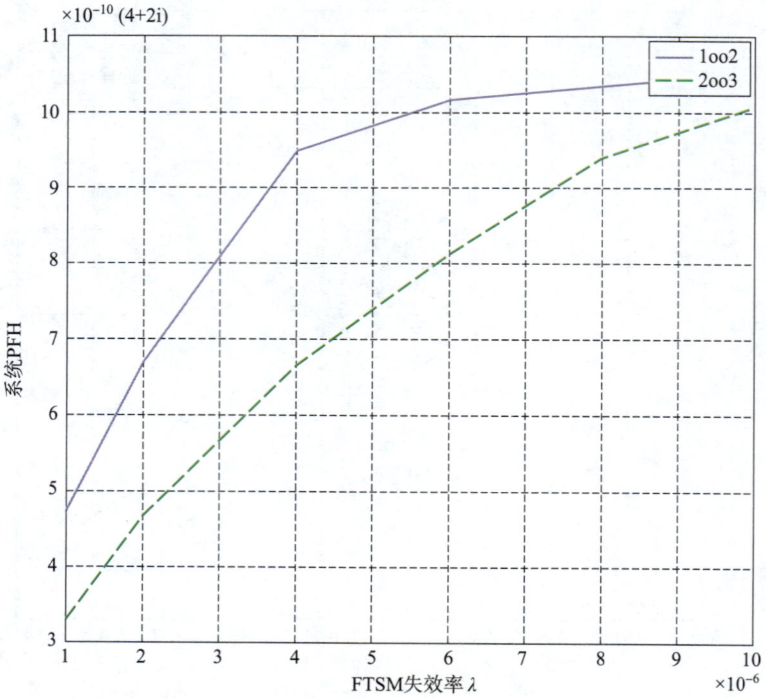

图 5-69　DC 为 90%，1oo2 和 2oo3 时的 PFH_{sys}

(3)分析诊断覆盖率的影响。取 1oo2 结构，DC 为 90%和 99%时，得到表 5-23、图 5-70。通过分析图中曲线走势可知，增加诊断覆盖率 DC，能大幅度减小整个地面列控安全计算机的 PFH_{sys}，提高其安全性指标，所以诊断覆盖率 DC 越大，对提升安全计算机的安全指标帮助越大。

表 5-23　1oo2 结构，DC 为 90%和 99%时的 PFH_{sys}

DC \ PFH \ λ	10^{-6}	2×10^{-6}	4×10^{-6}	6×10^{-6}	8×10^{-6}	10^{-5}
90%	$4.7401\times(4+2i)\times10^{-10}$	$6.7035\times(4+2i)\times10^{-10}$	$9.4802\times(4+2i)\times10^{-10}$	$1.1611\times(4+2i)\times10^{-9}$	$1.3407\times(4+2i)\times10^{-9}$	$1.4990\times(4+2i)\times10^{-9}$
99%	$4.7400\times(4+2i)\times10^{-11}$	$6.7034\times(4+2i)\times10^{-11}$	$9.4800\times(4+2i)\times10^{-11}$	$1.1611\times(4+2i)\times10^{-10}$	$1.3407\times(4+2i)\times10^{-10}$	$1.4989\times(4+2i)\times10^{-10}$

第四节　软件安全性设计的附加措施

一、软件设计与实现的具体措施

以下的有关软件设计与实现的具体建议按表格形式提供，每个表格以综述的要求开始，如 1. a，然后列出一系列相关的建议，如 1. aa，以此类推。

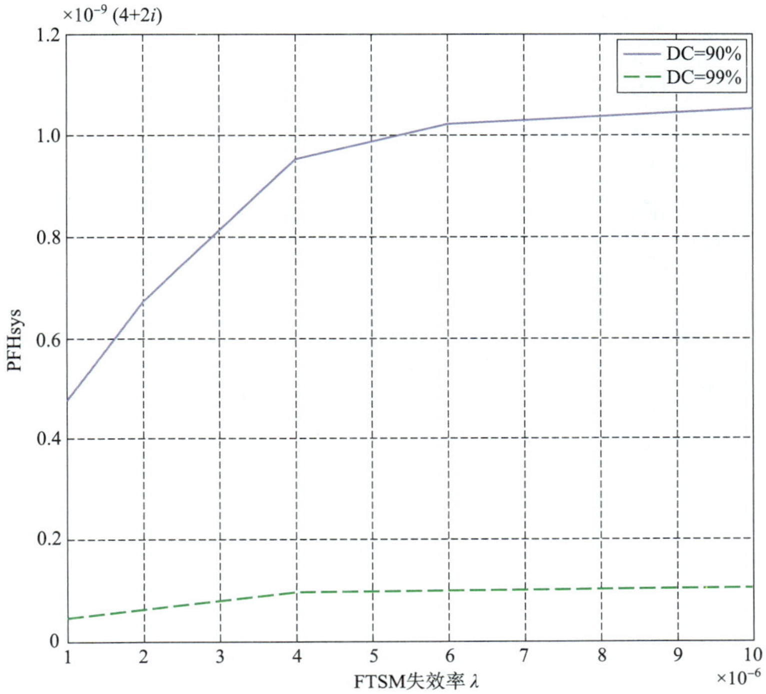

图 5-70　1oo2 结构，DC 为 90%和 99%时的 PFH_{sys}

（一）设计流程

1. a 可修改性		
项目	建　　议	有利于防止/有利于
1. a	设计流程应使软件易于修改	当执行改变时，引入故障的风险
1. aa	在设计阶段早期，应辨明所开发的软件哪些特点和功能需求在其生命周期中发生改变	实现安全和成本效益的灵活性
1. ab	应当选择模块化设计，以便在后期的设计阶段中，对软件的预期影响能被限制较少数的模块	最小化由变更所引起的风险
1. ac	软件修改应仔细的权衡因此可能导致的复杂性、运行时间和存储空间等	系统变得过于复杂

1. b 自上而下的方法		
项目	建　　议	有利于防止/有利于
1. b	软件设计应采用一个自上而下的方法	总的设计错误/设计的完整性
1. ba	一般情况应优先于特殊情况	不一致性的风险/允许开发人员完成从需求到最终设计的完整工作
1. bb	在每一个级详细设计时，都应全面描述和验证整个系统	为了确保设计的一致性和完整性，尽早发现问题的范围
1. bc	在设计的早期阶段，应尽可能确定困难的范围	潜在问题成为设计决策的一个输入
1. bd	关键的设计决策应尽早地记录、讨论并制定成文	在生命周期后期遇到困难/尽早评估设计的可行性，减少后期软件开发过程中，需求改变的可能性

续上表

项目	建　议	有利于防止/有利于
1. be	应辨明每个决策对系统其他部分的影响，一个替代的方法应当考虑，并记录它的风险	重复工作/慎重设计
1. bf	个体决策对系统其他部分的影响应当辨明	重复工作/慎重设计
1. bg	软件设计各层之间的间距应足够小，以满足审查人员都能根据前一个设计层次清楚的了解每个设计层次	设计的很难理解/确保软件设计清晰，并且使设计一致性以便于验证
1. bh	软件的设计应基于一个或多个的更高层次的描述形式(适当的和有效的)，例如：在数理逻辑、集合论、伪代码、决策表、逻辑图或其他图形或面向应用的语言	曲解或错误
1. bi	应使用自动化开发辅助工具	为了减少人为错误的范畴
1. bj	文档应是这样的，说明符易于理解，并能检查设计中功能的执行	说明书的修改和一致性

1. c 中间设计的产品验证		
项目	建　议	有利于防止/有利于
1. c	中间设计的产品必须执行	尽可能快的发现设计的缺陷，设计的完整性
1. ca	应表明每一层设计本身是完备和一致的	以后改变的必要性
1. cb	应表明每一层设计都要与以前一层次的需求规范保持一致性	遗落某些方面/为了确保没有需求被忽略
1. cc	一致性检查应由没有涉及设计流程的人员执行	
1. cd	验证人员只能标出可能的错误，不能建议任何行动建议	人员确认程序/保持谨慎的态度
1. ce	为了帮助设计师正确理解他们所标出的错误，应提供明确的理由	增加验证活动和整个团队的效率

1. d 研制过程中的变化		
项目	建　议	有利于防止/有利于
1. d	程序研制过程中必要的变化应从与该变化有关的最早的设计阶段开始	由于变化而引入新的错误/避免隐藏的长期影响
1. da	变化应从一般阶段逐步向特殊阶段进行	识别该变化所引起的所有影响
1. db	如果改变某一模块，则在将它重新集成到系统前，应对它进行重新测试	由于变化而隐藏在模块中的错误
1. dc	此外，受影响的变化模块的环境也应重新测试	由于变化而隐藏在模块环境中的错误
1. dd	重大变化的记录文件应包括受影响或对其他部分有影响的要求、编码、数据区控制流特性与时间方面	变化影响的可追溯性
1. de	在变化被合并之前，应对已测试部分产生影响或对其他人员的工作产生影响的变化进行评估和审查	隐藏长期影响
1. de. 1	注：这些步骤对只影响一个人工作的变化以及影响整个系统的修改也有效	

(二)软件结构

2.a 控制和存取结构		
项目	建　议	有利于防止/有利于
2.a	程序和程序部件应系统地分组	有助于评估和修改
2.aa	特殊的系统操作应由特殊的部件执行	可测试性
2.ab	软件应按功能划分： —计算机外部接口(如设备驱动,中断处理) —实时信号(如时钟) —并行处理(如调度程度) —存储分配 —特殊功能(如应用层程序) —将标准“功能”映射到特定的计算机硬件中;使用以上功能可以由明确定义的接口与“应用层”程序分开。	有助于设计的可测试性和透明度
2.ac	程序结构应允许最少的工作量实现预期的变化(参阅表 1.a)	系统适应性
2.ad	使用的结构方法应表明	可理解性
2.ae	在一个处理器内,计算机程序应尽可能按顺序工作	由于时序问题或不同中断顺序的混乱
2.af	计算机程序应有一个明确的和清晰的模块结构	可理解性,可测试性

2.b 模块		
项目	建　议	有利于防止/有利于
2.b	模块应清晰、易懂	可理解性
2.ba	每个模块应对应一种特定的功能	可测试性
2.bb	一个模块只应有一个入口;尽管有时需要多个出口,但推荐只有一个出口	易于验证
2.bc	任何模块长度不应超过一个可执行语句的限制,在针对特定系统或特殊情况下才允许较长的模块	庞大的模块
2.bd	模块间的接口应尽可能简单,并在系统中完全一致并整理为文档	接口错误
2.be	模块接口参数的数量应最小化	接口错误
2.bf	模块接口参数(即输入、输出或输入/输出)的状态应明确声明	接口错误

2.c 操作系统软件		
项目	建　议	有利于防止/有利于
2.c	操作系统软件的使用应受到限制	由于操作系统的错误引起的故障/使系统验证容易
2.ca	最好使用经过彻底验证,且附有验证文档的操作系统软件	隐藏的错误
2.cb	应避免使用通用操作系统软件(操作系统)	使用过于复杂的软件产品
2.cc	如果有必要使用通用操作系统软件,应限制在几种简单的功能上	确保使用一个彻底的测试过的操作系统软件
2.cd	应只包含必要的功能	死代码
2.ce	应总是以相同的方法调用操作系统的某一特定功能	容易验证

续上表

项目	建　　议	有利于防止/有利于
2. cf	控制硬件的功能应从操作系统软件获得，或基于它研发和验证	额外的程序和测试工作
2. cg	操作系统软件功能应严格定义，并有良好定义的接口	使用该功能中的错误
2. ch	应知道并检查操作系统软件的使用条件和相互依赖性	使用该功能中的错误
2. ci	如果为特殊的安全应用研发一个专用的操作系统软件或软件的一个专用部分，上述所有标准都应遵循	易于验证

2. d 执行时间		
项目	建　　议	有利于防止/有利于
2. d	物理过程对执行时间的影响应较小	难以理解的时序问题
2. da	任何系统或系统的一部分在峰值负载下的执行时间应小于一个限值，超过这个限值将违反安全需求	后期设计变化的必要性
2. db	由计算机程序产生的结果应与执行程序所需的时间和执行程序的初始化时间(参照独立“时钟”)无关	难以理解的时序问题/确定性
2. dc	计算机程序应设计成能以正确的顺序执行，而与其执行速度无关	同步问题和运行时间问题/分析
2. dd	由于输入参数差异而引起的运行时间差别应不明显	易于评估和验证执行时间
2. de	由于输入参数差异而导致的执行时间差别应记录在案	易于评估和验证执行时间
2. df	执行时间取决于输入数据的代码部分应简短	达到 2. de 的效果
2. dg	在一个计算周期，参数读取量应恒定	使执行时间的差别减小
2. dh	程序执行时间不应与接收数据耦合	同步问题，执行时间问题/分析

2. e 中断		
项目	建　　议	有利于防止/有利于
2. e	中断的使用应受到限制	同步问题及执行时间问题/分析
2. ea	如果中断能够使软件设计简化并不带来复杂的验证，那么就可以使用	易于理解特殊配置
2. eb	关键软件部分(如关键时间、关键数据修改)应辨明和保护	同步问题及执行时间问题/分析
2. ec	软件可以禁止关键部分的中断处理，但这种禁止应当是合理的	同步问题及执行时间问题/分析
2. ed	如果使用了中断，则不可中断的部分应有一个规定的最大计算时间，从而可计算出禁止中断的最大时间	执行时间问题
2. ee	中断的使用和屏蔽应完全地记录在案	系统确认

2. f 算术表达式		
项目	建　　议	有利于防止/有利于
2. f	如果可以，尽量用简单的表达式代替复杂的表达式	副作用/容易测试
2. fa	决策不应依赖大量算术计算	找出反函数计算路径表达式
2. fb	应尽可能使用简化的、已经过验证的算术表达式	表明所需功能和代码之间的关系

续上表

项目	建　议	有利于防止/有利于
2. fc	如果采用了大量算术表达式，则编码时时它们与特定的那个算术表达式之间的一致性应当在编码中很容易看出	程序分析

（三）软件自诊断

3. a 真伪性检查		
项目	建　议	有利于防止/有利于
3. a	必须执行真伪性检查（防御性编程）	未检测到的潜在错误
3. aa	中间结果的正确性或真伪性应周期性检查	未检测到的潜在错误
3. ab	输入变量、输出变量、中间参数的范围应予以检查（包括数组边界）	未检测到的潜在错误
3. ac	应记录失败的真伪性检查	诊断潜在错误

3. b 安全输出		
项目	建　议	有利于防止/有利于
3. b	如果一个故障被测出，系统必须产生一个明确的输出	故障扩散/故障导向安全行为
3. ba	如果可能，应采用全面、正确的错误恢复技术	由于次要故障导致的系统崩溃
3. bb	如果采用了纠错技术，任何错误的发生都应报告	错误积累/尽早排除错误
3. bc	如果出现持久影响系统功能的错误，应予以记录	错误积累/尽早排除错误

3. c 存储内容		
项目	建　议	有利于防止/有利于
3. c	存储内容应予以保护或监管注：保护可以被视为是使用合适和快速的反应（错误限制和纠正）预防（防止出现不合时宜的修改）或检测（检测不适当的内存损坏状态）。检测以监控（或它的同义词：监督）为先决条件	未经批准的修改，潜在错误
3. ca	常数与指令的存储空间应受保护或监督，防止误修改	扩散寻址错误或硬件故障，包括间发性故障
3. cb	应防止未受权的读和写	
3. cc	系统的编码和数据应不受以后使用者的影响而改变	使软件保持其经审查批准的形式

3. d 错误检查		
项目	建　议	有利于防止/有利于
3. d	代码编制阶段必须进行错误检查	错误扩散
3. da	计数器与合理性陷阱应保证程序结构已正确地通过	特殊控制流错误，间发性的硬件故障
3. db	应检查任何类型参数传输的正确性，包括参数的类型检验	接口和数据流中的设计错误
3. dc	数组寻址时，应检查其边界	数据流错误，循环重复次数太多
3. dd	应监测的关键部件的运行时间（如看门狗定时器）	控制流中的设计错误，循环重复次数太多

续上表

项目	建　议	有利于防止/有利于
3. de	应使用断言语句(如在一个三角形中,if NOT (a+b>c)then Error)	中间结果的可信性

(四)详细设计与编码

4. a 分支和循环		
项目	建　议	有利于防止/有利于
4. a	应慎重处理分支和循环	易懂,且可检验的控制流
4. aa	应避免反向分支,而用循环语句代替(仅对较高级语言)	控制流分析的困难/可读性
4. ab	应禁止使用跳转进入循环、模块或子程序	控制流分析的困难/可读性
4. ac	如果分支不是导向循环结束,应避免从循环中转出,例外:故障出口	控制流分析的困难/可读性
4. ad	在复杂结构的模块中,应采用宏指令或子程序,以使结构清晰	控制流分析的困难/可读性
4. ae	作为支持程序验证和检验的一种特殊措施,应避免使用计算转移 GOTO 语句及标号变量	
4. af	凡使用选择跳转表或 case 控制语句时,跳转表或 case 条件宜无遗漏地包括各种可能性。故障处理应使用"默认分支"的概念	明确排除"或"
4. ag	循环只应使用不变的最大循环变量范围	运行时间问题,侵犯数组边界/可观测的路径数

4. b 子程序		
项目	建　议	有利于防止/有利于
4. b	子程序的构成应尽可能简单	不必要的复杂性
4. ba	它们只能有预先确定的最大数量的参数	保持程序和接口的简短
4. bb	它们只能通过参数与外界环境通信	数据流的可理解性,数据流分析
4. bc	子程序应只有一个入口	控制流的可理解性,控制流分析
4. bd	对应每个子程序的调用,子程序只能返回到一点,例外:缺省出口	控制流的可理解性,控制流分析
4. be	返回的点应紧跟在调用点后	控制流的可理解性,控制流分析

4. c 嵌套结构		
项目	建　议	有利于防止/有利于
4. c	嵌套结构应慎重处理	可理解性
4. ca	应避免使用嵌套宏指令	产生过度复杂的代码
4. cb	如果使用嵌套循环语句或嵌套过程来连接不同类型的程序操作会使问题结构和程序结构之间关系混乱的话,应避免使用	良好的顺序结构
4. cc	如果子程序和循环的层次结构能使程序结构更清晰,则应予以使用	表明自顶向下的研制过程中的不同层次

4.d 寻址和数组		
项目	建　　议	有利于防止/有利于
4.d	必须使用简单的寻址方法	易于进行数据流分析
4.da	每种数据类型只能使用一种寻址方法	数据库接口的统一
4.db	应避免使用繁杂的变址计算	可理解的数据流
4.dc	数组应有固定的、预先规定的长度	执行时间困难，复杂控制流/易于数据流分析
4.dd	每个数组引用的维数应等于其相应的说明中的维数	易于理解的寻址过程

4.e 数据结构		
项目	建　　议	有利于防止/有利于
4.e	在整个系统中必须使用统一的数据结构和命名规则	数据流分析，对数据元素意义的直观理解
4.ea	变量、数组和存储单元应具有单一目的和结构，应避免使用等效技术	数据使用中的错误，人为时序错误/数据流的追溯性
4.eb	每个变量的名字应有效反映其使用	数据元素的直观理解
4.ec	常数和变量应存放在不同的存储器部分	数据和代码的破坏/硬件的自我监督
4.ed	通用存取“数据库”或类似的资源用于全局数据结构的时候，它们应通过标准资源处理子程序或通过标准资源操作任务通信进行存取	
4.ee	程序与其他程序接收或发送数据时，应交换相容的数据集	数据的不连贯

4.f 动态变化		
项目	建　　议	有利于防止/有利于
4.f	应避免可执行代码的动态变化	控制流分析

4.g 单元和集成测试		
项目	建　　议	有利于防止/有利于
4.g	程序研发过程，应执行单元和集成测试	尽早发现错误
4.ga	测试方法应遵循设计方法（如在自顶向下的设计过程中，测试应利用尚未存在的系统部分的仿真即存根来进行；在系统设计和实施完成后，则应遵循自底向上集成测试）	尽早发现错误
4.gb	每个模块在集成进入系统前，均应进行全面的测试，测试结果记录在案	集成后的问题/变化管理
4.gc	应产生正式的测试输入和结果（测试方案）的正式说明书	重复性工作/加速取得许可证
4.gd	在程序测试过程中发现的错误应记录和分析	检测出某些设计错误
4.ge	不完整的测试应记录在案	清晰性
4.gf	为在最终有效性认证中便于使用单元和集成的测试结果，应记录上述测试实现的程度（如被测模块的所有路径测试）	重复性工作

(五)语言相关

5.a 顺序与排列		
项目	建　议	有利于防止/有利于
5.a	对各种语言结构的安排必须制定详细的规则	获得一个一致的、可理解的程序清单
5.aa	这些建议应包括参数类型在内的声明序列	
5.ab	初始化序列	
5.ac	非执行代码序列/执行代码序列	
5.ad	格式声明顺序(语言,如 FORTRAN 语言)	

5.b 注释		
项目	建　议	有利于防止/有利于
5.b	代码和注释之间的关系应为详细的规则所固定	编写和理解注释的困难/获得有意义的注释
5.ba	应明确什么是一定要注释的	
5.bb	注释的位置应统一	
5.bc	注释的形式的风格应统一	

5.c 汇编		
项目	建　议	有利于防止/有利于
5.c	如果使用了汇编语言,则应遵循可扩展和可记录的编码规则	汇编语言和技巧的困难/简化和可理解性
5.ca	不应使用采用变址的分支指令,分支表的内容应是不变的	无法在转移点从编码中识别出转移的目的地
5.cb	所有间接寻址应遵循相同的方式	最终存储地址位置的清晰性
5.cc	应避免使用间接移位	立即看出移位多远
5.cd	应避免在一条单一机器指令中进行多重置换或多重变址	理解寻址位置
5.ce	同样的宏汇编应总是以相同的参数调用	理解宏汇编功能
5.cf	标号应以名字表示,而不是用纯数字的值(如绝对地址或相对偏移量)	将某种意义与分支目的联系起来
5.cg	子程序调用方式应在整个系统中保持一致性,并由进一步的规则指定	任意参数的类型和位置

5.d 编码规则		
项目	建　议	有利于防止/有利于
5.d	应发布详细编码规则	提高代码的清晰度和一致性
5.da	代码行在哪和如何缩进应使之清晰	识别程序块
5.db	模块布局应固定统一	理解模块结构
5.dc	更多细节应根据需要约束	

5. e 面向应用的语言		
项目	建　议	有利于防止/有利于
5. e	应使用面向应用的语言而不使用面向机器的语言	可理解性、简明
5. ea	不是由面向应用的语言实现的功能或功能的一部分应作为独立模块开发	
5. eb	具有图形化语法的面向应用的语言应提供相关的文本语言	自动分析工具的使用
5. ec	面向应用的语言中不适合于高安全性软件开发的任何特征都应识别、文档化而最终避免使用	

5. f 自动代码生成		
项目	建　议	有利于防止/有利于
5. fa	代码生成器的输出应可追溯到输入	在证明或使用时能够验证代码生成器的输出
5. fb	所生成的代码应可读	发现源自代码生成器的错误
5. fc	对生成的代码不应做任何变更，如有必要变更，应在代码生成阶段的输入中引入且归档	保证输出与输入的一致性确保所生成的代码的软件质量
5. fd	如果适用，所生成的代码使用的语言应符合以下规定：开发过程阶段中执行的活动应根据工程所选择的软件开发方法确定	用于编译、验证 & 确认(V&V)、可读性的软件工具的可用性

二、语言和编译器及链接编辑器的措施

以下列出用于安全应用的语言、编译器和链接编辑器的一些建议，也适用于其他非安全辅助系统程序，对于编译器的建议也适用于解释器、交叉编译器以及仿真器。同样，适用于编译器与链接编辑器的各方面建议也应反映在设计工具的选择及其应用之中。一项工程计划应当按照所指出的优先级(数值越小优先级越高)来选择所建议的准则。

(一)一般要求

(1)编译器、链接编辑器和加载器使用之前应全部经过彻底测试，应重视其运行操作(优先级:1)；

(2)对于编译器、链接编辑器和加载器，应获得其高质量的可靠性数据(优先级:2)；

(3)在使用辅助系统程序的情况下，如辅助工具、文件系统等，应在使用前经过适当测试(优先级:1)；

(4)语言的语法应完整、无歧义地定义(优先级:2)；

(5)语义应当完整的说明，易于理解(优先级:1)；

(6)应采用高级语言而不用面向机器的语言(优先级:2)；

(7)语言的使用范围及其处理问题的适用能力二者都是重要的(优先级:2)；

(8)本节第一小节中的建议通常应尽可能采纳(优先级:1)；

(9)程序设计中所产生编码的可读性比可写性更为重要(优先级:2)；

(10)语法标志应当是唯一的,对同一个概念不得使用一种以上的标志(优先级:2);

(11)语言应避免有出错倾向的特性(优先级:2);

(12)产生的程序应易于维护(优先级:2);

(13)输入参数、输出参数及瞬态参数应当在语法上有所区别(优先级:2);

(14)在编译过程中的各个阶段均应提供可复查的可选输出(优先级:3)。

(二)错误处理

(1)语言编译器及链接编辑器在编译过程或在线执行过程中应能够尽可能多地检测出程序设计错误(优先级:2);

(2)在线执行过程中,可以进行异常处理(优先级:2);

(3)语言可提供断言(优先级:3);

(4)可能在执行过程中引起异常的出错情况应包括以下情况:

- 超出数组边界(优先级:1);
- 超出数组范围(优先级:1);
- 访问未经初始化的变量(优先级:3);
- 不能满足断言要求(优先级:2);
- 数值的有效位被截断(优先级:2);
- 有错误类型的参数通过(优先级:1);

(5)如果在编译或链接过程中检测出任何错误,应立即报告,不做任何纠正(优先级:2);

(6)如果并不清楚是否违反了某些规则,应发出警告信息(优先级:3);

(7)编译过程中应检查参数类型(优先级:3)。

(三)数据与变量处理

(1)编译过程中每个变量的范围应是可确定的(优先级:1);

(2)编译过程中每个浮点变量和表达式的精度应是可确定的(优先级:2);

(3)不应发生类型间的隐式转换(优先级:2);

(4)编译过程中每个变量、数组、记录的组成部分、表达式、函数以及参数的类型都应是可确定的(优先级:2);

(5)变量、数组、参数等应以显式说明,它的类型也应如此(优先级:1);

(6)变量类型应区分输入、输出、瞬变过程和子程序参数(优先级:2);

(7)许可任意长度的变量名字(优先级:2);

(8)尽可能在编译过程中进行类型检查,而不是在执行过程中检查(优先级:3);

(9)在编译时应检查是否允许对任何特定数据项进行赋值(优先级:2)。

(四)在线运行方面

(1)在表达式计算过程中,不允许对表达式中任何可访问变量进行外部赋值(优先级:1);

(2)应可以在线检查可用的计算时间(优先级:3);

(3)应具备在线错误捕获功能(优先级:1)。

三、软件验证与测试方法的措施

(一)验证方法

序号	方法	目的	主要优点	应用中的问题主要缺点	费用与工作量(与研制费用相比)	结果	与其他方法的关系	评价
1	测试过程监督	无需额外的工作而得出可靠性数据	应用时额外工作量少;无需对测试对象的详细了解	获得的可靠性数据不够充分;实际情况行为仅粗略地与理论相符	小	可靠性数据,如MTBF	使用与第2项相同的概率理论	难以用于安全应用
2	统计测试							
(1)	根据需求	得出可靠性数据而无需查看编码细节	无需对测试对象详细了解	要提供一种测试方案,他的输入状态具有与在线运行时同样的概率	如果要得到有意义的结果,所要求的测试事例数很大	概率数据,如每项要求的可用性或每个程序生命周期中的风险	与第1项相同的原因	可合理地用作程序分析的简要补充
(2)	根据正确性			要提供一种测试方案,它能以同等概率碰到各种程序特性	测试费用可能很高	概率的数据,如由于可能剩余软件错误,设置失败概率的限制		
3	程序证明	提供了与规范相比较的基础	对可获得的正确性有严谨描述	没有可用于发现循环判定或循环不变量的形式体系,容易出错	相同量级或略高	正确或不正确,就证明而言如果正确的话	某些方面要用到分析	对"WHILE"循环可能是唯一合理的方法
4	程序分析		以简单的程序获得好的结果	某些程序结构难以分析		如果分析足够深入,可排除某些特殊的出错类型	采用与程序证明中同类的观点	
(1)	手工分析	为有意义的测试或与技术条件作比较提供一个基础	可以不要附加的工具就能执行	容易出错	略低于研制费用			如果没有自动化工具,则应使用此法
(2)	自动分析	同上,有时限用于某些模糊的定性测量	只有有限的手工工作,很快得到结果	许多工具需要额外的手工工作,这些工具的某些结果难以解释	取决于可用的工具,远低于研制费用			应尽可能广泛使用,是极有前途的方法

（二）测试方法

1. 一般要求

序号	测试种类	探测到的错误的种类	执　行	备　注
1	对程序的一般性能，运算和定时等有代表性的案例	全部，但不能保证彻底	总是执行	如果测试案例能正确执行，即认为系统工作正确
2	所有单独并明确指明的要求	能全部测出被遗漏的功能	如果所要求的功能是详细指定的，则总是首先执行	如果功能是完全分开的话，测试可能是彻底的，对定时问题则无把握
3	所有输入变量处于极限状态（崩溃测试）	定时错误（但不保证），上溢，下溢	总是执行	
4	所有外部设备的运行	硬件与软件接口的设计错误	总是执行	
5	代表工艺过程特点的静态状况和动态路径	全部，但不保证	总是执行	如果可利用工艺过程仿真器，则十分有价值
6	通过切除或接入每个冗余的子系统/外部设备来显示正确操作（在相关地方，某些组合也应测试）	硬件接口处理错误	总是执行	确保系统鲁棒性

2. 路径测试

序号	测试种类	探测到的错误的种类	执　行	备　注
7	每个语句至少执行一次	不易访问的编码	总是执行	
8	每个转移的每个出口至少执行一次	控制流中的错误，但不一定完全	总是执行	如第5项；在没有循环、定时问题时，可能是彻底的；反应在程序结构上的纯组合问题
9	对每个转移要测试每个判断项	控制流与数据流中的错误	如果不能应用第8项与第12项测试的组合	如第8项，包含在第8与12项的组合中
10	每个循环应以最小、最大以及至少一个中等数量重复执行	在循环控制及数组数据处理中的错误	如果程序包含循环总是执行	永远循环的结构不适用
11	每个路径至少执行一次	所有错误的控制流	为了验证设计和编码选择不作过于复杂的验证	仅对模块可行，如第8项；注意：每个新循环重复都导致一条新的路径

3. 数据传输测试

序号	测试种类	探测到的错误的种类	执　行	备　注
12	对每个存储空间的赋值至少执行一次	数据流中的错误，但不保证	使用数组	
13	每个引用的内存至少执行一次	数据流中的错误，但是不保证	使用数组	在大多数情况下包含12，只有连接12是合理的
14	所有从输入到输出的映射至少执行一次	所有数据流错误	对单独的程序段总是执行	仅对模块可行；可能由7、8或11所覆盖

4. 定时测试

序号	测试种类	探测到的错误的种类	执　　行	备　　注
15	检查所有的时间约束	定时错误，计算时间太长	总是执行	
16	中断序列的最大可能组合	组织性错误	如果数量不太大	
17	所有有意义的中断序列组合	组织性错误	总是执行	

5. 其他

序号	测试种类	探测到的错误的种类	执　　行	备　　注
18	检查所有输入数据空间边界的正确位置	错误的输入数据空间的划分	如果使用模拟输入	输入数据子域的数量和种类要由分析发现
19	检查在所有临界点上算术运算的精确性	数值错误、算法错误、舍入错误	如果计算机字长较短，使用了复杂的运算	
20	仅对程序测试模块接口和模块交互作用	模块之间不正确的数据传送	总是执行	受欢迎的测试辅助手段
21	每个模块至少引用一次	模块之间不正确的控制流与不正确的数据流，但不保证	总是执行	
22	对一个模块的每个调用均应至少经历一次	模块之间不正确的控制流与不正确的数据流，但不保证	总是执行	
23	高负载下运行	系统定时和响应错误	总是执行	保证系统鲁棒性

四、防范软件导致共因故障的措施

（一）软件导致共因故障

软件本身不存在共因故障（CCF）模式，共因故障与由功能要求、系统设计或软件中的缺陷而引起的系统故障有关。如果在两个或者多个组件或系统中存在潜在故障，而所有这些组件或系统在相同或类似条件下运行，故障可能在适时相关的方式下触发，或者如果故障状态通过数据传输传播，共因故障都可能发生。

对于引入共因故障的软件，触发条件会引起影响到两个或更多的系统或通道故障的软件缺陷。可以通过减小这些系统软件包含共同缺陷的可能性，或采用差异的触发条件来操作这些系统，可减小差异系统由于软件导致的共因故障的可能性。软件故障可能源自列控安全计算机系统的需求规范，或者在软件开发过程中引入。例如：在软件设计开始前发生了人为失误，它们就可能导致对系统的要求就存在缺陷，以及导致单靠软件开发设计不能进行防御的潜在的系统故障。再比如，在软件开发设计过程中发生了人为失误，它们就可能导致软件缺陷和潜在的系统故障，这样的缺陷会导致多个故障，一般认为这种故障是共因故障。

对于涉及安全的共因故障，这些故障一定会破坏安全功能，在发生故障的时间段内会产生安全挑战或故障本身产生对安全的挑战，如失去保护或控制。

在设计期间宜考虑由软件导致的潜在共因故障，如果能够预见发生共因故障的假设条件，就可以考虑进行设计变更，采取防御措施包括采用软件差异性以预防由软件导致的共因故障。但是，采用差异性能够达到的对防御共因故障的改善程度和对可靠性的改善程度是无法定量化的，要求根据对软件能够达到的可靠性的定量化的评价而作出判断。

（二）潜在共因故障原因和影响

如果使用了共同的软件或软件模块，在差异的系统或一个系统的差异通道中就存在了软件引起共因故障的可能性，潜在故障可能的来源是来自于列控安全计算机系统需求规范、结构、算法、开发方法、工具、实现方法或维护的设计错误。

没有适当理解或正确转化的需求也会导致软件规范中的缺陷，因应用导致的软件缺陷有产生 CCF 的风险，不正确、不完全、不准确和误解软件需求和软件规范会导致软件的缺点。

由于共同的人为因素，如培训、组织、思考过程和设计方法，会把设计错误导致的软件缺陷引入差异的程序。

系统连接到了较低质量软件的系统也是导致共因故障的另一个潜在原因。

如果影响到使用相同软件的系统中两个或多个冗余通道，或功能差异但是采用相同的公用软件模块的两个系统时，输入信号的一个特定瞬变可能触发 CCF。

输入信号特定瞬变发生时，软件缺陷可能导致软件故障，如果这个瞬变在两个或者多个通道或系统中是相同的，就可能导致 CCF，从而在不能提供充分的质量、独立性和差异性的时候，危及系统。

异常的硬件故障、现场条件和事件会引起没有被初始需求或软件设计覆盖的无法预料的触发条件、非预期的软件状态、瞬态或过载条件。可能引起 CCF 的潜在事件包括：

（1）维护活动；

（2）共同的时序信号故障，引起时控动作（timed actions）的故障；

（3）供电瞬变，引起软件停止或自动重启；

（4）通信通道过载；

（5）超出了操纵人员的能力，发生错误操作；

（6）在某一瞬间，操纵人员对系统的要求超出了系统能力；

（7）全部自动控制器功能都处于工作和运转状态；

（8）在大修和调试期间的异常条件。

（三）共因故障防御

开发最高质量的软件是预防由软件引起的共因故障的基本的和最重要的防御措施，就是说要把错误降低到最低程度。软件自诊断特性所包含的内容，如数据合理性检查、参数范围检查以及循环时序等，是限制软件导致的潜在共因故障的一个更重要的因素。

对于软件的开发和验证，利用有软件工具支持的已经开发完整的软件工程方法能够有助于减少进行设计决策的次数，进而可能减少已开发软件中缺陷的数目。

可能的软件防御特征有：

（1）在整个生存周期内采用其目标是生产无缺陷软件的方法；

（2）证明和增强共用软件的质量；

（3）在非常有限范围和得到保证的运行条件下使用共用软件；

（4）限制软件故障的影响；

（5）通道或系统的设计，以便由于系统触发条件中存在可证明的差异，使得在两个通道或系统中同时发生一样故障的可能性极低；

(6)对通道或系统采用异步操作的设计，这可以用于针对不同通道中的相同的处理器受相同时间的相同触发条件的影响的防御；

(7)对某些或全部功能采用多样化措施并在整个生存周期内增强独立性概念。

(四)正确性证明

支持正确性证明的方法包括：

(1)重复使用已证实的具有清晰和已证明的接口的软件标准模块；如典型功能模块包括设备驱动、过程监视和输入收集、基本控制算法(如比例-积分-微分、死区、滞后)等模块；

(2)使用独立于设计过程的工具和流程，对已装入内存的代码进行解码，并证明已加载的代码与规格书相匹配；

(3)使用对代表现场相关部分的仿真环境中的正确软件行为测试的动态分析；

(4)使用对代码的静态分析以鉴别控制和数据流，并证明决策和逻辑过程是正确的；

(5)使用背靠背测试过的两个软件版本，通过随机触发条件运用软件，除了系统测试之外，该方法可用于检查设计和代码缺陷；

(6)在每个系统组件集成为系统之前需要对其的正确运行进行充分确认的场合，执行集成的自下而上的测试程序。

(五)差 异 性

宜使用具有功能差异性的独立系统实现差异性，如果不适于或不可能采用功能差异性，宜考虑采用系统差异性、多种软件特性和多种设计方法。

在软件级别上，防御共因故障宜建立在选择合适技术的基础上，如软件多种运行条件的保证、防御错误和故障的传播、减少共因故障的负面影响、通过为相同功能要求的差异实现来编制差异技术规格书的方法实施软件多样化。

需要注意的是：设计与实现方法的差异是内在要求，且不推荐使用多版本编程(N-version programming)。

差异性特征主要包括以下内容：

(1)重要的软件差异性特征包括功能差异性、对相同的功能需求采用差异的设计规范。

(2)系统级差异性包括：对差异的驱动准则(different actuation criteria)使用独立的系统、使用差异的基本技术，如计算机技术与硬接线设计，使用差异类型的计算机、硬件模块和主要设计概念，使用差异类别的计算机技术，例如可编程逻辑控制器 PLC、微处理器或小型计算机。

(3)增强差异性的设计方法特征和问题解决方案包括：处理算法的差异、配置数据和功能性的差异、信号输入硬件的差异、硬件接口和通信的差异、输入采样过程的差异、运行时序的差异、定时过程的差异、更改的历史信息、锁存器和变化率的应用的差异。

(4)设计与实现方法的差异包括：语言、编译系统、支持库、软件工具、编程技术、系统和应用软件、软件结构、相同软件模块的差异性使用、数据和数据结构。

(5)测试期间的差异性(背靠背测试)。

(6)管理方法的多样化方面，包括：遵守有意不相似开发方法的两种设计(强制)、设计队伍的分离、队伍之间交流的约束、对需求或规范中的模糊的解决的正式交流、差异逻辑定义过程的使用、文件记录方法的差异、使用不同人员。

当然，应注意与差异性相关的有利与不利因素的平衡，差异性可能引入的不利因素有：增大整体复杂性、增加误动作的风险、更复杂的规范和设计、两个供货商的管理、修改问题，如在修改时要保证不丧失差异性、文档的增加、空间与供应和环境控制要求的增加，除非作为一种测试方法，否则几种软件版本的花费可能降低经济性、生成的每个版本的质量可能较低。而差异性有利因素在于：当应用功能差异性或软件差异性时，适当的多样化版本增强了对软件引起的 CCF 的防御，从而增加了安全功能的可靠性。

第五节　地面列控安全计算机软件设计

由于软、硬件故障机理的本质区别，现有的硬件及传统的软件安全可靠技术并不完全适合于处理软件故障，因此列控安全计算机软件需要综合采用多种方法以提高系统安全性与可靠性。

一、基于安全核的设计方法

（一）安全核设计的起源与内涵

安全(Safety)内核的灵感来源于信息保密系统中较为成熟的安全内核(security kernel)，它最早由著名安全学家 Leveson 等人提出，但其与真正安全核的概念相去甚远，更像是安全监视器，还不具有安全保障策略。真正从 security kernel 视角看待 safety 的是 Rushby，后来 King 继承和发扬了 Rushby 安全核的概念。这里的讨论主要集中于 safety，后文中出现的安全特指 safety，而不是指 security 的含义。

security 内核的设计思想是把系统的 security 策略封装在系统的某组件(即 security 内核)中，以免被应用软件(即用户)及操作系统侵入，造成泄密、数据的非法修改和对系统合法访问的拒绝，只要应用软件对系统的访问与 security 相关，security kernel 都必须根据 security 策略对它进行控制和处理，以确保整个系统的安全(security)。因而不需要系统其他组件的合作，security kernel 就能独立承担维护系统安全(security)的重任。与 security 内核类似，安全核也是保证应用软件对系统设备的访问，必须经过安全核的审查控制，合法者予以支持反之则采取相应的安全措施，从而维护系统的安全，其原理如图 5-71 所示。

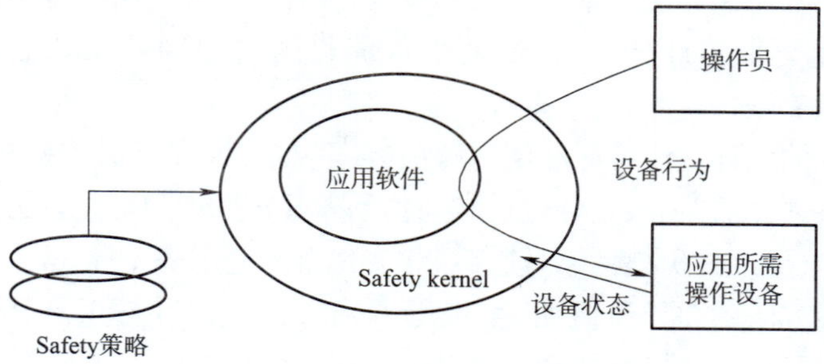

图 5-71　safety kernel 原理

对于列车运行控制系统这类安全苛求系统，可以将导致其发生系统级故障的错误分为两类，一类是系统做了不该做的事(消极错误)；另一类是系统没有做该做的事(积极错误)。从安全核的设计思想不难看出，安全核的设计思想主要适于防范“做了不该做的事情”这类错误。

（二）基于安全核设计的系统结构

与基于 security kernel 设计的系统专门针对恶意软件不同，基于安全内核的设计是基于系统中没有恶意应用软件的假设。对于列控安全计算机这样的专用系统，由于接入系统的用户有限，且均是经过授权接入的，因此可以认为系统中没有恶意软件存在，所以在列控系统安全计算机软件可以采用基于安全核的设计思想。基于安全核的设计就是应用相关的所有数据、操作和资源都通过安全核加以防护，保证应用所使用的数据是安全可靠的，资源是安全可用的，操作是安全有效的，动作时间是固定的。

根据安全核在系统中的位置，基于安全核的设计结构可以分为集中式和分散式两种，系统结构如图 5-72 所示。集中式安全核直接置于硬件平台上，适用于简单应用场合；分散式安全核则强烈依赖于系统软件，当系统软件出错时可能导致安全核的非正常工作，为此引入了安全监视器监视安全核和应用设备的状态，一旦发现设备出现问题，立即将系统进入安全状态。

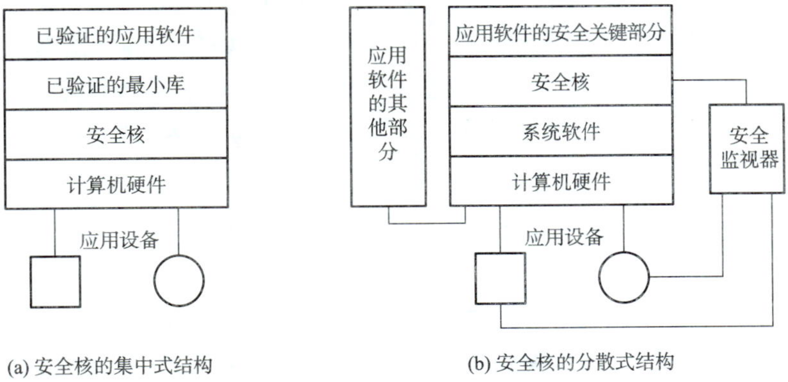

图 5-72　基于安全核的两种系统结构

（三）基于安全核设计的系统的特点

基于安全核的设计是一种隔离故障的设计思路，目前已经得到了一定的发展，这主要归功于安全核以下优势：

（1）统一性：所有的安全策略都能由单一的代码集合执行。

（2）可修改性：易于对安全机制做出改变和对这种改变进行测试。

（3）紧凑性与可验证性：安全内核只完成安全功能，其结构较小，有利于正确性验证。

（4）单纯性：把原来由应用软件考虑的安全工作由内核处理，减少了应用软件的负担。

除了上述优点外，基于安全核的设计对消极型错误处理效果显著，因为防止系统做不该做的事比保障系统完成所期望的任务更易于实现和验证。

目前基于安全核的设计还面临着许多挑战和困难，主要表现在以下几个方面：

（1）安全策略的选择。安全策略的选择是实现安全核的关键和核心。

（2）操作系统的选择。适于扩展后用于安全苛求系统的操作系统必须是实时操作系统，而且要有较强的硬件抽象和支持系统移植的功能。

（3）安全核的表示。系统以什么样的抽象结构来描述安全核，以达到记录不同应用种类的安全策略，从而重用安全核机制，方便用户、利于验证和实现的目的，这是非常重要和关键的。

（4）安全核与操作系统之间的关系。如何协调安全性和实时性，使它们能同时得到保证。

二、列控安全计算机软件设计

在考虑系统开发周期、开发成本、系统维护以及安全性和可靠性指标等因素的前提下，选择使用商用货架产品(COTS)嵌入式实时操作系统，基于安全核软件设计思想，设计与实现地面列控安全计算机软件。

(一)应用软件与地面列控安全计算机的关系

列控应用都需要安全计算机提供安全保障，但是为了开发的独立性，又希望安全计算机不过多的涉及应用逻辑，即需要在设计时将应用作为一个黑箱处理，只对其数据和对设备的操作进行安全保障，而不关注应用逻辑的实现。

系统功能层次如图 5-73 所示。地面列控安全计算机由列控安全计算机支撑软件和列控安全计算机硬件构成，地面列控安全计算机支撑软件与硬件配合实现保证应用安全的核心功能。与其他列控子系统应用的信息交互都需要通过地面列控安全计算机间接完成，与维护记录等非安全相关系统的信息交互则直接由地面列控安全计算机完成，这使得在出现异常情况时地面列控安全计算机能够对应用的输出进行安全关断处理。在列车运行控制中，关断属于安全状态，根据故障-安全原则，在非安全的异常情况下对系统进行安全关断是可行而且有效的。

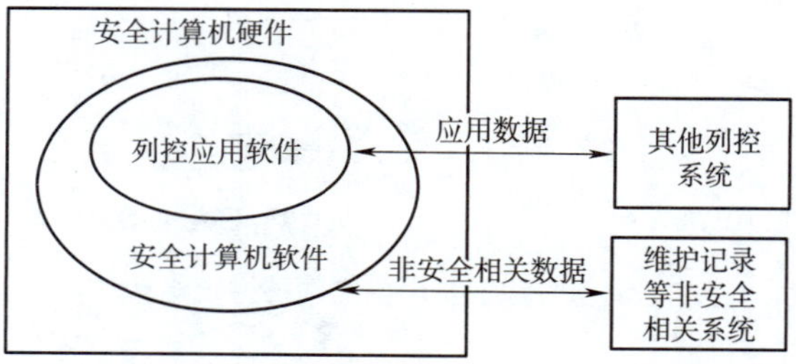

图 5-73　列控应用与安全计算机关系

(二)二乘二取二地面列控安全计算机状态

根据二乘二取二列控安全计算机的结构，将二取二双机定义为一个二取二通道，简称通道，这样，二乘二取二结构就可以看作是由两个通道共同构成。根据通道实际工作状态又可以为每个通道定义为如下状态：

(1)断电：安全关断状态。

(2)上电自检及初始化：系统上电启动首先进入上电自检及初始化状态，只有二取二通道自检正常并且初始化成功才能进入后边的状态。

(3)升级维护状态：需要对系统中的数据库文件或者支撑软件本身进行升级和维护时，通过容错及安全管理单元设置进入该状态，配合上位机完成数据库或软件的升级和维护。

(4)软件复位：二取二通道上电自检及初始化成功后，或者出现了轻微异常(自我检测发现或容错及安全管理单元检测发现)后，通道转入软件复位状态，在一定程度上进行软件的前向恢复。

(5)“主”状态：安全计算机的“主”通道状态，只有这个状态的通道处理结果可以被输出，同一时刻最多只能有一个通道处于“主”状态。

（6）“备”状态：安全计算机的“备”通道状态，只有两个通道都处于正常状态，且另一个通道处于“主”状态时，才可能出现该状态，同一时刻只有另一个通道处于“主”状态，而且该通道正常才能处于“备”状态。

其中，断电状态、上电自检及初始化状态、升级维护状态和软件复位状态为非工作状态，“主”状态和“备”状态为工作状态。每个通道的状态转移情况如图 5-74 所示。系统电源由容错及安全管理单元（FTSMU）控制，容错及安全处理单元对每个通道上电以后，相应二取二通道内每个处理器自动转入到上电自检及初始化状态。当处理器上电自检及初始化成功以后，向容错及安全管理单元报告当前状态，由容错及安全管理单元根据控制逻辑将通道转入软件复位状态进行软件的初始化。通道内两个处理器软件复位成功以后各自向容错及安全管理单元报告，然后根据控制逻辑将通道转入“主”状态或“备”状态。“主”“备”状态之间不仅可以通过人工按压模式切换按钮进行切换，还可以通过地面列控安全计算机软件完成自动切换。对于升级维护状态，则只能是通过人工设置容错及安全管理单元上通道的模式开关，将对应通道设置为升级维护模式，才能进入升级维护状态，进行系统中数据库和软件自身的升级和维护。

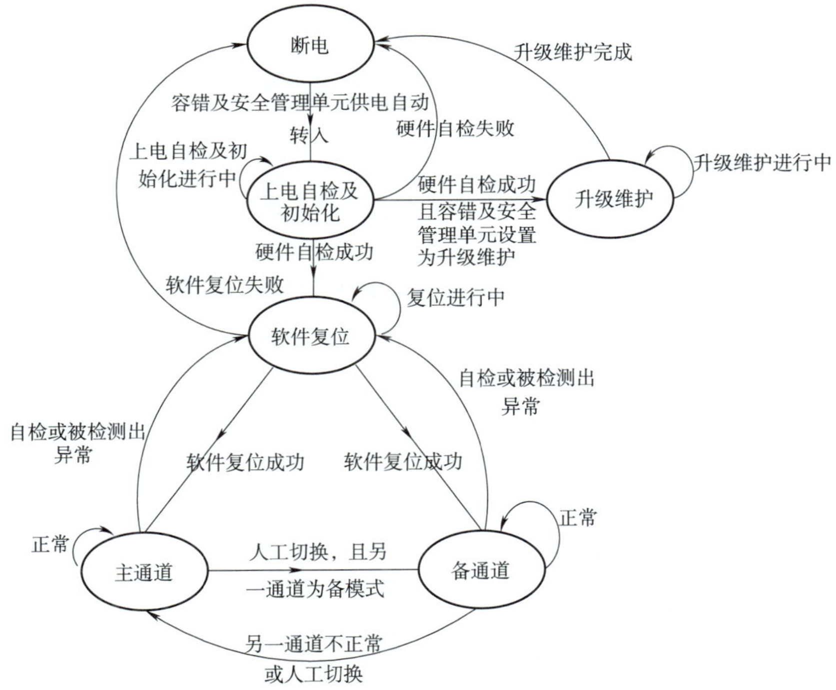

图 5-74　通道状态转移图

（三）基于 COTS 操作系统的设计方法

举例的二乘二取二列控安全计算机结构属于基于安全核设计的分散式结构，其安全核心功能的实现由支撑软件和硬件配合完成，支撑软件功能很复杂，其安全性、稳定性在很大程度上影响着整个系统的安全性。为了简化支撑软件开发过程、提高支撑软件的安全性、稳定性，将支撑软件建立在 COTS 嵌入式实时操作系统的基础上，这样的设计有如下优点：

（1）缩短开发周期。大部分操作系统提供了常见硬件驱动程序，软件开发人员无需重复开发，避免了繁琐的硬件管理和操作；操作系统完成资源的管理和运行，简化了软件开发过程。

(2)对操作系统的维护水平高。COTS 操作系统有专业的维护人员,使得对系统的维护更加专业可信。

(3)COTS 提供商分担风险。COTS 操作系统在各领域内的长期广泛使用,其安全性、稳定性有保障,可以分担部分风险。

三、操作系统的选择

对于地面列控安全计算机这类用于实时系统中的安全保障系统,往往具有功能专业性强,对实时性要求较高等特点,为此,在系统设计时将其设计为针对性较强、实时性较好的嵌入式系统,相应地,其操作系统选取了嵌入式操作系统。随着嵌入式技术的发展,嵌入式操作系统受到了极大的重视,相应的也取得了很大发展。专门用于实时嵌入式系统的实时操作系统已经成为操作系统研究的一个重要分支。目前广泛使用的嵌入式操作系统已经很多,可以说每一种实时操作系统都有其自身的特点,它们的体系结构以及所能够提供的服务不尽相同,而实时系统本身的特殊性又对实时操作系统提出了许多带有共性的需求,如实时性、确定性、并发性、故障探测及容错能力、可裁减性以及标准的应用编程接口等。

(一)嵌入式操作系统评价指标

对于实时操作系统的选择,通常主要关注其实时性、可靠性和故障容错能力以及标准兼容性等几个方面。

(1)实时性

实时性是嵌入式实时系统一个非常重要的特性,同时也是选择嵌入式实时操作系统时需要首先衡量的一个重要指标。实时性的核心含义在于操作系统在规定的时间内准确的完成应做的事情,并且操作系统的执行时间约束是确定的,而不是单纯的执行速度快。为增强系统实时性,嵌入式操作系统通常从多个方面着手,应用多种技术来达到这个目的。目前主要包括可抢占式内核、系统调度策略、任务优先级分配和优先级逆转以及执行时间的确定性,衡量一个操作系统的实时性包括的指标主要有:任务切换时间、中断响应时间即定时精度。

(2)可靠性和容错能力

可靠性和容错能力在安全关键的实时系统中显得尤为重要,可靠性包含两个方面:①系统平均无故障时间;②系统出现故障时,操作系统提供对故障快速恢复以避免灾难性后果。目前提高实时嵌入式系统操作系统可靠性的主要技术包括单内核/微内核技术、内存空间保护技术、看门狗定时器技术及分布式冗余配置技术。

单内核/微内核是目前内核的两种不同体系结构,单一内核体系结构的操作系统将大多数驱动程序、文件系统和其他系统服务绑定到内核上,效率较高,但系统中任何一个错误都可能带来灾难性的系统级内核故障,难以恢复;相反,基于微内核构架的实时操作系统在操作系统内核中只实现了一个包含基本系统服务的较小内核,驱动程序、文件系统、协议栈和用户应用程序等其他组件在内核外部分离的、内存受保护的进程中运行,使得发生系统级内核故障的风险大大降低。

内存保护是将系统内核、不同应用程序任务在隔离的、受保护的内存地址空间中运行,从而提高可靠性,并且使得恢复出错进程成为可能。

看门狗定时器是一种故障探测定时器,正常时被定时复位,异常时则调用中断服务程序对程序故障进行隔离和恢复。

(3)POSIX 兼容性

在不同系统上开发的应用软件是否可以相互移植、移植的工作量有多大是用户关注的问题之一。为使应用软件方便移植,易于重用,实时系统必须具有大致相同的系统服务,以及兼容的应用编程接口。操作系统的标准化过程中,一些标准已被广泛采用,如 POSIX 标准、uITRON 标准、OSEK/VDX 标准等。相比而言,POSIX 标准应用范围更广,目前支持 POSIX 标准的嵌入式操作系统也比较多。

(二)嵌入式操作系统的对比选择

针对以上评价原则,对 WinCE. NET、RTLinux、VxWorks 和 RTEMS 几种常用嵌入式实时操作系统特性进行了分析比较,结论如表 5-24 所示。

表 5-24 几种常用嵌入式实时操作系统特性对比

项 目	WinCE. NET	RTLinux	VxWorks	RTEMS
支持的 CPU	I386, ARM, MIPS, XScale	I386,PPC,ARM	M68k,ColdFire,PowerPC, I386,ARM,SuperH,MIPS, XScale	M68k,ColdFire,SuperH, I386,MIPS,I960,PowerPC, SPARC,AMD A29K,PA-RISC
操作系统多处理器支持	不支持	支持	支持	只支持静态任务分配
调度管理	SCHED_FIFO, SCHED_RR, SCHED_OTHER	SCHED_FIFO	SCHED_FIFO,SCHED_RR,SCHED_OTHER	SCHED_FIFO,SCHED_RR,SCHED_OTHER
并发能力	进程,线程	线程	任务	线程
优先级(低→高)	255→0	0→1000000	255→0	255→1
内存保护	支持	不支持	不支持	不支持
MMU 支持	支持	不支持	可选	支持
进程间通信	Semaphores, Mutexes, Queues	Semaphores, Mutexes, 条件变量,FIFO	Semaphores, Mutexes, Message,Signal	Semaphores, Mutexes,条件变量,Queues,Events
优先级逆转	继承,极限	极限	继承	继承,极限
时间分辨率	1 ms	依赖硬件	1 ms	依赖硬件,<1 ms
定时器	无	无	Watchdog timers, POSIX timers	POSIX timers
低级编程	通过内核访问	硬件直接可控	硬件直接可控	硬件直接可控
网络支持	IP,UDP,TCP,SLIP, PPP, ICMP, DHCP, RARP, TFTP, RPC, FTP, HTTP, DNS, TELNET	无	IP, UDP, TCP, ICMP, ARP,RIP 1/2 SLIP,CSLIP, PPP,BOOTP,DNS,DHCP, TFTP, FTP, RLOGIN, RSH,TELNET	IP, UDP, TCP, SLIP, PPP,ICMP,DHCP,RARP, TFTP,RPC,FTP,HTTP, CORBA
文件系统支持	FAT	无	FAT ,NFS,RAW,TrueFFS	IMFS,DOSFS/FAT
支持的语言	C,C++	C,C++	C,C++	C,C++,ADA
调试工具	Platform Builder, Ethernet,USB,Serial	GDB,Ethernet	GDB, Ethernet, Serial, BDM	GDB, Ethernet, Serial, BDM
API 兼容性	专用接口	POSIX1003. 1c	专用接口,POSIX 1003. 1, POSIX 1003. 1b	RTEID/ORKID, uITRON, POSIX 1003. 1b

经过对比,考虑列车运行控制系统中对地面列控安全计算机实时性、安全性的要求,兼顾操作系统通用性和平台支撑软件的可移植性,选择了 VxWorks 作为所举例的二乘二取二列控安全计算机支撑软件的操作系统管理软硬件资源。

VxWorks 是专门为实时嵌入式系统设计开发的多任务操作系统,为程序员提供了高效的实时任务调度、中断管理、实时的任务间通信,自 1983 年设计成功以来,经过了广泛的验证已成功的应用于航空、航天、舰船、通信及医疗等关键领域,曾为人们高度关注的美国"勇气"号火星探测器就采用了 VxWorks 作为操作系统。其运行环境支持的 CPU 包括 M68k、ColdFire、PowerPC、ARM、SuperH、MIPS、x86 等,同时支持 RISC、DSP 技术。其微内核结构 Wind 是一个具有较高性能的、标准的嵌入式实时操作系统内核,其主要特点包括:快速多任务切换、抢占式任务调度、任务间通信手段多样化等。该内核具有任务间切换时间短、中断延迟小、网络流量大等特点;而且具有很好的可裁减能力,可裁减组件超过 80 个,最小内核小于 8K;支持应用程序动态链接和下载的步骤,使开发者省去了每次调试都将应用程序与操作系统内核进行连接下载的步骤,缩短了编辑/调试周期;具有较好的兼容性;具有丰富的网络支持。VxWorks 体系结构如图 5-75 所示。

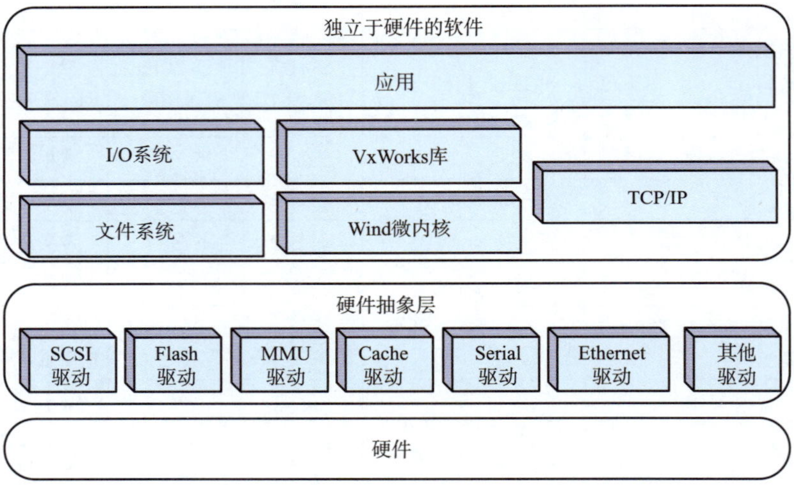

图 5-75　VxWorks 体系结构

除了 VxWorks 本身具有的优点外,成功的集成开发环境 Tornado 也是 VxWorks 得以广泛使用的一个重要原因,Tornado 是集成了编辑器、编译器、调试器于一体的高度集成的窗口环境,给嵌入式系统开发人员提供了一个不受目标机资源限制的超级开发和调试环境。Tornado IDE 的主要组成部分有:集成的源代码编辑器、工程管理工具、集成的 C 和 C++编译器和 make 工具、用于收集可视化资源监视目标系统的浏览器(Browser)、图形化的增强型调试器 Cross Wind、用于控制目标机的 C 语言命令外壳 Shell、集成的 VxWorks 目标机仿真器 VxSim、集成的软件逻辑分析仪 WindView 以及可配置的各种选项等。使用 Tornado IDE,可以大大缩短嵌入式开发周期,Tornado 集成了目标机仿真器 VxSim,支持动态链接与加载,允许开发者在宿主机环境下开发调试应用程序,然后分批下载到目标系统上。这样,编辑-测试-调试的周期就会大为缩短,而且所有的模块都是可以共享的,主机上的应用程序模块也不需要重新链接,使得加载目标模块到运行中的 VxWorks 目标系统中以达到调试和重新配置成为可能。Tornado 主机工具与目标系统交互关系如图 5-76 所示。

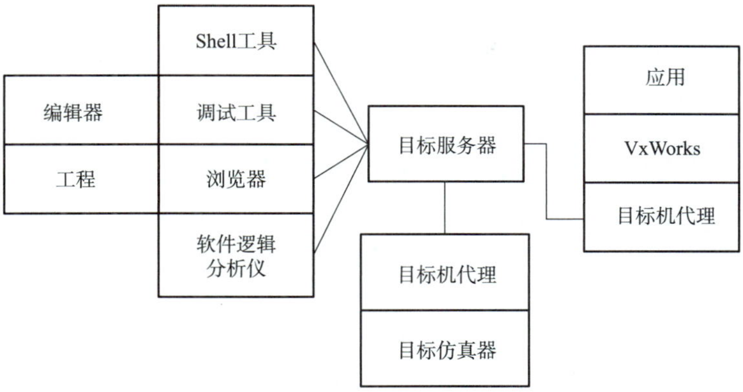

图 5-76 Tornado 主机工具与目标系统交互关系

（三）COTS 嵌入式操作系统存在的风险

对于嵌入式系统而言，CPU 和内存是对系统影响最大的资源，假设由于软件设计不当而导致某一任务长期独占或超时使用 CPU，将会阻止或延迟其他任务的执行，进而可能导致整个系统崩溃，除此，不同地址空间内的程序非法越界读写也是经常发生的错误。可见，作为计算机系统中的两种重要资源——CPU 与内存，必须同时对其进行有效保护，否则将会因一个或几个任务中的设计缺陷而导致整个计算机系统的崩溃。对 CPU 的独占故障主要是因为目前操作系统任务调度机制所致，如图 5-77 所示，各任务独立串行调度，一旦其中一个任务因为设计缺陷导致长时间占用 CPU，必然会导致其他任务延迟执行甚至得不到执行。尽管基于抢占的调度策略能使较高优先级的任务能得到执行，但是低优先级任务可能会因为高优先级任务设计缺陷导致得不到执行。

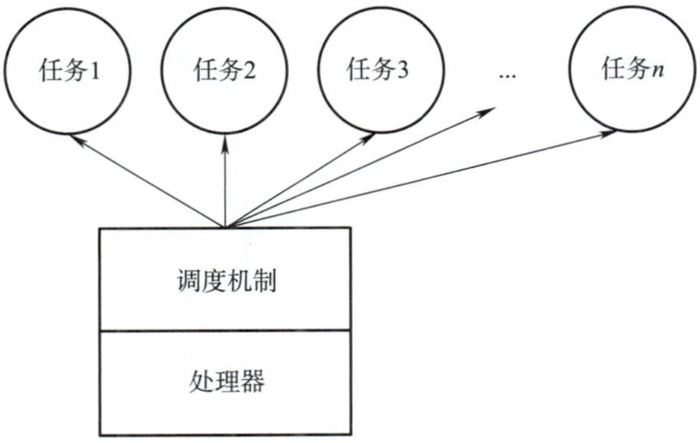

图 5-77 通用操作系统调度机制

纵观当今各相关领域应用广泛的通用 COTS 操作系统，几乎都没有考虑对 CPU、内存这类重要资源进行保护。这就给基于通用 COTS 操作系统的系统设计提出了挑战，需要系统开发人员设计适当的保护机制，保证这些重要资源不会被某一设计失误的任务长时间占用，导致系统其他任务得不到执行而故障甚至系统崩溃。

如果基于安全核设计，那么通用 COTS 操作系统对 CPU、内存等关键资源未做的保护可以在安全核中予以考虑实现以避免因为应用任务设计错误导致系统崩溃。在列车运行控制系统中，列控安全计算机的功能就是要保障列控应用不会“做不该做的事”，这正好符合基于安全核的设计擅于处理“做不该做的事”这类错误这一特点。为此，根据安全核设计思想，设计列车运行控制系统中应用的列控安全计算机保证系统安全性是可行的。

四、安全核心的实现

由于采用基于安全核心的设计，其安全相关功能可以根据应用的需求灵活的设计和调整。下面以所举例的二乘二取二列控安全计算机设计中对 CPU 和内存的保护、二取二双机同步、二取二双机数据比较几个方面作为例子予以说明，当然安全核心的内容和功能不局限于这些。

(一)CPU 和内存保护机制

基于通用 COTS 操作系统开发嵌入式系统，需要首先针对 CPU 和内存两种重要资源进行保护，保证系统中每个任务都能够按照设计的调度机制得到正确运行，并且即使出现了一些极端的情况，也能保证系统安全。

(1)CPU 保护

对于 CPU 的保护，其目的是确保某个任务或子系统不会长期独占或超时使用 CPU 而阻止或延迟其他子系统运行。采用时间窗法可以将系统从时间上进行隔离，所谓时间窗法就是为某些特定功能划定一定时间，这部分功能只能在这段时间间隔内执行，同时，这部分时间也只用于完成这部分功能。这样可以将 CPU 时间强行设置为独立的几个段分别执行不同的功能集(图 5-78)，由于各时间段独立，能将某一个任务或子系统设计缺陷的影响缩小到相应功能集范围内，一定程度上避免因某个任务长时间占用 CPU 而导致整个系统故障。

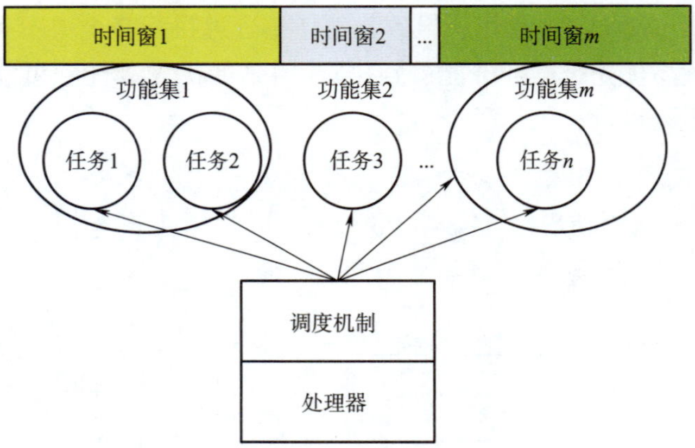

图 5-78　基于时间窗的调度机制

在所举例的二乘二取二列控安全计算机的设计中，COTS 操作系统 VxWorks 在任务调度方面提供了基于优先级调度和基于时间片轮转调度两种机制，既能提供实时调度策略，还能够提供分时调度策略。VxWorks 操作系统的基于优先级的调度能避免低优先级任务长时间占用 CPU 的问题，但是不能解决高优先级任务长时间占用 CPU 而导致系统故障。在充分利用 VxWorks 所提供的调度策略的基础上，通过软件看门狗定时器进行周期控制就可以实现时间窗功能，对相同优先级任务之间长时间占用 CPU 和高优先级任务长时间占用 CPU 的设计错误实施保护。如果某一功能集中的几个任务执行时间超过其所分配的时间窗长度，那么看门狗定时中断服务函数将向容错及安全管理单元报告异常，强行将系统转入软件复位模式，系统将进行自动恢复。

(2)内存保护

VxWorks 中，所有任务在同一地址空间运行，任务之间没有任何地址保护机制，因此任务堆栈的溢出会引起连锁反应，可能导致系统崩溃或出现难以调试的意外结果。另外，使用 VxWorks 基于优先级的调度策略时，如果设计不当可能会出现某个内存区域被操作过程中因为高优先级任务抢占并且也要操作这部分内存导致意想不到的错误出现，因此，对内存操作进行恰当的保护是必要的。

VxWorks 提供了互斥机制，可以在对多个任务需要操作的关键内存区实施互斥保护。不过在互斥保护时需要注意避免优先级翻转的问题，VxWorks 提供了专门用于资源互斥保护的互斥信号量，它具有优先级继承选项，可以避免因优先级翻转导致实时性得不到保障的问题，但是对任务堆栈溢出的保护，VxWorks 提供了堆栈使用情况检测函数，可以在任务执行过程中对任务堆栈使用情况进行检测并予以保护。

(二)二取二双机同步设计

由于二取二双机是独立工作的，二取二双机之间需要设计同步机制，保证双机工作协调。举例二取二双机的同步采用了基于任务级的同步策略，构成松散耦合结构，这种结构能有效地减小共模故障造成的影响，因此，以下涉及的同步特指任务同步。对于任务同步，这里提出了通过二取二双机之间通信完成同步和通过第三方判决完成同步两种策略：

为了便于讨论，作如下假设：

- 二取二双机工作流程一致；
- 采用了一系列的安全策略，保证了通信的安全性和实时性，二取二双机之间通信延时相同且固定，假设其值为 τ；
- 容错及安全处理单元安全可靠；
- 采用基于优先级抢占的多任务调度策略设计。

1. 基于通信的同步策略

如图 5-79 所示，需要同步的二取二双机各自在需要进行同步的时刻(t_1、t_3)向另一机发送同步请求信息，开启同步定时器，定时长度为二取二双机的同步容限 σ。与此同时，另一个接收任务等待来自另一机的同步信息，如果同步定时器尚未被关闭就收到了(t_2、t_4)来自另一机的同步信息，则关闭同步定时器，通知请求同步的任务同步成功。如果定时到，则产生中断，执行中断服务函数，中断服务函数中判定二取二双机失步。

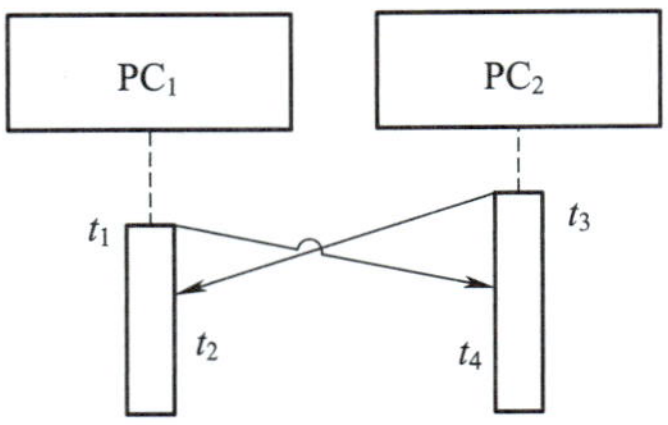

图 5-79 基于通信的同步

由上面分析可知，如果同步定时器定时到[($t_1+\sigma$)或($t_2+\sigma$)时刻]仍没有收到来自另一机的同步请求信息，则说明二取二双机失步；相反，如果定时器中断还没有产生，就已经被关闭了(即 $t_2-t_1<\sigma$ 或 $t_4-t_3<\sigma$)，则说明二取二双机同步成功，可以开始后边的工作。

如上所述，二取二双机同步时间差可以表示为：

$$\Delta t=|t_1-t_3| \tag{5-1}$$

由假设和图 5-75 可知：

$$t_2=t_3+\tau, t_4=t_1+\tau \tag{5-2}$$

由式(5-1)和式(5-2)可以得到：

$$\Delta t_1=|t_1-t_3|=|t_1-t_2+\tau|,\Delta t_2=|t_1-t_3|=|t_4-t_3-\tau| \tag{5-3}$$

综上易知，对于处理器 PC_1 而言，如果满足 $\Delta t_1<\sigma$，则 PC_1 将判定二取二双机同步成功；对于处理器 PC_2，满足 $\Delta t_2<\sigma$ 则 PC_2 将判定二取二双机同步成功。

2. 基于第三方判决的同步策略

如图 5-80 所示，当两个处理器 PC_1 和 PC_2 需要做同步的时候(t_1，t_3)，向一个安全可靠的判决方发送同步请求，这个判决方在收到二取二双机同步请求中最先到达一个同步请求时(t_2)开启定时器，设置定时时间为同步容限 σ，判决方在收到来自另一机的同步请求时(t_4)关闭定时器，判定同步成功，通知请求同步的双方同步成功，可以开始后面的工作。与基于二取二双机通信的同步策略相似，如果定时器定时时间到(即到 $t_2+\sigma$ 时刻还没有收到来自另一机的同步请求)，则判定二取二双机失步，采取安全措施进行处理。

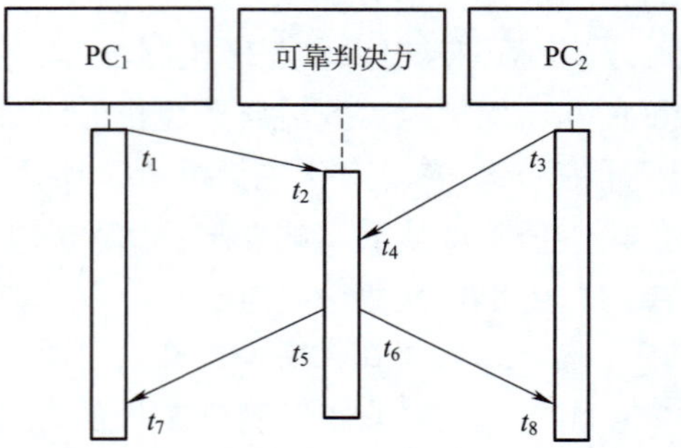

图 5-80　基于第三方判决的同步

二取二双机同步需要满足的条件为：

$$\Delta t=|t_1-t_3|<\sigma \tag{5-4}$$

根据假设可得：

$$t_2=t_1+\tau,t_4=t_3+\tau,t_7=t_5+\tau,t_8=t_6+\tau \tag{5-5}$$

由于判决方本身任务简单，执行时间很快，可以忽略，故可以作如下假设：

$$t_4\approx t_5\approx t_6 \tag{5-6}$$

从而，二取二双机的时间差可以表示为：

$$\Delta t=|t_1-t_3|=|t_2-t_4| \tag{5-7}$$

由式(5-4)和式(5-7)可知，二取二双机同步条件在判决方可表示为：

$$\Delta t=|t_2-t_4|<\sigma \tag{5-8}$$

3. 二取二双机同步结果的判断

为了提高系统的安全性和可用性，可以采用“大数表决”原则来判定同步的成功与否，这样既可以容忍瞬间故障导致的失步，又能保证系统的较高可靠性。在所举例的二乘二取二列控安全计算机的设计中采用了如图 5-81 所示的“五取三”的策略，在五次同步中，连续三次同步成功，则认定同步成功，否则判断失步。

(三)二取二双机数据比较

在所举例的二乘二取二列控安全计算机中，每个二取二通道内双机采用了双机交互待比较数据后各自独立进行比较，这样只需编写数据比较的软件模块即可，而且通过软件算法的合理设计亦可以保证其可靠性安全性。

1. 总体思路

根据待比较数据自身的特性，可以将它们分为三类：

(1)输入数据不一致，但需要保证输出数据一致；

(2)双机待比较数据不完全相同，经过数据比较要求输出其交集中的一致数据；

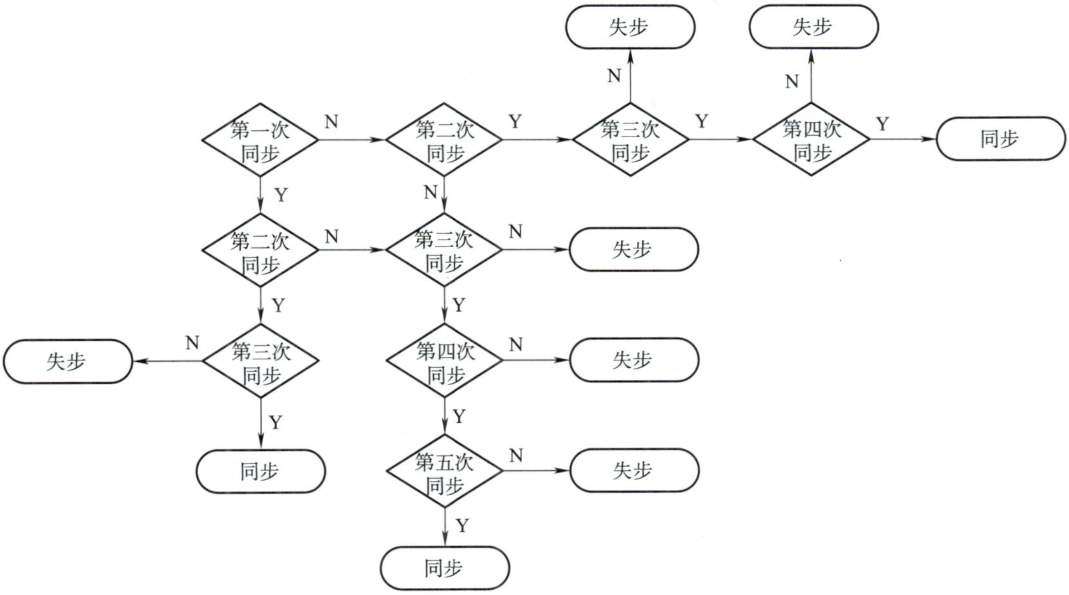

图 5-81　“五取三”同步判决策略

(3)要求双机数据严格一致,需要逐位进行比较。

第(2)类数据在选择出共有数据以后仍然需要按第(3)类来验证其一致性。

在二乘二取二地面列控安全计算机二取二双机数据比较模块设计时,对这三种数据分别采用了求平均值、选择共有数据中最新数据和通常意义的逐位比较。此外,对第(1)类数据还可以采用求最大值或最小值的方法,第(2)类数据还可以采用输出共有数据中最先到达的数据等其他策略以满足不同应用的需求。

待比较双方需要进行待比较数据的交互,双方都将自己待比较数据向另一机发送,同时接收来自另一方的待比较数据,对任意一机而言,只有在待比较数据准备就绪(自己的和来自通道内另一机的都准备就绪)后,才能开始进行比较。根据需要,还可以增加对待比较数据准备情况时间特性的要求,如发送待比较数据后一段时间内没有收到另一机待比较数据,则判定异常。

2.“输入不一致,要求输出一致”的处理

对于时间戳、随机数而言,考虑处理器自身的时钟漂移和随机性,无法保证每台机器产生的数据一致,因此将这类数据归为第(1)类数据,采用了求中值的方法予以处理,即 $D=(D_1+D_2)/2$,这样保证经过数据比较以后,得到的是通道内双机一致的数据,尽管处理后仍存在时钟漂移,但是在一个周期内,其漂移所带来的影响是能够容忍的。

当然,根据实际应用的需求和数据特性,还可以采用最大值 $D=\mathrm{Max}(D_1,D_2)$、最小值$D=\mathrm{Min}(D_1,D_2)$或者其他的算法。

3.“待比较数据不完全相同,要求输出双机输入交集中的一致数据”的处理

考虑到双机不可能完全同步,允许某个周期收到同一个通信对象来的多帧数据(有新旧之分)。在这种情况下,需要提供给上层应用的数据是能比较成功的最新数据,保证上层应用处理的是最新的可信数据。

为此,提出了一种全新的数据比较方式——选择比较。选择比较就是将待比较数据进行

比较处理得到双机共有数据中能比较成功的最新者，如图 5-82 所示为选择比较的一个简单例子。如前所述，待比较双方将需要比较的数据发送到另一方，然后将收到的来自另一机的待比较数据(2 号帧)和本通道发送的待比较数据(1 号帧、2 号帧、3 号帧)中的共有的部分(2 号帧)进行比较。比较成功后，将删除待比较数据缓冲区中比较成功的数据帧(2 号帧)旧的数据帧(1 号帧)。

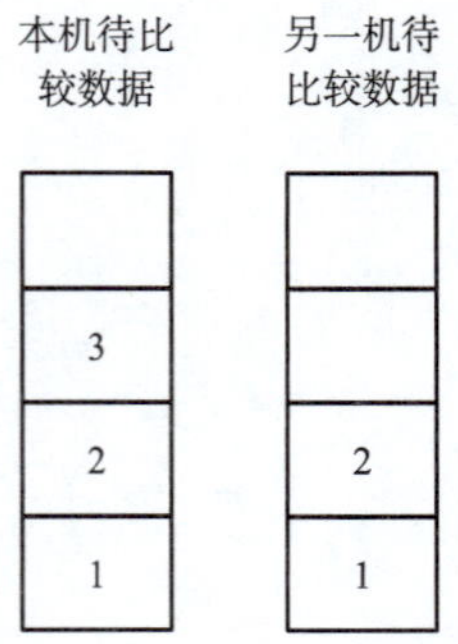

图 5-82　选择比较案例

4. 逐位比较的处理

逐位比较就是通常意义上的比较，待比较双方只有完全一致，才能输出，只要待比较数据中有一位不一致，则返回比较失败，数据不能输出。

以上三种比较算法的设计，既容忍了双机一定程度上的不一致(考虑时钟漂移等无法排除的差异)，又保证了输出信息的一致性、安全性，能更好地满足应用的不同需求。

五、系统可靠性设计

如前所述，基于 COTS 软硬件的二乘二取二列控安全计算机的设计中，系统安全性由二取二双机保障，冗余的二取二通道提高了系统可靠性，构成了储备结构。另外，对每个二取二通道还设计了软件向前自恢复的功能。

(一)两个二取二通道之间跟随及切换

定义每两台 COTS 处理单元构成的二取二结构为一个通道，根据通道实际状态又可以将每个通道定义为断电、上电初始化、软件复位、升级维护、主模式、备模式六个状态，其中断电、上电初始化、软件复位和升级维护四种状态为非工作状态，主模式和备模式为工作状态。为了提高系统可用性，在双机二取二保证安全的基础上，采用了两组相同的二取二结构构成双通道，双通道工作情况有如下几种情况：

(1)两个通道都处于非工作状态。

(2)只有一个通道处于工作状态，另一个通道处于非工作状态；则正常工作状态必然为主模式。

(3)两个通道都处于正常工作状态。

双通道都正常工作时，一个作为主通道，另一个作为备通道，主、备关系通过争权逻辑确定。一旦主通道自己诊断出异常或者是容错及安全处理单元检测到主通道双机中任一机工作异常，则容错及安全处理单元发出控制命令，将该通道转为复位模式(非工作状态)，同时将处于备模式的另一通道提升为主模式，这样能最大限度地保证系统的正常运行。这样，既保证了安全性，又提高了系统可用性，即使在需要升级维护的时候，仍然可以通过双通道分别工作，非工作态的通道进行升级的方式，完成运行过程中在线升级。这一特点很好地满足铁路运输中系统升级维护不能停运这一特殊需求。

为了保证在二乘二取二安全计算机系统在发生通道模式切换时，不影响应用处理的结果，需要保证两个通道之间模式的切换是无扰的。所谓“无扰切换”就是指通道的切换，不会影响应用的正常工作，即对外部通信对象而言切换是透明的。对于无扰切换的实现，选择了如图 5-83 所示，基于“主优先”“备跟随”方式的状态跟随策略。

“主优先”是指对于应用的输出，默认来自主通道的数据作为输出数据，即备通道的输出数据对于外层应用而言是不可见的。“备跟随”是指处于备模式工作的通道，其状态始终跟随于主通道，其工作始终略晚于主通道的工作，但又仅仅是略晚。

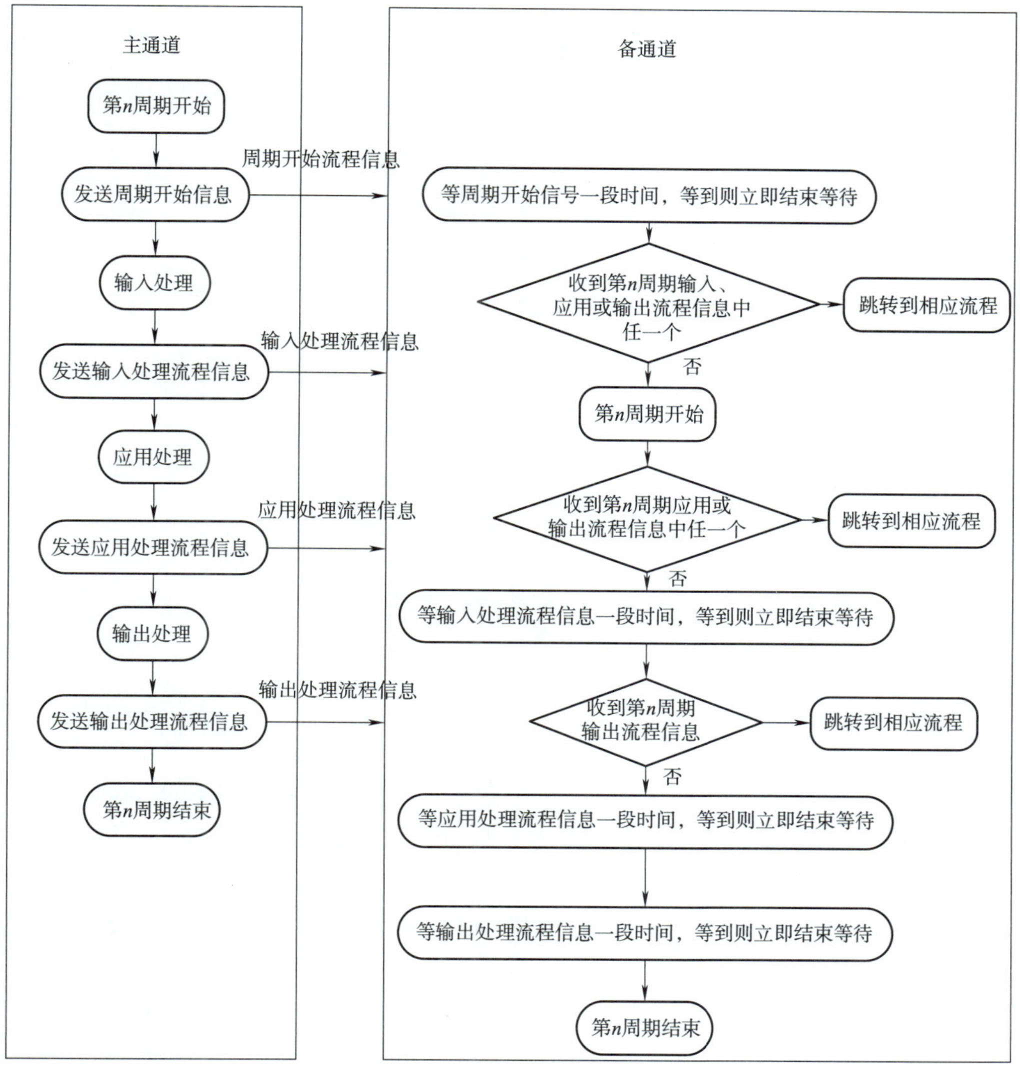

图 5-83 主、备通道状态跟随示意图

在通道间通信正常的情况下，备通道输入数据使用主通道经过通道内双机表决一致的输入数据，其输出亦是如此。另外，所需的相关中间状态，仍然是使用来自主通道的数据更新本通道信息。如果通道间通信故障，则备通道输入给应用的数据为自己收到的数据，输出时输出本通道应用处理的可信结果。

(二)二取二通道自恢复设计

在列控安全计算机的设计过程中考虑对每个处理器模块增加了自恢复功能，这里因为二取二双机作为一个整体，所以自恢复也是针对二取二通道而言，尽管每一个处理器模块是独立完成自恢复，但是整个通道的自恢复取决于通道内二取二双机的自恢复结果。

在二取二双机检测到异常或者被容错及安全管理单元检测到异常时，容错及安全管理单元发送通道模式切换指令，将该二取二通道转为软件复位状态，此时二取二双机独立地进行自恢复，只有二取二双机都独立地完成自恢复并成功，并且二取二双机同步成功后该通道才能请求转为工作状态。

这种二取二双机独立进行自恢复，双机都恢复成功才能请求转入正常状态的设计能较好地避免共模设计故障，而且对二取二通道自恢复的结果也是一种二取二逻辑"与"的关系，也就是说可用性的提高仍然是安全的。

（三）冗余设计

除了二取二通道间跟随及切换、二取二通道自恢复以外，系统软件设计中对运行在每台COTS处理器上的支撑软件还采取了时间冗余设计和信息冗余设计。

时间冗余是指对关键任务的执行时间，设计留有足够的富余时间，并且允许对出错任务重新执行。

信息冗余是指由于地面列控安全计算机为一个分布式系统，其中数据的交互比较频繁，为了保证数据的安全传输，添加了许多安全策略，但是安全策略的添加往往导致可用性的降低。为此设计时采用信息冗余，信息冗余是指对关键的数据采用了重发等策略保证信息的可用性。

第六节　地面列控安全计算机的形式化验证

一、时间自动机及其验证工具 UPPAAL

（一）时间自动机理论

抽象自动机是一种能够识别语言的抽象的装置，它不是具有物理实体的机器，而是表示计算机运算方式的抽象逻辑关系的系统，这样的抽象自动机可以用来检验输入的符号串是不是语言中合格的句子，如果是合格的句子，自动机就接收它，如果不是，就不接收它。

自动机可分为有限自动机、后进先出自动机、线性有界自动机、图灵机等几种，它们对语言的识别能力各不相同。

美国语言学家N·乔姆斯基等人建立了形式文法和自动机之间的联系，证明语言的形式文法与自动机之间存在着如下的对应关系：①若某一语言能用图灵机来识别，则它就能用O型文法生成，反之亦然；②若某一语言能用线性有界自动机来识别，则它就能用上下文敏感文法生成，反之亦然；③若某一语言能用后进先出自动机来识别，则它就能用上下文自由文法生成，反之亦然；④若某一语言能用有限自动机来识别，则它就能用有限状态文法生成，反之亦然。

1994年Alur总结了模型逻辑和ω自动机对于定性分析系统的时序推理，做出了巨大的贡献，这些理论的思想是把时间抽象出来，仅仅保留事件的发生序列，然后把这些可执行的序列转化成形式化语言描述，最后用自动机去验证。这些发展起来的理论统一用ω规则语言表达，其优点是擅长定性的分析状态空间有限系统的鲁棒性，其缺点是对于实时性要求非常高的系统（如飞机控制系统）很难去定性分析。为了解决这个难题，Alur首先分析了discrete-time模型和fictitous-clock模型这两种算法在分析实时系统中的弊端：模型将时间离散化（整型），并且假定事件的发生正好在离散点上，然而通常事件的发生并不是正好发生在这样的离散点上，然后在此基础上通过运用一种稠密的时间模型，提出了时间自动机语言和模型来支持分析实时系统。通过在三个方面（封闭性、确定性和子集）上分析时间自动机理论，揭示出确定性时间自动机在交集和并集（而补集不是）运算下是封闭的，而且确定性 muller 自动机在二进制运算下是完全封闭的。

1. 时间自动机定义

定义：时间自动机 TA 是一个六元组$\langle S,S^0,A,X,I,E\rangle$，其中：

- S 为位置的集合；
- S^0 为初始位置的集合；
- A 是事件的集合；
- X 为时钟变量的集合；
- I 是一个映射，用于给 S 中的每个 s 指定 $\Phi(x)$ 中的一个时钟约束 δ；
- $E\subseteq S\times A\times \Phi(x)\times T^x\times S$，为状态转移的集合。$\Phi(x)$ 为时钟约束集，T^x 为时钟解释集，E 中的一个状态转移$\langle s,a,\delta,v,s'\rangle$或 $s\xrightarrow{a,\delta,v}s'$，表示 TA 在时间 a 激励和时钟约束 δ 下，从位置 s 转移到位置 s'，同时相应的时钟 x 将被 $v(x)$ 重置为 0。

时间自动机 A 的语义由一个与它相关的转换系统 S_A 定义。S_A 的一个状态是一个二元组(s,v)，S 是 A 的一个状态，v 是 X 的一个时钟解释，且 v 满足 S 上的时钟约束 $I(s)$。S_A 的所有状态的集合记为Q_A，如果 S^0 是 A 的一个初始位置，并且 $V^0(x)=0$，那么状态(S^0,V^0)是一个初始状态。在 S_A 中有两类转换：

(1)时间流逝：对于一个状态(s,v)和一个实数值的时间增量 $\Delta\geqslant 0$，如果对于所有的 $0\leqslant \Delta'\leqslant\Delta$，$v+\Delta'$都满足不变式 $I(s)$，那么：

$$(s,v)\xrightarrow{a}(s,v+\Delta)$$

(2)位置转换：对于一个状态(s,v)和一个转换$\langle s,a,\Delta,\lambda,s'\rangle$，$v$ 是满足时间约束 δ 的一个时间解释，那么：

$$(s,v)\xrightarrow{a}(s,v[\lambda:=0])$$

其中，λ 为需要重置时钟 x 的集合。这样，S_A 就是具有事件集 $A\cup R^+$ 的一个转换系统。

2. 时间自动机网络

定义：对于一组时间自动机 $A_1,\cdots,A_n$，$A_i=\langle S_i,S_i^0,\sum_i,X_i,I_i,E_i\rangle(1\leqslant i\leqslant n)$，其时间自动机网络 $NA=\langle S,S^0,\sum,X,I,E\rangle$，其中：$S$ 是状态集，S 中的每个状态可表示为一个二元组$\langle s,v\rangle$，$\boldsymbol{s}$ 是一个状态向量，$\boldsymbol{s}=(s_1,s_2,\cdots,s_n)$，$s_i\in S_i(1\leqslant i\leqslant n)$，$v$ 是一个时钟赋值的集合，记录了系统当前时刻的时钟值。

S^0 是初始状态集，每个初始状态表示为$\langle s^0,0\rangle$，其中 $s^0=\langle s_1^0,s_2^0,\cdots,s_n^0\rangle$，$s_i^0\in S_i^0(1\leqslant i\leqslant n)$。

$\sum=\sum_1\cup\sum_2\cup\cdots\cup\sum_n$ 为时间自动机网络中的标记集合。

$X=X_1\cup X_2\cup\cdots\cup X_n$ 表示时间自动机网络中的时钟变量集合。

$I:s\to\Phi(X)$给时间自动机网络中每个状态向量赋一个时钟约束，称为该状态向量的位置不变式，$I(s)=I_1(s_1)\wedge I_2(s_2)\wedge\cdots\wedge I_n(s_n)$。

（二）自动验证工具 UPPAAL

1. UPPAAL 的构成与特点

UPPAAL 由 Aalborg 大学和 Uppsala 大学于 1995 年联合提出，它适用于可以被描述为非确定的并行过程的积的系统。每一个过程被描述为由有限控制结构、实数值时钟和变量组成的时间自动机，过程之间通过管道和(或者)共享变量来进行通信，管道用于保证不同自动机中的两个转换同时执行。它的界面包括三个主要部分：系统编辑器(system editor)、模拟器(simulator)和验证器(verifier)，系统编辑器用于创建和编辑要分析的系统，一个系统被描述为一系列过程模板、一些全局声明、过程分配和一个系统定义；模拟器是一个确认工具，它用于检查所建系统模型可能的执行是否有错，以此在验证前发现一些错误；验证器通过快速搜索系统的状态空间来检查时钟约束和反应限制性质，它还为系统要求的规范和文件提供了一个需求规范编辑器。

当前有很多利用时间自动机对实时系统进行行为模拟和规范验证的方法，都是通过穷举被分析的系统状态空间中每一个状态，来检验系统是否满足特定的规范说明，因此在规模较大和较复杂的实时系统建模验证过程中往往会出现状态空间组合爆炸问题，这给系统建模和验证工作都带来了诸多不便。以时间自动机作为行为模型的自动验证工具 UPPAAL 采用限制技术合并具有相同性质的状态，使用快速验证技术避免构建状态空间中那些不可达的状态，这样可以有效地解决系统验证过程出现的状态空间爆炸问题。

2. UPPAAL 需求规范语言

使用 UPPAAL 对实时系统进行验证时，首先用时序逻辑公式给出待验证的形式化需求规范，然后再用时间自动机网络所建立的系统状态空间模型中搜索满足需求规范的状态，根据搜索结果判断系统是否满足待验证的性质。UPPAAL 为验证器的需求规范语言提供了一种 BNF 语法，其组成公式如下：

$\mathrm{Pro}p ::= A[\,]p \mid E\langle\rangle p \mid E[\,]p \mid A\langle\rangle p \mid p \rightarrow q$

其中 p、q 为描述待验证系统性质的逻辑表达式；字符 A 和 E 用来量化路径，一条路径就是系统的一个状态转移序列 $s_0 \rightarrow s_1 \rightarrow \cdots \rightarrow s_i \rightarrow \cdots \rightarrow$，$A$ 表示给定的性质对于所有路径均满足，E 表示至少有一条路径满足给定的性质；符号[]和〈〉用来量化路径上的状态，[]表示路径上的所有状态均满足给定的性质，〈〉表示路径上至少有一个状态满足给定的性质。

(1)$E\langle\rangle p$ 表示 Possibly，$E\langle\rangle p$ 为真，当且仅当在转换系统中存在一个序列 $s_0 \rightarrow s_1 \rightarrow \cdots \rightarrow s_n$，使得 s_0 是开始状态，s_n 是 p。

(2)$E[\,]p$ 表示 Potentially always，$E[\,]p$ 为真，当且仅当存在一个序列 $s_0 \rightarrow s_1 \rightarrow \cdots \rightarrow s_i \rightarrow \cdots \rightarrow$，使得 p 在所有状态 s_i 中都有效，并且这个序列无穷或者在状态(l_n, v_n)终止，对所有的 d：(l_n, v_{n+d})满足 p 和 $Inv(l_n)$或者从(l_n, v_n)出发没有转换。

(3)$A\langle\rangle p$ 表示 Eventually，等价于 not $E[\,]$not p，$A\langle\rangle p$ 为真，当且仅当对于所有路径，逻辑表达式 p 在任一路径的状态序列中的某个状态下是满足的。

(4)$A[\,]p$ 表示 Invariantly，等价于 not $E\langle\rangle$not p，$A[\,]p$ 为真，当且仅当对于所有路径，逻辑表达式 p 在任一路径状态序列中的所有状态下均是满足的。

(5)$p \rightarrow q$ 表示 Lead to，等价于 $A[\,](p$ imply $A\langle\rangle q)$，$p \rightarrow q$ 为可满足的，当且仅当对于所有路径，逻辑表达式 p 在任一路径的某一状态为真，则逻辑表达式 q 必然为真。

二、基于时间自动机的系统建模

(一)系统功能分析

两个二取二通道间工作模式的切换和二取二双机的同步是所举例的本地面列控安全计算

机的关键问题。

1. 二取二通道间工作模式的切换

两个通道的工作模式包括：断电模式、上电模式、状态跟随模式、备通道模式和主通道模式，通道工作模式的切换如图 5-84 所示。

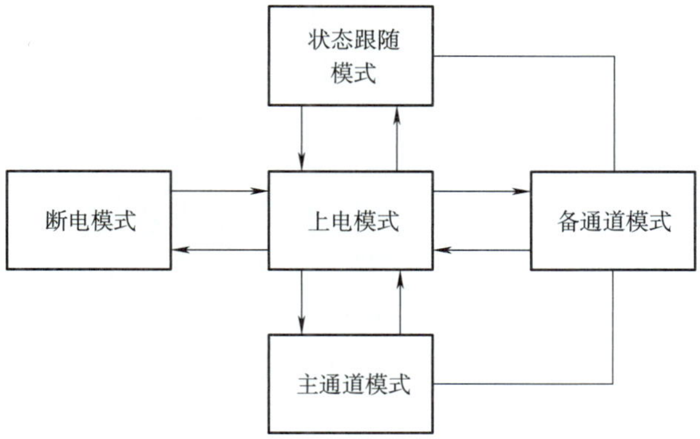

图 5-84　通道工作模式切换图

模式切换是指二取二通道从一个工作模式转换到另一个工作模式。系统工作模式中，对应的通道工作模式的切换见表 5-25。

表 5-25　工作模式切换表

旧模式＼新模式	上电模式	跟随模式	主模式	备模式	断电模式
上电模式		见注 1	见注 1	不可发生	见注 2
跟随模式	不可发生		不可发生	见备注 3	不可发生
主模式	不可发生	不可发生		见备注 4	不可发生
备模式	不可发生	不可发生	可发生		不可发生
断电模式	见备注 5	不可发生	不可发生	不可发生	

注：1. 二乘二取二系统的一个二取二通道完成上电模式的功能后，需要进行模式转换时，如果另外一个二取二通道此时已经处于主模式，那么本通道进入跟随模式，否则进入主模式。
2. 在上电模式下，连续 3 次未能转入主模式或者跟随模式，则进入断电模式。
3. 在跟随模式下，状态跟随成功后，可以自动转入备模式。
4. 一个二取二通道处于主模式，一个二取二通道处于备模式时，可用通过人工的方式，使两个通道的状态进行切换。
5. 通道处于断电时，需要人工切断本通道的交流电源，重新上电后，自动进入上电模式。

两通道在上电初始都先进行自检，并把自检结果发送至 FTSMU 单元，FTSMU 单元再根据两通道的自检结果，采取相应的策略完成主通道的选定。当一个通道进入主通道模式，对从通信控制器得到的数据进行运算，再通过通信控制器输出。主通道在每个运算周期的开始将其状态信息发送给另一通道，若后者处于状态跟随模式，则其将根据传递的跟随信息完成状态跟随，进入备通道模式，紧随主通道运行与主通道完全相同的程序，但比主通道运算周期开始得稍晚，且其不输出数据，而仍是由主通道完成数据输出。

当主通道发生故障而复位时，如果此时另一通道处于备状态，则备通道自动转换到主通道,接着原通道进行应用处理,并输出处理结果,主、备通道实现热切换,整个切换过程自动完成,不需人为干预,称为自动切换过程;如果另一通道还处于跟随状态,则其属于不安全态,系统不能输出数据,应将该通道复位,系统转入安全状态。而若该通道连续复位上电 3 次仍不能自检成功,则转入断电安全模式。

2. 二取二双机的同步

假定通道内二取二双机工作流程一致,它们之间有着严格的同步关系。实现二取二双机同步时基于第三方 FTSMU 单元的判决,即需要同步时,FTSMU 单元在同步时限内收到双机的同步请示,判定同步成功,通知请求同步的双方同步成功;如果 FTSMU 单元在同步时限内未收到来自某一机的同步请求,则判定双机失步。

处理单元上电初始同步的时限为 480 个时间单位,而当处理单元正常工作时的运算周期为 340 个时间单位,将其分为四个微周期:正常同步、输入数据、ZC 应用、输出数据,它们的同步时限分别为:20、60、200、60 个时间单位。在以上任一步中 FTSMU 判定双机失步,都将复位重启 PU1、PU2,同时 FTSMU 相应地进入初始状态。

(二)系统的时间自动机网络模型

根据前文对本系统的功能需求分析,选取 PUA1、PUA2、PUB1、PUB2、FTSMUA、FTSMUB 实体构建自动机网络模型:PU || FTSMU,简称 PF 模型,包含相应的 6 个系统进程 PUA1、PUA2、PUB1、PUB2、FTSMUA、FTSMUB。模型中,以“!”结尾的标记表示发出此信号时转换发生,以“?”结尾的标记表示接收到该信号时转换发生,以此实现各模型中相同的转换同步发生。各成员自动机之间除了通过同步转换的标记传递信息外,还定义了自身的局部变量和成员函数,同时整个自动机网络模型还使用了全局变量进行通信,用来保证系统的逻辑功能的正确性。

1. 处理单元 PU 自动机模型

进程 PUA1、PUA2、PUB1、PUB2 的自动机模型是一致的,都为 PU 模型,如图 5-85 所示。

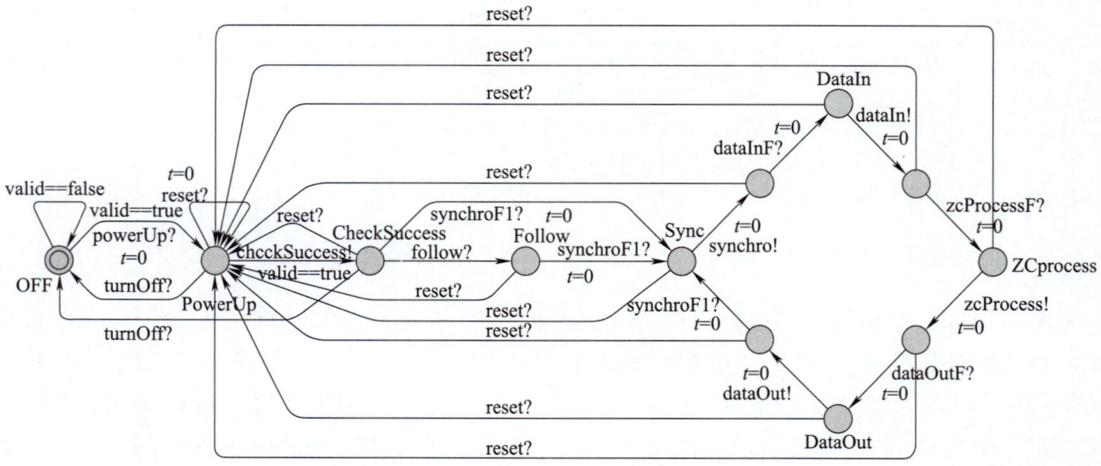

图 5-85　PU 自动机模型

运用时间自动机定义：$TA=\langle S,S^0,A,X,I,E\rangle$，得到处理单元 PU 的六元组模型如下：

● 状态 S={OFF,PowerUp,CheckSuccess,Follow,Sync,DataIn,ZCApp,DataOut}；

● 初始状态 S^0={OFF}；

● 触发事件 A={powerUp,turnOff,reset,follow,synchroF1,dataInF,zcAppF,dataOutF}；

● 状态转移路径 E={〈OFF, powerUp, PowerUp〉, 〈PowerUp, turnOff, OFF〉, 〈CheckSuccess, turnOff, OFF〉, 〈CheckSuccess, reset, PowerUp〉, 〈Follow, reset, PowerUp〉, 〈Sync, reset, PowerUp〉, 〈DataIn, reset, PowerUp〉, 〈ZCApp, reset, PowerUp〉, 〈DataOut, reset, PowerUp〉, 〈CheckSuccess, follow, Follow〉, 〈Follow, synchroF1, Sync〉, 〈CheckSuccess, synchroF1, Sync〉}

PU 模型中主要位置如表 5-26 所示。

表 5-26　PU 模型中主要位置的含义

编　号	主要位置	含　义
1	OFF	断电模式
2	PowerUp	上电模式
3	CheckSuccess	上电自检成功
4	Follow	状态跟随模式
5	Sync	正常同步微周期
6	DataIn	输入数据微周期
7	ZCApp	ZC 应用微周期
8	DataOut	输出数据微周期

2. 容错及安全处理单元 FTSMU 自动机模型

进程 FTSMUA、FTSMUB 的自动机模型是一致的，都为 FTSMU 模型，如图 5-86 所示。

运用时间自动机定义：$TA=\langle S,S^0,A,X,I,E\rangle$，得到容错及安全处理单元 FTSMU 的六元组模型如下：

● 状态 S={OFF, PowerUp, CheckSuccess, Delay, Follow, Sync, SyncDone, DataIn, DataInDone, ZCApp, ZCAp 可编程器件 one, DataOut, LoopOver, Fault0, Fault1, Fault2, Fault3, Fault4}；

● 初始状态 S^0={OFF}；

● 触发事件 A={checkSuccess1, checkSuccess2, synchro1, synchro2, dataIn1, dataIn2, zcApp1, zcApp2, dataOut1, dataOut2, synchroF2, reset2}；

● 状态转移路径 E={〈PowerUp, checkSuccess1, checkSuccess2, CheckSuccess〉, 〈PowerUp, checkSuccess2, checkSuccess1, CheckSuccess〉, 〈Delay, synchroF2, Follow〉, 〈Sync, synchro1, synchro2, SyncDone〉, 〈Sync, synchro2, synchro1, SyncDone〉, 〈DataIn, dataIn1, dataIn2, DataInDone〉, 〈DataIn, dataIn2, dataIn1, DataInDone〉, 〈ZCApp, zcApp1, zcApp2, ZCAp 可编程器件 one〉, 〈ZCApp, zcApp2, zcApp1, ZCAp 可编程器件 one〉, 〈DataOut, dataOut1, dataOut2, LoopOver〉, 〈DataOut, dataOut2, dataOut1, LoopOver〉}；

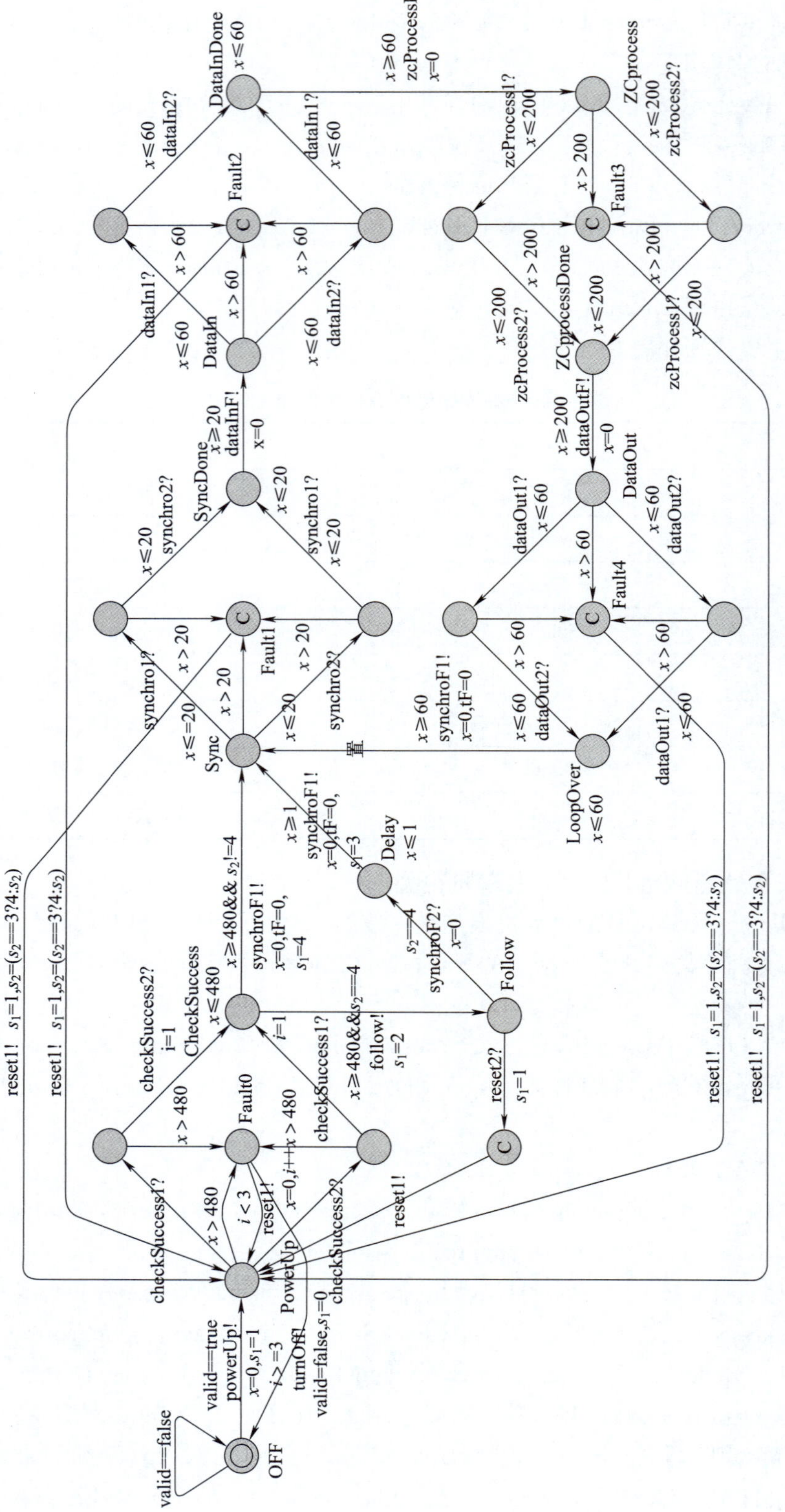

图 5-86 FTSMU自动机模型

● 时钟集合 $X=\{x\}$；

● 状态时钟约束 $I=\{$CheckSuccess：$x\leqslant 480$，Delay：$x\leqslant 1$，SyncDone：$x\leqslant 20$，DataInDone：$x\leqslant 60$，ZCAp 可编程器件 one：$x\leqslant 200$，LoopOver：$x\leqslant 60\}$

FTSMU 模型中主要位置见表 5-27。

表 5-27　模型中主要位置

编　号	主要位置	含　义
1	OFF	断电模式
2	PowerUp	上电模式
3	CheckSuccess	上电自检成功
4	Follow	状态跟随模式
5	Sync	正常同步微周期
6	SyncDone	正常同步微周期完成
7	DataIn	输入数据微周期
8	DataInDone	输入数据微周期完成
9	ZCApp	ZC 应用微周期
10	ZCAp 可编程器件 one	ZC 应用微周期完成
11	DataOut	输出数据微周期
12	LoopOver	一个运算周期结束
13	Fault0	上电自检故障
14	Fault1	正常同步故障
15	Fault2	输入数据故障
16	Fault3	ZC 应用故障
17	Fault4	输出数据故障
18	Delay	延时状态

3. 自动机模型间的通道及变量

模型中各成员自动机之间的通信是通过同步通道来实现的，模型中的同步通道见表 5-28。

表 5-28　模型中的同步通道

广播同步通道	powerUpA，powerUpB，turnOffA，turnOffB，resetA，resetB，followA，followB，synchroFA，dataInFA，zcAppFA，dataOutFA，synchroFB，dataInFB，zcAppFB，dataOutFB	用于 FTSMU 与其通道内 PU 以及 FTSMU 之间的信息交互
同步通道	checkSuccessA1，synchroA1，dataInA1，zcAppA1，dataOutA1，checkSuccessA2，synchroA2，dataInA2，zcAppA2，dataOutA2，checkSuccessB1，synchroB1，dataInB1，zcAppB1，dataOutB1，checkSuccessB2，synchroB2，dataInB2，zcAppB2，dataOutB2。	用于 PU 与其 FTSMU 之间的通信

模型中应用时钟变量进行精确的时钟控制，还有一些逻辑、整型变量用来表示自动机状态的变化，见表 5-29。

表 5-29 模型中的变量含义

时钟、逻辑及整型变量	含 义
timerA1，timerA2，timerB1，timerB2，timerFA，timerFB	分别用于进程 puA1、puA2、puB1、puB2、FTSMUA、FTSMUB 的内部时钟
tFA，tFB	专门用于各运算周期的计时
validA，validB	逻辑变量，判断通道是否可用
iA，iB	代表通道连续复位上电的次数
sA，sB	代表各个通道的状态，0—断电模式，1—上电模式，2—状态跟随模式，3—备通道模式，4—主通道模式

三、基于 UPPAAL 的仿真与验证

（一）系统仿真

在仿真器中，可以查看各个进程模板在系统运行时控制位置、变量和时钟的变化情况以及各进程之间的相互通信状况，所以，系统仿真是进行系统验证前的重要步骤，可以对上面建立的系统模型的状态执行自动或手动的变迁，检查所建模型是否符合系统功能描述。仿真器是一个确认工具，可以通过手动单步执行状态的迁移，观察各个位置，变量和时钟的变化，检查各个进程间的通信状况。系统仿真有利于在系统验证之前发现问题和跟踪问题，从而对模型进行修改和调整。

在 UPPAAL 中进行仿真的界面如图 5-87 所示。

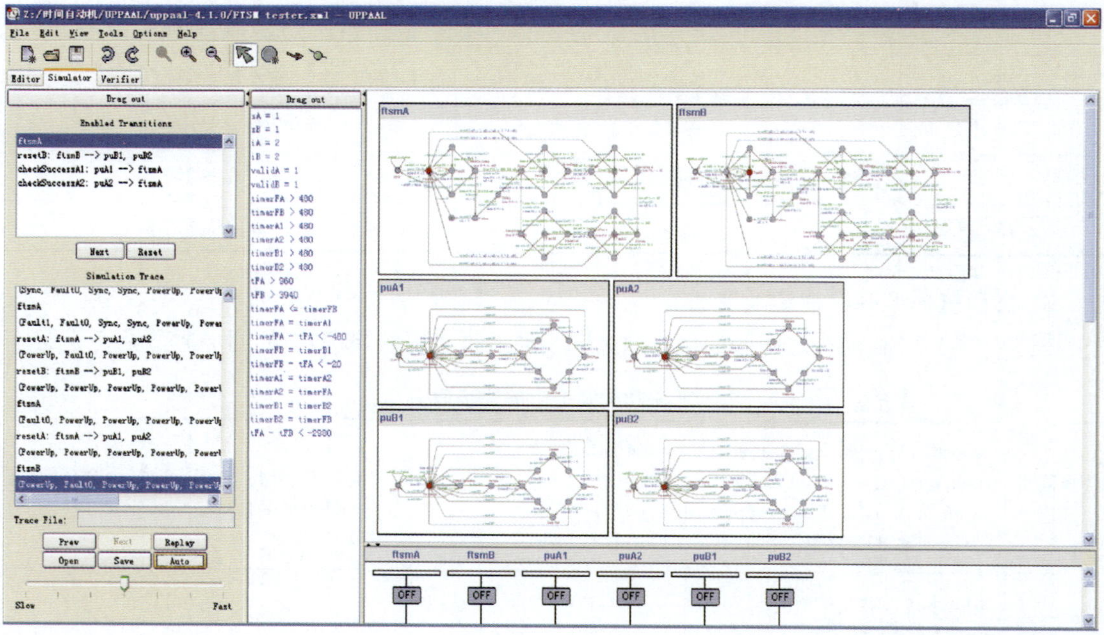

图 5-87 UPPAAL 仿真界面图

在仿真器中实验时，也会产生各实体之间通过管道相互通信、控制的消息序列图。下面以主、备通道进行切换时的某一消息序列图，以图 5-88 为例，检查模型是否符合系统功能分析。

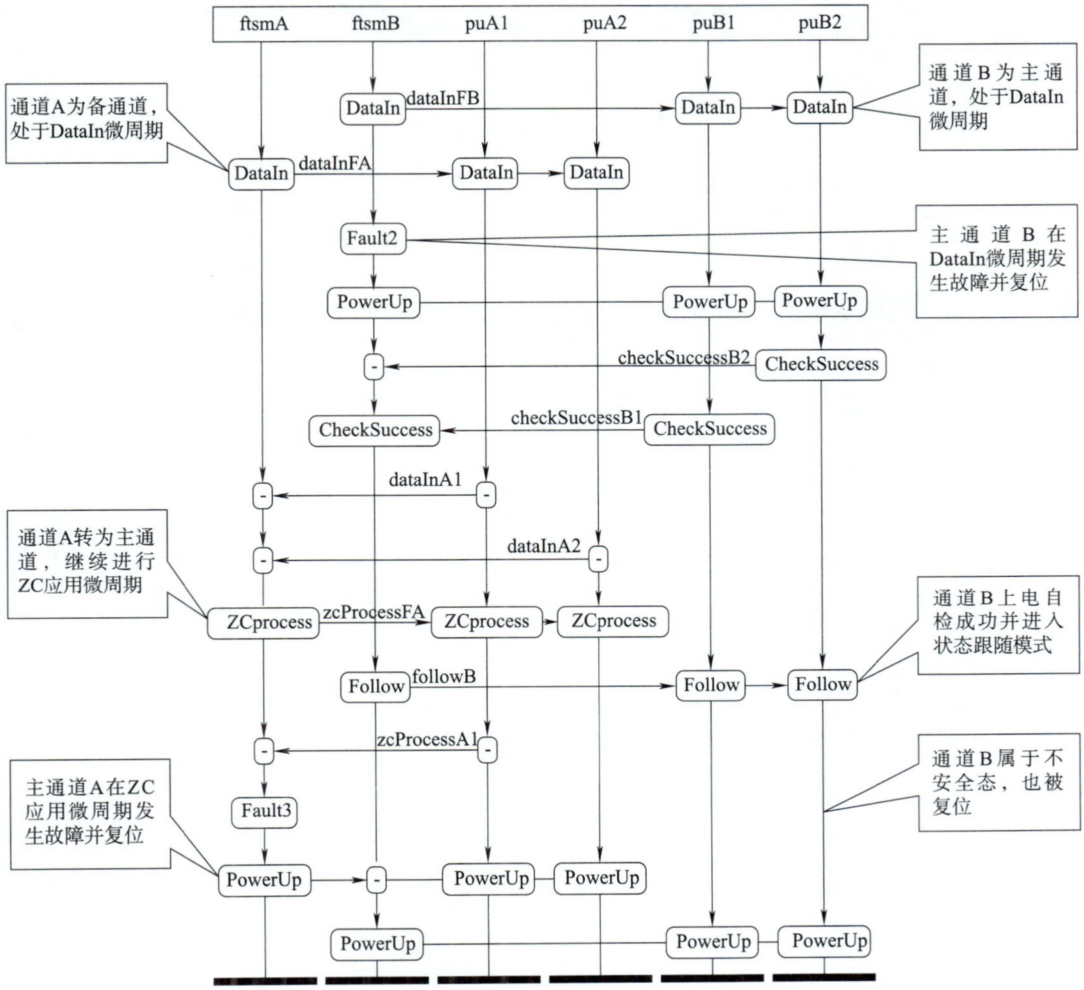

图 5-88　消息序列图

根据如图 5-88 所示的消息序列图，对模型流程进行如下分析：

主备通道此时已经选定，通道 B 和通道 A 分别为主、备通道，并先后进入运算周期的 DataIn 微周期；在这个微周期里主通道 B 发生故障复位，而备通道 A 则转为主通道，继续下一 ZC 应用微周期的工作；通道 B 上电自检成功并进入状态跟随模式，而主通道 A 在 ZC 应用微周期里又发生故障复位，但通道 B 此时还未完成状态跟随，属于不安全态，不能转为主通道输出数据，也被复位转入安全态。

（二）系统验证与分析

根据上述模型设计规范的约束，规定以下列控安全计算机系统的功能、实时和安全属性的要求以保证其安全性和受限活性，并应用使用 BNF 语法的需求规范语言进行描述，列出其相应的验证语句（由于进程 PUA1、PUA2、PUB1、PUB2 与 FTSMUA、FTSMUB 分别共用自动机模型 PU、FTSMU，故将只以 PUA1、FTSMUA 为例列出验证语句），并在 UPPAAL 的验证器(verifier)中进行属性验证,如图 5-89 所示,红灯指示该语句未通过验证,绿灯表示该语句能通过验证)。

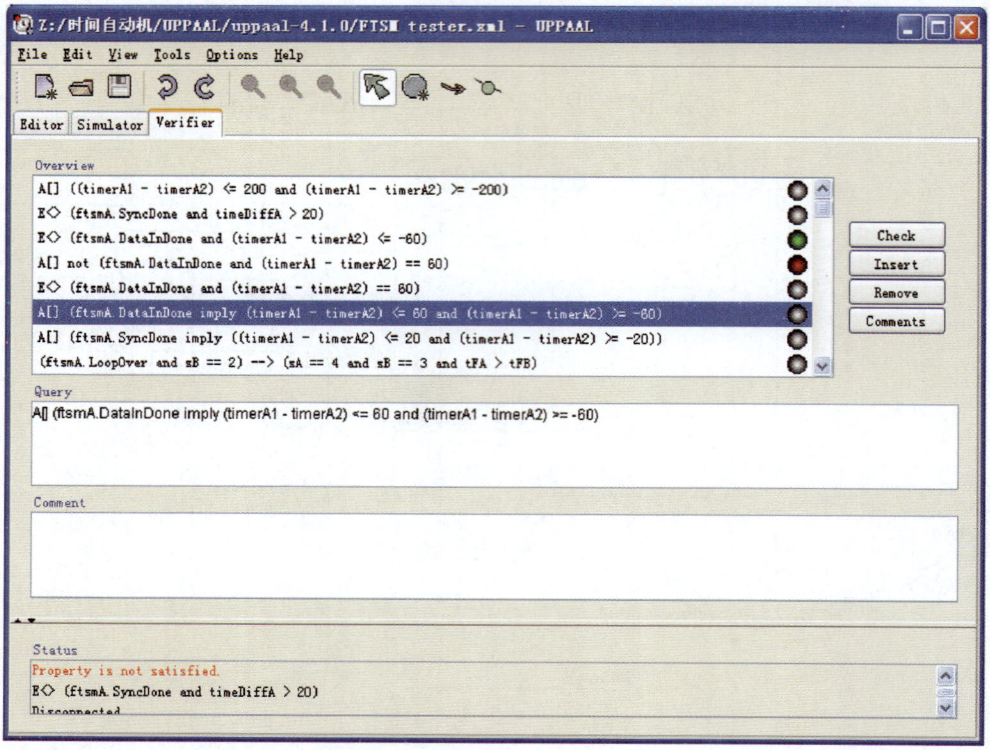

图 5-89 UPPAAL 验证界面

1. 系统功能属性的验证

● 列出两个通道各种模式的组合(在系统模型中,变量 0 代表断电模式,1 代表上电模式,2 代表状态跟随模式,3 代表备通道模式,4 代表主通道模式),共有 25 种可能组合。现根据对系统功能的分析,判定该组合是否存在,并列出验证语句,见表 5-30。

表 5-30 功能属性验证

通道 A 模式	通道 B 模式	是否可能存在	验证语句
0	0	是,通道 A、B 都为断电模式	E⟨⟩(s_A==0 and s_B==0)
0	1	是,通道 A、B 各为断电、上电模式	E⟨⟩(s_A==0 and s_B==1)
0	2	否,正常工作时至少有一个通道为主模式	A[]not(s_A==0 and s_B==2)
0	3	否,正常工作时至少有一个通道为主模式	A[]not(s_A==0 and s_B==3)
0	4	是,通道 A、B 各为断电、主通道模式	E⟨⟩(s_A==0 and s_B==4)
1	0	是,通道 A、B 各为断电、上电模式	E⟨⟩(s_A==1 and s_B==0)
1	1	是,通道 A、B 都为上电模式	E⟨⟩(s_A==1 and s_B==1)
1	2	否,正常工作时至少有一个通道为主模式	A[]not(s_A==1 and s_B==2)
1	3	否,正常工作时至少有一个通道为主模式	A[]not(s_A==1 and s_B==3)

续上表

通道 A 模式	通道 B 模式	是否可能存在	验证语句
1	4	是，通道 A、B 各为上电、主通道模式	E⟨⟩(s_A==1 and s_B==4)
2	0	否，正常工作时至少有一个通道为主模式	A[]not(s_A==2 and s_B==0)
2	1	否，正常工作时至少有一个通道为主模式	A[]not(s_A==2 and s_B==1)
2	2	否，正常工作时至少有一个通道为主模式	A[]not(s_A==2 and s_B==2)
2	3	否，正常工作时至少有一个通道为主模式	A[]not(s_A==2 and s_B==3)
2	4	是，通道 A、B 各为状态跟随、主通道模式	E⟨⟩(s_A==2 and s_B==4)
3	0	否，正常工作时至少有一个通道为主模式	A[]not(s_A==3 and s_B==0)
3	1	否，正常工作时至少有一个通道为主模式	A[]not(s_A==3 and s_B==1)
3	2	否，正常工作时至少有一个通道为主模式	A[]not(s_A==3 and s_B==2)
3	3	否，正常工作时至少有一个通道为主模式	A[]not(s_A==3 and s_B==3)
3	4	是，通道 A、B 各为主通道、备通道模式	E⟨⟩(s_A==3 and s_B==4)
4	0	是，通道 A、B 各为主通道、断电模式	E⟨⟩(s_A==4 and s_B==0)
4	1	是，通道 A、B 各为主通道、上电模式	E⟨⟩(s_A==4 and s_B==1)
4	2	是，通道 A、B 各为主通道、状态跟随模式	E⟨⟩(s_A==4 and s_B==2)
4	3	是，通道 A、B 各为备通道、主通道模式	E⟨⟩(s_A==4 and s_B==3)
4	4	否，两通道不可能都为主通道模式	A[]not(s_A==4 and s_B==4)

● 处理单元 PU 能够在 FTSMU 的控制下完成整个运算周期。

E⟨⟩FTSMUA. LoopOver

● 主通道在每个运算周期的开始将其状态信息发送给另一通道，若后者处于状态跟随模式，则其将完成状态跟随，进入备通道模式，但比主通道运算周期开始得稍晚。

(FTSMUA. LoopOver and s_B==2)→(s_A==4 and s_B==3 and tFA>tFB)

● 当主通道发生故障而复位时，如果此时另一个通道处于备状态，则备通道自动转换到主通道。

(FTSMUA. Fault1 and s_B==3)→(s_A==1 and s_B==4)

2. 系统实时属性的验证

● 处理单元上电初始同步及四个微周期的同步时限的验证，见表 5-31。

表 5-31　实时属性验证

微　周　期	同步时限(单位时间)	验证语句
上电初始同步	480	A[](FTSMUA. Fault0 imply timerFA>480)
正常同步	20	A[](FTSMUA. Fault1 imply timerFA>20)
输入数据	60	A[](FTSMUA. Fault2 imply timerFA>60)
ZC 应用	200	A[](FTSMUA. Fault3 imply timerFA>200)
输出数据	60	A[](FTSMUA. Fault4 imply timerFA>60)

● 系统运算周期小于或等于 340 个时间单位。

A[](FTSMUA. LoopOver imply tFA≤340)

3. 系统安全属性的验证

● 系统没有死锁

A[]not deadlock

● 当主通道发生故障而复位时，如果此时另一个通道还处于跟随状态，则其属于不安全态，系统不能输出数据，而应将另一通道也复位，系统转入安全状态

(FTSMUA. Fault1 and sB==2)→(sA==1 and sB==1)

● 若通道连续复位上电 3 次仍不能自检成功，则转入断电安全模式

validA==false→(iA==3 and FTSMUA. OFF and puA1. OFF)

4. 验证过程分析

上述验证语句在 PF 模型验证器中检验都能通过，系统具备上面提出的功能、实时和安全属性。

但是，在进行验证时也发现一些设计上的不合理之处。例如：FTSMU 规定通道内双机的同步时限为各微周期的时长，即双机同步的时差最大值为各微周期的时长，这是不合理的。以输入数据微周期为例，其验证语句为：

● 双机的同步时限为各微周期的时长

A[](FTSMUA. DataInDone imply(timerA1-timerA2)〈=60 and(timerA1-timerA2)〉=-60)

● 双机同步时差的最大值为各微周期的时长

E〈〉(FTSMUA. DataInDone and(timerA1-timerA2)==60)

A[]not(FTSMUA. DataInDone and(timerA1-timerA2)==61)

查看地面列控安全计算机运行测试记录，发现确实存在微周期内双机同步但时差很大的情况。如输入数据微周期的时长为 60 个时间单位，而双机请求同步时间分别为 20、50 个时间单元。考虑双机的硬件完全一致，且晶振、通信延时等误差源的数量级相比要小得多，这么大的时差是不能忽视的，表明系统存在潜在的风险，如处理单元硬件出现故障或处理单元 CPU 出现降频等。在下一版的系统设计中，将考虑对双机同步的时差值进行限定，取消第一个微周期——正常同步微周期，而对余下三个微周期设定同步时间阈值，超出阈值则判定为双机失步，从而保证各个微周期的同步。

参考文献

[1] 员春欣. 铁路信号容错技术[M]. 北京:中国铁道出版社,1997.

[2] ISA-TR84. 00. 02-2002-Part 1, Safety InstrumentedFunctions(SIF)-SafetyIntegrity Level(SIL) Evaluation Techniques Part 1: Introduction[S]. The Instrumentation, Systems and Automation Society(ISA), 2002.

[3] IEC 61508—2010. Functional safety of electrical/electronic/programmable electronic safety-relatedsystems [S]. The International Electrotechnical Commission(IEC), 2010.

[4] EN 50126—1999. Railway applications—The specification anddemonstration of Reliability, Availability, Maintainability andSafety (RAMS) [S]. European Committee for Electrotechnical Standardization (CENELEC).

[5] EN 50129—2003. Railway applications-Communication, signaling andprocessing systems-Safety relatedelectronic systems forsignalling[S]. European Committee for Electrotechnical Standardization(CENELEC).

[6] EN 50128—2011. Railway applications-Communication, signalling and processing systems-Software for railway control and protection systems[S]. European Committee for Electrotechnical Standardization (CENELEC).

[7] EN 50159—2010. Railway applications-Communication, signaling and processing systems-Safety-related communication in transmission systems[S]. European Committee for Electrotechnical Standardization (CENELEC).

[8] El Miloudi El Koursi, Philippe Meganck State of the art Safety Architectures Synthesis[R]. ACRuDA Project Deliverable D1, 1997.

[9] Reliability Prediction Method for Safety Instrumented Systems-PDS Example collection[R]. SINEF A17956, 2010.

[10] PDS METHOD HANDBOOK[R]. SINEF A13503, 2010.

[11] Reliability Data Safety Instrumented Systems PDS DATA HANDBOOK[Z]. SINTEF Technology and Society Safety Research, 2010.

[12] Use of the PDS Method for Railway Applications[R]. SINEF A11612, 2009.

[13] Fail-safe interfaces for VLSI: theoretical foundations and implementation[J]. M. Nicolaidis, IEEE Transactions on Computers, 1998, 47(1): 62-67.

[14] GB/T 24338 轨道交通 电磁兼容[S]. 中国国家标准化管理委员会,2009.

[15] GB/T 25119 轨道交通 机车车辆电子装置[S]. 中国国家标准化管理委员会,2010.

[16] GB/T 17626 电磁兼容 试验和测量技术[S]. 中国国家标准化管理委员会,2006.

[17] 王悉,马连川,袁彬彬. 二取二乘二安全计算机平台的设计与实现[J]. 都市快轨交通,2011,24(4):17-21.

[18] 刘明端. 安全计算机 FTSM 单元基于模型的设计与实现[D]. 北京:北京交通大学,2013.

[19] 胡华. 改进的铁路信号安全计算机硬件结构设计与实现[D]. 北京:北京交通大学,2014.

[20] 陈树泉. 基于 COTS 技术的二乘二取二安全计算机平台的研究[D]. 北京:北京交通大学,2007.

[21] IEC 60880—2006. Nuclear power plants-Instrumentation and control systems important to safety-Software aspects for computer-based systems performing category A functions[S]. The International Electrotechnical Commission(IEC).

[22] 郭志良. 基于时间自动机模型的 CBTC 系统安全计算机平台的形式化验证[D]. 北京:北京交通大学,2010.

[23] 袁彬彬. CBTC 中轨旁安全计算机的设计与形式化验证[D]. 北京:北京交通大学,2008.